東洋古典譯註叢書 40

譯註 唐宋八大家文抄

韓愈 1

鄭 太 鉉 譯註

傳統文化研究會

東洋古典譯註叢書를 발간하면서

우리의 古典國譯事業은 민족문화 진흥의 기초사업으로 1960년대부터 政府 支援으로 古文獻 現代化 작업을 추진하여 많은 成果를 거두었다. 당시 이 사업 추진의 先行課題로 東洋古典이라 일컬어지는 중국의 基本古典을 먼저 飜譯하여야 한다는 學界의 주장이 있었음에도 불구하고 우리 고전이 아니라는 일부의 偏狹한 視覺과 財政 事情 등으로 인하여 배제되어 왔다.

전통적으로 중국의 기본고전은 우리 歷史와 함께 숨쉬며 각종 교육기관의 教科書로 활용됨은 물론이고 지식인들의 必讀書가 되어 왔으며, 우리 文化의 基底에 자리잡고 거의 모든 방면의 體系와 根幹을 형성하여 왔다. 그래서 학문연구의 기본서 역할을 해 왔을 뿐만 아니라 오늘날에도 우리의 國學徒 및 東洋學 研究者들에게 같은 역할을 하고 있음은 주지의 사실이다. 그럼에도 불구하고 中國古典은 우리 것이 아니라 하여 專門機關의 飜譯對象에 포함하지 않음으로써, 대부분 原典에서의 직접 번역이 아닌 重譯이나 拔萃譯의 방식이 주를 이루면서 教養水準으로 出版되어 왔다.

오늘날 東洋 三國 중에서 우리의 東洋學 연구가 가장 부진한 이유는, 東洋基本古典에 대한 폭넓은 이해의 부족과 漢文古典 讀解力의 저하에 기인함을 우리는 솔직히 인정하여야 한다. 따라서 이들 중국고전에 대한 신뢰할 만한 國譯이 이루어지는 것이 한국학 연구를 촉진시키는 시급한 先行課題라 할 수 있다.

이에 韓國學 및 東洋學의 연구와 古典現代化의 基盤構築을 위해서는, 전문기관으로 하여금 동양고전을 단기간에 각 분야의 專門 研究者와 漢學者가 상호 협동하여 연구번역하여 飜譯의 傳統性과 效率性, 研究의 專門性을 높일 수 있도록 政策的 配慮가 있어야 한다.

이에 本會에서는 元老 및 中堅 漢學者와 斯界의 專攻者로 하여금 協同研究飜譯하여 공부하는 사람들이 믿고 引用하거나 깊이 있는 註釋 등을 활용할 수 있게 하고,

知識人들의 敎養을 증진시켜 줄 수 있는 東洋古典의 國譯書 간행을 지속적으로 추진해 왔다. 근래에 다행히 이 사업에 대하여 각계 지도층의 폭넓은 이해와 지원에 힘입어 2001년도부터 國庫補助를 받아 東洋古典譯註叢書를 간행하게 되었다. 이를 계기로 우리 先學의 註釋과 見解를 반영하는 등 국역사업의 內實을 기하게 되었음을 이 자리를 빌어 衷心으로 감사드리며, 아울러 國譯에 參與하신 관계자 여러분의 勞苦에 깊은 謝意를 표한다.

끝으로 우리의 이러한 작업은 오랜 역사 위에 축적된 先賢들의 業績과 現代學問을 이어주는 튼튼한 架橋와 礎石이 되어 진정한 韓國學과 東洋學 발전에 기여할 것을 굳게 믿으며, 21세기를 우리 文化의 世紀로 열어 가는 밑거름이 되도록 우리의 力量을 本 事業에 경주하고자 한다. 江湖諸賢의 부단한 관심과 지원을 기대해 마지않는다.

社團法人 傳統文化硏究會 會長 李啓晃

解 題

鄭太鉉(傳統文化硏究會 副會長)

1. 序言

本 譯書는 李漢이 編纂한 ≪昌黎先生集≫ 중에서 詩는 全數를 除外하고, 文도 331편 중에서 190여 篇만을 뽑아 編纂한 茅坤[1])의 ≪唐宋八大家文抄≫에 실린 ≪昌黎文抄≫를 底本으로 하여, 종래의 방식으로 原文에 懸吐하고서 우리말로 옮긴 것이다.

唐宋八大家는 唐代의 韓愈·柳宗元과 宋代의 歐陽脩·蘇洵·蘇軾·蘇轍·曾鞏·王安石을 이르는데, 이들을 八家로 竝稱한 것은 南宋의 學者 眞德秀의 ≪西山讀書記≫에 처음 보인다. 기록에 의하면 明初의 학자 朱右가 이들의 문장을 뽑아 ≪唐宋八先生集≫을 편찬하였다고 하나, 지금은 전해지지 않는다. 明代의 唐順之가 周代로부터 宋代까지의 문장을 뽑아 ≪文編≫을 엮으면서 당송의 문장에는 오직 이 여덟 사람의 문장만 選錄하였다. 茅坤은 古文을 좋아하여 唐順之를 가장 존경하였으므로 그 역시 이 8人을 八大家로 칭하고서 그들의 문장만 뽑아 ≪唐宋八大家文抄≫ 144권을 편찬하여 보급하였다. 이 책이 세상에 널리 읽히면서 '八大家'라는 명칭이 일반화한 것으로 추정된다.

≪唐宋八大家文抄≫는 모두 144권으로, ≪韓愈文抄≫ 16권, ≪柳宗元文抄≫ 12권, ≪歐陽脩文抄≫ 32권, ≪蘇洵文抄≫ 10권, ≪蘇軾文抄≫ 28권, ≪蘇轍文抄≫ 20권, ≪曾鞏文抄≫ 10권, ≪王安石文抄≫ 16권이 수록되어 있는데, 각 文抄마다 첫머

1) 茅坤은 明나라 사람으로 字는 順甫, 號는 鹿門이다. 嘉靖 17년(1538)에 進士에 及第하여 여러 관직을 거쳐 廣西兵備僉使에 이르렀다. 茅坤은 文才와 武才를 兼備하였다고 자부하여 兵事를 말하기 좋아하였다. 연이어 猺賊의 城砦 17곳을 擊破한 공으로 大名兵備副使로 승진하였다. 總督 楊博이 그의 재능을 기특하게 여겨 조정에 추천하자, 그를 시기하는 자가 헐뜯으니, 그는 관직을 버리고 歸鄕하여, ≪唐宋八大家文抄≫·≪白華樓藏稿≫·≪玉芝山房稿≫ 등을 저술하였다.

리에 文抄의 引(序)과 本傳을 실어 各家의 生涯와 思想을 살필 수 있게 하고, 또 각 작품마다 題目 밑에 評語를 붙여 요지와 특색을 알 수 있게 하였다.

≪唐大家韓文公文抄≫는 韓愈의 文章을 문체별로 나누어 수록하였는데, 卷首에 〈唐宋八大家文抄 總叙〉와 〈八大家文抄 論例〉와 〈八大家文抄 凡例〉와 〈韓文公文抄引〉과 ≪唐書≫에 실린 〈韓愈傳〉을 축약한 〈韓文公本傳〉이 실려 있다.

1권에는 皇帝에게 올린 4首의 表와 5수의 狀이 실려 있다. 2권에는 宰相 등에게 올린 7수의 書가 실려 있고, 3권에는 考功 崔虞部 등에게 올린 9수의 書가 실려 있다. 4권에는 陳生 등에게 준 書 10수와 劉正夫 등에게 보낸 答書 4수가 실려 있고, 5권에는 張籍 등에게 보낸 답서 13수와 河南令에게 올린 啓 1수와 張僕射 등에게 올린 狀 2수가 실려 있다. 6권에는 送序 16수가 실려 있고, 7권에는 送序 13수와 詩序 4수가 실려 있고, 8권에는 〈新修滕王閣記〉 등 記 9수와 〈何蕃傳〉 등 傳 3수가 실려 있다. 9권에는 道·性·毁·人·鬼 등의 근원을 推究한 原 5수와 論 2수, 議 3수가 실려 있고, 10권에는 辯 1수, 解 3수, 說·頌·後序·讀後感 등 다양한 문장 18수가 실려 있다. 11권에는 〈孔子廟碑〉 등 碑 8수가 실려 있고, 12권에는 碑銘 9수가 실려 있다. 13권에는 墓誌銘 7수가 실려 있고, 14권에도 墓誌銘 11수가 실려 있다. 15권에는 墓誌銘과 墓碣銘 등 17수가 실려 있고, 16권에는 哀詞·祭文·行狀 등 8수가 실려 있다.

2. 韓愈의 時代

韓愈가 살았던 시기는 唐나라가 安史의 亂을 겪은 뒤, 隆盛期가 지나고 쇠퇴기로 접어든 시기였다. 朝廷은 權威를 상실하여 藩鎭의 跋扈를 통제할 힘이 없었고, 번진은 방자하여 反抗을 일삼았으니, 名色은 국가의 臣下였으나 실은 敵國과 다름이 없었다. 德宗 初期에 전국의 번진이 반란을 일으킨 뒤로는 조정이 더욱 통제권을 상실하였다. 憲宗 때에 이르러 藩鎭을 討伐하여 약간의 成果를 거두었으나, 禍根을 제거하지 않은 탓에 오래지 않아 다시 變亂이 일어나서 번진의 발호가 되살아났다. 게다가 肅宗·代宗·德宗 등 몇몇 皇帝는 昏闇하기 짝이 없어, 宦官을 信任하고 奸臣을 重用하여, 政權이 그들의 손으로 들어가서 심지어 君主의 廢立과 大臣의 進退가 모두 그들에 의해 결정되기까지 하였다.

이때 出兵이 잦고 부세가 과중하여, 힘이 있는 자들은 兵役을 피하기 위해 佛寺나 道觀과 결탁해 度牒을 위조하고, 곤궁한 백성들은 자발적으로 출가해 佛僧이나 道士가 되니, 軍役에 종사할 壯丁이 턱없이 모자라고, 稅收가 크게 줄어들어 軍事와 經濟에 손실이 막대하였다.[2)] 당나라는 이미 中宗 때부터 佛寺의 규모가 비대하여 한 사찰의 규모가 왕궁에 못지않고, 그 財政 또한 皇宮을 능가하여 천하 재물의 10분의 7, 8이 불사의 소유였다.[3)]

文章 또한 실용에 적합하지 않은 騈儷文이 盛行하고, 科擧制度 또한 腐敗하여 權門勢家의 子弟가 아닌 사람은 아무리 抱負가 있고 才能이 뛰어나도 科擧를 通過할 수 없었다.

이러한 시대 상황이 한유의 삶을 어렵게 했을 뿐만 아니라 한유를 자극하여 時弊의 挽救를 주장한 疏狀과, 道와 人性의 근원을 推究한 論文과, 古文運動에 관한 많은 著述을 남기는 계기가 되었다.

3. 韓愈의 生涯

韓愈는 字가 退之이다. 唐代의 著名한 思想家인 동시에 文學家로, 唐 代宗 大曆 3년(768)에 長安에서 출생하였다. 이때 그의 부친 韓仲卿이 長安에서 秘書郎으로 있었다. 한유는 태어난 지 겨우 두 달 만에 어머니를 여의고 세 살 때에 아버지마저 여의어 伯兄 韓會의 養育을 받았다. 12세 때 또 伯兄이 病死하자, 兄嫂 鄭氏의 손에서 자랐다.

한유의 家門은 원래 文學의 전통이 있어, 叔父 韓雲卿은 "문장이 당세에 으뜸"이라는 李白의 칭송을 받았고,[4)] 그 백형 한회도 문장에 능하여, "高雅한 言論을 잘하고 문장이 뛰어나서 당세에 명성이 가장 높았다."는 柳宗元의 칭송을 받았다.[5)] 한유는 文翰의 가문에서 生長하였으므로 어려서부터 문학에 대한 욕구가 남달라서 儒學을 배우는 일에 노력하여 장려하기를 기다리지 않았고[6)] 날마다 수백 字의 문장을 엮었다.[7)] 그러

---

2) "比緣征戍 巧詐百情 破役隱身 規脫租賦 今道人私度者 幾數十萬……且國計軍防 竝仰丁口 今丁口皆出家 兵悉入道 征行租賦 何以備之" ≪新唐書 李嶠傳≫

3) "今天下之寺無數 一寺當陛下一宮 壯麗用度尙或過之 十分天下之財 而佛有七八" ≪新唐書 辛替否傳≫

4) "雲卿文章冠世" ≪李太白文集 武昌宰韓君去思頌碑≫

5) "韓會昌黎人 善淸言 有文章 名最高" ≪柳河東集 先君石表陰先友記≫

한 노력의 결과 13세 때부터 이미 문장에 능하였다.8)

한유는 19세 때인 貞元 2년(786)에 鄕貢進士로 長安으로 와서 進士科에 응시하였으나 연달아 세 차례 낙방한 끝에 25세 때인 정원 8년에 네 번 만에 비로소 及第하였다. 당시의 제도에서 科擧는 禮部의 소관이었으나, 銓選은 吏部의 소관이었다. 그러므로 官吏로 進出하려면 반드시 이부의 銓選試인 博學宏詞科에 합격하여야 관직을 받을 수 있었다. 한유는 정원 9년에 이부의 전선시에 응시하여 考試官인 虞部員外郎 崔元翰의 인정을 받았으나, 中書省의 落點을 받지 못하였다.9)

29세 때인 정원 12년에 汴州節度使 董晉의 부름을 받고 가서 觀察推官이 되었다. 정원 15년 가을에 동진이 病死하자 汴軍이 반란을 일으켰다. 한유는 변군의 포위를 뚫고 탈출하여 徐州로 가서 武寧節度使 張建封의 節度推官이 되었다. 절도추관의 牒紙를 받은 다음 날 節度使府의 下吏가 推官이 시행할 節目을 가지고 와서 보여주었는데, 그중에 "9월부터 명년 2월 말까지는 모두 새벽에 출근하고 밤늦게 퇴근한다. 疾病이나 事故가 아닌 경우는 외출을 허락하지 않는다."는 규정이 있었다. 한유는 이 규정을 따를 수 없다 하여, 장건봉에게 자신을 禮遇해주기를 청하는 다음과 같은 편지를 올렸다.

> "제가 執事께 사랑을 받아 서로 交遊한 지가 오래되었으니, 너그럽게 용인하시어 저의 個性을 상실하지 않게 하고, 더욱 優待하시어 명성을 이루게 하신다면, 寅時(새벽 4시부터 5시)에 들어갔다가 辰時(오전 8시부터 9시)가 다하면 물러나오고, 申時(오후 4시부터 5시)에 들어갔다가 酉時(오후 6시부터 7시)가 다하면 물러나오는 것을 기준으로 삼아 日常의 規例로 정하더라도 직무를 폐기하지 않을 것입니다."10)

---

6) "愈自以孤子 幼刻苦學儒 不俟奬勵" ≪舊唐書 韓愈傳≫

7) "愈自知讀書 日記數千百言" ≪舊唐書 韓愈傳≫

8) "愈也 布衣之士也 生七歲而讀書 十三而能文" 本書 권3 〈與鳳翔刑部〔邢〕尙書書〉

9) "四擧而後有成 亦未卽得仕 聞吏部有以博學宏辭選者……凡二試於吏部 一旣得之 而又黜於中書" 본서 권5 〈答崔立之書〉

10) "愈蒙幸於執事 其所從舊矣 若寬假之 使不失其性 加待之 使足以爲名 寅而入 盡辰而退 申而入 終酉而退 率以爲常 亦不廢事" 본서 권2 〈上張僕射書〉

정원 17년에 四門博士가 되었다. 이때 한유는 34세의 나이로 官位는 높지 않으나, 名聲은 이미 文壇에 널리 알려졌다. 한유는 儒學과 古文을 唱導하여 젊은 學子들을 지도하는 한편, 이들을 적극적으로 考官에게 薦擧하니[11] 많은 學子들이 한유의 門下로 모여들어 스스로 '韓門弟子'라고 칭하였다. 당시에 師道가 무너진 지 이미 오래여서 從師問學하는 일이 드물었으므로, 한유가 문호를 개방하고서 학생을 받아들여 지도하는 것을 해괴하게 여겨 비방하는 사람이 많으니, 한유는 〈師說〉[12]을 지어 抗辯하였다. 柳宗元도 世態를 상심하여 〈答韋中立書〉에 "魏·晉 이후로 사람들은 더욱 스승을 섬기지 않았으니, 지금 세상에는 스승을 섬기는 이가 있다는 말을 듣지 못하였다. 스승을 섬기는 이가 있으면 사람들은 도리어 떠들썩하게 비웃으며 '미친 사람'이라고 한다. 그런데 한유는 홀로 분연히 세속을 돌아보지 않고 비웃음과 업신여김을 무릅쓰고서 後學들을 불러 모아 〈師說〉을 짓고, 이어 얼굴을 꼿꼿이 들고서 스승 노릇을 하니, 세상 사람들은 과연 떼 지어 괴이하게 여기고 떼 지어 모욕하였다."[13]고 하였다.

정원 19년에 監察御史가 되었다. 宦官이 직접 市場으로 가서 宮中에 필요한 일용품을 購買하는 것을 '宮市'라 하는데, 이때 환관의 跋扈가 극심하여 물건 값을 후려치기도 하고, 혹은 값을 치르지 않기도 하여 그 폐해가 이루 말할 수 없었다. 이에 한유는 上疏하여 宮市의 폐해를 강력히 論하였다가 德宗의 노여움을 사서 連州 陽山令으로 左遷되었다가 憲宗의 즉위와 함께 내린 赦免令에 의해 江陵法曹參軍으로 옮겼다.

元和 원년(806)에 부름을 받고 조정으로 돌아와서 權知國子博士가 되었다.

원화 4년에 都官員外郞으로 승진하고, 이어 河陽令에 제수되었다가 다시 職方員外郞으로 승진하였다. 華陰令 柳澗의 贓罪가 발각되자, 한유는 華州刺史도 한통속이라고 여겨 上疏해 刺史를 탄핵하였다가 도리어 妄論罪에 걸려 다시 國子博士로 降職되었다. 그러자 한유는 재능이 뛰어난데도 자주 降等되고 官職 또한 낮은 것을 한탄하여, 〈進學解〉[14]를 지어 자신의 처지를 비유하였다. 執政이 그 글을 보고 史才가 있다고 여겨

---

11) 考官에게 편지를 보내어, 尉遲汾 등 열 사람을 推薦한 것이 본서 권3 〈與祠部陸員外書〉에 보인다.

12) 〈師說〉은 본서 권10에 실려 있다.

13) "由魏晉氏以下 人益不事師 今之世 不聞有師 有輒譁笑之 以爲狂人 獨韓愈奮不顧流俗犯笑侮 收召後學 作師說 因抗顔而爲師 世果群怪聚罵" ≪柳河東集 答韋中立書≫

14) 〈進學解〉는 본서 권10에 실려 있다.

한유를 比部郎中 史館修撰에 임명하였다. 이때 ≪純宗實錄≫을 편찬하였다.

원화 6년에 考功郎中 知制誥로 轉職되었다가 中書舍人으로 승진하였다. 이때 藩鎭의 跋扈가 극심하였다. 한유가 〈論淮西事宜狀〉[15]을 올려 淮西의 吳元濟를 토벌하기를 청하니, 전쟁을 싫어하는 執政 李逢吉이 한유를 미워하여, 한유가 江陵法曹參軍으로 있을 때에 裴均과 가까이 지낸 일을 문제 삼아 한유를 太子右庶子로 降職시켰다.

원화 12년에 회서의 오원제를 토벌할 때 行軍司馬로 출정하여 회서를 討平한 功으로 刑部侍郎에 제수되었다. 이해에 〈平淮西碑〉[16]를 지었다.

원화 14년에 憲宗이 鳳翔法門으로 使者를 보내어 佛骨을 맞이해 와서 宮中에서 모셔놓고 3일 동안 供養하자, 한유는 〈論佛骨表〉[17]를 올려 '옛날의 聖王 때는 중국에 佛法이 없었으나 모두 장수하였는데, 불법이 들어온 뒤로는 亂亡이 이어지고 국운이 길지 못하였다.'는 등의 말로 강력히 간하니, 憲宗은 크게 노하여 한유를 極刑으로 다스리고자 하였다. 다행히 裴度와 崔群 등의 도움으로 死刑을 면하고서 潮州刺史로 左遷되었다. 이해 10월에 量移되어 袁州刺史가 되었다. 한유가 潮州刺史로 간 처음에 백성들의 疾苦를 물으니, 모두 "惡溪의 鰐魚가 家畜을 잡아먹어 가축이 거의 씨가 마를 지경이어서 백성들의 생활이 곤궁하다."는 것이었다. 이에 한유는 〈祭鰐魚文〉[18]을 지어 가지고 친히 惡溪로 가서 양 한 마리와 돼지 한 마리를 악계에 던져 넣고서 〈제악어문〉을 읽었다.

원화 15년에 다시 조정의 부름을 받고 올라와서 國子祭酒에 제수되었다가 兵部侍郎으로 옮겼다. 이때 鎭州軍이 반란을 일으켜 節度使 田弘正을 殺害하고 王廷湊를 절도사로 세우고서 朝廷에서 征伐軍으로 보낸 牛元益의 군대를 포위하는 일이 발생하였다. 한유는 조정의 명을 받고 가서 왕정주를 설득하여 포위를 풀게 하고서 돌아오니, 皇帝는 기뻐하여 한유를 吏部侍郎으로 轉職시켰다.

穆宗 長慶 4년(824) 12월에 逝去하였으니, 나이가 57세였다. 禮部尙書에 追贈하고 諡를 '文'이라 하였다. 한유는 貫籍이 昌黎(지금의 河南省 孟縣)로 그곳의 望族이었

---

15) 〈論淮西事宜狀〉은 본서 권1에 실려 있다.

16) 〈平淮西碑〉는 본서 권11에 실려 있다.

17) 〈論佛骨表〉는 본서 권1에 실려 있다.

18) 〈祭鰐魚文〉은 본서 권16에 실려 있다.

다. 그는 항상 스스로 '昌黎韓愈'라고 칭하였다. 그러므로 後人들도 그를 '韓昌黎'로 칭한다.

4. 韓愈의 哲學思想

韓愈는 各地의 藩鎭(節度使)이 皇命에 반항하고, 老佛의 邪說이 세상을 현혹하는 모든 상황이 儒學(先王의 道)이 쇠퇴한 데서 온 결과로 인식하고서, 오직 儒學의 振興만이 노불의 억제와 사회질서의 회복과 경제의 안정을 가져올 수 있다고 믿었다. 그러므로 그는 崇儒斥老佛을 畢生의 목표로 삼았다.

그의 崇儒斥老佛 思想이 가장 잘 나타나 있는 곳은 〈原道〉[19]이다. 그는 〈원도〉에서 "人類를 널리 사랑하는 것을 仁이라 하고, 행위가 事理에 부합하는 것을 義라 하며, 仁과 義를 따라가는 것을 道라 하고, 인과 의가 나에게 충분하여 밖에서 구할 필요가 없는 것을 德이라 한다. 仁과 義는 정해진 명칭이고, 道와 德은 빈자리이다. 그러므로 도에는 君子와 小人의 도가 있고, 덕에는 善德과 惡德이 있다."고 하여, 仁의 槪念을 博愛로, 義의 개념을 合理로, 道의 개념을 인의를 행하는 것으로, 德의 개념을 인의가 나에게 충분하여 밖에서 구할 필요가 없는 것으로 定義하고서 이것을 先王의 道로 規定하였다.[20]

이는 곧 仁과 義는 善이 主人으로 정해진 것을 이르는 名稱이니, 인과 의는 善이 되지만 道와 德은 아직 주인이 정해지지 않아 비어 있는 자리이니, 어떤 도를 따르느냐 어떤 덕을 지키느냐에 따라 군자의 도가 되기도 하고 소인의 도가 되기도 하며, 善德이 되기도 惡德이 되기도 한다는 것이다. 노자가 말한 도와 덕은 인과 의를 배제한 것이니, 이는 君子의 道와 善한 德이 아니라고 비난한 것이다.

그는 또 仁·義를 과소평가한 老子를 비판하면서 "老子가 말한 道·德은 제가 알고 있는 도·덕을 도·덕이라 한 것이니, 우리가 말하는 도·덕이 아니다. 우리가 말하는 도·덕은 仁과 義를 합하여 말한 것이니 천하의 公言이고, 노자가 말한 도·덕은 인과 의를 배제하고서 말한 것이니 한 개인의 말이다."[21]라고 하여, 인·의를 도·덕의 下

---

19) 〈原道〉는 본서 권9에 실려 있다.

20) "博愛之謂仁 行而宜之之謂義 由是而之焉之謂道 足乎己無待於外之謂德 仁與義爲定名 道與德爲虛位 故道有君子小人 而德有凶有吉……夫所謂先王之敎者 何也 博愛之謂仁 行而宜之之謂義 由是而之焉之謂道 足乎己無待於外之謂德" 본서 권9 〈原道〉

位概念으로 본 노자의 見解를 정면으로 反駁하였다.

노자는 그의 저서 ≪道德經≫에서 "大道가 廢棄된 뒤에 仁義가 생겼다."[22]고 하고, 또 "道를 잃은 뒤에 德이 생겼고, 德을 잃은 뒤에 仁이 생겼고, 仁을 잃은 뒤에 義가 생겼다."[23]고 하였으니, 인·의를 도·덕의 하위개념으로 본 것이다.

그는 또 佛僧들이 出家해 君臣·父子·夫婦 등의 倫常과 納稅·兵役 등의 의무를 저버리고서 오직 놀고먹으면서 解脫만을 추구하여, 倫理를 어지럽히고 국가경제를 피폐하게 만드는 작태를 아래와 같이 비난하였다.

> "임금은 政令을 반포하는 자이고, 신하는 그 정령을 실행하여 백성을 다스리는 자이다.……그런데 지금 저들의 法(佛法)에는 '너희들의 君臣과 父子의 관계를 단절하고, 生養을 금지하고서 淸淨·寂滅(일체의 煩惱에서 벗어나 涅槃의 경지에 듦)을 추구하라.'고 한다."[24]

그는 또 선왕의 도가 전승되지 않으므로 인해 온갖 폐해가 생겨났으니, 이를 바로잡으려면 선왕의 도를 계승해 부흥시키는 것이 우선이라고 여겨, 다음과 같이 道統의 系譜를 말하였다.

> "堯는 이 道를 舜에게 傳하고, 순은 禹에게, 우는 湯에게, 탕은 文王·武王·周公에게, 문왕·무왕·주공은 孔子에게, 공자는 孟子에게 전하였는데, 맹자가 죽은 뒤에는 그 傳承者를 얻지 못하였다. 荀況과 揚雄은 〈선왕의 도를〉 선택하였으나 精當하지 못하고 道를 말하였으나 詳細하지 못하였다."[25]

이는 곧 옛날 堯·舜으로부터 傳承되기 시작하여 禹·湯·文·武·周公·孔子를 거

---

21) "其所謂道 道其所道 非吾所謂道也 其所謂德 德其所德 非吾所謂德也 凡吾所謂德道德云者 合仁與義言之也 天下之公言也 老子之所謂道德云者 去仁與義言之也 一人之私言也" 본서 권9 〈原道〉

22) "大道廢 有仁義" ≪道德經 俗薄≫

23) "失道而後德 失德而後仁 失仁而後義" ≪道德經 論德≫

24) "君者 出令者也 臣者 行君之令而致之民者也……今其法曰 必棄而君臣 去而父子 禁而相生養之道 以求其所謂淸淨寂滅者" 본서 권9 〈原道〉

25) "堯以是傳之舜 舜以是傳之禹 禹以是傳之湯 湯以是傳之文武周公 文武周公傳之孔子 孔子傳之孟軻 軻之死 不得其傳焉 荀與揚也 擇焉而不精 語焉而不詳" 上同

처 孟子에게 전승된 도가 맹자 死後에 전승할 사람을 얻지 못하였고, 荀況과 揚雄이 비록 이 道를 선택하고 이 도를 설명하였으나, 精當하지도 詳細하지 못하였다고 하여, 자신이 끊어진 도통의 傳承者임을 은근히 暗示한 것이다.

그는 또 세상을 구제할 方策을 제시하며, "佛老를 막지 않으면 우리의 道가 流傳하지 못하고, 佛老를 저지하지 않으면 우리의 道가 실현되지 못하니, 佛僧과 道士들을 還俗시켜 백성으로 만들고 佛老의 經傳을 불태우고 佛寺와 道觀을 民家로 만들고서 先王의 道를 밝혀 그들을 인도한다면, 鰥寡孤獨과 廢疾者들이 奉養을 받게 될 것이니, 이렇게 하면 거의 可할 것이다."[26]라고 하여, 선왕의 도를 실현하기 위해서는 먼저 도교와 불교를 억제하고 놀고먹는 도사와 불승들을 還俗시켜 백성으로 만들고서 "粟米와 麻絲를 생산하고 器皿을 만들고, 貨物과 錢財를 流通하여 윗사람을 섬기는 것"을 백성의 本分으로 규정[27]한 선왕의 도를 밝혀 인도하면 생산이 늘어나고 경제가 발전하여 불우한 자들이 도움을 받는 세상이 될 수 있다고 주장하였다.

이는 孟子가 "楊朱와 墨翟의 道를 終熄시키지 않으면 공자의 도가 드러나지 않는다."[28]라고 한 것과 같은 脈絡이다. 특히 先王의 道로 다스려야 鰥寡孤獨과 廢疾이 있는 자들이 모두 봉양을 받게 될 것이라고 한 데서, 그가 유학의 도만이 세상의 폐해를 구제할 수 있다고 확신한 것을 엿볼 수 있다. 실로 그는 〈與孟尙書書〉에서 "비록 그렇게 된다 하더라도 도가 나로 인해 조금이나마 전해진다면 나는 비록 죽는다 해도 절대로 悔恨하지 않을 것이다."[29]라고 하여, 道統의 繼承을 위해서라면 죽음도 아끼지 않겠다는 결연한 의지를 보였다.

한유는 人性에 대해 孟子의 性善說, 荀子의 性惡說, 揚子의 善惡混說을 모두 부정하고, 人性을 세 종류로 구분한 董仲舒의 설을 계승하여 性有三品說을 주장하면서 "人性에는 上・中・下 세 등급이 있는데, 상등인의 性은 善할 뿐이고, 중등인의 성은 인도함에 따라 선해질 수도 있고 악해질 수도 있으며, 하등인의 성은 악할 뿐이다.……孟子의 性善說과 荀子의 性惡說과 揚子의 善惡混說은 처음에는 善하였으나 뒤에 惡해지

---

26) "不塞不流 不止不行 人其人 火其書 廬其居 明先王之道以道之 鰥寡孤獨廢疾者有養也 其亦庶乎其可也" 上同

27) "民者 出粟米麻絲 作器皿 通貨財 以事其上者也" 上同

28) "楊墨之道不息 孔子之道不著" ≪孟子 滕文公 下≫

29) "使其道由愈而粗傳 雖滅死 萬萬無恨" 본서 권3 〈與孟尙書書〉

는 경우와 처음에는 악하였으나 뒤에 선해지는 경우와 처음에는 선악이 混在하였으나 뒤에 선해지기도 하고 악해지기도 하는 경우를 말한 것이다. 이는 모두 中等人의 性만 말하고 上等人과 下等人의 성은 빠뜨린 것이니, 하나만 알고 둘은 모른 것이다."라고 비판하였다.[30]

人性에 관한 論議는 孟子가 性善說을 주장하면서 本格化되었다. 이후 荀子는 性惡說을 제기하여 맹자의 성선설을 비판하였으나, 사람의 성이 누구나 동일하다고 본 점은 같다. 漢나라 揚雄은 性善惡混論을 주장하여, 인간의 성은 單一性이 아니고 善性과 惡性이 混在한다고 보아, 맹자·순자와 견해를 달리하였으나, 인간은 누구나 동일한 性을 지녔다고 본 점은 같다.

漢나라 董仲舒는 聖人의 性, 中民의 性, 斗筲(小人)의 性으로 나누어 말하면서 "聖人의 性과 斗筲의 性은 性이라 名稱할 수 없고, 명칭할 수 있는 것은 中民의 性뿐이다. 中民의 性은 누에고치와 같고 알과 같아서, 알은 20일을 품은 뒤에야 병아리가 되고, 누에고치는 삶아서 켠 뒤에야 실이 될 수 있듯이 性도 교훈이 있은 뒤에야 善이 되니, 선은 교훈으로 인해 되는 것"[31]이라고 하여, 인간의 성에 선악이 있는 것이 아니고, 교훈에 따라 선해지기도 하고 악해지기도 하는 것으로 보았다.

한유는 다시 "上品의 性을 가진 사람과 下品의 性을 가진 사람은 끝내 변화할 수 없는 것인가?"라고 스스로 문제를 제기하고서, "上品의 性을 가진 사람은 학문으로 인해 더욱 밝아지고, 下品의 性을 가진 사람은 威刑(嚴刑)을 두려워하여 罪를 덜 짓는다. 그러므로 上品의 性을 가진 사람은 教育해야 하지만 下品의 性을 가진 사람은 制約해야 한다."[32]고 대답하였다.

이는 上品人은 性이 善하기 때문에 교육을 통해 도리를 더욱 분명히 알게 할 수 있지만, 下品人은 性이 惡하여 교육할 수 없기 때문에 엄하게 다스려 죄악을 짓지 않게 해

---

30) "性之品有上中下三 上焉者 善焉而已矣 中焉者 可導而上下也 下焉者 惡焉而已矣……孟子之言性曰 人之性善 荀子之言性曰 人之性惡 揚子之言性曰 人之性善惡混 夫始善而進惡 與始惡而進善 與始也混而今也善惡 皆擧其中而遺其上下者也 得其一而失其二者也" 본서 권9 〈原性〉

31) "聖人之性 不可以名性 斗筲之性 又不可以名性 名性者 中民之性 中民之性 如繭如卵 卵待覆二十日而後能爲雛 繭待繰以綰湯而後能爲絲 性待漸於教訓而後 能爲善 善 教訓之所然也 非質樸之所至能也" ≪春秋繁露 實性≫

32) "曰 然則性之上下者 其終不可移乎 曰 上之性就學而愈明 下之性畏威而寡罪 是故上者可教而下者可制也" 본서 권9 〈原性〉

야 한다는 것이니, 곧 상품인과 하품인을 다스리는 방법을 달리해야 한다는 것을 말한 것이다.

5. 韓愈의 文學思想

韓愈의 시대는 思想的으로는 道教와 佛教가 盛行하고 文學的으로는 騈儷文이 流行하던 시기였다. 변려문은 魏晉 이후 점차 流行하다가 唐나라에 와서는 科擧의 文體로 採擇되면서 더욱 盛行하였다. 변려문은 全篇을 對句로 구성하여 내용보다 形式을 중시하기 때문에 自由로운 表現을 속박하는 側面이 있다. 그러므로 武后 때 陳子昂이 文體革新을 제창한 뒤로 蕭穎士, 李華, 元結, 獨孤及 등이 서로 뒤를 이어, 변려문을 批判하고 古文의 振興을 강조하며 "문장은 三代와 兩漢의 글을 본보기로 삼아 儒學의 經傳을 尊崇하고 道를 표현〔載道〕하여 教化에 도움을 주어야 한다."고 주장하였으나, 큰 성과를 거두지는 못하였다. 그러다가 韓愈와 柳宗元이 나와서 다시 변려문을 반대하고 秦漢時代의 散文體인 古文으로 돌아갈 것을 주창하여 文學革新運動 곧 古文運動을 전개하였다.

〈昌黎文集序〉에서 李漢은 "文章은 道를 꿰는 도구이다.〔文者 貫道之器也〕"라고 하였으니, 이는 한유의 文章觀을 잘 표현한 말이다. 이 말은 이후 北宋의 周敦頤가 제기한 文以載道論에 직접적인 영향을 주었다고 할 수 있으니, 사실상 載道論의 주창자를 한유로 간주해도 무리가 없다. 실제로 한유는 기회가 있을 때마다 당시 문인들에게 편지를 보내 자신이 문장을 짓는 것은 도를 밝히기 위함이라고 역설하였다.

그는 "내가 古文에 뜻을 둔 것은 그 文辭가 좋아서만이 아니라, 〈문사 속에 담긴〉 道를 좋아해서일 뿐이다."[33]라고 하고, 또 "나의 뜻이 옛 道를 행하는 데 있고 또 옛 문장을 매우 좋아한다."[34]고 하고, 또 "君子는 벼슬을 하면 職分을 다하다가 죽기를 생각하고, 벼슬을 얻지 못하면 문장을 지어 道를 밝히기를 생각한다. 나는 문장으로 道를 밝히려는 것이지, 나의 강직함을 드러내어 남을 凌辱하려는 것이 아니다."[35]라고

---

33) "愈之所志於古者 不惟其辭之好 好其道焉爾" 본서 권5 〈送李秀才書〉

34) "愈之志 在古道 又甚好其言辭" 본서 권4 〈答陳生書〉

35) "君子居其位 則思死其官 未得位 則思修其辭以明其道 我將以明道也 非以爲直而加人也" 본서 권9 〈爭臣論〉

하였으니, 이로써 보면 그가 문장을 지은 것은 도를 밝히기 위함이었고, 자신을 과시하기 위함이 아니었음을 알 수 있다.

한유는 문장을 道德을 표현하는 수단으로 보아, 文人의 修養을 강조하며 다음과 같이 말하였다.

> "혹은 옛날 立言者의 경지에 이르기를 바라는 데 있다면 빨리 성공하기를 바라지도 말고, 權勢(벼슬)나 利祿(祿俸)에 誘惑당하지도 말며, 뿌리를 培養하여 結實을 기다리고 등잔에 기름을 부어 빛이 밝아지기를 기다리라. 뿌리가 무성한 나무는 그 열매가 풍성하고 기름을 부은 등잔은 빛이 밝아지듯이, 仁義가 있는 사람은 그 言論이 따뜻하고 부드럽다.……氣(文章의 氣勢)는 물과 같고 言(文辭)은 물 위에 떠 있는 浮物과 같으니, 물이 크면 크고 작은 浮物이 모두 뜬다. 氣와 言의 관계도 이와 같아, 氣가 성대하면 言(辭句)의 長短과 聲韻의 高下가 모두 알맞게 된다."[36]

이는 곧 도덕이 근본이고 문장은 도덕을 표현하는 수단이니, 도덕이 深厚하면 문장의 外華와 內實이 함께 이루어지고, 氣가 왕성하면 문장의 표현을 자유자재로 할 수 있다는 것이다.

그는 또 자기의 문장을 남에게 보여주었을 때 "남들이 비웃으면 나는 기뻐하고 남들이 칭찬하면 나는 근심하였다."[37]고 하였으니, 여기에서 그가 당시 사람들이 좋아하는 변려문을 멀리하고 고문에 가까운 글을 쓰고자 했던 것을 볼 수 있다.

한유는 맹자에서 단절된 도통의 承繼를 자신의 임무로 여겨, 儒者의 見地에서 道와 性과 人의 본원을 推究하는 〈原道〉, 〈原性〉, 〈原人〉 등의 論文을 발표하여, 崇儒斥老佛의 당위성을 강조하고, 性有三品說을 제기하여, 中等人은 教訓하여 善으로 인도하고, 下等人은 嚴刑으로 다스려 罪를 범하지 않게 해야 한다고 주장하고, 사람만 博愛할 것이 아니라 夷狄과 禽獸까지 모두 愛護할 것을 말하였다.[38] 이밖에도 사회의 여러

---

36) "將蘄至於古之立言者 則無望其速成 無誘於勢利 養其根而竢其實 加其膏而希其光 根之茂者其實遂 膏之沃者 其光曄 仁義之人 其言藹如也……氣 水也 言 浮物也 水大而物之浮者大小畢浮 氣之與言 猶是也 氣盛則言之短長與聲之高下者皆宜" 본서 권4 〈答李翊書〉

37) "笑之則以爲喜 譽之則以爲憂" 上同

38) "人者 夷狄禽獸之主也 主而暴之 不得其爲主之道矣 是故聖人一視而同仁" 본서 권9 〈原人〉

폐단에 대해 論文이나 書信을 통해 의견을 제시하는 등 활발한 활동을 전개하여 많은 사람의 支持를 받았다.

예컨대 조정에 강직한 신하가 없다고 한탄한 〈爭臣論〉이나, 학문을 한 선비가 세상에 쓰이지 못하는 것을 개탄한 〈進學解〉, 그리고 스승의 道가 사라진 당시의 世態를 꼬집은 〈師說〉, 皇帝의 佛事를 극력 반대한 〈論佛骨表〉 등은 모두 該博한 知識과 整然한 論理로 구성한 文章으로 당시 社會의 弊端을 바로잡기 위한 苦心의 力作이었다. 또 〈祭十二郎文〉, 〈柳子厚墓誌銘〉 등에서는 형식에 구애빈지 않는 자유로운 표현을 통해 죽은 이를 추모하는 심정을 더없이 절절하게 서술하였고, 아울러 뛰어난 재능을 지니고서도 때를 만나지 못해 불우하게 살아가는 이들을 위로한 〈送孟東野序〉, 〈送李愿歸盤谷序〉 등은 이후 많은 문인들의 공감을 얻었는데, 특히 蘇軾은 唐代의 文章으로는 오직 〈送李愿歸盤谷序〉 한 篇이 있을 뿐이라고 극찬하기까지 하였다.[39]

한유의 이 같은 고문 활동은 柳宗元을 비롯한 벗들과 제자들은 물론 다수의 문인들에게 영향을 끼쳤다. 그러므로 ≪新唐書≫ 〈韓愈列傳 贊〉에 "韓愈가 죽은 뒤에 그의 문장이 크게 유행하여, 學者들은 그를 泰山北斗처럼 우러른다."[40]라고 평가하였다.

6. 韓愈文集의 編纂과 流傳

≪昌黎先生集≫은 한유가 죽은 뒤에 그 弟子이면서 사위인 李漢이 한유의 詩文을 수습하여 文集으로 編纂하고서 붙인 이름이다.

〈昌黎先生集序〉에 "長慶 4년(824) 겨울에 선생이 몰하시니, 문인 隴西 李漢은 알아주심을 받은 것이 가장 두터운데다 친척이므로, 드디어 그 遺文을 수습해 失墜한 것 없이, 賦 4, 古詩 210, 聯句 11, 律詩 160, 雜著 65, 書・啓・序 96, 哀詞・祭文 39, 碑・誌 76, 筆銘・硯銘・鰐魚文 3, 表・狀 52 등 모두 700首를 수습하고, 目錄을 아울러 도합 41권으로 만들고서 ≪昌黎先生集≫이라고 제목을 붙여 代(後繼者)에 전하였다. 이밖에 ≪注論語≫ 10권은 학자들에게 전해지고, ≪順宗實錄≫ 5권은 史書에 편입되었으므로 이 문집에 싣지 않았다."[41]고 하였다.

---

39) "唐無文章 唯韓退之送李愿歸盤谷序一篇而已" ≪東坡志林 卷七≫

40) "自愈沒 其言大行 學者仰之如泰山北斗云" ≪新唐書 韓愈列傳 贊≫

41) "長慶四年冬 先生歿 門人隴西李漢 辱知最厚且親 遂收拾遺文 無所失墜 得賦四 古詩二百一

그 뒤로 많은 傳本이 나오면서부터 문집에 빠진 詩文 등을 모아 附錄하였으나, 傳寫하는 과정에 字句의 缺落과 誤記가 많이 발생하였다. 南宋 孝宗 때 台州軍知事 方崧卿이 唐 令狐澄本 등 여러 板本과 17장의 碑誌 拓本을 참고하여 ≪韓集擧正≫ 10권을 편찬하였다. 朱子는 ≪韓集擧正≫에 誤謬가 많다 하여, 오류를 考訂하고서 ≪原本韓集考異≫를 편찬하였는데, ≪四庫全書總目提要≫에 의하면 "宋 朱子의 撰이다. 이 책은 韓集의 여러 板本에 異同이 있고, 方崧卿이 편찬한 ≪韓集擧正≫이 비록 여러 판본을 參校하여 棄短取長하였으나, 실은 오직 館閣本만을 主로 삼았고, 是非를 確定하지 않고 牽强附會한 곳이 많다고 여겨,……이 때문에 다시 考訂하고서 淨寫하여 10권으로 만들었는데, 方本에 합당한 것은 存置하고 합당하지 않은 것은 일일이 자세히 辨證하였다. 그 體制는 본래 陸德明의 ≪經典釋文≫처럼 단지 正文의 한두 글자만 따다가 大字로 쓰고 그 밑에 考異한 註를 雙行으로 기록하여 別本으로 만들었을 뿐이었다.……宋나라 말기에 이르러 王伯大는 〈朱子의 ≪韓集考異≫가 別本으로 되어 있어 閱覽하기에 불편하다 하여 ≪韓集考異≫의 註文을〉 잘라다가 本集의 各 句 밑에 記入하여 〈≪別本韓文考異≫ 40권, 外集 10권, 遺文 1권으로 만들었는데,〉 열람하기 편리하므로 지금까지 流布되고 있다."[42]라고 하였다. 이후 元·明·淸 시대에도 多種의 韓愈文集이 출판되었으나, 대체로 ≪別本韓文考異≫를 母本으로 한 것들이다.

7. 우리나라에 끼친 影響

≪昌黎集≫이 우리나라에 언제 들어왔는지는 정확하지 않으나, 金富軾은 "한유와 유종원이 문장을 쓰자 당나라의 문체가 세 번 변하였다."[43]고 하고, 林椿은 "몇천 년 만에 한유가 나와서 衰微해진 문장을 떨쳐 일으켰다."[44]고 하고, 李穡은 "唐나라 韓愈에

十 聯句十一 律詩一百六十 雜著六十五 書啓序九十六 哀詞祭文三十九 碑誌七十六 筆硯鱷魚文三 表狀五十二 總七百 幷目錄合爲四十一卷 目爲昌黎先生集 傳於代 又有注論語十卷 傳學者 順宗實錄五卷 列於史書 不在集中" 李漢,〈昌黎先生集序〉

42) "宋 朱子撰 其書因韓集諸本互有異同 方崧卿所作擧正 雖參校衆本 棄短取長 實則惟以館閣本爲主 多所依違牽就……是以覆加考訂 勒爲十卷 凡方本之合者存之 其不合者一一詳爲辨證 其體例 本但摘正文一二字大書 而所考夾註於下 如陸德明經典釋文之例……至宋末 王伯大始取而散附句下 以其易於省覽 故流布至今" ≪四庫全書總目提要 集部 別集類三≫

43) "韓柳揮毫 唐文至於三變" ≪東文選 金富軾 謝魏樞密稱譽啓≫

44) "幾千年出韓愈 振文章於已衰" ≪西河集 上李常侍知命啓≫

이르러 홀로 孔子를 尊崇할 줄 알아서 문장이 마침내 변하였다."[45]고 하여, 衰微한 文風을 振作시킨 한유의 공을 높이 평가하였고, 尹紹宗과 金子粹는 佛法을 崇奉하는 君主를 諫하면서 "부처를 섬김이 더욱 敬謹할수록 국가의 年代는 더욱 단축되었다.[事佛漸謹 年代尤促]"[46]는 한유의 〈論佛骨表〉의 말을 인용한 것으로 보아, 高麗 中期부터 이미 한유의 문집이 널리 읽혔을 뿐만 아니라 적지 않은 影響을 끼친 것으로 생각된다.

朝鮮朝에 와서는 한유의 崇儒斥佛思想이 儒學을 國是로 한 王朝의 統治理念에 부합하므로 그 위상이 더욱 높아져서, 그 문집이 經筵에서 講論되었을 뿐만 아니라 국가에서 누차 간행하여 반포하기까지 하였다. 太宗朝에서 高宗朝까지 經筵에서 韓愈의 文章을 강론하거나 논평한 일이 셀 수 없이 많다. 그중에서 몇 가지 사례를 들어 소개한다.

太宗 11년 7월 2일에 "韓退之의 문장과 朱文公의 도덕은 후세 학자가 사모하고 본받을 바이다."[47]라고 한 河崙의 상소문이 실려 있고, 成宗 6년 5월 7일 書講에서 문장에 대한 성종의 물음에 "후세의 문장으로는 唐代의 韓愈·柳宗元과 宋代의 歐陽脩·蘇軾만 한 이가 없다."[48]고 한 徐居正의 대답이 실려 있고, 또 같은 해 10월 16일 주강에서 侍講官 洪貴達이 "한유가 〈論佛骨表〉에서 역대의 治亂 得失과 國運의 長短을 極論하였다가 당시에 비록 潮州刺史로 貶職되었으나, 만세의 충신이니, 후세의 군왕은 이 글을 써서 座右에 붙여놓고서 항상 눈여겨보고서 猛省해야 합니다."[49]라고 아뢴 말이 실려 있다.

朝鮮 初期로부터 後期에 이르는 동안 국가에서 ≪韓昌黎集≫ 및 한유의 글이 실린 多種의 서적을 간행한 것을 史料를 통해 알 수 있다. 世宗 元年에 ≪五百家註音辨昌黎集 外集≫을 간행하고, 세종 20년에 ≪朱文公校昌黎先生文集≫을 간행하였으며, 中宗 27년에 ≪韓文正宗≫을 간행하고, 光海君 2년에 訓練都監에서 ≪韓昌黎集≫을 간행하였으며, 正祖 때에 ≪唐宋八子百選≫을 간행하였다. 이밖에도 한유의 글이 다수 실

45) "至于唐韓愈 獨知尊孔氏 文章遂變" ≪牧隱集 選粹集序≫

46) ≪高麗史≫ 〈尹紹宗列傳〉에 "唐憲宗迎佛骨于禁中 刑部侍郎韓愈極言以爲 自佛氏入中國以來 事之愈謹 年代尤促"라고 하였고, ≪高麗史≫ 〈金子粹列傳〉에 "唐韓愈言於憲宗曰……事佛漸謹 年代尤促 此非韓子之臆說"이라고 하였다.

47) "臣竊謂韓退之文章 朱文公道德 後世學者之所慕效者也" ≪太宗實錄≫

48) "後世文章之盛 莫如唐之韓愈柳宗元宋之歐陽脩蘇軾" ≪成宗實錄≫

49) "極言歷代人君治亂得失歷年長短 當時雖貶潮州 萬世之忠臣也 後之人君 宜書諸座右 常目在之而猛省" ≪成宗實錄≫

린 ≪古文眞寶≫·≪文章軌範≫ 등을 간행하기도 하였다.

이 밖에 ≪韓文吐釋≫이 있는데 매우 특기할 만하다. 이 책은 尹根壽가 崔岦과 서신을 왕복하며 疑難處를 訂正하여 筆寫해 ≪訂疑集覽≫ 上下卷으로 엮어 宣祖에게 올린 책인데, 현재 ≪月汀先生別集≫에 ≪韓文吐釋≫이란 이름으로 실려 있다.

당시에 韓愈의 文章에 懸吐作業까지 한 것으로 보아 한유의 문장을 필독서로 여겼음을 미루어 짐작할 수 있다. 現存한 先賢들의 文集에도 한유의 문장을 인용하거나 한유의 문장을 論評한 말이 없는 문집이 거의 없을 정도이니, 한유의 문장이 끼친 영향이 지대했다 하겠다. 그중에서 몇 사람의 遺文에 실린 한유의 문장에 대한 評語를 소개한다.

鄭道傳은 韓愈가 "부처를 섬김이 더욱 敬謹할수록 국가의 연대는 더욱 단축되었다."고 한 〈論佛骨表〉의 말이 매우 절실하고 분명하다[50]고 높이 평가하였고, 權近은 "佛氏가 중국에 들어온 뒤로 斯文이 더욱 피폐해졌는데, 魏·晉 이후로는 완전히 막혀 사문에 사람이 있다는 말을 들을 수 없었는데, 唐나라에 이르러 韓子가 仁義를 숭상하고 異端을 물리쳐 八代의 쇠미한 문풍을 일으켜 세웠다."[51]고 하여 한유를 '子'로 존칭하기까지 하였으며, 徐居正은 "韓愈의 문장을 배웠다."고 하고, 金益勳도 "谿谷 張維에게 韓文을 배웠다."고 하였으며, 栗谷은 "韓退之의 文章이 八代 곧 東漢·魏·東晉·西晉·宋·齊·梁·陳의 衰頹한 文風을 일으켜 세웠으나, 한퇴지는 자신을 지킴이 견고하지 못하여 飢寒과 困窮을 견디지 못하고 남에게 도움을 호소하였다."[52]고 하여, 문풍을 진작시킨 것은 높이 평가하면서도 남에게 도움을 호소한 것을 안타까이 여겼다.

李睟光은 "韓愈의 '聖人의 道를 관찰하려면 반드시 ≪孟子≫로부터 시작해야 한다.'는 이 말은 昌黎가 홀로 터득한 見解인데, 先儒가 이 말을 집어내어 평가하지 않은 것은 어째서인가?"[53]라고 의아해하였으며, 趙絅은 "韓退之는 儒學이 끊어진 뒤에 출생

---

50) "彼佛氏則不論人之邪正是非 乃曰歸吾佛者 禍可免而福可得……其間事佛甚篤 如梁武唐憲者皆不得免焉 韓退之所謂 事佛漸謹 年代尤促者 此其說不亦深切著明矣乎" ≪三峰集 佛氏禍福之辨≫

51) "及佛氏入中國 斯文益病 魏晉以降 蓁塞無聞 至唐 韓子崇仁義 闢異端 以起八代之衰" ≪陽村集 鄭三峯道傳文集序≫

52) "退之之文 能起八代之衰……退之自守不固 飢寒困窮之不勝而號於人" ≪栗谷全書 文策≫

53) "求觀聖人之道 必自孟子始 此乃昌黎獨得之見 而先儒不曾拈出而許之 何歟" ≪芝峯類說 人物部 聖賢≫

하여, 〈原道〉 한 편을 지어 秦·漢의 儒學者들이 말하지 못한 것을 말하였으니, 그 공이 크다."[54)]고 하고, 許穆은 "韓愈氏는 衰亂한 末世에 출생하여 道德과 仁義를 담론하면서 醇正한 孟子를 繼承하는 것을 자신의 임무로 삼고 周公·孔子의 學術을 말하기를 좋아하였다."[55)]고 하여, 道의 傳承을 自任한 공을 높이 평가하였다. 申翊聖은 "昌黎의 문장 중에 平易한 것은 司馬遷과 같고, 深沈(嚴重)한 것은 孟子·荀子와 같고, 宏肆(尨大하게 展開함)한 것은 莊子·列子와 같고, 典則(文章의 法則)은 ≪禮記≫와 같고, 金石文은 典·訓·風·雅 사이를 出入하였으니, 이것이 이른바 '大家'이다."[56)]라고 하여, 그의 문장을 평가하였다.

金昌協은 "韓愈의 문장은 사람을 鼓舞시켜 그 글을 읽으면 사람으로 하여금 기운이 솟아나게 한다."[57)]고 하고, 曹兢燮은 "한유의 문장을 읽으면 한두 번만 읽어도 정신이 通暢하고 기운이 왕성하여 마치 책을 보지 않고도 욀 수 있을 것 같다."[58)]고 하고, 李瀷은 "唐나라 때 墓銘을 지은 이가 많았으나, 韓退之만큼 뛰어난 이는 없었다."[59)]고 하여 그의 문장을 평가하였고, 金平默은 "儒道를 保衛하고 邪說을 終熄시키는 일에 일편단심이었으니, 유도가 그로 말미암아 전해졌다."[60)]고 하여 崇儒斥佛에 전력하여 유도를 전승한 공로를 높이 평가하였다.

여기에서 보다시피 한유의 문장이 우리나라에서 위로 君王으로부터 아래로 士類에 이르기까지 널리 영향을 끼친 것은 그의 崇儒斥佛 思想이 국가정책에 부합하고, 단절된 道統의 傳承을 自任한 것이 儒者들의 추앙을 받고, 틀에 매이지 않고 奔放한 문장이 文人들에게 감명을 주었기 때문이다.

---

54) "韓退之生於絶學之後 作原道一篇 道秦漢諸儒之所未道 其功大矣" ≪海行摠載 東槎錄≫

55) "韓愈氏生衰亂之末 言道德仁義 自任以維孟氏之醇 樂稱周公孔子之術者" ≪記言 答客子言文學事書≫

56) "昌黎之文 平易者似馬遷 深沈者似孟荀 宏肆者似莊列 典則者似禮記 金石之文 出入於典訓風雅之間 此所謂大家也" ≪樂全堂集眉 尺牘 汝萬≫

57) "韓文鼓舞 讀之使人氣作" ≪農巖集 雜識 外篇≫

58) "讀韓文 不過一再 神氣暢旺 若可背誦" ≪巖棲集 與金滄江≫

59) "唐世多銘墓者 莫如韓退之" ≪星湖僿說 人事門 墓銘≫

60) "衛道息邪 片片赤心 道由我傳" ≪重菴集 詞賦 弔唐潮州刺史韓公文≫

8. 結語

이 책을 번역함에 있어 전통 방식에 따라 원문에 懸吐하고, 각 篇題마다 주석을 붙여 著作한 年代와 저작하게 된 배경을 간단히 소개하고, 難解한 句節과 특이하게 쓰인 글자에는 주석을 달아 독자들의 이해를 도우려고 노력하였다. 譯註는 中國의 三秦出版社에서 발행한 ≪唐宋八大家文鈔 校注集評≫과 臺灣 三民書局에서 引行한 ≪新譯昌黎先生文集≫의 注說을 많이 採錄하였다. 懸吐와 譯文에 誤謬가 적지 않을 것이다. 삼가 諸賢의 叱正을 바란다.

凡 例

1. 본서는 東洋古典譯註叢書 ≪唐宋八大家文抄≫ 韓愈의 제1책이다.

2. 본서는 戊申字本 ≪唐宋八大家文抄≫(國會圖書館 所藏本, 刊年未詳)를 저본으로 하고, ≪五百家注昌黎文集≫(魏仲擧(宋) 編, 文淵閣四庫全書, 영인본, 臺灣商務印書館, 1983~1986) 및 ≪唐宋八大家文鈔 校注集評≫(高海夫 主編, 三秦出版社, 北京, 1998) 등을 참고하였다.

3. 본서는 원전의 傳統性과 번역의 現代性을 구현하기 위해 노력하였다.

4. 原文에 懸吐하고 번역하였다.

5. 原文의 分節은 ≪唐宋八大家文鈔 校注集評≫을 참고하되, 단락이 길 경우에는 역자의 재량으로 재차 분절하여 가능한 한 原文이 한 면의 반을 넘지 않도록 하였다.

6. 飜譯은 原義에 충실하게 하되, 이해가 어려운 부분은 意譯 또는 補充譯을 하였다.

7. 譯註는 인용문의 출전과 故事와 難解語, 그리고 사건의 역사적인 배경, 인물, 官職 등에 관한 사항을 밝혔다.

8. 각 작품마다 해설을 달아 독자들의 이해를 돕고자 하였다.

9. 본서에 사용된 주요 符號와 略號는 다음과 같다.

   “ ” : 對話, 각종 引用

   ‘ ’ : “ ” 안에서 再引用, 强調

   「 」: ‘ ’ 안에서 再引用

   ( ) : 原文 중의 괄호는 漢字의 音, 同字, 通用字, 俗字의 正字
   번역문 중의 괄호는 간단한 註釋

   ≪≫ : 書名, 出典

〈　〉: 篇章名, 作品名, 原文의 補充, 補充譯

〔　〕: 번역문이나 주석의 의미를 명확히 하기 위해 보충한 漢字나 引用文

{　}: 衍文

參考書目

- ≪唐宋八大家文抄 唐大家韓文公文抄≫, 韓愈(唐) 撰, 茅坤(明) 批評, 茅著(明) 重訂, 조선 木版本(戊申字本), 국회도서관 소장.
- ≪唐宋八大家文鈔 校注集評≫, 高海夫 主編, 三秦出版社, 1998.
- ≪唐宋八大家文鈔≫, 茅坤(明) 撰, 文淵閣四庫全書, 영인본, 臺灣商務印書館, 1983~1986.

- ≪新譯 昌黎先生文集≫, 韓愈(唐) 撰, 周啓成・周維德 注譯, 三民書局, 1999.
- ≪五百家注昌黎文集≫, 韓愈(唐) 撰, 魏仲擧(宋) 編, 文淵閣四庫全書, 영인본, 臺灣商務印書館, 1983~1986.
- ≪朱文公校昌黎先生文集≫, 韓愈(唐) 撰, 朱熹(宋) 考異, 王伯大(宋) 音釋, 四部叢刊, 영인본, 臺灣商務印書館, 1929.
- ≪昌黎先生考異≫, 朱熹(宋) 撰, 上海古籍出版社, 1981.
- ≪韓柳年譜≫, 呂大防 等, 中華書局, 1991.
- ≪韓愈文集彙校箋注≫, 韓愈(唐) 撰, 劉眞倫・岳珍 校注, 中華書局, 2010.
- ≪韓愈資料彙編≫, 吳文治, 中華書局, 1983.
- ≪韓愈全集校注≫, 韓愈(唐) 撰, 屈守元・常思春 主編, 四川大學出版社, 1996.
- ≪韓集擧正≫, 方崧卿(宋) 撰, 文淵閣四庫全書, 영인본, 臺灣商務印書館, 1983~1986.
- ≪韓昌黎文集校注≫, 韓愈(唐) 撰, 馬其昶 校注, 馬茂元 整理, 上海古籍出版社, 1986.
- ≪韓昌黎文集註釋≫, 韓愈(唐) 撰, 閻琦 註釋, 三秦出版社, 2004.

- ≪論語注疏≫, 何晏(魏) 集解, 邢昺(宋) 疏, 阮元(淸) 校刻, 淸 嘉慶刊本, 영인본, 中華書局, 2009.

- ≪論語集註大全≫, 朱熹(宋) 集註, 胡廣(明) 等 編, 조선 內閣本, 영인본, 성균관대 대동문화연구원.
- ≪孟子集註大全≫, 朱熹(宋) 集註, 胡廣(明) 等 編, 조선 內閣本, 영인본, 성균관대 대동문화연구원.
- ≪書傳大全≫, 蔡沈(宋) 集傳, 胡廣(明) 等 編, 조선 內閣本, 영인본, 학민문화사.
- ≪詩傳大全≫, 朱熹(宋) 集傳, 胡廣(明) 等 編, 조선 內閣本, 영인본, 학민문화사.
- ≪禮記正義≫, 鄭玄(漢) 注, 孔穎達(唐) 疏, 阮元(淸) 校刻, 淸 嘉慶刊本, 영인본, 中華書局, 2009.
- ≪禮記集說大全≫, 陳澔(元) 集說, 胡廣(明) 等 編, 조선 內閣本, 영인본, 학민문화사.
- ≪儀禮注疏≫, 鄭玄(漢) 注, 賈公彦(唐) 疏, 阮元(淸) 校刻, 淸 嘉慶刊本, 영인본, 中華書局, 2009.
- ≪周禮注疏≫, 鄭玄(漢) 注, 賈公彦(唐) 疏, 阮元(淸) 校刻, 淸 嘉慶刊本, 영인본, 中華書局, 2009.
- ≪周易諺解≫, 校正廳 諺解, 조선 金屬活字本(戊申字), 국립중앙도서관 소장.
- ≪周易傳義大全≫, 程頤(宋) 傳, 朱熹(宋) 本義, 胡廣(明) 等 編, 조선 內閣本, 영인본, 학민문화사.
- ≪中庸章句大全≫, 朱熹(宋) 章句, 胡廣(明) 等 編, 조선 內閣本, 영인본, 성균관대 대동문화연구원.
- ≪春秋經傳集解≫, 左丘明 傳, 杜預(晉) 註, 林堯叟(宋)·朱申(宋·元) 附註, 조선 金屬活字本(戊申字), 영인본, 보경문화사.
- ≪春秋公羊傳注疏≫, 公羊壽(漢) 傳, 何休(漢) 解詁, 徐彦(唐) 疏, 阮元(淸) 校刻, 淸 嘉慶刊本, 영인본, 中華書局, 2009.

- ≪舊唐書≫, 劉昫(後晉) 等 撰, 標點校勘本, 中華書局, 1975.
- ≪國語≫, 左丘明 撰, 조선 鐵鑄字本, 영인본, 학민문화사.
- ≪南史≫, 李延壽(唐) 撰, 標點校勘本, 中華書局, 1975.
- ≪明史≫, 張廷玉(淸) 撰, 標點校勘本, 中華書局, 1974.
- ≪北齊書≫, 李百藥(唐) 撰, 標點校勘本, 中華書局, 1972.

- ≪史記≫, 司馬遷(漢) 撰 , 裴駰(宋) 集解, 司馬貞(唐) 索隱, 張守節(唐) 正義, 標點校勘本, 中華書局, 1959.
- ≪新唐書≫, 歐陽脩・宋祁(宋) 撰, 標點校勘本, 中華書局, 1975.
- ≪梁書≫, 姚思廉(唐) 撰, 標點校勘本, 中華書局, 1973.
- ≪元和郡縣志≫, 李吉甫(唐) 撰, 文淵閣四庫全書, 영인본, 臺灣商務印書館, 1983~1986.
- ≪資治通鑑≫, 司馬光(宋) 撰, 胡三省(元) 音註, 標點校勘本, 中華書局, 1956.
- ≪戰國策≫, 劉向(漢) 編, 高誘(漢) 注, 姚宏(宋) 續注, 文淵閣四庫全書, 영인본, 臺灣商務印書館, 1983~1986.
- ≪春秋戰國異辭≫, 陳厚耀(淸) 撰, 文淵閣四庫全書, 영인본, 臺灣商務印書館, 1983~1986.

- ≪道德經≫, 王弼(魏) 注, 文淵閣四庫全書, 영인본, 臺灣商務印書館, 1983~1986.
- ≪蒙求集註≫, 李瀚(唐) 撰, 徐子光(宋) 註, 文淵閣四庫全書, 영인본, 臺灣商務印書館, 1983~1986.
- ≪墨子≫, 墨翟(戰國) 撰, 文淵閣四庫全書, 영인본, 臺灣商務印書館, 1983~1986.
- ≪荀子≫, 荀況(戰國) 撰, 楊倞(唐) 註, 文淵閣四庫全書, 영인본, 臺灣商務印書館, 1983~1986.
- ≪揚子法言≫, 揚雄(漢) 撰, 李軌(晉)・柳宗元(唐) 註, 宋咸(宋)・吳祕(宋)・司馬光(宋) 重添註, 文淵閣四庫全書, 영인본, 臺灣商務印書館, 1983~1986.
- ≪呂氏春秋≫, 呂不韋(戰國) 編, 高誘(漢) 注, 文淵閣四庫全書, 영인본, 臺灣商務印書館, 1983~1986.
- ≪列子≫, 列禦寇(戰國) 撰, 張湛(晉) 注, 殷敬愼(唐) 釋文, 文淵閣四庫全書, 영인본, 臺灣商務印書館, 1983~1986.
- ≪義門讀書記≫, 何焯(淸) 撰, 文淵閣四庫全書, 영인본, 臺灣商務印書館, 1983~1986.
- ≪莊子集釋≫, 莊周 撰, 郭象(晉) 注, 陸德明(唐) 釋文, 成玄英(唐) 疏, 郭慶藩(淸) 輯, 王孝魚 點校, 中華書局, 1961.
- ≪朱子語類≫, 黎靖德(宋) 編, 文淵閣四庫全書, 영인본, 臺灣商務印書館, 1983~1986.

• ≪冊府元龜≫, 王欽若(宋) 等 編, 文淵閣四庫全書, 영인본, 臺灣商務印書館, 1983~1986.
• ≪太平御覽≫, 李昉(宋) 等 撰, 文淵閣四庫全書, 영인본, 臺灣商務印書館, 1983~1986.

• ≪空同集≫, 李夢陽(明) 撰, 文淵閣四庫全書, 영인본, 臺灣商務印書館, 1983~1986.
• ≪樂府詩集≫, 郭茂倩(宋) 輯, 文淵閣四庫全書, 영인본, 臺灣商務印書館, 1983~1986.
• ≪王文成全書≫, 王守仁(明) 撰, 文淵閣四庫全書, 영인본, 臺灣商務印書館, 1983~1986.
• ≪遵巖集≫, 王愼中(明) 撰, 文淵閣四庫全書, 영인본, 臺灣商務印書館, 1983~1986.
• ≪楚辭集注≫, 朱熹(宋) 集注, 조선 木版本, 규장각 소장.

• 상우천고(http://www.s-sangwoo.kr)
• 한국고전종합DB(http://db.itkc.or.kr)
• 동양고전종합DB(http://db.cyberseodang.or.kr)
• 電子版 文淵閣四庫全書, 上海古籍出版社.

目 次

卷2 書

卷3 書

卷4 書

卷5 書·啓·狀

唐宋八大家文抄 總叙 ≪唐宋八大家文抄≫에 대한 總叙

孔子之繫易曰 其旨遠하고 其辭文[1)]이라하니 斯固所以教天下後世爲文者之至[2)]也라 然而及門之士[3)]에 顏淵子貢以下로 齊魯間之秀傑也요 或云身通六藝者七十餘人[4)]이라하여늘 文學之科에 幷不得與하고 而所屬者가 僅子游子夏兩人焉[5)]은 何哉오 蓋天生賢哲에 各有獨稟하니 譬則泉之溫과 火之寒[6)]과 石之結綠과 金之指南이라 人於其間에 以獨稟之氣로 而又必之專一하야 以致其至하니 伶倫[7)]之於音과 裨竈[8)]之於占과 養由基[9)]之於射와 造父[10)]於御와 扁鵲[11)]之於醫와 遼之於丸[12)]과 秋之於奕[13)]은 彼皆以天縱之智로 加之以專一之學하야 而獨得其解니라 斯固以之擅當時而名後世요 而非他所得而相雄者[14)]라

孔子께서 ≪周易≫ 〈繫辭〉에 “그 뜻은 深遠하고 그 文辭는 優雅하다.”고 하였으니, 이는 진실로 천하 후세에 문장을 배우는 자들을 가르치신 절실한 말씀이다. 그러나 공자 門下에서 수업한 弟子 중에 顏淵과 子貢 이하가 모두 魯나라와 齊나라의 뛰어난 人傑이었고, 혹자는 “몸소 六藝를 통달한 자가 70여 인이었다.”고 하였는데, 모두 文學의 科目에 끼지 못하였고, 낀 사람은 겨우 子遊와 子夏 두 사람뿐인 것은 어째서인가? 대체로 하늘이 賢明하고 슬기로운 사람을 낼 때에는 각각 獨特한 氣質을 賦與하기 때문이니, 비교하자면 샘에 뜨거운 샘이 있고, 불에 차가운 불이 있고, 돌에 結綠(美玉)이 있고, 金屬에 指南鐵이 있는 것과 같다.

사람은 그 사이에서 독특하게 받은 기질을 또 반드시 專一하게 修鍊하여 그 극치에 도달하니, 伶倫이 音律에, 裨竈가 占術에, 養由基가 활쏘기에, 造父가 수레몰이에, 扁鵲이 醫術에, 宜遼가 구슬놀이에, 奕秋가 바둑에 정통한 것은 저들이 모두 天賦의 才智를 타고난 사람들로 전일하게 學習하여 홀로 그 이치를 터득하였기 때

문이다. 이들은 진실로 이로 인해 당시에 명성을 독점하고 후세에 이름을 전한 것이니, 다른 사람이 서로 우열을 겨룰 수 있는 바가 아니다.

1) 其旨遠 其辭文 : ≪周易≫ 〈繫辭傳 下〉에 보이는 말로, 卦와 爻의 含意가 深遠하고 卦辭와 爻辭의 文章이 優雅하다는 말이다.

2) 至 : 至言으로 절실한 말이다.

3) 及門之士 : 門下에서 受學한 弟子를 이른다.

4) 身通六藝者七十餘人 : ≪史記≫ 〈孔子世家〉에 "공자의 제자 중에 六藝를 통달한 사람이 72인이었다."는 말이 보인다. 六藝는 ≪詩經≫ · ≪書經≫ · ≪禮記≫ · ≪樂記≫ · ≪周易≫ · ≪春秋≫ 등 六經을 이르기도 하고, 禮 · 樂 · 射 · 御 · 書(六書) · 數(九九) 등 6종의 技藝를 이르기도 한다.

5) 文學之科……僅子游子夏兩人焉 : ≪論語≫ 〈先進〉에 "德行에는 顔淵 · 冉伯牛 · 仲弓이었고, 言語에는 宰我 · 子貢이었고, 政事에는 冉有 · 季路였고, 文學에는 子游 · 子夏였다."라는 말이 보인다.

6) 火之寒 : 반딧불, 또는 古木 등에서 燐의 작용으로 번쩍이는 불빛을 이른다.

7) 伶倫 : 傳說 속의 인물이다. 黃帝 때의 樂官으로 樂律을 創製하였다 한다.

8) 裨竈 : 春秋 때 鄭나라 大夫로 天文과 占術에 能通한 사람이다. ≪春秋左氏傳≫ 昭公 17년에 보인다.

9) 養由基 : 春秋 때 楚나라 사람으로 활을 잘 쏘았다. ≪春秋左氏傳≫ 成公 16년에 보인다.

10) 造父 : 周 穆王 때 사람으로 수레를 잘 몰았다. ≪史記≫ 〈趙世家〉에 보인다.

11) 扁鵲 : 春秋 때 鄭나라 사람으로 醫術이 高妙하였다. ≪史記≫ 〈扁鵲倉公列傳〉에 보인다.

12) 遼之於丸 : 僚는 春秋 때 楚나라의 勇士 宜僚이고, 丸은 弄丸으로 여러 개의 구슬을 손에 쥐고 떨어뜨리지 않고 놀리는 技藝이다. ≪莊子≫ 〈徐无鬼〉에 "市南宜僚는 〈일찍이 白公勝이 모반을 일으켜 令尹 子西를 죽일 것을 강요하였을 때〉 구슬을 가지고 노는 모습을 보여주어 〈그들의 요구에 겁을 먹지 않고 그들을 깨우쳐〉 白公과 子西 두 집안의 禍難을 해결되었다.〔市南宜僚弄丸 而兩家之難解〕"는 말이 보인다.

13) 秋之於奕 : 秋는 바둑을 잘 둔 사람이다. ≪孟子≫ 〈告子 上〉에 "전국에서

가장 바둑을 잘 두는 자이다.〔秋通國之善奕者〕"라는 말이 보인다.

14) 非他所得而相雄者 : 相雄은 서로 優劣을 겨루는 것이니, 이 말은 곧 다른 사람이 우열을 겨룰 수 있는 상대가 아니라는 뜻이다.

孔子沒而游夏輩各以其學授之諸侯之國이나 已而散逸不傳하니라 秦人燔經坑學士에 而六藝之旨幾輟矣니라 漢興하야 招亡經하고 求學士에 而鼂錯(조조)賈誼董仲舒司馬遷劉向揚雄班固[1]輩가 始乃稍稍出하야 而西京[2]之文이 號爲爾雅[3]하니라 崔蔡[4]以下도 非不矯然龍驤[5]也나 然六藝之旨는 漸流失하니라 魏晉宋齊梁陳隋唐之間에 文日以靡하고 氣日以弱하니 强弩之末은 且不及魯縞[6]矣어든 而況於穿札乎아

孔子가 逝去한 뒤에 子游와 子夏 등이 각각 자기들이 배운 것을 諸侯 나라에 傳하였으나, 오래지 않아 모두 흩어져 없어지고 전해지지 않았다. 秦나라가 經書를 불태우고 學士들을 묻어 죽이자 六藝의 뜻이 거의 中斷되었다. 漢나라가 일어나서 없어진 經書를 구하고 學士들을 招致하자, 鼂錯(조조)·賈誼·董仲舒·司馬遷·劉向·揚雄·班固 등이 비로소 점차 進出하여, 西京(西漢)의 文章이 高雅하고 純正하다고 일컬어졌다. 崔駰과 蔡邕 이하 사람들도 문장이 씩씩하고 힘이 있어 뛰어나지 않은 것은 아니었으나, 육예의 뜻은 점점 사그라져 없어졌다. 魏, 晉, 宋, 齊, 梁, 陳, 隋, 唐 사이에는 문장이 날로 화려해지고 기세가 날로 柔弱해졌으니, 강한 쇠뇌에서 발사된 화살도 끝에 이르러 힘이 다하면 魯나라에서 생산된 얇은 비단도 뚫을 수 없는데, 더구나 갑옷을 뚫을 수 있겠는가.

1) 鼂錯(조조)賈誼董仲舒司馬遷劉向揚雄班固 : 鼂錯는 西漢 때의 政治家로 伏生에게 ≪尙書≫를 수학하였고, 여러 편의 對策과 疏를 남겼다. 당시에 智囊으로 일컬어졌다. 賈誼는 西漢 때의 文人이면서 政治家로 〈治安策〉·〈鵩鳥賦〉 등의 名文과 ≪新書≫를 남겼다. 董仲舒는 서한 때의 儒學者로 ≪春秋≫에 정통하였다. 〈天人策〉 등의 명문과 ≪春秋繁露≫를 남겼다. 司馬遷은 서한 때의 史學者로 ≪史記≫를 지었다. 劉向은 서한 때의 經學者로 ≪列女傳≫·≪新序≫·≪說苑≫ 등을 남겼다. 揚雄은 서한 때의 유학자로 ≪論語≫를 모방하

여 ≪法言≫을 지었다. 班固는 後漢 때의 사학자로 ≪漢書≫를 지었다.

2) 西京 : 西漢의 首都 長安을 이르는데, 여기서는 西漢의 뜻으로 쓰였다.

3) 爾雅 : 문장이 高雅하고 純正함을 이른다.

4) 崔蔡 : 東漢의 文人 崔瑗과 蔡邕을 이른다.

5) 矯然龍驤 : 矯然은 강하고 씩씩하여 힘찬 모양이고, 龍驤은 氣象이 凡常하지 않고 뛰어남이다.

6) 强弩之末 且不及魯縞 : ≪漢書≫ 〈韓安國傳〉에 보이는 말로, 강한 것도 힘이 쇠하면 제 기능을 할 수 없다는 것을 비유하는 말인데, 여기서는 후대로 내려올수록 문장의 기운이 쇠약해진 것을 비유한 말로 쓰였다.

昌黎韓愈首出而振之하고 柳柳州又從而和之하니 於是始知非六經不以讀이요 非先秦兩漢之書不以觀[1]이라 其所著書論敍記碑銘頌辯諸什은 故多所獨開門戶[2]라 然大較幷尋六藝之遺하야 略相上下而羽翼之者[3]니라 貞元[4]以後로 唐且中墜하고 沿及五代兵戈之際[5]하얀 天下寥寥[6]矣니라 宋興百年에 文運天啓라 於是歐陽公脩가 從隋州故家覆瓿中[7]으로 偶得韓愈書하야 手讀而好之하니 而天下之士가 始知通經博古爲高하고 而一時文人學士가 彬彬然附離而起[8]하니라 蘇氏父子兄弟와 及曾鞏王安石之徒가 其間材旨小大와 音響緩亟은 雖屬不同이나 而要之컨대 於孔子所刪六藝之遺는 則共爲家習而戶眇[9]之者也라

昌黎 韓愈가 처음 나와서 화려하고 유약해진 文風을 振作시키고, 柳柳州(柳宗元)가 또 뒤따라 呼應(和)하니, 이에 비로소 六經이 아니면 읽지 말아야 하고 先秦과 兩漢의 글이 아니면 보지 말아야 할 줄을 알았다. 그들이 지은 書・論・敍・記・碑銘・頌・辯 등 여러 篇에는 진실로 一家의 문장을 獨創한 것이 많다. 그러나 대체로 모두 六藝(六經)의 遺旨를 찾아서 서로 오르내리며 도운 것들이다. 貞元 이후로 唐나라도 文運이 중간에 쇠퇴하였고, 그 쇠퇴한 文風이 계속 흘러내려 戰亂이 끊이지 않던 五代 때에 미쳐서는 천하에 古文을 짓는 이가 매우 드물었다.

宋나라가 일어난 지 백 년 뒤에 하늘이 文運을 열어주었다. 이에 歐陽公 脩가 隋州 古家에 버려진 古書 속에서 우연히 한유의 글을 발견하여 손수 읽어보고는

좋아하니, 천하의 선비들이 비로소 經學에 통달하고 古事에 해박한 것을 고상함으로 여길 줄을 알았고, 당시의 文人 學士들이 성대하게 구양공에게 歸依하여 떨쳐 일어났다. 蘇氏 부자 형제와 曾鞏・王安石 등은 材旨(재주와 旨趣)의 大小와 音響(詩文의 聲調)의 緩急은 비록 같지 않으나, 요컨대 孔子께서 刪定한 육예의 유지에 대해서는 모두 익히고 자세히 閱覽한 자들이다.

1) 非六經不以讀 非先秦兩漢之書不以觀 : 韓愈의 〈答李翊書〉에 "三代와 兩漢의 글이 아닌 것은 감히 읽지 않았고, 聖人의 뜻이 아닌 것은 감히 마음에 담아두지 않았다.〔非三代兩漢之書 不敢讀 非聖人之志 不敢存〕"는 말이 보인다.
2) 故多所獨開門戶 : 故는 固의 뜻으로 쓰였다. 獨開는 獨創이고, 門戶는 一家 또는 學派를 이르니, 진실로 一家의 文章을 독창한 것이 많다는 말이다.
3) 大較幷尋六藝之遺 略相上下而羽翼之者 : 大較는 대개이고, 略도 대체이다. 이 말은 儒學의 정신을 계승하여 드러내 밝힌 것을 이른 것이다.
4) 貞元 : 唐 德宗의 年號로 785년에서 805년까지 20년 동안이다.
5) 沿及五代兵戈之際 : 沿은 흘러내려감이다. 五代는 唐나라가 망하고 宋나라가 建國하기 이전의 58년 사이에 梁・唐・陳・漢・周 등 王朝가 다섯 번 바뀐 혼란한 시대를 이른다. 五季로 불리기도 한다.
6) 寥寥 : 寂寞한 모양으로 數量이 적음을 형용하는 말이니, 곧 古文을 짓는 文人이 매우 적었다는 말이다.
7) 隋州故家覆瓿中 : 隋州故家는 수주의 李彦甫의 집을 이른다. 歐陽脩의 〈記舊本韓文後〉에 "내가 소싯적에 漢東에 살았는데, 한동은 궁벽하고 풍속이 누추하여 학자가 없었고, 우리 집은 가난하여 藏書가 없었다. 수주 남쪽에 大姓 李氏가 살고 있는데, 그 아들 언보가 자못 학문을 좋아하였으므로 내가 童子 때에 그 집에 가서 노는 날이 많았다. 벽장 사이에 古書가 담긴 헌 광주리가 있는 것을 보고서 들추어 보다가 ≪昌黎先生文集≫ 여섯 권을 발견하였다.〔予少家漢東 漢東僻陋 無學者 吾家又貧 無藏書 州南有大姓李氏者 其子彦甫頗好學 予爲兒童時 多遊其家 見其弊筐貯古書在壁間 發而視之 得唐昌黎先生文集六卷〕"는 말이 보인다. 覆瓿는 覆醬瓿의 준말로 훌륭한 著書를 사람들이 그 價値를 몰라보고서 장독 덮개로 쓴다는 말인데, 여기서는 '放置한 古書 더

미'의 뜻으로 쓰였다.

8) 彬彬然附離而起 : 彬彬然은 성대한 모양이고, 附離는 歸依함이니, 당시의 문인 학사들이 성대하게 歐陽脩에게 귀의하였다는 말이다.

9) 家習而戶眇 : 家家마다 익히고 戶戶마다 보았다는 말인데, 家와 戶는 蘇氏·曾鞏·王安石 등을 이른다. 眇는 자세히 봄이다.

由今觀之컨대 譬則世之走騕褭(뇨)騏驥[1]於千里之門이라가 而中及二百里三百里而輟者有之矣나 謂塗之薊而轅之粵[2]則非也라 世之操觚者[3]가 往往謂文章與時相高下라하고 而唐以後는 且薄不足爲라하니 噫라 抑不知文은 特以道相盛衰니 時非所論也라 其間工不工은 則又係乎斯人者之稟과 與其專一之致否何如耳니라 如所云이면 則必太羹玄酒[4]之尙이요 茅茨土簋[5]之陳이니 而三代而下[6]의 明堂玉帶雲罍犧樽[7]之設은 皆騈枝[8]也已라 孔子之所謂其旨遠은 卽不詭於道也요 其辭文은 卽道之燦然若象緯者之曲而布[9]也니라 斯固庖犧[10]以來로 人文不易之統也니 而豈世之云乎哉아

지금 세상에서 보기에, 비교하자면 세상에는 駿馬를 달려 천 리 밖의 門으로 가다가 200리나 300리에 미쳐 중지하는 자가 있으나, 이를 일러 북쪽〔薊〕으로 가면서 수레의 끌채를 남쪽〔越〕으로 틀었다고 하는 것은 옳지 않다. 세상에 글을 쓰는 자들은 이따금 '문장은 시대에 따라 높아지기도 낮아지기도 한다.'고 하면서 唐나라 이후의 문장에 대해서는 또 '淺薄하여 배울 가치가 없다.'고 하니, 아! 이는 문장은 다만 道와 함께 서로 盛衰할 뿐이니, 시대는 論할 바가 아니라는 것을 모르고 하는 말이다.

그 사이에 문장이 精巧하고 정교하지 못한 것은 또 그 사람의 稟性과 전일하게 힘을 쓴 것이 어떠하냐에 달렸을 뿐이다. 가령 사람들의 말대로라면 반드시 太羹과 玄酒만을 숭상하고 茅茨와 土簋만을 陳設해야 하니, 三代 이후로 明堂, 玉帶, 雲罍, 犧樽을 진설하는 것은 모두 쓸데없는 군더더기일 뿐이다. 孔子께서 이른바 '그 뜻이 深遠하다.'는 것은 곧 道에 어긋나지 않는 것이고, '그 文辭가 優雅하다.'

는 것은 바로 道가 찬란하여 마치 日月星辰이 하늘에 촘촘히 펴져 있는 것과 같은 것이다. 이는 진실로 伏義(庖犧) 이래로 변역하지 않은 人文의 法統이니, 어찌 世人의 말과 같겠는가?

1) 騕褭(뇨)騏驥 : 騕褭와 騏驥는 모두 駿馬의 이름이다.
2) 塗之薊而轅之粤 : 薊는 北方의 地名으로 지금의 北京이고, 粤은 南方의 지명으로 지금의 廣東 一帶를 이른다. 塗는 도로이고, 轅은 수레의 끌채이다. 곧 북쪽으로 가면서 남쪽을 향해 수레를 달린다는 말이다.
3) 操觚者 : 손에 木簡을 가진 사람이라는 말로, 곧 글을 짓는 사람을 이른다.
4) 太羹玄酒 : 太羹은 古代에 제사에 쓰던 調味하지 않은 肉汁이고, 玄酒는 清水이다. 上古에는 술이 없었으므로 제사에 청수를 술로 사용하였다. 그 빛깔이 검기 때문에 '玄酒'라 한 것이다.
5) 茅茨土簋 : 茅茨는 草屋이고, 土簋는 土器이니, 곧 古代에는 지붕을 갈대나 짚으로 이은 宗廟에서 흙으로 빚은 陶器에 음식을 담아 벌여놓은 것이다.
6) 三代而下 : 三代는 夏·商·周이고, 而下는 而後이다.
7) 明堂玉帶雲罍犧樽 : 明堂은 古代에 天子가 政教를 宣布하던 곳으로 朝會·祭祀·慶賞·選士·養老·教學 등의 大事를 모두 이곳에서 거행하였다. 玉帶는 옥으로 장식한 허리띠이다. 雲罍는 구름 문양을 새긴 술병이다. 犧樽은 소의 모양으로 만든 술그릇이다.
8) 駢枝 : 駢拇枝指의 준말로, 駢拇는 엄지발가락이 검지발가락과 붙어 하나가 된 것이고, 枝指는 엄지손가락 옆에 손가락이 하나 더 생긴 것이니, 모두 쓸데없는 물건을 이르는 말로 쓰인다.
9) 象緯者之曲而布 : 象緯는 日月星辰이고, 曲而布는 촘촘하게 分布된 것이다.
10) 庖犧 : 八卦를 처음 그린 伏義를 이른다.

我明弘治正德[1]間에 **李夢陽崛起北地[2]**하니 **豪儁輻湊[3]**하니라 **已振詩聲**하고 **復揭文軌**하야 **而曰吾左吾史與漢矣**라하고 **已而又曰 吾黃初建安[4]矣[5]**라하니라 **以予觀之**컨대 **特所謂詞林之雄耳**니 **其於古六藝之遺**에 **豈不湛淫滌濫[6]而互相剽裂[7]已乎**아

우리 明나라 弘治·正德 사이에 李夢陽이 北方에서 우뚝이 일어나니, 才智가 傑

出한 사람들이 모여들었다. 이미 詩로써 명성을 떨치고, 다시 文章의 軌範을 提示하며 말하기를 "나는 ≪春秋左氏傳≫·≪史記≫·≪漢書≫의 문장을 본받았다." 하고, 또 "나는 黃初와 建安 때의 詩를 본받았다."고 하였다. 그러나 내가 보기에 그는 단지 詞林에 뛰어난 자일 뿐이니, 그가 옛 六藝의 遺旨에 대해 어찌 깊이 빠져 방탕하고 참람하게 剽竊한 자가 아니겠는가?

1) 弘治正德 : 弘治는 明 孝宗의 年號로 1488년에서 1505년까지이고, 正德은 明 武宗의 연호로 1506년에서 1521년까지이다.
2) 李夢陽崛起北地 : 李夢陽은 字가 獻吉, 號가 空同子로 慶陽人이다. 北地는 秦·漢시대의 郡名으로 지금의 甘肅 南部와 寧夏 남부 일대인데, 경양이 그 구역 안에 있다.
3) 豪雋輻湊 : 豪雋은 豪俊으로 才智가 뛰어난 사람을 이른다. 輻湊는 수레바퀴의 살이 굴대통으로 모이는 것을 이르는 말로 한 곳에 많이 몰려듦을 뜻한다. 이는 前七子가 동시 함께 일어난 것을 가리킨 것이다. 전칠자는 古文을 주장한 李夢陽·何景明·徐禎卿·邊貢·康海·王九思·王廷相이다. 뒤에 李攀龍·王世貞·謝榛·宗臣·梁有譽·徐中行·吳國倫 등 7人이 나와서 이들을 계승해 古文을 주장하였기 때문에, 전자를 '前七子', 후자를 '後七子'라 한다.
4) 黃初建安 : 黃初는 魏 文帝의 年號로 220년에서 226년까지이고, 建安은 漢 獻帝의 연호로 196년에서 219년까지이다.
5) 吾左吾史與漢矣……吾黃初建安矣 : 이 말은 李夢陽의 ≪空同集≫에 보이지 않는다. ≪明史≫ 〈文苑 李夢陽傳〉에 "文은 반드시 秦·漢 때의 文이어야 하고, 詩는 반드시 盛唐 때의 詩여야 한다고 提唱하면서 이때의 詩文이 아닌 것은 거론하지 않았다.〔倡言文必秦漢 詩必盛唐 非是弗道〕"라고 보이는데, 이 말을 茅坤이 敷衍한 것이다.
6) 湛淫滌濫 : 湛淫은 沈浸과 같은 말로 깊이 빠짐이고, 滌은 방탕이고, 濫은 분수를 넘는 것이니, 곧 六經의 遺文을 좋아하여 분수를 모르고서 함부로 그 유문을 剽竊하였다는 말인 듯하다.
7) 剽裂 : 剽竊이다.

予於是手掇韓公愈, 柳公宗元, 歐陽公脩, 蘇公洵軾轍, 曾公鞏, 王公安石之文하야 而稍爲批評之하야 以爲操觚者之劵하고 題之曰八大家文抄라하니라 家各有引[1]하고 條疏如左하노라 嗟乎라 之八君子者가 不敢遽謂盡得古六藝之旨요 而予所批評도 亦不敢自以得八君子者之深이나 要之大義所揭에 指次點綴[2]이 或於道不相盭(려)[3]已리라 謹書之하야 以質世之知我者하노라

時萬曆己卯仲春에 歸安鹿門茅坤撰하노라

나(茅坤)는 이에 韓愈, 柳宗元, 歐陽脩, 蘇洵, 蘇軾, 蘇轍, 曾鞏, 王安石의 문장을 손수 뽑아 약간의 批評을 붙여 글을 쓰는 자들의 必讀書로 삼고서, 그 題目을 '八大家文抄'라고 하였다. 그리고 八家마다 각각 引을 붙이고, 이하와 같이 조목을 나누어 서술하였다.

아! 이 여덟 군자가 옛 六藝의 뜻을 다 얻었다고 감히 말할 수 없고, 나의 비평 또한 감히 여덟 군자의 깊은 뜻을 다 얻었다고 할 수 없으나, 요컨대 大義를 드러낸 것을 明白하게 지적하여 敍述한 것이니 혹 道와 서로 어긋나지 않을 듯하다. 그러므로 삼가 써서 세상에 나를 아는 이들에게 質正을 구하노라.

萬曆 己卯(1579) 仲春에 歸安 鹿門 茅坤은 짓다.

1) 引 : 文體의 하나로 序의 종류인데, 序에 비해 간단한 것을 이른다.

2) 指次點綴 : 指次는 指明과 같은 말로 명백하게 지적함이고, 點綴은 문장을 엮음이다.

3) 盭(려) : 違背이다.

八大家文抄 論例 ≪唐宋八大家文抄≫의 論例

世之論韓文者는 **共首稱碑誌**로되 **予獨以韓公碑誌**는 **多奇崛險譎**[1]하야 **不得史漢序事法**이라 **故於風神**[2]**處**에 **或小遒逸**[3]이라 **予間亦鐫記其旁**하니라 **至於歐陽公碑誌之文**하야는 **可謂獨得史遷之髓矣**요 **王荊公則又別出一調**하니 **當細繹之**니라 **序記書**는 **則韓公崛起門戶矣**요 **而論策二下**는 **當屬之蘇氏父子兄弟**니라 **四六文字**는 **予初不欲錄**이나 **然歐陽公之婉麗**[4]와 **蘇子瞻之悲慨**[5]와 **王荊公之深刺**가 **於君臣上下之間**에 **似有感動處**라 **故錄而存之**하니라

세상에 韓公(韓愈)의 文章을 논하는 자들은 모두 碑文과 誌文을 으뜸으로 치지만, 나(茅坤)는 홀로 한공의 비문과 지문은 奇拔하고 怪異한 곳이 많아서 ≪史記≫나 ≪漢書≫의 敍事法을 얻지 못하였으므로, 멋을 부린 곳에 간혹 힘차고 자유분방한 기운이 부족하다고 생각하였다. 그러므로 나는 간간이 또한 나의 의견을 그 옆에 기록하였다. 歐陽公(歐陽脩)의 비문과 지문은 홀로 太史 司馬遷의 진수를 얻었다고 이를 수 있고, 王荊公(王安石)은 또 따로 한 格調를 創出하였으니 자세히 吟味해야 할 것이다. 序·記·書는 韓公이 門戶를 일으켰고, 論·策 이하는 응당 蘇氏 부자와 형제(蘇洵·蘇軾·蘇轍)에게 돌려야 한다. 四六文字(騈儷文)는 내가 당초에는 수록하고자 하지 않았으나, 구양공의 부드럽고 아름다운 것과 蘇子瞻(소식)의 悲憤慷慨한 것과 왕형공의 심각한 諷刺가 군신 상하 사이에 감동을 줄 수 있을 것 같으므로 수록하였다.

1) 奇崛險譎 : 奇崛은 문장이 奇拔함이고, 險譎은 怪異함이다.
2) 風神 : 風致와 神韻으로 문장의 멋과 정신을 이른다.
3) 遒逸 : 문장이 힘차고 자유분방함이다.

4) 婉麗 : 문장이 부드럽고 아름다움이다.
5) 悲慨 : 悲憤慷慨의 준말로, 의롭지 못한 일에 슬프고 분한 마음이 복받침이다.

予覽子厚之文컨대 其議論處[1]多鑱畫[2]하고 其紀山水處多幽邃夷曠[3]하며 至於墓誌碑碣하야는 其爲御使及禮部員外郞時所作이라 多沿六朝之遺일새 予不錄하고 錄其貶永州司馬以後稍屬雋永[4]者凡若干首하야 以見其風槪[5]云이라 然不如昌黎多矣니라

내가 柳子厚(柳宗元)의 문장을 보건대 그의 議와 論은 날카롭게 묘사한 곳이 많고, 山水紀는 뜻이 깊고 문장이 활달한 곳이 많으며, 墓誌와 碑碣은 그가 御使와 禮部員外로 있을 때 지은 것이어서 六朝의 遺習을 답습한 騈儷體가 많으므로 수록하지 않았고, 그가 永州司馬로 左遷된 이후의 作品으로 意味가 깊은 것에 속하는 약간 篇을 수록하여 그의 風度와 氣槪를 드러내었다. 그러나 昌黎의 글만큼 많이 수록하지 않았다.

1) 議論處 : ≪柳柳州文抄≫ 권8에 실린 論과 議를 이른다.
2) 鑱畫 : 예리하게 묘사함이다.
3) 幽邃夷曠 : 幽邃는 심오함이고, 夷曠은 평탄하고 활달함이니, 곧 뜻이 깊고 문장이 활달함이다.
4) 雋永 : 雋은 肥肉이고, 永은 長이니, 맛이 있고 뜻이 깊은 詩文을 이르는 말로 쓰인다.
5) 風槪 : 風은 風度로 아름다운 태도를 이르고, 槪는 氣槪로 어떠한 어려움에도 꺾이지 않는 意志를 이른다.

宋諸賢敍事는 當以歐陽公爲最니라 何者오 以其調[1]自史遷出하야 一切結構裁翦[2]有法하고 而中多感慨俊逸處니라 予故往往心醉하니라 曾之大旨는 近劉向이나 然逸調[3]少矣며 王之結構裁翦은 極多鑱洗[4]苦心處나 往往矜而嚴하고 潔而則이라 然較之曾이면 特屬伯仲하니 須讓歐一格이라 至於蘇氏兄弟하야는 大略長公者는 文才疎

爽豪蕩[5)]處多나 以結構裁翦四字는 非其所長이라 諸神道碑에 多者는 八九千言이요 少者도 亦不下四五千言하니 所當詳略斂散處에 殊不得史體하니라 何者오 鶴脛不得不長하고 鳧脛不得不短[6)]이라 兩公於策論에 千年以來絶調矣라 故於此或殺(쇄)一格하니 亦天限之也라

宋나라 諸賢의 敍事文은 歐陽公을 으뜸으로 쳐야 한다. 어째서인가? 그 문장의 格調가 太史 司馬遷에서 나와서 모든 문장에 用語를 선택해 배열하고〔結構〕 불필요한 말들을 깎아내는 데〔裁翦〕 법이 있고, 중간에 感慨가 뛰어난 곳이 있기 때문이다. 그러므로 나는 이따금 그 글에 심취하곤 하였다.

曾公(曾鞏)의 문장의 大旨는 劉向에 가까우나 세속을 超越한 格調가 부족하다. 王荊公의 문장은 용어를 선택해 배열하고 불필요한 말들을 깎아낼 때에 지나치게 깎아내어 세련되게 꾸미느라 고심한 곳이 매우 많으나, 이따금 경건하여 엄숙하고 고결하여 법도에 맞았다. 그러나 증공에 비교하면 단지 엇비슷할 뿐이니, 구양공보다는 한 格이 아래이다.

蘇氏 형제로 말하면 대체로 長公(蘇軾)은 文才가 서글서글하고 시원하며 형식에 얽매이지 않고 자유분방한 곳이 많으나, 용어를 선택해 배열하고 불필요한 말들을 깎아내는 것은 그의 長技가 아니다. 여러 神道碑 중에 글자가 많은 것은 8, 9천 자에 이르고 적은 것도 4, 5천 자 이하가 아니니, 당연히 상세히 기록할 곳과 간략히 기록할 곳, 收斂할 곳과 發散할 곳에 史書를 편찬하는 體制를 얻지 못한 것이다. 어째서인가? 鶴의 다리는 길지 않을 수 없고, 오리의 다리는 짧지 않을 수 없기 때문이다. 兩公의 策과 論은 천 년 이래의 뛰어난 문장이다. 그러므로 神道碑에는 혹 한 格이 떨어진 듯하니, 이 또한 하늘이 그 재능을 制限한 것이다.

1) 調 : 格調로, 格式과 聲調를 이른다. 격식은 規範이고 성조는 詩文의 節奏(리듬)이다.
2) 結構裁翦 : 結構는 詩文을 構成할 때 用語를 선택해 排列함이고, 裁翦은 불필요한 말들을 깎아내는 것이다.
3) 逸調 : 세속을 초월한 格調이다.

4) 鑱洗 : 너저분한 말을 깎아내어 문장을 간결하고 세련되게 꾸밈이다.
5) 疎爽豪蕩 : 疎爽은 문장이 서글서글하여 시원함이고, 豪蕩은 형식에 구애되지 않고 자유분방함이다.
6) 鶴脛不得不長 鳧脛不得不短 : 학의 다리가 길고 오리의 다리가 짧은 것은 하늘이 준 것이라서 사람의 힘으로 긴 것을 짧게 할 수도 없고, 짧은 것을 길게 할 수도 없다는 말로 天賦의 재능은 사람의 힘으로 어찌할 수 없다는 뜻이다. 긴 학의 다리는 蘇軾과 蘇轍이 策과 論에 뛰어난 것을 비유한 것이고, 짧은 오리의 다리는 結構裁翦에 재주가 부족한 것을 비유한 것이다.

予覽歐蘇二家論不同이라 **歐次情事甚曲**[1]이라 **故其論多確而不嫌於複**하고 **蘇氏兄弟**는 **則本戰國策縱橫以來之旨**[2]**而爲文**이라 **故其論直而鬯**[3]하야 **而多疎逸遒宕**[4]**之勢**하니라 **歐則譬引江河之水**하야 **而穿林麓灌畎澮**[5]하고 **若蘇氏兄弟**는 **則譬之引江河之水**하야 **以一瀉千里**하야 **湍者縈**하고 **逝者注**하야 **杳不知其所止者已**니라 **語曰同工而異曲**[6]이니 **學者須自得之**니라

내가 보기에 歐陽公과 蘇氏 두 사람의 論은 같지 않다. 구양공은 사실을 서술함에 있어 핵심을 정확히 집어 자세히 말하였다. 그러므로 그 論議가 대체로 정확하여 중복을 피하지 않았고, 소씨 형제는 ≪戰國策≫의 縱橫의 뜻에 근거하여 문장을 지었기 때문에 그 논의가 솔직하고 유창하여 서글서글하고 시원하며 힘차고 자유분방한 기세가 많다. 구양공의 문장은 비교하자면 江河의 물을 끌어와 山林을 뚫고 農水路로 흘려보내는 것 같고, 소씨 형제의 문장은 비교하자면 강하의 물을 끌어와 세차게 흘려보내다가 소용돌이치는 물은 빙빙 돌고, 흐르는 물은 흘러 멈출 곳을 알 수 없이 아득히 흘러가는 것 같다. 말하자면 '작자는 서로 다르나 정교한 솜씨는 동일하다.' 하겠으니, 학자들은 반드시 스스로 터득해야 할 것이다.

1) 次情事甚曲 : 次는 敍述이고, 情事는 事實이고, 甚은 심각으로 일의 핵심을 정확히 집는 것이고, 曲은 상세함이니, 곧 사실을 서술함에 있어 그 일의 핵심을 정확히 집어 자세히 말함이다.
2) 戰國策縱橫以來之旨 : 以來는 未詳이다. 縱橫은 合縱連橫의 준말이기도 하

지만, 문장을 논할 때의 縱橫은 무엇에도 얽매이지 않고 자기의 생각을 서슴없이 吐露한다는 뜻으로 쓰이니, 곧 ≪戰國策≫의 自由奔放(縱橫)한 文體를 본받았다는 말인 듯하다.

3) 直而鬯 : 내용이 솔직하고 문장이 流暢함이다.

4) 疎逸遒宕 : 疎逸은 서글서글하고 시원함이고, 遒宕은 힘이 있고 자유분방함이다.

5) 畎澮 : 田地 사이의 農水路이다.

6) 同工而異曲 : 연주한 악곡은 다르지만 정교한 솜씨는 같다는 말로, 문장의 작자는 서로 다르지만 훌륭한 솜씨는 같다는 뜻이다.

蘇明允易詩書禮樂論은 **未免雜之以曲見**이나 **特其文遒勁**[1]이라 **子瞻大悲閣等記**와 **及贊羅漢等文**[2]은 **似狃於佛氏之言**이나 **然亦以其見解超朗**[3]하고 **其間又有文旨不遠**하야 **稍近擧子業**[4]**者**라 **故竝錄之**하니라

蘇明允(蘇洵)의 〈易論〉·〈詩論〉·〈書論〉·〈禮論〉·〈樂論〉은 偏見을 난잡하게 排列함을 면치 못하였으나, 단지 그 문장이 힘이 있기 때문에 수록하였을 뿐이다. 子瞻의 大悲閣 等의 記文과 十八阿羅漢 등의 贊은 부처의 말에 迷惑〔狃〕한 것 같으나, 그 견해가 뛰어나게 명확하고, 그 사이에 또 문장의 뜻이 깊지 않아 擧子業에 가까운 것이 있으므로 아울러 收錄하였다.

1) 遒勁 : 힘이 있음이다.

2) 大碑閣等記 及贊羅漢等文 : ≪東坡文抄≫ 권25에 실린 〈安國寺大悲閣記〉·〈四菩薩閣記〉·〈衆妙堂記〉 등과 권27에 실린 〈磨衲贊〉·〈十八大阿羅漢頌〉 등을 이른다.

3) 超朗 : 뛰어나게 밝음이다.

4) 擧子業 : 科擧를 보기 위해 익히는 學業을 이른다.

曾南豐之文은 **大較本經術**하고 **祖劉向**하야 **其湛深之思**와 **嚴密之法**이 **自足以與古作者相雄長**하니 **而其光焰**이 **或不外爍也**라 **故於當時**에 **稍爲蘇氏兄弟所掩**이나 **獨**

朱晦庵亟稱之[1)]하고 歷數百年하야 而近年王道思始知讀而酷好之[2)]하야 如渴者之飮金莖露[3)]也하니라

曾南豐(曾鞏)의 문장은 대체로 經術(經學)에 근거하고 劉向을 본받아, 깊은 思考와 엄밀한 法이 옛 작자들과 서로 우열을 다투기에 충분하니, 그 광채가 외부의 작용으로 인해 사라지지 않을 것이다. 그러므로 당시에 蘇氏 형제에 의해 빛이 가려졌으나, 유독 朱晦庵(朱熹)은 그의 문장을 매우 칭찬하였고, 수백 년이 지나 근년에 와서는 王道思(王愼中)가 비로소 남풍의 문장을 알아보고서 읽어보고는 마치 목마른 자가 金莖露를 마신 것처럼 좋아하였다.

1) 朱晦庵亟稱之 : ≪晦庵集≫ 83권의 〈跋曾南豐帖〉과 ≪朱子語類≫ 139권의 文人들을 논한 곳에 曾鞏의 문장을 높이 평가한 곳이 여러 군데 보인다.
2) 王道思始知讀而酷好之 : 道思는 明代의 文人 王愼中의 字이고, 號는 遵巖이다. ≪遵巖集≫ 9권의 〈曾南豐文粹序〉와 그 밖의 몇몇 곳에 曾鞏의 문장을 좋아했다는 말이 보인다.
3) 金莖露 : 銅柱를 세우고서 받은 이슬을 이르는데, 전설에 이 이슬에 玉屑(옥가루)을 타서 마시면 神仙이 된다고 한다. 漢 武帝가 神仙說에 미혹하여 建章宮 서쪽에 銅柱를 세우고 그 위에 承露盤(이슬을 받는 소반)을 든 仙人의 銅像을 안치하고서, 이슬을 받아 마시면서 長壽하기를 바랐다고 한다. ≪漢書 郊祀志上≫

予嘗有文評曰 屈宋[1)]以來로 渾渾噩噩[2)]이 如長川大谷하야 深之不窮하고 攬之不竭하야 蘊藉百家[3)]하고 包括萬代[4)]者는 司馬子長之文也요 閎深典雅[5)]하야 西京之中에 獨冠儒宗者는 劉向之文也요 斟酌經緯[6)]하야 上摹子長하고 下採劉向父子하야 勒成一家之言[7)]者는 班固也요 呑吐騁頓[8)]하야 若千里之駒가 而走赤電鞭疾風하야 常者山立하고 怪者霆擊은 韓愈之文也요 巉巖崱屴[9)]하야 若游峻壑削壁하야 而谷風凄雨四至者는 柳宗元之文也요 遒麗逸宕[10)]하야 若携美人宴遊東山하야 而風流文物이 照耀江左者[11)]는 歐陽子之文也요 行乎其所當行하고 止乎其所不得不止[12)]하야

浩浩洋洋[13)]하야 赴千里之河而注之海者는 蘇長公也라 嗚呼라 七君子者는 可謂聖於文矣요 其餘若賈董相如揚雄諸君子도 可謂才問炳然西京矣나 而非其至者요 曾鞏王安石蘇洵轍은 至矣니라 鞏尤爲折衷於大道하야 而不失其正이나 然其才或疲薾而不能副焉[14)]이라 吾聊次之如左하야 俟知音[15)]者賞之하노라

내 일찍이 文評을 지어 다음과 같이 論評하였다.

"屈原과 宋玉 이후로 문장이 深厚하고 嚴密하기가 마치 長江 大谷과 같아 아무리 깊이 들어가도 끝이 보이지 않고 아무리 채취하여도 資源이 고갈되지 않아, 百家를 함축하고 萬代를 포괄한 것은 司馬子長(司馬遷)의 문장이고, 규모가 廣大하고 뜻이 심오하며 文辭에 典據가 있고 高雅하여 西漢의 문인 중에 儒學의 宗師 자리를 독점한 것은 劉向의 문장이고, 經緯를 따져 위로 사마자장의 문장을 본받고 아래로 유향父子의 문장을 채용하여 一家의 문장을 이룬 이는 班固이고, 드러내기도 하고 숨기도 하며 힘차게 달리기도 하고 정지하기도 하여 마치 千里馬가 번개처럼 달리고 疾風처럼 달리는 것 같으며, 평범한 문장은 산이 서 있는 것처럼 莊重하고, 怪奇한 문장은 벼락을 치듯이 맹렬한 것은 韓愈의 문장이고, 험준한 巖山과 높이 솟은 봉우리처럼 詩文이 웅장하고 뛰어나서 마치 깊은 골짜기의 절벽 아래서 노는데 골짜기 바람과 싸늘한 비가 사방에서 이르는 것 같은 것은 柳宗元의 문장이고, 힘이 있고 아름다우며 틀에 매이지 않고 자유분방하여, 마치 美人을 대동하고 東山에서 잔치를 열어 즐겁게 노는 것 같아, 風流와 文物이 江左에 비춘 것은 歐陽子의 문장이고, 글을 엮어 의사를 표출해야 할 것은 글을 엮고, 붓을 멈추지 않으면 안 될 것은 붓을 멈추어서, 기세가 한없이 성대하여 천 리를 달려온 河水가 바다로 흘러드는 것 같은 것은 蘇長公의 문장이다.

아! 이 일곱 사람은 문장에 있어 聖人이라 할 수 있고, 이 밖에 賈誼·董仲舒·司馬相如·揚雄 같은 사람들도 재능과 학문이 西京을 빛냈다고 할 수 있으나 문장이 극치에 도달한 이들은 아니고, 曾鞏·王安石·蘇洵·蘇轍은 극치에 도달한 분들이다. 증공은 또 大道를 절충하여 바름을 잃지 않았으나, 그 재능이 부족하여 간혹 생각을 제대로 표현하지 못하였다. 나는 우선 이하와 같이 서술하여 나를 알아

주는 사람이 감상하기를 기다린다."

1) 屈宋 : 戰國 때 楚나라의 辭賦家인 屈原과 宋玉을 이른다.
2) 渾渾噩噩 : 渾渾은 深厚한 모양이고, 噩噩은 嚴密한 모양이다.
3) 蘊藉百家 : 蘊藉는 含蓄과 같으니, 諸子百家의 사상을 모두 문장 속에 含蓄하였다는 말이다.
4) 包括萬代 : 包括은 內包의 뜻이니, 만대의 역사를 모두 문장 속에 담았다는 말이다.
5) 閎深典雅 : 閎深은 문장의 규모가 크고 뜻이 깊음이고, 典雅는 문장에 사용한 말들이 典據가 있고 高雅함이다.
6) 斟酌經緯 : 斟酌은 반복해 思索함이고, 經緯는 條理이다.
7) 勒成一家之言 : 勒은 語氣詞이고, 一家之言은 一家의 文章을 이른다.
8) 呑吐騁頓 : 呑吐는 삼키기도 하고 뱉기도 한다는 말로 숨기기도 하고 드러내기도 함을 뜻하고, 騁頓은 글을 달리듯이 써내려가기도 하고, 때로 정지하기도 함이다.
9) 巉巖崱屴 : 巉巖은 험준한 巖山으로 詩文이 힘이 있고 奇拔함을 비유하고, 崱屴도 山이 高大하고 험준한 것으로 역시 시문이 뛰어남을 비유한다.
10) 遒麗逸宕 : 遒麗는 詩文이 힘이 있고 아름다움이고, 逸宕은 틀에 매이지 않고 자유분방함이다.
11) 風流文物 照耀江左者 : 風流는 風度이고, 文物은 禮儀와 規範 등을 이른다. 江左는 江東으로 長江 하류의 東方을 이른다. 옛사람들은 東을 '左', 西를 '右'라 하였다. 그러므로 江東을 '江左'라 한 것이다.
12) 行乎其所當行 止乎其所不得不止 : 이 말은 茅坤이 蘇軾의 말을 끌어다가 소식의 문장을 評한 것이다. ≪東坡文抄≫ 권75에 보이는 〈答謝民師推官書〉에 "대략 떠가는 구름과 흘러가는 물과 같아 애당초 정한 바탕(主題를 뜻함)이 없고, 단지 항상 行筆(글을 씀)해야 할 것은 행필하고, 붓을 멈추지 않으면 안 될 것은 붓을 멈추었을 뿐이다.〔如行雲流水 初無定質 但常行於所當行 止於所不可不止〕"라는 말이 보인다.
13) 浩浩洋洋 : 물의 기세가 광대한 모양인데, 여기서는 문장의 기세가 성대하다는 뜻으로 쓰였다.

14) 其才或疲薾而不能副焉 : 문장을 엮는 솜씨가 부족하여 표현이 생각과 일치하지 않았다는 말이다. 疲薾는 피곤한 모양인데, 여기서는 모자람을 완곡하게 표현한 말로 쓰였다.

15) 知音 : ≪列子≫ 〈湯問〉에 "伯牙는 거문고를 잘 타고, 그의 벗 鍾子期는 거문고 소리를 잘 이해하여, 백아가 높은 산을 생각하며 거문고를 타면 종자기는 '높기가 마치 태산 같구나.'라고 하고, 백아가 흐르는 물을 생각하며 거문고를 타면 종자기는 '넓기가 마치 江河 같구나.'라고 하여, 백아의 생각을 종자기가 정확히 이해하였다."는 故事에서 나온 말로 나를 알아주는 사람이라는 뜻으로 쓰인다.

八大家而下로 予於本朝獨愛王文成公[1]論學諸書[2]及記學記尊經閣等文[3]하노니 程朱所欲爲而不能者ㄹ새니라 江西辭爵及撫田州等疏[4]는 唐陸宣公과 宋李忠定公[5]도 所不逮也니라 卽如浰頭橫岡軍功等疏[6]는 條次兵情이 如指諸掌이온 況其設伏出奇의 先後本末이 多合兵法가 人特以稍屬矜功이라하야 而往往口訾之耳니라 嗟乎라 公固百世殊絶人物이니 區區文章之工與否는 所不暇論일새 予特附揭於此하야 以見我本朝一代之人豪하니 而後世之品文者는 當自有定議云이라

八大家 이후로 나는 우리 明나라의 문장 중에 유독 王文成公(王守仁)의 學問을 논한 여러 편의 글과 記學·記尊經閣 등의 문장만을 좋아하니, 이는 程朱가 말하고자 하였으나 하지 못한 것이기 때문이다. 江西의 辭爵疏와 撫田州 등의 疏는 唐나라 陸宣公과 宋나라 李忠定公도 미치지 못할 바이다. 바로 浰頭와 橫岡의 軍功을 논한 疏는 군대의 정황을 조목별로 서술한 것이 마치 손바닥을 보는 것처럼 분명한데, 하물며 伏兵을 설치하여 出奇(奇襲)하는 선후와 본말이 대부분 兵法에 부합함에랴. 사람들은 단지 그의 이 소가 자신의 공을 약간 자랑한 것이라 하여 이따금 헐뜯을 뿐이다.

아! 공은 진실로 百世에 뛰어난 인물이니, 하찮은 문장이 정교하냐의 여부는 논할 거리가 못된다. 그러므로 나는 여기에 특별히 공을 附記하여 우리 明나라 시대의 뛰어난 인물임을 드러내었으니, 후세에 문장을 品評하는 자들은 당연히 정론이

있을 것이다.

1) 王文成公 : 文成은 陽明 王守仁의 諡號이다.

2) 論學諸書 : ≪王文成全書≫ 권4・5・6에 실린 편지를 이른다. 그 편지에 학문을 논한 말이 많다.

3) 記學記尊經閣等文 : ≪王文成全書≫ 권7에 보이는 〈重修山陰縣學記〉・〈稽山書院尊經閣記〉와 함께 실린 21편의 記를 이른다.

4) 江西辭爵及撫田州等疏 : 江西는 王守仁이다. 陽明學派를 江西學派라 한다. 辭爵疏는 ≪王文成全書≫ 권11에 보이는 〈乞休致疏〉와 〈乞放歸田里疏〉를 이르고, 撫田州 등의 疏는 ≪王文成全書≫ 권14에 보이는 〈處置平復地方以圖久安疏〉를 이른다.

5) 唐陸宣公 宋李忠定公 : 陸宣公은 唐나라의 陸贄이고, 李忠定公은 宋나라의 李綱이다. 이들은 모두 奏議文에 뛰어났다.

6) 浰頭桶岡軍功等疏 : ≪王文成全書≫ 권11에 보이는 〈浰頭捷音疏〉와 〈橫水桶岡捷音疏〉를 이른다.

八大家文抄 凡例 ≪唐宋八大家文抄≫의 凡例

凡予所錄八大家之文若干什은 **大都高篇**이라 **然於中亦不無工而未至者**라 **特以不詭於道**하고 **稍合作者之旨**니라 **以故輒存而不遺**하니라

"내(茅坤)가 수록한 八大家의 문장 약간 편은 대체로 뛰어난 문장들이다. 그러나 그중에도 문장은 정교하지만 내용이 우수하지 못한 것이 없지 않다. 다만 道에 어긋나지 않고 作家의 體制에 부합하기 때문에 모두 수록하고 버리지 않았을 뿐이다.

凡錄八大家는 **竝本集或別集續集及見他書者**를 **頗屬搜括不遺**니라 **獨歐文所見五代史及唐書者**는 **間撮錄其小論與引之首者而已**니 **別自有五代史唐書抄**라 **故不及**하니라 **蘇子由古史**도 **亦僅錄小論**하니라

수록한 八大家의 문장은 모두 本集, 別集, 續集과 다른 서적에 보이는 것들을 모두 빠짐없이 찾아서 수록한 것이다. 그러나 ≪五代史≫와 ≪唐書≫에 보이는 歐陽公의 문장은 간혹 그 小論과 맨 앞에 인용한 것만을 뽑아 수록하였을 뿐이니, 이는 별도로 ≪五代史抄≫와 ≪唐書抄≫가 있기 때문에 전부를 수록하지 않은 것이다. 蘇子由(蘇轍)의 古史도 겨우 그 小論만을 수록하였을 뿐이다.

凡一篇本末大旨는 **則挈而鐫之本題之下**하고 **間或於篇中**에 **抹出或 —— 或 ▭**하며 **其間起案結案及文之一切緊關處**는 **亦竝以抹或 — 或 ▭ 或 ㄴ 或 旁鐫數字**하니라

한 篇의 本末과 大旨는 끌어다가 본문 제목 밑에 기록하였고, 간혹 편중에 혹은 ——으로 혹은 ▭으로 지우기도 하였으며, 간혹 起案이나 結案과 문장에 긴

요한 관건이 되는 모든 곳에도 혹은 ―으로 혹은 □으로 혹은 ㄴ로 표시하고 혹은 옆에 몇 자를 써넣기도 하였다.

凡文之佳處에 **首圓圈○**하고 **次則尖圈◗**하고 **又次則傍點◥**하고 **間有敝處則亦旁抹**[1]**或鐫數字**하니 **譬之合抱之木而寸朽**하고 **明月之珠而累纇**라도 **不害其爲寶也**니라

문장이 아름다운 곳에 표시를 하되, 가장 아름다운 곳에는 圓圈○을 치고, 그 다음이 되는 곳에는 尖圈◗을, 또 그 다음이 되는 곳에는 傍點◥을 찍고, 또 간혹 해진 곳이 있으면 旁抹하거나 혹 몇 자를 적어 넣기도 하였으니, 이는 비교하면 아름드리 나무에 썩은 곳이 조금 있고 夜光珠에 흠이 많아도 보물이 되는 데 전혀 방해가 되지 않는 것과 같기 때문이다.

1) 旁抹 : 未詳이다. 혹 옆에 줄을 그어 지운 것이 아닌지 모르겠다.

凡錄批評은 **特據予所見而已**니라 **古之呂東萊樓迂齋**[1]**謝枋得而下**는 **多不錄**하니 **以其行於世已久**하야 **而學士大夫無不知之者**ㄹ일새니라 **獨近年**의 **唐荊川王遵巖二公所傳**은 **世未必知之**라 **故唐以○**과 **王以◗**으로 **各標於上**하야 **以見**(현)**兩公之用心讀書處**하니 **於予所見合與否**는 **亦不暇論**이라

기록한 批評은 단지 나의 소견에 의거한 것뿐이다. 呂東萊(呂祖謙), 樓迂齋(樓昉), 謝枋得 같은 옛 분들의 비평은 대체로 수록하지 않았으니, 이는 세상에 유포된 지가 이미 오래여서 모르는 學士 大夫가 없기 때문이다. 유독 근년에 唐荊川(唐順之)과 王遵巖(王愼中) 두 분이 전한 비평서는 세상 사람들이 알지 못할 것이므로 당형공은 ○으로 왕준암은 ◗으로 각각 그 비평문 위에 표시하여 두 분이 마음을 써서 독서한 곳을 드러내었으니, 나의 소견에 부합하느냐의 여부는 또 논할 것이 못 된다.

1) 樓迂齋 : 저본에는 '樓'가 '婁'로 되어 있으나, 迂齋는 宋나라 樓昉의 호이므로 '婁'를 '樓'로 바로잡았다.

凡八家所爲論文之旨를 姪桂輩가 嘗錄而出之舊矣라 予覽之하고 因令附刻於首凡例之後하야 別爲一卷하니 讀是抄者는 一展卷間에 其於八先生門戶를 大都亦可以瞭而覩矣리라

八家가 지은 論文의 뜻을 나의 조카 桂 등이 일찍이 기록하여 출간한 지가 이미 오래이다. 내가 閱覽하고서 首篇의 凡例 뒤에 붙여 板刻하여 따로 한 권으로 만들게 하였으니, 이 八大家文抄를 읽는 자들은 이 한 권을 한 번 펼쳐보는 사이에 八先生의 문호를 대체로 밝게 볼 수 있을 것이다.

予嘗謂八君子者는 不獨其文藝之工이라 其各各行事節槪에도 多有可觀하니 亦學者所不可不知者라 予故節錄其本傳하야 附之各集之首하니라

나는 일찍이 八君子는 그 文藝가 뛰어날 뿐만 아니라 그분들의 行事와 節槪에도 볼 만한 점이 많으니, 이 또한 학자들이 몰라서는 안 된다고 생각하였다. 그러므로 나는 그 本傳에서 중요한 부분만을 뽑아 各集의 머리에 附錄하였다.”

右爲舊刻凡例라 尙有論文九則을 卽附於後하야 如著寶玉於土中하고 殿精騎於塵後하니 觀者每惜之하니라 今審原例컨대 有別爲一卷之語일새 因敢分章另刻하니라 旣可見先生選八大家之意요 亦可開後人讀八大家之眼이라 又新刻에 多有不同處라 故幷附新例數款하야 使覽是書者로 知此刻不獨爲八大家之定本이라 亦爲鹿門先生之功臣云爾라

이상은 舊板의 凡例이다. 이밖에도 문장을 논한 아홉 편의 글이 있는데, 이를 後尾에 부록하여 마치 寶玉이 땅속에 묻히고 精銳軍이 후면에 배치된 것과 같으니, 보는 자들이 매양 이를 애석해하였다. 지금 原集의 범례를 살펴보건대 '따로 한 권으로 만들었다.'는 말이 있으므로 인해 감히 章을 나누어 板刻하였다. 이미 鹿門先生(茅坤)께서 八大家의 글을 선별하신 뜻을 볼 수 있고, 또 八大家의 글을 읽는 후인들의 눈을 뜨게 할 수 있을 것이다. 또 新板에 舊板과 같지 않은 곳이 많기

때문에 몇 條의 新例를 아울러 붙여, 이 글을 열람하는 자들로 하여금 이 板刻이 八大家의 定本일 뿐만 아니라 鹿門先生의 功臣이기도 하다는 것을 알게 하였다.

一, 舊刻已經訂補하야 **不失鹿門先生初旨**라 **然尙有題存文缺者**ㄹ새 **今皆增入**하고 **不敢妄加評點**하니라

1, 舊板은 이미 訂補를 거쳐 鹿門先生의 初旨를 잃지 않았다. 그러나 오히려 제목만 있고 본문이 빠진 것이 있으므로, 이제 모두 보충하고서 감히 評點을 치지 않았다.

一, 訂補續本은 **仍襲舊板**일새 **未免苟簡補苴**하야 **間有頭上安頭**하고 **尾後接尾者**ㄹ새 **今悉依次改正**하니라

1, 續本의 訂補는 舊板을 그대로 따랐으므로 대충 보충함을 면치 못하여, 간혹 머리 위에 머리를 붙이고 꼬리 뒤에 꼬리를 단 것이 있으므로, 이제 모두 차례에 따라 개정하였다.

一, 訛脫處는 **悉對善本全集證改**하니라 **如蘇文忠公集論京東盜賊狀**은 **則雜以辨試館職策問箚子二首**하며 **文定公集**에는 **竟有失去數行者**하며 **荊公誌銘**에는 **則有誤入他銘者**하니라 **如此者甚多**어늘 **今皆釐正**하니라

1, 잘못되거나 빠진 곳은 모두 善本全集을 대조해 訂正하였다. 이를테면 ≪蘇文忠公集≫에 〈論京東盜賊狀〉의 경우는 〈辨試館職策問箚子〉 2수의 글이 섞여 있으며, ≪蘇文定公集≫에는 마침내 몇 줄의 글이 빠진 곳이 있으며, 荊公의 誌銘에는 다른 銘文이 잘못 들어간 것이 있었다. 이와 같은 것이 매우 많았는데, 지금 모두 시정하였다.

一, 諸家表啓와 **子由古論**은 **舊刻**엔 **因省工板**하야 **遂致連牽**이러니 **今準集中舊式**하야

仍各分篇하니 **庶爲一例**하니라

1. 諸家의 表·啓와 子由의 古論은 舊板에는 工板을 줄이기 위해 문단을 끊지 않고 연결하였는데, 이제 全集 중의 舊式에 따라 각각 한 편씩 나누었으니, 거의 한 例가 될 것이다.

一, 原刻標批唐以○王以ℴ이나 **今恐易混**하야 **直出唐荊川王遵巖二先生字號**하야 **使讀者一覽可知**하야 **不煩再審**하니라 **先生序歐文**에 **有云世欲覽歐陽子之全者**는 **必合予他所批注唐書五代史讀之**라야 **斯得之矣**리라 **因幷附入**하야 **以備歐陽一家**하니 **非騈枝也**니라

1. 原板에는 批評을 표시한 곳에 唐荊川은 ○으로 王遵巖은 ℴ으로 표시하였으나, 이제 쉽게 혼동할까 두려워 곧바로 당형천과 왕준암 두 선생의 字號를 써서 독자들로 하여금 한 번 보면 알 수 있어 다시 살피는 번거로움이 없게 하였다. 鹿門先生이 지은 歐陽公文의 서문에 "세상에 歐陽子의 전집을 열람하고자 하는 자들은 반드시 이 책 외에 내가 批注한 ≪唐書≫와 ≪五代史≫를 함께 읽어야 그 뜻을 이해할 수 있을 것이다."라고 하였다. 그러므로 이를 아울러 부록하여 歐陽子 一家의 문헌을 갖추었으니, 쓸데없는 군더더기가 아니다.

韓文公文抄引 ≪韓文公文抄≫에 대한 서문〔引〕

魏晉以後로 **宋齊梁陳迄于隋唐之際**히 **孔子六藝之遺**가 **不絶如帶矣**하니라 **昌黎韓退之崛起德憲之間**[1]하야 **泝孟軻荀卿**[2]**賈誼晁錯董仲舒司馬遷劉向揚雄及班掾父子**[3]**之旨而揣摩**[4]**之**하니 **於是時**에 **譽者半**이요 **毁者半**이로되 **獨柳宗元**[5]**李翺**[6]**皇甫湜**[7]**孟郊**[8]**二三輩**가 **相與遊從**하야 **深知而篤好之耳**니라 **何則**고 **於擧世聾聵中**에 **而欲獨以黃鍾大呂**[9]**鏗鍧其間**하니 **甚矣其難也**라 **又三百年而歐陽公脩蘇公軾輩相繼出**하야 **始表章**[10]**之**하니 **而天下之文**이 **復趨於古**하니라

魏・晉 이후로 宋・齊・梁・陳을 거쳐 隋・唐에 이르기까지 孔子께서 전하신 六藝의 遺志가 거의 끊어져가는 띠처럼 겨우 命脈만 붙어 있었다. 昌黎 韓退之가 德宗・憲宗 사이에 우뚝이 일어나서 위로 거슬러 올라가 孟軻・荀卿・賈誼・晁錯(조조)・董仲舒・司馬遷・劉向・揚雄・班掾 父子의 뜻을 찾아 깊이 연구하니, 이때 칭찬하는 이가 반이고 헐뜯는 이가 반이었으나, 유독 柳宗元・李翺・皇甫湜・孟郊 등 몇 사람만이 그와 서로 交遊하여 깊이 이해하고 독실히 좋아하였을 뿐이었다.

이는 어째서인가? 온 세상이 귀머거리뿐인 속에서 홀로 黃鍾과 大呂를 우렁차게 울리고자 하였기 때문이니, 〈사람들의 인증을 받기가〉 매우 어려웠을 것이다. 또 300년 뒤에 歐陽脩・蘇軾 등이 잇따라 나와서 비로소 〈昌黎의 文章을〉 칭찬하니, 천하의 문장이 다시 옛날로 돌아갔다.

1) 德憲之間 : 唐나라 德宗과 憲宗 사이로 780년에서 819년까지 39년 동안을 이른다.

2) 荀卿 : 戰國 末期의 대표적인 儒學者로 ≪荀子≫를 지은 荀況이다. 卿은 당

시 사람들이 그를 높여 부른 號稱이다.

3) 班掾父子 : 掾은 下級官吏의 칭호이다. 하급관리인 班氏 父子란 말로 ≪漢書≫를 지은 班彪와 班固를 이른다.

4) 揣摩 : 君主의 생각을 헤아려 그 뜻에 맞추는 遊說術을 이르는 말인데, 여기서는 孟子 이하 여러 사람이 남긴 著書의 뜻을 찾아 깊이 연구한다는 뜻으로 쓰였다.

5) 柳宗元 : 字는 子厚이다. 韓愈의 벗으로 그 名聲이 한유에 못지않은 文豪이다.

6) 李翺 : 字는 習之이다. 韓愈와 동시대의 文人이다.

7) 皇甫湜 : 字는 持正이다. 韓愈의 弟子로 詩文에 뛰어났다.

8) 孟郊 : 字는 東野이다. 韓愈의 벗으로 뛰어난 詩人이다.

9) 黃鍾大呂 : 黃鍾은 여섯 陽律 중의 첫 번째 律이고, 大呂는 여섯 陰律 중의 네 번째 律로 그 소리가 높고 크다. 黃鍾大呂는 文辭가 莊嚴하고 正大하여 調和가 절묘한 作品을 이르는 말로 쓰인다. 귀머거리만이 가득한 세상에 黃鍾과 大呂를 우렁차게 울려보았자, 들을 수 있는 사람이 없듯이, 古文을 모르는 사람들에게 아무리 장엄하고 정대한 문장을 보여주어 보았자, 알아보는 사람이 없다는 것을 비유한 것이다.

10) 表章 : 칭찬함이다.

嗟乎라 隋唐之文은 其患在靡而弱이로되 而退之之出而振之가 固已難矣어늘 迺若近代之文은 其患在勦而贋하니 有志者苟欲出而振之라도 而其爲力也가 不尤戛戛[1]乎其難矣哉아 要之컨대 必本乎道하야 而按古六藝者之遺라야 斯之謂古作者之旨云爾라

아! 隋·唐의 문장은 그 병폐가 화려하여 힘이 약한 데 있었을 뿐인데도 韓退之가 나와서 이를 挽回하기가 참으로 어려웠는데, 근대의 문장으로 말하면 그 병폐가 남의 것을 표절하여 僞造하는 데 있으니, 뜻이 있는 이가 나와서 挽回하고자 하여도 힘을 쓰기가 더욱 어렵지 않겠는가? 요컨대 반드시 道에 뿌리를 두고서 옛 六藝의 遺旨에 의거하여야 옛 作者의 趣旨라 할 수 있을 것이다.

1) 戛戛 : 어려운 모양이다.

予故於漢西京而下로 八代之衰不及一人也하니라 首揭昌黎韓文公愈하야 錄其表狀九首, 書啓狀四十六首, 序三十三首, 記傳十二首, 原論議十首, 辯解說頌雜著二十二首, 碑及墓誌碣銘五十二首, 哀詞祭文行狀八首하야 釐爲十六卷하니라 昌黎之奇가 於碑誌에 尤爲巉削[1]이나 予竊疑其於太史遷之旨或屬一間이라 以其盛氣掐抉[2]하야 幅尺[3]峻而韻折[4]少也라 書記序辯解及他雜著는 公所獨倡門戶[5]니 譬則達摩西來하야 獨開禪宗矣라

歸安鹿門茅坤題하노라

그러므로 나는 漢나라 西京 이후로 衰頹한 八代의 문장은 한 사람의 作品도 수록하지 않고, 첫머리에 昌黎 韓文公 愈의 문장을 드러내어, 그의 表·狀 9편과, 書·啓·狀 46편과 序 33편과, 記·傳 12편과, 原·論·議 10편과, 辯·解·頌·雜著 22편과, 碑 및 墓誌·碣銘 52편과, 哀詞·祭文·行狀 8편을 수록하고서 정리하여 16권으로 만들었다.

昌黎의 奇拔함은 碑誌에 더욱 재능이 뛰어났으나, 내 생각에 그 문장은 太史 司馬遷에 비해 조금 떨어지는 듯하다. 그 이유는 그가 성대한 기세로 탁월한 시문을 짓기 위해 고심하여, 문장이 준엄하기만 하고 聲韻의 曲折(高下)이 부족하기 때문이다. 書·記·序·辯·解와 그 밖의 雜著는 韓公이 獨創한 門戶이니 비교하면 達摩가 西域에서 와서 禪門을 獨創한 것과 같다.

歸安人 鹿門 茅坤은 쓰다.

1) 巉削 : 才能이 出衆함이다.
2) 掐抉 : 생각을 짜내는 것이니, 곧 卓越한 詩文을 짓기 위해 苦心함이다.
3) 幅尺 : 尺幅과 같은 말로 문장이나 書帖을 이르는 말로 쓰인다.
4) 韻折 : 聲調의 높낮이이다.
5) 獨倡門戶 : 한 門戶를 創建함인데, 여기서는 하나의 文體를 創始하였다는 뜻이다.

韓文公本傳* 韓文公에 대한 正史의 傳記

* 이 글은 ≪新唐書≫ 〈韓愈傳〉을 採錄한 것이다.

韓愈의 字退之니 鄧州南陽人이라 七世祖茂[1]有功於後魏하야 封安定王하고 父仲卿爲武昌令하야 有美政하니 旣去에 縣人刻石頌德하다 終秘書郞하니라

韓愈의 字는 退之이니 鄧州 南陽人이다. 7世祖 茂는 後魏(北魏)에 功을 세워 安定王의 封爵을 받았고, 아버지 仲卿은 武昌令이 되어 善政을 펼쳤다. 그가 무창을 떠난 뒤에 고을 사람들이 碑石을 세워 功德을 기렸다. 秘書郞으로 관직을 마쳤다.

1) 茂 : 字는 元興이다. 北魏 世祖 때 누차 戰功을 세워 散騎常侍 殿中尙書에 除授되고, 安定公이란 爵位를 받았다. ≪魏書≫와 ≪北史≫에 傳이 있다.

愈生三歲而孤하야 隨伯兄會貶官嶺表[1]러니 會卒에 嫂鄭鞠之하다 愈自知讀書로 日記數千百言하고 比長에 盡能通六經百家學하야 擢進士第하다 會에 董晉爲宣武節度使[2]하야 表署觀察推官[3]하다 晉卒에 愈從喪出이러니 不四日하야 汴軍亂[4]이어늘 乃去하야 依武寧節度使張建封하니 建封辟府推官[5]하다 操行堅正하고 鯁言無所忌[6]하다 調四門博士[7]라가 遷監察御史[8]하다 上疏極論宮市[9]하니 德宗怒하야 貶陽山令하다 有愛在民하니 民生子多以其姓字之하니라 改江陵法曹參軍[10]하다 元和初에 權知[11]國子博士[12]하야 分司東都[13]라가 三歲爲眞하다 改都官員外郞[14]이라가 卽拜河南令하고 還遷職方員外郞[15]하다 華陰令柳澗有辠하야 前刺史劾之러니 未報而刺史罷하다 澗諷百姓하야 遮索軍頓役直(値)[16]하니 後刺史惡之하야 按其獄하야 貶澗房州司馬[17]하다 愈過華에 以爲刺史陰相黨이라하야 上疏治之하다 旣御史覆問하야 得澗贓하야 再貶封溪尉[18]하다 愈坐是復爲博士하다 旣才高數黜하고 官又下遷하니 乃

作進學解[19]**以自諭**하다 **執政覽之**하고 **奇其才**하야 **改比部郎中史館修撰**[20]하다 **轉考功**[21]**知制誥**[22]하고 **進中書舍人**[23]하다

韓愈는 세 살 때 아버지를 여의고 嶺表로 左遷되어 가는 伯兄 會를 따라갔다. 會가 죽자 兄嫂 鄭氏가 한유를 양육하였다. 한유는 글을 읽을 줄 알 때부터 매일 수백 字의 글을 엮었고, 장성한 뒤에는 六經과 百家의 學術을 다 통달하여 進士科에 及第하였다.

이때 董晉이 宣武節度使가 되어 朝廷에 奏請해 承認을 받아 한유를 觀察推官에 임명하였다. 동진이 죽자 한유는 그 喪柩를 따라 汴州를 나왔는데, 나온 지 나흘이 못 되어 汴軍이 반란을 일으켰다. 이에 그곳을 떠나 武寧節度使 張建封에게 의탁하니, 장건봉이 한유를 불러 軍府의 推官으로 삼았다. 한유는 志操가 굳고 행실이 단정하며 말이 剛直하여 忌避하는 바가 없었다. 四門博士에 除授되었다가 監察御史로 옮겼다. 疏를 올려 宮市의 폐단을 강력히 말하니 德宗이 노하여 陽山令으로 좌천시켰다. 백성을 사랑하는 정치를 펴니 양산 백성들이 아들을 낳으면 한유의 姓을 따다가 아들의 이름을 짓는 자가 많았다. 江陵府의 法曹參軍으로 移動하였다. 元和 初年에 임시로 國子博士를 맡아 東都의 分司로 나아갔다가 3년 뒤에 정식 박사에 임명되었다. 都官員外郎으로 옮겼다가 즉시 河南令에 제수되었고, 조정으로 돌아와서 職方員外郎으로 옮겼다.

華陰令 柳澗의 범죄를 前任 刺史가 彈劾하였는데, 그 彈劾疏가 올려지기 전에 자사가 罷職되었다. 유간이 백성들을 꼬드겨 전임 자사의 길을 막고 駐屯軍의 役價(給料)를 요구하게 하니, 後任 자사가 미워하여 그 사건을 조사해서 유간을 房州司馬로 좌천시켰다. 한유가 華陰을 지나다가 그 사실을 알고는 전임 자사와 후임 자사가 은밀히 서로 결탁하였다고 여겨, 疏를 올려 유간의 죄를 審理하기를 청하였다. 얼마 뒤에 御史가 審問하여 유간이 직위를 이용해 불법으로 남의 재물을 약탈하고 뇌물을 받은 죄상을 밝혀내고서, 다시 封溪尉로 좌천시켰다. 한유도 이 일에 연루되어 다시 博士로 降等되었다.

한유는 재능이 뛰어난데도 자주 강등되고 관직 또한 낮은 자리로 좌천되니, 이에 〈進學解〉를 지어 자신의 처지를 비유하였다. 執政이 그 글을 보고는 그 재주를

기특하게 여겨 比部郎中 史館修撰에 임명하였다. 考功郎中으로 옮겨 知制誥를 兼任하였고, 中書舍人으로 승진하였다.

1) 隨伯兄會貶官嶺表：韓會를 천거한 宰相 元載가 受賂罪로 賜死되자, 한회도 연좌되어 嶺表로 좌천되었다. 嶺表는 五嶺 이남 지역으로 지금의 廣東・廣西 일대를 이른다.

2) 董晉爲宣武節度使：董晉의 字는 混成이다. 檢校左僕射・同平章事로 汴州刺史・宣武節度營田・汴宋觀察使를 겸임하였다. 宣武는 唐나라 때 方鎭의 이름이고, 節度使는 官名으로 한 지방의 軍政・民政・財政을 總督한다. 方鎭은 唐나라 때 각 지방에 설치한 軍營을 이른다.

3) 表署觀察推官：表署는 節度使가 朝廷에 奏請하여 承認을 받아 屬官을 임명하는 것이다. 觀察推官은 관찰사의 屬官으로 罪人을 審問하는 일을 맡는다.

4) 汴軍亂：貞元 15년(799) 2월 丁丑日에 董晉이 사망하였다. 그가 사망한 지 8일 뒤인 乙丑日에 汴軍이 반란을 일으켜 새로 부임한 節度使와 判官을 살해한 일을 이른다. 汴은 州의 이름으로 지금의 開封府 일대이다.

5) 辟府推官：辟은 부름이고 府는 軍府이니, 張建封이 韓愈를 불러들여 軍府의 推官으로 삼았다는 말이다.

6) 操行堅正 鯁言無所忌：≪舊唐書≫ 〈韓愈傳〉에는 "한유는 말하는 것이 진실하고 솔직하여 회피하는 바가 없으며, 지조가 굳고 행실이 단정하였으나 세상일에는 졸렬하였다.〔愈發言眞率 無所畏避 操行堅正 拙於世務〕"로 되어 있다.

7) 調四門博士：調는 新職에 除授됨이다. 四門博士는 四學의 教授이다. 唐나라는 國子監의 四門에 학교를 세우고서 3인 내지 6인의 博士를 두어, 7品 이상 官員들의 자제와 재능이 뛰어난 庶民의 자제를 가르치게 하였다.

8) 監察御史：百官을 糾察하고, 지방을 순회하며 刑獄과 穀倉 등을 살피는 일을 맡은 官名이다.

9) 宮市：德宗 말년에 宦官이 직접 市場으로 가서 宮中에 필요한 일용품을 구매한 것을 이르는데, 환관이 물건 값을 후려치기도 하고, 혹은 값을 치르지 않기도 하여 그 폐해가 막심하였다.

10) 江陵法曹參軍：法曹參軍은 罪를 심리해 法을 적용하는 일을 맡은 地方官의 僚屬이다.

11) 權知：임시로 직무를 代理함이다.
12) 國子博士：國子監(太學)의 5品官인데 3품 이상 文武官의 자제 및 宗室의 公子·公孫과 從2品 이상의 자손으로 국자감에 生徒로 있는 자들의 교육을 전담하였다.
13) 分司東都：唐나라 때에 洛陽을 東都라 하였다. 당나라 때에 中央政府에서 동도로 파견되어 職務를 처리하던 官員을 '分司'라 하였다.
14) 都官員外郎：都官은 刑部에 소속된 官府이고, 員外郎은 그 官府의 次官이다. 長官은 郎中이라 한다.
15) 還遷職方員外郎：≪新唐書≫ 〈韓愈傳〉에는 '還'자가 없다. 職方員外郎은 兵部에 소속된 官署의 次官이다.
16) 遮索軍頓役直(値)：遮는 막음이고, 索은 요구함이고, 軍頓은 屯田軍이고, 役直는 勞役의 代價이니, 곧 전임 刺史가 가는 길을 막고 屯田軍에게 지급할 품삯을 요구하였다는 말이다.
17) 司馬：唐나라 때에 節度使 麾下에 '司馬'를 두었는데, 오늘날의 '參謀長' 같은 것이다.
18) 尉：縣令을 補佐하는 官職으로 오늘날의 '副郡守' 같은 것이다.
19) 進學解：본서 권10에 보인다.
20) 改比部郎中史館修撰：比部郎中은 刑部에 소속된 관서의 長官이고, 史館修撰은 歷史編修官이니, 곧 비부낭중으로 史館의 修撰을 兼任한 것이다.
21) 考功：吏部에 두었던 考功司의 郎中을 맡은 것이다. 考功司는 官吏의 功過와 勤慢 등을 조사하여 성적을 매기는 일을 맡은 部署이다.
22) 知制誥：官名으로 詔書나 頒教文 등을 짓는 일을 專擔한다.
23) 中書舍人：中書省의 正5品 官員으로 詔勅·誥命 등을 짓는 일을 전담한다.

初에 憲宗將平蔡[1]하야 命御史中丞裴度[2]使諸軍按視러니 及還하야 具言賊可滅이나 與宰相議不合하다 愈亦奏言호되 淮西連年侵掠이나 得不償費하니 其敗可立而待라 然未可知者는 在陛下斷與不斷耳[3]라하니 執政不喜하다 會有人詆愈在江陵時爲裴均所厚하야 均子鍔素無狀이로되 愈爲文章字命鍔[4]하니 謗語囂暴하다 由是改太

子右庶子하다 **及度以宰相節度彰義軍宣慰淮西**[5]에 **奏愈行軍司馬**[6]하니 **愈請乘遽先入汴**하야 **說韓弘使協力**하다 **元濟平**에 **遷刑部侍郞**[7]하다

당초에 憲宗이 蔡州를 討平하려고 御史中丞 裵度에게 명하여 諸軍을 살피게 하였는데, 배도가 돌아와서 賊을 討滅할 수 있다고 상세히 말하였으나, 宰相과 의논이 합치하지 않았다. 한유도 아뢰어 말하기를 "淮西의 적이 해마다 침략하였으나 얻은 것이 비용을 충당하기에도 부족하였으니 그들의 패망을 서서 기다릴 수 있습니다. 그러나 알 수 없는 것은 폐하께서 결단하느냐, 결단하지 않느냐에 있을 뿐입니다."라고 하니, 執政이 좋아하지 않았다.

이때 어떤 사람이 "한유가 江陵에 있을 때 裵均에게 후대를 받고서, 배균의 아들 鍔이 본디 품행이 좋지 않은 자인데도 한유가 문장을 지어 그 字를 鍔으로 칭하였다."고 비난하니, 비방하는 말이 떠들썩하였다. 이로 인해 太子右庶子로 좌천되었다.

배도가 宰相으로 彰義軍節度使 兼 淮西宣慰使가 됨에 미쳐 上奏하여 한유를 行軍司馬로 삼으니, 한유가 배도에게 요청하여, 驛馬를 타고 먼저 汴州로 가서 韓弘을 설득하여 協力하게 하였다. 吳元濟가 討平된 뒤에 刑部侍郞으로 승진하였다.

1) 憲宗將平蔡 : ≪資治通鑑≫에 의하면 憲宗 元和 9년(814) 여름에 彰義(淮西)節度使 吳少陽이 죽자, 그 아들 吳元濟가 아비의 喪을 숨기고서 스스로 절도사에 올라 兵權을 장악하였다. 이때 諸軍이 회서를 오랫동안 토벌하였으나 功이 없자, 헌종이 裵度를 軍營으로 보내어 慰撫하고서 戰況을 살피게 하였다. 배도가 형세를 살피고 돌아와서 "회서를 반드시 취할 수 있다."고 아뢰었다. 蔡는 州의 이름으로 바로 회서절도사의 군영이 있는 곳이다.

2) 御史中丞裵度 : 御史中丞은 御史臺의 次官이다. 裵度는 字가 中立으로 淮西를 討平하였고, 敬宗이 宦官 劉克明에게 弑害당하자, 꾀를 내어 유극명을 잡아 죽이고서 文宗을 맞이해 세워 唐나라를 存續시킨 名宰相이다.

3) 淮西連年侵掠……在陛下斷與不斷耳 : 이 다섯 句는 본서 권1에 실린 〈論淮西事宜狀〉에 보인다.

4) 愈在江陵時爲裵均所厚……愈爲文章字命鍔 : ≪舊唐書≫ 〈韓愈傳〉에 "한유가

江陵法曹參軍으로 있을 때 荊南節度使 裴均이 매우 厚待하였다. 배균의 아들 裴鍔은 평범하고 비루하였는데, 근자에 배악이 와서 그 아비에게 문안하자, 한유는 그를 위해 序文을 지어 餞送하고, 배악을 그대로 그의 字로 불렀다."고 하였으니, 爲文章字命鍔은 전송하는 서문에 배악을 그의 자로 칭한 것인 듯하다.

5) 度以宰相節度彰義軍宣慰淮西 : 裴度가 宰相으로 彰義軍節度使 겸 淮西宣慰使가 된 것이다.

6) 行軍司馬 : 官名이다. 唐나라는 開元 이후로 모든 節度使가 다 行軍司馬를 두어 보좌하게 하였는데, 그 권한이 막중하였다.

7) 刑部侍郎 : 刑部의 次官이다.

憲宗遣使者往鳳翔迎佛骨入禁中하고 三日乃送佛祠[1)]하니 王公士庶奔走膜唄[2)]하야 至爲夷法灼體膚하고 委珍貝하야 騰沓係路하다 愈聞惡之하야 乃上表極諫[3)]하니 帝大怒하야 持示宰相하고 將抵以死하다 裴度崔群曰 愈言訐牾[4)]하니 罪之誠宜어니와 然非內懷至忠이면 安能及此리오 願少寬假[5)]하야 以來諫爭하소서 帝曰 愈言我奉佛太過는 猶可容이어니와 至謂東漢奉佛以後로 天子咸夭促이라하니 言何乖剌[6)]耶아 愈人臣으로 狂妄敢爾하니 固不可赦니라 於是中外駭懼하고 雖戚里諸貴[7)]도 亦爲愈言하니 乃貶潮州刺史하다 既至潮에 以表哀謝[8)]하니 帝頗感悟하고 欲復用之하야 持示宰相曰 愈前所論은 是大愛朕이라 然不當言天子事佛乃年促耳니라 皇甫鎛素忌愈直이로되 即奏言愈終狂疏[9)]나 可且內移[10)]라하니 乃改袁州刺史하다

憲宗이 鳳翔으로 사자를 보내어 佛骨을 맞이해 와서 禁中(宮中)으로 모셔 들여 3일 동안 공양한 뒤에 佛祠로 보내니, 王公과 士庶가 모두 달려가 절하며 부처의 공덕을 찬양하고, 심지어 오랑캐 법을 따라 몸을 불태우고 돈과 재물을 버리는 무리들이 답지하여 길을 메웠다. 韓愈가 이 소문을 듣고 미워하여 表文을 올려 강력히 간하니, 황제가 크게 노하여 그 표문을 가져다가 宰相에게 보이고서 死刑에 처하고자 하였다.

그러자 裴度와 崔群이 말하기를 "한유의 말이 지나치게 까발려 성상의 비위를 거

슬렀으니, 죄를 주는 것은 마땅합니다만 지극한 忠心을 품지 않았다면 어찌 이런 말을 할 수 있었겠습니까? 너그럽게 용서하시어 諫爭하는 말이 이르게 하소서." 하니, 황제가 말하기를 "내가 부처를 받드는 것이 너무 지나치다고 한 한유의 말은 오히려 용서할 수 있지만 東漢이 부처를 받든 이후로 천자들이 모두 短命하였다고 하기까지 하였으니, 말이 어쩌면 이리도 괴벽하고 자극적인가? 한유가 남의 신하로서 분별없이 감히 이렇게 말하였으니 용서할 수 없다."고 하였다. 그러자 조정 안팎이 모두 놀라 두려워하고, 外戚과 貴臣들조차 한유를 위하여 말하였다. 이에 황제는 한유를 潮州刺史로 좌천시켰다.

한유가 조주에 부임하여 表文을 올려 애절한 말로 謝罪하니, 황제는 매우 감동해 깨닫고서 한유를 다시 등용하고자 하여, 宰相 皇甫鎛에게 그 표문을 보이며 말하기를 "한유가 전에 논한 것은 朕을 매우 아꼈기 때문이다. 그러나 천자가 부처를 섬기면 수명을 단축할 뿐이라고 말한 것은 옳지 않다."고 하였다. 皇甫鎛은 평소 한유의 강직함을 꺼려한 사람인데도 "한유가 끝내 사리를 분별하지 못하고 제멋대로이지만, 우선 그 죄를 경감하여 가까운 곳으로 移動시키는 것이 좋겠습니다."라고 아뢰니, 황제는 이에 한유를 袁州刺史로 이동시켰다.

1) 憲宗遣使者……三日乃送佛祠 : 鳳翔 法門寺에 있는 護國眞身塔 안에 부처의 손가락뼈 한 마디가 간직되어 있었는데, 元和 14년(819)에 憲宗이 봉상으로 中使를 보내어 부처의 손가락뼈를 가져오게 하여, 宮中으로 모셔 들여 3일을 供養해 받든 뒤에 여러 佛寺로 보냈다.
2) 膜唄 : 부처에게 敬拜하고 부처의 공덕을 찬송하는 것이다. 膜은 손을 이마에 대고 꿇어앉아 절하는 것이고, 唄는 梵語로 노래함이다.
3) 上表極諫 : 〈論佛骨表〉를 올려 간한 것을 이른다. 〈論佛骨表〉는 본서 권1에 실려 있다.
4) 訐牾 : 訐은 남의 결점을 까발림이고, 牾는 거스름이다.
5) 寬假 : 너그럽게 용서함이다.
6) 乖剌 : 乖僻하고 剌戟的인 것이다.
7) 戚里諸貴 : 皇室의 外戚과 朝廷의 貴臣이다.
8) 表哀謝 : 潮州에 부임한 뒤에 〈潮州刺史謝上表〉를 올렸다.

9) 狂疏 : 狂은 狂妄으로 분별없이 함부로 행동함이고, 疏는 疏放으로 형식에 얽매이지 않고 제멋대로인 것이다.

10) 內移 : 量移와 같은 말로, 죄를 지어 遠地로 左遷되었거나 流配된 자의 죄를 輕減하여 가까운 곳으로 옮기는 것이다.

初에 愈至潮하야 問民疾苦하니 皆曰 惡溪有鱷魚하야 食民畜産且盡이라 民以是窮이라하다 數日에 愈自往視하고 令其屬秦濟以一羊一豕投溪水而祝之[1)]하니 是夕에 暴風震電起谿中하고 數日에 水盡涸하야 西徙六十里하다 自是로 潮無鱷魚患하다

당초에 韓愈가 潮州에 부임하여 백성들의 고통을 물으니, 모두 말하기를 "惡溪의 악어가 백성들의 가축을 잡아먹어 가축이 거의 씨가 마를 지경이므로 백성들의 생활이 이로 인해 곤궁합니다."라고 하였다. 며칠 뒤에 한유가 직접 가서 살펴보고 그 官屬 秦濟를 시켜 양 한 마리와 돼지 한 마리를 악계에 던져 넣고서 祝文을 읽게 하였더니, 이날 밤에 악계 가운데서 폭풍과 천둥이 일어났고, 며칠이 지나자 악계의 물이 다 말라 서쪽으로 60리를 옮겨갔다. 이때부터 조주에 악어의 해가 없어졌다.

1) 祝之 : 祝文을 읽었다는 뜻으로, 곧 본서 권16에 실린 〈祭鱷魚文〉을 읽은 것이다.

袁人以男女爲隸하야 過期不贖이면 則沒入之하니라 愈至하야 悉計庸得하야 贖所沒[1)]하야 歸之父母가 七百餘人이라 因與約禁其爲隸하다

袁州에는 貧民들이 아들딸을 奴隸로 잡히고서 돈을 빌렸다가 기한이 지났는데도 債務를 갚지 못하면, 돈을 빌려준 자가 그 아이들을 沒收하여 노예로 삼는 풍습이 있었다. 韓愈가 부임하여서는 그 아이들이 응당 받아야 할 품삯을 모두 계산하여 품삯이 채무를 상쇄하는 데 이르면, 몰수된 아이들을 되찾아 그 부모에게 돌려보낸 것이 700여 명이었다. 그리고는 이 일로 인하여 원주 사람들과 約定하여 잡힌 아이들을 노예로 삼지 못하도록 금지하였다.

1) 悉計庸得 贖所沒 : 잡힌 아이들이 응당 받아야 할 勞賃을 계산하여 노임이 채무를 상쇄하는 데 이르면 몰수된 아이들을 되찾은 것이다. 贖은 金錢이나 다른 代價로 잡힌 물건을 되찾는 것이다.

召拜國子祭酒[1]라가 轉兵部侍郞[2]하다 鎭州亂하야 殺田弘正而立王廷湊[3]하니 詔愈宣撫하다 旣行에 衆皆危之하다 元稹[4]言韓愈可惜이라하니 穆宗亦悔하야 詔愈度事從宜하고 無必入하라하다 愈曰 安有受君命而滯留自顧리오하고 遂疾驅入하니 廷湊嚴兵迓之하고 甲士陳庭하다 旣坐에 廷湊曰 所以紛紛[5]者는 乃此士卒也라하니 愈大聲曰 天子以公爲有將帥材라 故賜以節[6]하니 豈意同賊反耶아 語未終에 士前奮曰 先太師爲國擊朱滔에 血衣猶在[7]라 此軍何負朝廷이완대 乃以爲賊乎아 愈曰 以爲爾不記先師也러니 若猶記之하니 固善이라 且爲逆與順利害는 不能遠引古事요 但以天寶來[8]禍福爲爾等明之하리라 安祿山史思明李希烈梁崇義朱滔朱泚吳元濟李師道[9]가 有若子若孫在乎아 亦有居官者乎아 衆曰 無라 愈曰 田公以魏博六州歸朝廷하야 官中書令하고 父子受旗節[10]과 劉悟李祐皆大鎭[11]은 此爾軍所共聞也라 衆曰 弘正刻이라 故此軍不安이라 愈曰 然爾曹害田公하고 又殘其家矣니 復何道오 衆乃讙曰 侍郞語是라하다 廷湊恐衆心動하야 遽麾使去하고 因泣謂愈曰 今欲廷湊何所爲오 愈曰 神策六軍之將에 如牛元翼比者不少로되 但朝廷顧大體하야 不可棄之[12]어늘 公久圍之[13]는 何也오 廷湊曰 卽出之리라 愈曰 若爾則無事矣리라 會元翼亦潰圍出하니 廷湊不追하다 愈歸奏其語하니 帝大悅하다 轉吏部侍郞하다

조정의 부름을 받고 올라와서 國子祭酒에 제수되었다가 兵部侍郞으로 옮겼다. 鎭州軍이 반란을 일으켜 節度使 田弘正을 살해하고 王廷湊를 절도사로 세우니, 조서를 내려 韓愈를 鎭州宣撫使로 삼았다. 한유가 진주를 향해 길을 떠나자, 사람들이 모두 한유를 위태롭게 여겼다. 元稹이 “한유가 애석하다.”고 말하니, 穆宗도 후회하고서 한유에게 “일의 정황을 헤아려 適宜한 방법을 찾아 措處하고, 굳이 진주로 들어가지 말라.”는 조서를 내렸다. 그러자 한유는 “어찌 군왕의 명을 받은 몸으

로 중간에서 지체하며 자신의 安危를 돌아보겠는가?"라고 하고서 드디어 말을 급히 달려 진주로 들어가니, 왕정주가 삼엄하게 군대를 벌여놓고서 맞이하고, 뜰에도 甲士를 배치하였다.

자리에 앉자, 왕정주가 "변란을 일으킨 까닭은 바로 이 사졸들 때문이오."라고 하니, 한유가 큰 소리로 "천자께서는 그대를 장수의 재목으로 여기셨기 때문에 節을 주셨으니, 어찌 적과 함께 배반할 줄을 생각이나 하였겠는가?"라고 하였다.

말이 채 끝나기도 전에 사졸들이 앞으로 나와 매우 분해하며 "先太師께서 국가를 위해 朱滔를 공격할 때 입으셨던 피 묻은 옷이 아직까지 남아 있습니다. 우리 鎭州軍이 조정에 무엇을 배반하였기에 우리를 賊으로 여기십니까?"라고 하였다. 그러자 한유가 "나는 너희들이 先太師를 기억하지 못할 것이라고 여겼는데, 너희들이 아직 기억하고 있으니 참으로 훌륭하다."고 하고서, 또 "반역과 순종의 利害는 멀리 옛일을 끌어올 필요 없이 天寶 이후의 禍福만으로 너희들에게 밝게 일러주겠다. 安祿山·史思明·李希烈·梁崇義·朱滔·朱泚·吳元濟·李師道 등에게 살아남은 자손이 있으며, 있다 하더라도 官職에 몸담은 자가 있느냐?" 하고 물으니, 모든 사졸들이 "없습니다." 하고 대답하였다.

한유가 다시 "田公이 魏博의 여섯 州를 가지고 조정에 歸順하여 관직이 中書令에 이르고 父子가 旗節을 받은 것과, 劉悟와 李祐가 모두 大鎭의 節度使가 된 것은 너희 군사들도 모두 들어 아는 바이다."라고 하니, 사졸들이 "전홍정이 너무 모질고 매정하기 때문에 우리 軍衆이 불안하여 〈변란을 일으킨 것입니다.〉"라고 하였다. 한유가 다시 "그러나 너희들이 田公을 살해하고 또 그 가족까지 몰살한 것은 또 무슨 도리이냐?"고 하니, 사졸들이 歡呼하며 "侍郎의 말씀이 옳습니다."라고 하였다.

그러자 왕정주는 軍衆의 마음이 흔들릴까 두려워 급히 손을 저어 물러가게 하고는 눈물을 흘리며 한유에게 "지금 나를 어찌하려는 것이오?"라고 하였다. 한유가 "神策六軍의 장수 중에도 牛元翼 같은 무리가 적지 않았으나, 조정에서는 대체를 생각하여 버리지 않은 것이오. 그런데 그대가 그를 오랫동안 포위하고 있으니, 이는 무슨 까닭이오?"라고 하니, 왕정주가 "즉시 그를 내보내겠소."라고 하였다. 한유가 "그렇게 한다면 무사할 것이오."라고 하였다.

이때 우원익이 포위를 뚫고 탈출하니 왕정주가 추격하지 않았다. 한유가 돌아와서 그간의 상황을 아뢰니 황제가 크게 기뻐하였다. 吏部侍郞으로 옮겼다.

1) 國子祭酒 : 國子監의 首長이다.

2) 兵部侍郎 : 兵部의 次官이다.

3) 鎭州亂 殺田弘正而立王廷湊 : 穆宗 長慶 1년(821)에 鎭州軍이 반란을 일으켜 節度使 田弘正을 죽이고 王廷湊가 스스로 留後가 되어 朝廷을 배반하였는데, 조정에서 정벌군을 보내어 오랫동안 토벌하였으나 성과가 없자, 부득이 왕정주의 죄를 사면하고서, 鎭州大都督府長史・成德軍節度使・鎭冀深趙等州觀察使에 임명하였다. 그리고 韓愈를 宣慰使로 보내어 그를 회유하게 하였다. 留後는 절도사나 관찰사가 有故時에 그 직무를 대리하는 자이다.

4) 元稹 : 字가 微之로 白居易와 竝稱되던 詩人이다. 穆宗 때 中書門下平章事를 지냈다.

5) 紛紛 : 조정에 반항하여 변란을 일으킨 것을 이른다.

6) 賜以節 : 節은 旗節로 軍權을 상징하는 旗이니, 節을 주었다는 것은 곧 節度使에 제수하였다는 말이다. 唐나라 제도에 절도사를 임명할 때 두 개의 旌과 두 개의 節을 내려 軍事를 專制할 수 있는 權限을 부여하였는데, 旌은 賞罰을 專行할 수 있는 권한을 상징하고, 節은 生殺을 전행할 수 있는 권한을 상징한다.

7) 先太師爲國擊朱滔 血衣猶在 : 先太師는 王廷湊의 養父 王武俊을 이른다. 왕무준은 成德節度使 李寶臣의 裨將으로서 이보신을 설득하여 조정에 귀순하게 한 공로로 恒冀觀察使에 제수되었고, 뒤에 叛臣 朱滔를 討平한 공으로 檢校太衛에 올랐다. 죽은 뒤에 太師에 추증되었다. 주도는 朱泚의 동생이다. 幽州節度使로 德宗 때 貝州를 포위하고서 군대를 풀어 약탈을 자행하니, 官軍이 100여 일을 공격하였으나 승리하지 못하였다. 그러자 왕무준이 李抱眞과 연합하여 주도의 군대를 격파하였다.

8) 天寶來 : 天寶 14년(755)에 安祿山・史思明이 반란을 일으킨 이후를 이른다. 天寶는 唐 玄宗의 연호이다.

9) 安祿山史思明李希烈梁崇義朱滔朱泚吳元濟李師道 : 이 여덟 사람은 모두 唐

나라 중기 때 方鎭의 節度使로 한 지방을 割據하여 조정에 반항한 軍閥이다.

10) 田公以魏博六州歸朝廷……父子受旗節：田公은 田弘正을 이른다. 전홍정의 初名은 興이었다. 魏博節度使 田季安이 죽자, 군사들이 전홍정을 절도사로 옹립하였다. 전홍정은 천자의 법을 따라야 한다고 여겨, 위박절도사 관할의 여섯 州를 조정에 바치고 귀순하니, 憲宗이 그를 가상히 여겨 檢校工部尙書兼御史大夫 魏博等州節度觀察營田使로 삼고서, '弘正'이란 이름을 下賜하였다. 그 아들 田布도 淮西를 討平할 때 공을 세워 御史中丞에 제수되었다가, 전홍정이 죽은 뒤에 위박절도사를 승계하였다.

11) 劉悟李祐皆大鎭：劉悟는 淄靑節度使 李師道의 部長으로 조정에 귀순하여 義成節度使에 제수되고, 李祐는 淮西節度使 吳元濟의 部長으로 조정에 귀순하여 夏綏銀宥節度使에 제수되었다.

12) 神策六軍之將……不可棄之：神策六軍의 장수는 皇帝가 直轄하는 여섯 부대의 將帥를 이른다. 牛元翼은 원래 조정에 반항한 王承宗의 幕僚로 뒤에 조정에 귀순한 자이다. 신책군의 장수 중에도 과거에 조정에 항거한 方鎭의 막료였던 자들이 많이 있으나, 조정에서는 대국적인 견지에서 그들을 버리지 않고 신책군의 장수로 삼았다는 말이다.

13) 久圍之：≪新唐書≫ 〈牛元翼傳〉에 의하면 王廷湊가 배반하자, 唐 穆宗은 牛元翼을 深冀節度使로 삼아, 深州軍과 冀州軍을 왕정주의 麾下에서 떼어내니, 왕정주는 노하여 部將을 보내어 심주를 포위하였다. 목종 2년에 왕정주의 죄를 사면하고서 심주를 다시 왕정주에게 돌려주고, 우원익을 山南東道節度使로 삼았다. 그런데도 왕정주는 여전히 포위를 풀지 않았다. 우원익이 포위를 탈출하여 조정으로 가자, 왕정주는 심주로 들어가서 우원익의 親將 臧平 등 180인을 죽였다.

時宰相李逢吉惡李紳하야 欲逐之하야 遂以愈爲京兆尹兼御史大夫하고 特詔不臺參而除紳中丞[1)]하다 紳果劾奏愈하니 愈以詔自解하다 其後文刺[2)]紛然하니 宰相以臺府不協으로 遂罷愈爲兵部侍郎하고 而出紳江西觀察使하다 紳見帝得留하고 愈亦復爲吏部侍郎하다

이때 재상 李逢吉이 李紳을 미워하여 그를 조정에서 축출하고자 하여, 드디어 韓愈를 京兆尹 겸 御史大夫로 삼고, 특별히 조서를 내려 臺參하지 말게 하여 이신을 中丞에서 제거하려 하였다. 이신이 과연 한유를 탄핵하니, 한유는 詔書를 따랐을 뿐이라고 스스로 해명하였다. 그 뒤로 조정에 서로 비난하는 文字가 끊이지 않으니, 宰相은 御史臺와 京兆府가 화목하지 못하다 하여, 드디어 한유를 京兆尹에서 파직하고 다시 兵部侍郎으로 삼고, 이신을 江西觀察使로 내보냈다. 이신이 황제를 알현하고서 〈泣訴하여〉 조정에 머물게 되었고, 한유도 다시 吏部侍郎이 되었다.

1) 不臺參而除紳中丞 : 臺參은 새로 임명된 관원이 御史臺로 가서 謁見하는 것이다. 새로 관직에 임명된 자가 대참하는 것이 역대의 規例인데, 李逢吉은 李紳을 축출할 구실을 만들기 위해, 韓愈를 京兆尹 겸 御史大夫에 임명하고서 어사대에 가서 알현하지 못하게 하여 이신의 감정을 돋우어 서로 불화하게 한 것이다.

2) 文刺 : 서로 잘못을 지적해 비난하는 文字이다.

長慶[1]四年에 卒하니 年五十七이라 贈禮部尙書하고 謚曰文이라하다 愈性明銳하야 不詭隨[2]하고 與人交에 終始不少變하다 成就後進하야 往往知名하니 經愈指授를 皆稱韓門弟子라 愈官顯에 稍謝遣하다 凡內外親若交友無後者를 爲嫁遣孤女而恤其家하니라 嫂鄭喪에 爲服期以報하니라

長慶 4년(824)에 죽으니 나이가 57세였다. 禮部尙書에 追贈하고 諡號를 '文'이라 하였다. 韓愈는 성품이 총명하고 예리하여 무턱대고 남을 따르지 않았으며, 남과 교제함에 있어 처음부터 끝까지 조금도 변함이 없었다. 성취시킨 後進 중에 명성이 알려진 사람이 많으니, 한유의 지도를 거친 사람을 모두 韓門弟子라 칭하였다. 한유는 관직이 높아지자 더 이상의 관직은 사절하고 받지 않았다. 모든 內外親이나 벗 중에 후사가 없는 자는 〈후사를 세워주고〉, 아비를 여읜 딸들은 시집을 보내주고서 그 집을 돌보아주었다. 兄嫂 鄭氏가 죽자 期年服을 입어 그 은혜에 보답하였다.

1) 長慶 : 唐 穆宗의 연호이다.
2) 詭隨 : 옳고 그름을 따지지 않고 함부로 남을 따름이다.

每言文章은 自漢司馬相如[1)]太史公劉向揚雄後로는 作者不世出이라 故愈深探本元하야 卓然樹立하야 成一家言이라 其原道原性師說等數十篇은 皆奧衍閎深[2)]하야 與孟軻揚雄相表裏[3)]하고 而佐佑六經[4)]云이요 至它文하야도 造端置辭[5)]하니 要爲不襲蹈前人者라 然惟愈爲之가 沛然若有餘하고 至其徒李翺李漢[6)]皇甫湜하야는 從而效之나 遽不及遠甚이라 從愈游者로 若孟郊張籍[7)]도 亦皆自名於時하니라

韓愈는 매양 "文章은 漢나라 司馬相如 · 太史公(司馬遷) · 劉向 · 揚雄 이후로는 作家가 대대로 나오지 않았다."고 하였다. 그러므로 한유는 뿌리를 깊이 탐구하여, 논리를 우뚝이 세워 일가의 문장을 이루었다. 그의 〈原道〉·〈原性〉·〈師說〉 등 수십 편은 모두 심오한 뜻을 자세히 설명한 문장으로 뜻이 깊고 내용이 풍부하여, 孟軻 · 揚雄과 서로 表裏가 되고 六經을 補完한 것이라 할 수 있다. 다른 문장도 措辭가 독창적이니, 요컨대 前人을 답습하지 않기 위함이다. 그러나 오직 한유가 지은 문장만은 기세가 성대하여 餘韻이 있고, 그 門徒인 李翺 · 李漢 · 皇甫湜으로 말하면 한유를 따라 본받았으나 모두 한유에 크게 미치지 못하였다. 한유와 從遊한 孟郊 · 張籍도 모두 당시에 이름을 날렸다.

1) 司馬相如 : 字가 長卿으로 詞賦에 뛰어났던 西漢 때의 文人이다. 〈上林賦〉· 〈子虛賦〉 등이 전해진다.
2) 奧衍閎深 : 奧는 深奧이고 衍은 敷衍이니, 奧衍은 곧 심오한 이치를 자세히 설명한 것이다. 閎은 廣博이고 深은 深長이니, 閎深은 곧 문장의 내용이 풍부하고 뜻이 깊은 것이다.
3) 相表裏 : 안감과 겉감이 어울려 옷이 되듯이 既存의 학설을 부연하여 완벽한 학설로 再構成함이다.
4) 佐佑六經 : 六經에 말하지 않은 義理를 설명하여, 未備된 것을 補完하였다는 말이다.
5) 造端置辭 : 造端은 創始이고, 置辭는 바로 措辭로 詩文에 用語를 선택해 씀

이니, 곧 문장에 용어를 배치한 것이 獨創的이란 말이다.

6) 李漢 : 字는 南紀이다. 韓愈의 사위로 ≪昌黎文集≫을 편찬하고, 서문을 썼다.

7) 張籍 : 字는 文昌이다. 한유의 벗으로 당시에 詩로 이름을 떨쳤다.

唐大家韓文公文抄 卷1

表・狀

01. 進撰平淮西碑文表* 〈平淮西碑文〉을 지어 올린 表文

* 安史의 반란 이후로 方鎭이 領土를 분할해 점령하여 朝廷에 대항하니, 肅宗・代宗・德宗・順宗 등 네 帝王이 모두 征討하였으나 별 성과를 거두지 못하였다. 헌종 元和 9년(814) 여름에 淮西節度使 吳少陽이 죽자, 그 아들 吳元濟가 喪을 숨기고서 멋대로 少陽의 자리를 승계하였다. 오래전부터 方鎭을 討平할 뜻을 가졌던 헌종은 이 기회를 이용해 군대를 일으켜 3년 동안 討伐하였으나, 戰功을 거두지 못하였다. 원화 13년(818) 정월에 宰相 裴度를 淮西宣慰處置使로 삼아 諸軍(各州의 군대)을 통솔하게 하니, 배도는 드디어 회서를 토평하였다. 당시 刑部侍郎이었던 韓愈가 皇帝의 명을 받들어 〈平淮西碑文〉을 지었다. 비문이 완성되자 한유는 이 表와 함께 비문을 올렸다. 비문은 본서 권11에 보인다.

表는 文體의 하나로 신하가 帝王에게 올리는 陳情・論事 등의 글을 이른다.

不獨碑文冠當世而表亦壯이라

碑文만이 當世에 으뜸일 뿐만 아니라 表文 또한 뛰어나다.

臣某言하노이다 伏奉正月十四日勅牒[1)]컨대 以收復淮西로 群臣請刻石紀功하야 明示天下하야 爲將來法式하니 陛下推勞臣下하사 允其志願하고 使臣撰平淮西碑文者니이다 聞命震駭하야 心識顚倒하고 非其所任이라 爲愧爲恐하야 經涉旬月토록 不敢措手니이다

臣 아무개는 말씀드립니다. 삼가 정월 14일에 내린 勅牒을 받아 보니, 淮西를

收復한 일로 群臣들이 비석에 그 공을 새겨 천하에 밝게 보여 장래의 法式으로 삼기를 청원하니, 陛下께서는 그 공로를 신하들에게 사양하시고 그 청원을 允許하시고서 신에게 〈平淮西碑文〉을 짓게 하신 내용이었습니다. 신은 이 명을 받고는 놀라고 두려워 정신이 어지러웠습니다. 이 일은 신이 감당할 수 있는 바가 아니어서 부끄럽고 황공하여 한 달이 지나도록 감히 손도 대지 못하였습니다.

1) 勅牒 : 皇帝의 詔書를 이른다.

竊惟[1]自古神聖[2]之君이 旣立殊功異德卓絶之跡이면 必有奇能博辯之士가 爲時而生하야 持簡操筆하야 從而寫之호되 各有品章條貫[3]이니이다 然後에 帝王之美가 巍巍煌煌[4]하야 充滿天地하니이다 其載於書[5]는 則堯舜二典과 夏之禹貢[6]과 殷之盤庚[7]과 周之五誥[8]요 於詩[9]엔 則玄鳥長發[10]은 歸美殷宗하고 淸廟臣工[11]과 小大二雅[12]는 周王是歌니이다 辭事相稱[13]하고 善幷美具[14]하니 號以爲經[15]하고 列之學官[16]하야 置師弟子하야 讀而講之하니 從始至今히 莫敢指斥이니이다 嚮使撰次不得其人하야 文字曖昧면 雖有美實이라도 其誰觀之릿가 辭迹俱亡하야 善惡惟一[17]이리이다 然則玆事至大하니 不可輕以屬人이니이다

삼가 생각건대 예로부터 神聖한 帝王이 특수한 功德과 탁월한 業績을 세우면 반드시 뛰어난 才能으로 해박하게 辨說하는 선비가 때맞춰 출생하여 竹簡과 붓을 잡고서 그 공덕과 업적을 묘사하였는데, 각각 品格과 章法에 條理가 있었습니다. 그런 뒤에 제왕의 아름다운 덕이 드높고 찬란하게 천하에 충만하였습니다.

≪尙書≫에 실린 것으로는 〈堯典〉과 〈舜典〉, 〈夏書〉의 〈禹貢〉, 〈商書〉의 〈盤庚〉, 〈周書〉의 五誥이고, ≪詩經≫에 실린 것으로는 〈玄鳥〉와 〈長發〉은 殷나라 先王을 讚美한 것이고, 〈淸廟〉와 〈臣工〉, 〈小雅〉와 〈大雅〉는 周나라 왕실을 찬양한 樂歌입니다. 文辭와 事迹이 서로 부합하고 훌륭한 사적과 아름다운 문사가 모두 갖추어졌으니, 후대에 經으로 號稱하고 學官에 배열하여 스승과 제자를 배치하여 읽고 講論하게 하였는데, 처음부터 지금까지 누구도 감히 배척하지 못하였습니다.

그때 가령 합당한 사람이 記述하지 않아서 문사가 모호하였다면 아무리 아름다

운 事實이 있다 하더라도 그 누가 보려 하였겠습니까? 문사와 사적이 함께 사라져 善惡을 구분할 수 없게 되었을 것입니다. 그렇고 보면 이 일은 지극히 중대하니 함부로 아무에게나 맡겨서는 안 됩니다.

1) 竊惟：竊은 자신의 의견을 말할 때 자신을 낮추는 겸사이고, 惟는 '思'이니, 곧 '내가 삼가 생각하기에'라는 뜻이다.
2) 神聖：'神'은 신묘하여 헤아릴 수 없는 것을 이르고, '聖'은 모든 이치에 밝아 모르는 것이 없는 것을 이르는데, 일반적으로 帝王을 높이는 말로 쓰인다.
3) 品章條貫：品章은 文章의 品格과 篇章을 構成하는 章法이고, 條貫은 條理이다.
4) 巍巍煌煌：巍巍는 高大한 모양이고, 煌煌은 光明한 모양이다.
5) 載於書：書는 ≪尙書≫이다. 현존하는 史料 중에 가장 오래된 文獻으로 虞・夏・商・周 4代의 史實이 실려 있다.
6) 夏之禹貢：夏는 夏代의 文獻을 수록한 〈夏書〉를 이른다. 〈禹貢〉은 ≪尙書≫ 〈夏書〉의 篇名으로, 史官이 禹王의 治水와 九州의 貢賦를 정한 功德을 記述한 것이다.
7) 殷之盤庚：殷은 殷代의 문헌을 수록한 〈商書〉를 이른다. 〈盤庚〉은 ≪尙書≫ 〈商書〉의 편명으로 史官이 盤庚의 遷都를 記述한 것이다.
8) 周之五誥：周는 周代의 문헌을 수록한 〈周書〉를 이른다. 五誥는 ≪尙書≫ 〈周書〉에 실려 있는 〈大誥〉・〈康誥〉・〈酒誥〉・〈召誥〉・〈洛誥〉를 이른다.
9) 詩：≪詩經≫이다. 가장 오래된 詩歌集으로 15國風, 〈小雅〉・〈大雅〉, 〈周頌〉・〈魯頌〉・〈商頌〉으로 이루어져 있다.
10) 玄鳥長發：≪詩經≫ 〈商頌〉의 篇名이다. 〈玄鳥〉는 殷의 後孫이 高宗의 공덕을 찬송한 詩歌이고, 〈長發〉은 成湯의 공덕을 찬송한 시가이다. 저본에는 '長發'의 '發'이 '常'으로 되어 있으나, 本集(≪韓昌黎文集≫)에 의거하여 '發'로 바로잡아 번역하였다.
11) 淸廟臣工：≪詩經≫ 〈周頌〉의 편명이다. 〈淸廟〉는 周人이 文王을 찬송한 詩歌이고, 〈臣工〉은 成王과 周公을 찬송한 시가이다.
12) 小大二雅：≪詩經≫의 〈小雅〉・〈大雅〉를 이른다. ≪詩經集傳≫에 의하면 雅는 正이니 正樂의 詩歌이다. 그 詩篇에 본래 大・小의 구별이 있고, 또 正・變의 구별이 있다. 正小雅는 燕饗 때의 樂歌이고, 正大雅는 朝會 때의 樂歌이다.

13) 辭事相稱 : 辭는 文辭이고 事는 事迹이니, 서술한 문사와 사적이 서로 부합하였다는 말이다.

14) 善幷美具 : 훌륭한 사적〔善事〕과 아름다운 문장〔美文〕이 모두 갖추어졌다는 말이다.

15) 經 : ≪詩經≫·≪書經≫·≪禮記≫·≪樂經≫·≪周易≫·≪春秋≫를 이르는데, ≪樂經≫은 遺失되어 전해지지 않는다.

16) 列之學官 : 學官은 科目을 담당한 教授를 이르니, 곧 정규과목에 編入하고서 담당 교수를 두었다는 말이다.

17) 辭迹俱亡 善惡惟一 : 文辭와 事迹이 함께 없어져서 善惡을 구별할 수 없게 되었을 것이라는 말이다.

伏惟唐至陛下하야 **再登太平**[1)]이니이다 **剗刮群姦**하고 **掃灑疆土**[2)]하니 **天之所覆**[3)]에 **莫不賓順**[4)]이니이다 **然而淮西之功**은 **尤爲俊偉**하고 **碑石所刻**은 **動流億年**하니 **必得作者然後**에 **可盡能事**니이다

삼가 생각건대 唐나라는 陛下(憲宗)에 이르러 다시 태평을 이루었습니다. 간악한 무리를 제거하고 疆土를 청소하니 온 천하에 복종하지 않는 자가 없습니다. 그러나 淮西를 평정한 공은 더욱 거룩하고, 비석에 새긴 것은 항상 억만 년토록 전해지니, 반드시 훌륭한 作者를 얻은 뒤에야 그 책임을 다할 수 있습니다.

1) 再登太平 : 安史의 亂 이후로 方鎭은 강성하고 皇室은 衰弱하였는데, 憲宗에 이르러 여러 방진을 討平하고서 국가의 통일을 이룬 것을 이른다.

2) 剗刮群姦 掃灑疆土 : 剗刮은 削平의 뜻으로, 곧 割據한 方鎭을 討平한 것이다. 群姦은 夏綏銀節度留後 楊惠琳, 劍南西川行軍司馬 劉闢, 鎭海軍節度使 李錡, 昭義軍節度使 盧從史, 義武節度使 張武昭, 魏博節度使 田弘正 등을 이른다.

3) 天之所覆 : 온 천하를 이른다.

4) 賓順 : 服從이다.

今詞學之英[1)]이 所在麻列[2)]하고 儒宗文師[3)]가 磊落相望[4)]하며 外之則宰相公卿郎官博士[5)]와 內之則翰林禁密游談侍從之臣[6)]이 不可一二遽數니 召而使之면 無有不可니이다 至於臣者하야는 自知最爲淺陋로되 顧貪恩待하야 趨以就事[7)]나 叢雜乖戾하고 律呂失次[8)]하야 乾坤之容과 日月之光을 知其不可繪畫나 强顔爲之하야 以塞詔旨[9)]하니 罪當誅死니이다

지금 文章에 뛰어난 사람이 곳곳에 허다하고, 儒學의 宗匠과 文學의 宗師가 끊임없이 보입니다. 外朝로 말하면 宰相, 公卿, 郎官, 博士와, 內朝로 말하면 翰林, 禁密, 游談, 侍從 중에 〈문장에 뛰어난〉 신하가 일일이 셀 수 없이 많으니, 그들을 불러 시키셨다면 비문을 짓지 못할 자가 없었을 것입니다.

신으로 말하면 견문이 가장 천박하고 고루하다는 것을 스스로 잘 알면서도 성은을 탐하여 달려가 그 일을 맡았습니다. 그러나 문장이 난잡하여 실정에 부합하지 않고 聲調가 순서를 잃어, 天地같이 크신 성상의 용모와 日月같이 밝으신 성상의 광채를 묘사할 수 없다는 것을 알면서도 부끄러운 줄 모르고 뻔뻔스럽게 비문을 지어 聖上의 命에 답하였으니 죄가 죽어 마땅합니다.

1) 詞學之英 : 詞學은 文學이고, 英은 뛰어남이니, 곧 문장에 뛰어난 사람이란 말이다.

2) 所在麻列 : 所在는 곳곳이고, 麻列은 林立과 같은 말로 많음을 뜻하니, 곧 문장에 뛰어난 사람이 곳곳에 많다는 말이다.

3) 儒宗文師 : 儒學의 宗匠과 文學의 宗師로, 사람들이 推仰하는 儒學者와 文學家를 이른다.

4) 磊落相望 : 磊落은 衆多이고, 相望은 끊임없이 보임이니, 곧 儒宗과 文師가 많아서 끊임없이 보인다는 말이다.

5) 外之則宰相公卿郎官博士 : 外는 外朝로, 임금이 政務를 처리하는 朝廷을 이른다. 宰相, 公卿, 郎官, 博士 등은 외조의 官員이다.

6) 內之則翰林禁密游談侍從之臣 : 內는 內朝로, 宮中을 이른다. 唐나라 제도는 황제가 거처하는 宮中에 반드시 文學과 經學에 능한 學士로부터 卜筮·醫術 등의 技術을 가진 무리까지 돌아가며 別院에 入直하여 수시로 下問하는 황제

의 명을 기다렸다. 翰林, 禁密, 游談, 侍從은 모두 궁중에서 임금을 가까이 모시는 신하이다. 禁密은 임금을 가까이서 모시는 文學에 능한 學士를 이른다.

7) 趨以就事 : 명을 받고 나아가 그 일을 맡았다는 말이다.

8) 叢雜乖戾 律呂失次 : 叢雜은 사실을 기록한 문장이 난잡함이고, 乖戾는 기록이 사실과 부합하지 않고 어그러짐이다. 律呂는 聲調를 뜻한다. 失次는 차례를 잃어 맞지 않음이다. 이는 韓愈가 자기 문장이 변변치 못하다고 겸양한 말이다.

9) 塞詔旨 : 塞은 答이고, 詔旨는 聖旨와 같은 말로 帝王의 뜻이나 命을 이른다.

其碑文今已撰成일새 **謹錄封進**하노이다 **無任慙羞戰怖之至**[1)]니이다

그 비문이 이제 완성되었기에 삼가 기록하여 封해 올리옵니다. 지극히 부끄럽고 두려운 마음 견딜 수 없나이다.

1) 無任慙羞戰怖之至 : 옛날에 신하가 帝王에게 올리는 奏疏의 末尾에 상용하던 套式語이다.

02. 論佛骨表* 부처의 뼈에 대해 논한 表文

* 이 表는 唐 憲宗 元和 14년(819)에 韓愈가 兵部侍郎으로 있을 때 올린 것이다. 이때 한유의 나이 52세였다. 鳳翔法門寺의 護國眞身石塔 안에 釋迦의 손가락뼈 한 마디를 간직하고서, 30년마다 한 번씩 탑을 열고 그 뼈를 꺼내었는데, 탑을 여는 해에는 풍년이 들고 백성의 생활이 안락해진다는 전설이 있었다. 이해가 마침 탑을 여는 해였기에 헌종이 宦官 杜英奇 등을 보내어 맞이해 오게 한 것이다. 자세한 내용은 앞의 〈韓文公本傳〉에 보인다.

韓公以天子迎佛이 **特以祈壽護國爲心**이라 **故其議論亦只以福田**[1)] **上立說**하고 **無一字論佛宗旨**라

韓公은, 天子가 佛骨을 맞이하려는 것은 그 마음이 단지 長壽를 기원하고 나라를 보호하는 데 있다고 여겼다. 그러므로 그 論議 또한 단

지 福田만으로 論理를 세웠을 뿐, 佛教의 宗旨를 논한 말은 한마디도 하지 않았다.

1) 福田 : 佛教語로, 부처를 供養하고 善行을 쌓으면 福을 받는 것이 마치 田地에 씨앗을 뿌려 가을에 穀物을 수확하는 것과 같다는 말이다.

臣某言하노이다 伏以[1]佛者는 夷狄之一法耳라 自後漢時流入中國[2]하니 上古未嘗有也니이다 昔者에 黃帝在位百年이요 年百一十歲며 少昊在位八十年이요 年百歲며 顓頊在位七十九年이요 年九十八歲며 帝嚳在位七十年이요 年百五歲며 帝堯在位九十八年이요 年百一十八歲며 帝舜及禹年皆百歲니이다 此時天下太平하야 百姓安樂壽考로되 然而中國未有佛也니이다 其後殷湯亦年百歲요 湯孫太戊在位七十五年이요 武丁在位五十九年이니 書史不言其年壽所極이나 推其年數면 蓋亦俱不減百歲요 周文王年九十七歲요 武王年九十三歲며 穆王在位百年이니이다 此時佛法亦未入中國하니 非因事佛而致然也니이다

신 아무개는 말씀드립니다. 삼가 생각건대 佛教는 오랑캐나라의 한 法일 뿐입니다. 後漢 때에 비로소 중국에 흘러 들어왔으니 상고시대에는 〈中國에 佛法이란 것이〉 없었습니다.

옛날에 黃帝는 在位 기간이 100년이고 수명이 110세였으며, 少昊는 재위기간이 80년이고 수명이 100세였으며, 顓頊은 재위기간이 79년이고 수명이 98세였으며, 帝嚳은 재위기간이 70년이고 수명이 105세였으며, 帝堯는 재위기간이 98년이고 수명이 118세였으며, 帝舜과 禹도 모두 수명이 100세였습니다. 이때는 천하가 태평하여 백성들이 안락하고 장수하였지만 중국에 불법이 없었습니다.

그 뒤에 殷나라 湯王은 수명이 100세였고, 탕왕의 손자 太戊는 재위기간이 75년이고, 武丁은 재위기간이 59년이었습니다. 古書와 古史에 그들이 누린 수명이 얼마인지 말하지 않았으나, 그들이 재위한 年數를 가지고 그들의 수명을 추측해보면 모두 100세 이하는 아니었을 것입니다. 周나라 文王은 수명이 97세였고, 武王은 수명이 93세였으며, 穆王은 재위기간이 100년이었습니다. 이때는 불법이 아직

중국에 들어오기 전이니, 부처를 섬김으로 인해 이런 수명을 누린 것이 아닙니다.

1) 伏以 : 아랫사람이 윗사람에게 올리는 文書에 상용하는 套式語로, '伏念'과 같은 말이다.

2) 後漢時流入中國 : 後漢 明帝가 꿈에 키가 크고 이마에서 빛이 나는 金人을 보았다. 群臣에게 금인에 대해 물으니, 어떤 신하가 "西域에 神이 있는데, 그 이름을 '부처'라 합니다."라고 하였다. 명제는 天竺으로 使者를 보내어 佛法을 물어오게 하고서, 드디어 중국에 그 형상을 그려 붙이게 하였다. ≪後漢書 西域傳≫

漢明帝時에 **始有佛法**이나 **明帝在位纔十八年耳**요 **其後亂亡相繼**[1]하야 **運祚**[2]**不長**이니이다 **宋齊梁陳元魏以下**는 **事佛漸謹**이나 **年代尤促**이니다 **惟梁武帝**[3]**在位四十八年**이로되 **前後三度捨身施佛**[4]하고 **宗廟之祭**에 **不用牲牢**[5]하며 **晝日一食**하되 **止於菜果**러니 **其後竟爲侯景**[6]**所逼**하야 **餓死臺城**[7]하고 **國亦尋滅**하니이다 **事佛求福**이라가 **乃更得禍**하니 **由此觀之**컨대 **佛不足事**를 **亦可知矣**니이다

漢 明帝 때에 비로소 佛法(佛教)이 있었으나 명제는 재위기간이 겨우 18년뿐이었고, 그 뒤로 혼란과 멸망이 계속되어 皇運이 길지 못하였습니다. 宋·齊·梁·陳·元魏(北魏) 이후로는 부처를 섬김이 점점 敬謹해졌으나 국가의 年代는 더욱 짧아졌습니다. 오직 梁 武帝만이 재위기간이 48년이었는데, 전후 세 차례에 걸쳐 몸을 바쳐 부처를 공양하였고 宗廟의 제사에 犧牲을 쓰지 않았으며, 낮에는 한 끼만을 먹되 먹는 것은 채소와 과일뿐이었습니다. 그런데도 뒤에 끝내 侯景의 핍박을 받아 臺城에서 굶어죽고 나라도 이내 멸망하였습니다. 부처를 섬겨 福을 구하려다가 결국 다시 禍를 얻었으니, 이로써 보면 부처는 섬길 만한 것이 못 됨을 알 수 있습니다.

1) 其後亂亡相繼 : 明帝 이후로 戚臣과 宦官이 권력싸움으로 서로 살육하고, 傷帝와 沖帝는 夭死하고, 質帝는 被殺되고, 獻帝에 이르러 마침내 曹操의 아들 曹丕에게 나라를 빼앗긴 것을 이른다.

2) 運祚 : 皇帝의 在位期間와 壽命을 이른다.

3) 梁武帝 : 南朝 때 齊나라의 大司馬로 齊 和帝의 禪讓을 받아 梁나라를 세운 蕭衍이다. 佛敎에 信心이 매우 깊었던 君主였다.

4) 三度捨身施佛 : 捨身은 佛徒가 佛法을 선양하거나 布施하기 위해 寺院에 몸을 바치는 것이다. ≪南史≫에 의하면 梁 武帝는 大通 원년(527)과 中大通 원년(529)과 大淸 원년(547)에 각각 同泰寺로 가서 四部無遮大會를 열고 이어 사원에 몸을 바치니, 公卿들이 사원에 億萬錢을 喜捨하고서 도로 모셔 왔다.

5) 不用牲牢 : 牲牢는 祭祀에 바치는 牛·羊·豕를 이른다. 梁 武帝는 殺生을 하지 않기 위해 종묘의 제사에 희생을 쓰지 않고, 대신 밀가루로 희생의 모습을 빚어 쓴 것이다. ≪南史≫에 "天地의 제사와 조상의 제사에 쓰는 犧牲은 모두 밀가루로 빚은 희생으로 대신하였다.〔郊廟牲牷 皆代以麪〕"란 말이 보인다.

6) 侯景 : 北魏의 장군으로 梁나라에 投降하였다가 뒤에 다시 양나라를 배반하고서 皇都 臺城을 함락하고 詔書를 위조하여 皇帝의 援軍을 해산시키고 스스로 大都督이 된 逆臣이다.

7) 餓死臺城 : ≪梁書≫ 〈武帝紀〉에 "근심과 울분이 병이 되어……淨居殿에서 죽었다.〔憂憤寢疾……崩于淨居殿〕"라 하였으니, 梁 武帝는 餓死한 것이 아니라 근심과 울분이 병이 되어 죽은 것이다.

高祖始受隋禪[1)]하야 則議除之[2)]나 當時群臣材識不遠하야 不能深知先王之道[3)]와 古今之宜하야 推闡聖明하야 以救斯弊하야 其事遂止하니 臣常恨焉이니이다 伏惟睿聖文武皇帝[4)]陛下는 神聖英武[5)]가 數千百年已來未有倫比하야 卽位之初에 卽不許度人[6)]爲僧尼道士하고 又不許創立寺觀하니 臣常以爲高祖之志가 必行於陛下之手니이다 今縱未能卽行이나 豈可恣之[7)]轉令盛也잇가

高祖(唐 高祖)께서 비로소 隋나라의 禪讓을 받아 〈황제가 되신 뒤에 신하들을 불러〉 佛法을 제거할 것을 논의하게 하였으나, 당시 群臣들의 재능과 식견이 深遠하지 못하여 선왕의 道와 고금의 時宜를 깊이 연구해 聖上의 뜻을 闡明하여 이 폐단을 바로잡지 못하였습니다. 그러므로 그 일이 드디어 중지되고 말았으니, 신은

항상 이를 한스러워하였습니다.

삼가 생각건대 睿聖文武皇帝陛下(憲宗)께서는 神聖하고 英武하심이 수천백 년 이래로 비교될 이가 없습니다. 그리하여 즉위하신 초기에 사람들이 出家하여 僧侶나 比丘尼나 道士가 되는 것을 허락하지 않으시고, 또 새로 佛寺나 道觀을 세우는 것을 허락하지 않으셨으니, 신은 항상 고조의 뜻이 반드시 폐하의 손에서 시행될 것이라고 생각하였습니다. 지금 비록 즉시 시행하지는 못할망정 어찌 放任하여 더욱 융성하게 해서야 되겠습니까?

1) 高祖始受隋禪 : 唐 高祖 李淵이 隋 恭帝에게 禪讓을 받아 皇帝에 오른 것을 이른다.
2) 議除之 : 武德 9년(626)에 고조가 太史令 傅奕의 건의에 따라 有司에게 詔書를 내려 천하에 僧侶·比丘尼·道士·女冠(女道士) 등을 淘汰시킬 것을 논의하게 하였다. ≪資治通鑑 唐紀≫
3) 材識不遠 不能深知先王之道 : ≪新唐書≫와 ≪舊唐書≫에는 '材識'이 '識見'으로, '深知'가 '深究'로 되어 있다.
4) 睿聖文武皇帝 : 憲宗의 尊號이다.
5) 英武 : 뛰어나게 용맹스러움이다.
6) 度人 : 사람이 出家하여 승려나 도사가 됨이다.
7) 恣之 : 放任함이다.

今聞陛下令群僧迎佛骨於鳳翔하야 御樓以觀하고 舁入大內하고 又令諸寺遞迎供養이라하니 臣雖至愚나 必知陛下不惑於佛하야 作此崇奉하야 以祈福祥也라 直以年豐人樂으로 徇人之心하야 爲京都士庶設詭異之觀과 戱玩之具耳[1)]라 安有聖明若此而肯信此等事哉잇가 然百姓愚冥하야 易惑難曉하니 苟見陛下如此면 將謂眞心事佛이라하야 皆云天子大聖이로되 猶一心敬信이어늘 百姓何人이완대 豈合更惜身命가하고 焚頂燒指하며 百十爲群하야 解衣散錢하야 自朝至暮히 轉相倣效하야 惟恐後時하야 老少奔波하야 棄其業次하리이다 若不卽加禁遏하고 更歷諸寺면 必有斷臂臠身以爲供養者리이다 傷風敗俗하야 傳笑四方이니 非細事也라

지금 듣건대 폐하께서 승려들을 시켜 鳳翔으로 가서 佛骨을 맞이해 오게 하여, 樓臺에 올라 관람하고서 이것을 실은 가마를 大內(皇宮)로 들이시고, 또 여러 寺刹에 명하여 이 佛骨을 맞이해 돌려가며 공양하게 하셨다고 하였습니다.

신이 비록 지극히 어리석으나, 반드시 폐하께서 부처에 미혹하여 이처럼 융숭히 받들어 복과 상서를 祈求하려는 것이 아니라, 단지 농사가 풍년이 들고 인민이 안락해진다고 하기 때문에 사람들의 마음에 따라 京都의 士와 庶人들을 위해 괴이한 구경거리와 즐거운 놀이거리를 마련하시려는 것뿐임을 잘 압니다. 어찌 이처럼 聖明하신 폐하께서 이런 일을 믿어서이겠습니까?

그러나 백성들은 어리석어 미혹되기는 쉽고 깨닫기는 어려우니, 만약 폐하께서 이렇게 하시는 것을 보면 백성들은 아마도 폐하께서 진심으로 부처를 섬기시는 것으로 여겨, 모두 "천자는 큰 聖人이신데도 오히려 일심으로 공경해 믿으시는데, 백성이 무엇이라고 어찌 身命을 아끼겠는가?"라고 하고, 정수리를 태우고 손가락을 태우며, 수십 명씩 무리를 지어 옷을 벗어주고 돈을 시주하여 아침부터 저녁까지 서로 본받아 오직 남에게 뒤질까 두려워하여, 늙은이 젊은이 할 것 없이 바쁘게 돌아다니면서 생업을 버릴 것입니다.

만약 이런 일을 즉시 금지하지 않고 佛骨이 여러 사찰을 돌아다니게 한다면 반드시 어깨를 자르거나 살점을 도려내어 부처에게 공양하는 자가 있을 것입니다. 풍속을 손상하여, 사방에 웃음거리를 전하게 될 것이니 작은 일이 아닙니다.

1) 直以年豐人樂……戱玩之具耳 : 단지 塔에 간직한 佛骨을 꺼내면 풍년이 들고 백성의 생활이 안락해진다는 전설이 있기 때문에 사람들의 소망에 따라 이런 구경거리를 만든 것뿐이라는 말이다. 본편의 題下註 참조.

夫佛은 本夷狄之人이라 與中國言語不通하고 衣服殊製하며 口不言先王之法言[1]하고 身不服先王之法服[2]하며 不知君臣之義와 父子之情하니 假如其身至今尙在하야 奉其國命來朝京師라도 陛下容而接之호되 不過宣政[3]一見하고 禮賓[4]一設하야 賜衣一襲하야 衛而出之於境이요 不令惑衆也어든 況其身死已久하고 枯朽之骨은 凶穢之餘[5]니 豈宜令入宮禁이리잇가

저 부처는 본래 오랑캐나라의 사람이라서 중국과는 말이 통하지 않고 의복도 제도가 다르며, 입으로는 先王의 法言을 말하지 않고 몸에는 선왕의 法服을 입지 않으며, 군신의 의리와 부자의 정을 알지 못합니다.

가령 부처의 몸이 지금까지 생존하여 그 나라의 使命을 받들고 京師로 와서 朝見한다 하더라도 폐하께서는 그의 조현을 허용하여 접견하시되, 宣政殿에서 한 차례 접견하시고 禮賓院에서 한 차례 饗宴을 베풀어 접대한 다음 옷 한 벌을 주어 호위해 국경을 나가게 하는 데 불과하고, 민중을 현혹시키지 못하게 하셨을 것인데, 하물며 그 몸이 죽은 지 이미 오래되었고, 마르고 썩은 뼈는 겨우 남은 흉물스럽고 더러운 물건이니, 어찌 이를 궁중으로 들여서야 되겠습니까?

1) 法言 : 禮法에 맞는 言語이다.
2) 法服 : 禮法이 規定한 服飾이다.
3) 宣政 : 宮殿의 이름이다. 唐나라는 대체로 外國使臣을 이곳에서 接見하였다.
4) 禮賓 : 외국사신의 接待를 맡은 官署이다.
5) 凶穢之餘 : 겨우 남은 흉물스럽고 더러운 尸骨이란 말이다. 凶穢는 死者의 尸骨을 이른다.

孔子曰 敬鬼神而遠之[1)]라하고 古之諸侯行弔於其國에 尙令巫祝[2)]先以桃茢祓除[3)]不祥然後에 進弔어늘 今無故取朽穢之物하야 親臨觀之호되 巫祝不先하고 桃茢不用이로되 群臣不言其非하고 御史不擧其失하니 臣實恥之하노이다 乞以此骨付之有司하야 投諸水火하야 永絶根本하야 斷天下之疑하고 絶後代之惑하야 使天下之人知大聖人[4)]之所作爲가 出於尋常萬萬也면 豈不盛哉며 豈不快哉잇가

孔子가 말하기를 "귀신을 공경하되 멀리하라."고 하였고, 옛날의 諸侯가 자기 나라에서 弔喪할 때에도 오히려 巫와 祝을 시켜 먼저 복숭아나무 가지와 갈대를 엮어 만든 비로 상서롭지 못한 기운을 쓸어 없앤 뒤에 나아가 조상하였는데, 지금 아무 까닭 없이 썩고 더러운 물건을 가져다가 친히 납시어 구경하시되 巫와 祝을 먼저 보내지도 않으시고 복숭아나무 가지와 갈대를 엮어 만든 비를 사용하지도 않

으셨습니다. 그런데도 신하들이 그 잘못을 말하지 않고 御史도 그 잘못을 거론하지 않았으니, 신은 실로 부끄럽게 여깁니다.

바라건대 이 佛骨을 담당 官員에게 주어 물속이나 불속에 던져 넣게 하여, 그 뿌리를 영원히 끊어버려 천하의 의혹과 후대의 미혹을 〈사전에〉 단절하시어, 천하 사람들로 하여금 큰 성인의 行爲가 보통 사람보다 크게 뛰어남을 알게 하소서. 그리하신다면 어찌 성대한 일이 아니며 어찌 통쾌한 일이 아니겠습니까?

1) 敬鬼神而遠之 : 이 말은 ≪論語≫ 〈雍也〉에 보인다.
2) 巫祝 : 巫는 惡鬼를 물리치는 일을 하는 무당이고, 祝은 祭祀 때 축원하여 福을 비는 祝官이다.
3) 桃苅祓除 : 桃는 복숭아나무 가지이고, 苅은 갈대를 엮어 만든 비이다. 祓除는 사악한 기운을 떨어냄이다. ≪禮記≫ 〈檀弓 下〉에 "임금이 신하의 喪에 임할 때에 巫가 桃를 잡고 祝이 苅을 잡고 小臣이 창을 잡는 것은 흉한 기운을 싫어하기 때문이다.〔君臨臣喪 以巫祝桃苅執戈〕"란 말이 보인다.
4) 大聖人 : 憲宗을 이른다.

佛如有靈하야 **能作禍**祟(수)[1]면 **凡有殃咎**가 **宜加臣身**하리이다 **上天鑑臨**[2]하니 **臣不怨悔**로이다 **無任感激**[3]**懇**悃[4]**之至**하야 **謹奉表以聞**하노이다

가령 부처가 靈驗하여 災禍를 만들 수 있다면 모든 災殃이 응당 신의 몸에 이를 것입니다. 하늘이 밝게 굽어보시니 신은 원망도 후회도 하지 않겠습니다. 격렬한 감정과 간절한 충성을 견딜 수 없어 삼가 이 표문을 올려 아뢰나이다.

1) 禍祟(수) : 귀신이 일으키는 災殃을 이른다.
2) 鑑臨 : 밝게 살핌이다. 鑑은 밝음이고, 臨은 위에서 아래를 살핌이다.
3) 感激 : 여러 가지 뜻으로 쓰이나, 여기서는 분한 생각으로 감정이 세차게 일어난다는 뜻으로 쓰였다.
4) 懇悃 : 간절한 충성이다.

03. 潮州刺史謝上表* 潮州刺史로 부임하여 謝恩과 謝罪의 뜻을 담아 올린 表文

* 韓愈는 〈論佛骨表〉를 올렸다가 憲宗의 노여움을 사서 潮州刺史로 좌천된 뒤에 風土病을 일으키는 南方의 瘴毒으로 인해 죽게 될 것을 두려워하여, 이 表文을 올려 헌종의 공덕을 極讚하는 한편 자신의 잘못을 反省하면서 너그러이 용서하여 서울로 돌아갈 수 있게 해주기를 청하였다.

昌黎 遭患憂讒하야 情哀詞迫이라

昌黎가 憂患을 만나 讒言을 근심하였으므로 심정이 애절하고 말이 절박하다.

臣以狂妄戇愚[1)]로 不識禮度하야 上表陳佛骨事에 言涉不敬[2)]하니 正名[3)]定罪면 萬死猶輕이니이다 陛下哀臣愚衷하사 恕臣狂直[4)]하시고 謂臣言雖可罪나 心亦無他라하사 特屈刑章[5)]하야 以臣爲潮州刺史니이다 旣免刑誅하고 又獲祿食하니 聖恩弘大하야 天地莫量이라 破腦刳心[6)]이라도 豈足爲謝[7)]릿가 臣某誠惶誠恐하야 頓首頓首하노이다

신은 狂妄하고 愚昧하므로 禮法을 모르고서 표문을 올려 佛骨에 관한 일을 진술하면서 말이 不敬에 미쳤으니, 罪에 맞는 法條文을 적용하여 죄를 정한다면 일만 번 죽어도 오히려 가볍나이다. 그런데도 폐하께서는 신의 어리석은 衷情을 가엾게 여기시어, 사리분별도 못하면서 강직하기만 한 신을 용서하시고, 신의 말은 비록 죄를 줄 만하나 그 마음은 다른 뜻이 없다고 하시고서, 특별히 법을 굽혀 신을 潮州刺史로 삼으셨나이다.

이미 死刑을 면하였고, 또 봉록을 받아먹게 되었으니, 넓고 크신 성상의 은덕이 천지와 같아 헤아릴 수가 없나이다. 목숨 바쳐 충성을 다하더라도 어찌 보답할 수 있겠나이까? 신 아무개는 진실로 황공하고 황공하여 머리를 조아리고 조아리나이다.

1) 狂妄戇愚 : 狂妄은 미친 사람처럼 사리분별을 하지 못하고 함부로 행동함이고, 戇愚는 어리석어 사리에 어두움이다.

2) 言涉不敬 : 涉은 涉及이니, 말이 불경스러움에 미쳤다는 말이다.
3) 正名 : 名稱을 실상에 맞게 하는 것이니, 곧 죄에 맞는 刑律을 적용함이다.
4) 狂直 : 미친 사람처럼 사리도 분별하지 못하고 그저 剛直하기만 한 것이다.
5) 特屈刑章 : 屈은 枉法과 같은 말로 고의로 법을 무시하고서 重罪人에게 輕罪의 條文을 적용해 처벌함이다. 刑章은 刑法이다.
6) 破腦刳心 : 머리를 쪼개고 심장을 갈라 피를 짜내는 것으로, 충성을 다함을 비유하는 말이다.
7) 謝 : 報答이다.

臣以正月十四日에 蒙恩除潮州刺史하고 卽日奔馳上道하야 經涉嶺海하야 水陸萬里하야 以今月二十五日에 到州上訖[1]이니이다 與官吏百姓等相見하고 具言朝廷治平은 天子神聖하사 威武慈仁하야 子養億兆人庶하야 無有親疎遠邇시니라 雖在萬里之外嶺海之陬나 待之一如畿甸之間輦轂之下[2]하시니 有善必聞하고 有惡必見이시니라 早朝晩罷하고 兢兢業業[3]하사 惟恐四海之內와 天地之中에 一物不得其所시니라 故遣刺史하사 面問百姓疾苦하고 苟有不便이면 得以上陳하라하시니라 國家憲章完具하고 爲治日久하야 守令承奉詔條[4]하야 違犯者鮮하니 雖在蠻荒[5]이나 無不安泰리라 聞臣所稱聖德하고 惟知鼓舞讙呼니 不勞施爲하야 坐以無事니이다 臣某誠惶誠恐하야 頓首頓首하노이다

신은 정월 14일에 성은을 입어 潮州刺史를 제수받고, 그날로 말을 달려 길을 떠나 산을 넘고 물을 건너 萬里나 되는 水路와 陸路를 지나 이달 25일에 潮州에 도착하여 引受引繼를 마쳤습니다.

官吏 및 백성들을 相面하고서 "조정의 정치가 깨끗하고 천하가 태평한 것은 천자께서 神聖하시어, 위엄이 있으면서도 인자하여 억조창생을 기르시어 친소와 원근에 차이를 두지 않으셨기 때문이다. 비록 萬里 밖의 嶺海 구석에 사는 백성이라도 畿甸이나 都城에 사는 백성과 똑같이 대우하시니, 善行이 있으면 천자께서 반드시 들으시고 惡行이 있으면 반드시 보신다. 아침 일찍 조회를 열고 저녁 늦게 파하시

며, 삼가고 두려워하시면서 오직 四海 안과 천지 사이에 한 사람이라도 안락한 생활을 얻지 못하는 자가 있을까만을 걱정하신다. 그러므로 刺史를 파견하여 백성들을 만나 疾苦를 묻게 하시면서 만약 백성들에게 불편한 일이 있는 것을 발견하면 조정에 보고하라 하셨다. 국가에 제도가 완비되고 태평을 누린 지 오래되어, 太守나 縣令들이 詔條를 봉행하여 위반하는 자가 드무니, 이곳이 비록 서울에서 멀리 떨어져 있어 문화와 경제가 낙후한 곳이지만 태평하지 않음이 없을 것이다."라고 자세히 일러주었습니다.

백성들은 신이 칭송한 성상의 덕을 듣고는 흥이 나서 환호할 줄만을 알 뿐이니, 신은 수고롭게 처리할 일이 없어서 편안히 앉아 무사히 지내나이다. 신 아무개는 진실로 황공하여 머리를 조아립니다.

1) 上訖 : 新任者가 舊任者에게 業務를 넘겨받음이다.
2) 畿甸之間輦轂之下 : 畿甸은 京畿 지방을 이르고, 輦轂之下는 황제의 수레 밑이라는 말로 곧 都城을 이른다.
3) 兢兢業業 : 兢兢은 경계하여 삼감이고, 業業은 위태롭게 여겨 두려워함이다.
4) 詔條 : 皇帝가 頒布한 官吏를 考察하는 條令(規程)이다.
5) 蠻荒 : 일반적으로 서울에서 멀리 떨어져 있어 文化와 經濟가 낙후한 지역을 이른다.

臣所領州는 在廣府[1]極東界上하니 去廣府雖云纔二千里나 然來往動皆經月이니이다 過海口하고 下惡水에 濤瀧壯猛하야 難計程期하고 颶風鰐魚患禍不測이니이다 州南近界는 漲海[2]連天하야 毒霧瘴氛[3]이 日夕發作이니이다 臣少多病하야 年纔五十에 髮白齒落하니 理不久長이어늘 加以罪犯至重하야 所處又極遠惡하니 憂惶慙悸하야 死亡無日이니이다 單立一身이라 朝無親黨이요 居蠻夷之地하야 與魑魅爲群하니 苟非陛下哀而念之면 誰肯爲臣言者릿가

신이 管轄하는 潮州는 廣州府 동쪽 끝 경계에 위치하였으니, 광주부와의 거리가 겨우 2천 리라고 하나, 가고 오는 데 한 달이 걸립니다. 바다 어귀를 지나 험악한

물길을 따라 내려가야 하는데, 물살이 빠르고 파도가 사나워서 일정조차 계산하기 어렵고, 태풍과 악어의 우환도 예측할 수 없습니다. 조주 남쪽 가까운 경계에는 하늘에 맞닿은 漲海(南海)가 있어, 독한 안개와 독한 기운이 밤낮으로 발생합니다.

신은 젊을 때부터 병이 많아 나이 겨우 50에 머리가 세고 이가 빠졌으니, 이치로 보아 오래 살 수 없습니다. 게다가 지은 죄가 중대하여, 서울에서 매우 멀리 떨어진 열악한 곳에 거처하게 되었으니, 근심스럽고 황송하며 부끄럽고 두려워서 죽을 날이 머지않았습니다.

신은 의지할 곳 없는 홀몸으로 조정에 가까운 黨도 없이 미개한 지방에 살면서 산도깨비와 무리를 이루고 있으니, 폐하께서 가엾게 여겨 염려하지 않으신다면 어느 누가 신을 위해 말을 하려 하겠습니까?

1) 廣府：廣州都督府를 이른다.
2) 漲海：南海의 異稱이다.
3) 毒霧瘴氛：熱病을 일으키는 사나운 기운을 이른다. 흔히 덥고 濕한 곳에서 생긴다.

臣受性愚陋하야 **人事多所不通**이로되 **惟酷好學問文章**하야 **未嘗一日暫廢**하니 **實**[1]**爲時輩所見推許**[2]니이다 **臣於當時之文**[3]에 **亦未有過人者**나 **至於論述陛下功德**하야는 **與詩書相表裏**하니 **作爲歌詩**하야 **薦之郊廟**[4]하고 **紀泰山之封**하야 **鏤白玉之牒**[5]하야 **鋪張對天之閎休**하고 **揚厲無前之偉蹟**[6]이면 **編之乎詩書之策而無愧**하고 **措之乎天地之間而無虧**[7]리니 **雖使古人復生**이라도 **臣亦未肯多讓**이니이다

신은 타고난 성품이 어리석고 고루하여 세상일에 모르는 것이 많으나, 유독 學問과 文章만은 매우 좋아하여 하루도 폐기한 적이 없었으니, 이로 인해 〈신의 문장이〉 지금 사람들의 칭찬을 받게 된 것입니다.

신이 時文에는 남보다 뛰어나지 못하나, 폐하의 공덕을 논술하는 것으로 말하면, ≪詩經≫이나 ≪尙書≫와 서로 表裏가 될 만합니다. 歌詩를 지어 郊廟에 올리고, 泰山의 封禪을 기술해 白玉牒에 새겨, 하늘에 맞먹는 큰 美德과 전에 없던 위대

한 업적을 宣揚한다면, 〈그 歌詩를〉 ≪詩經≫이나 ≪尙書≫의 簡冊에 끼워 넣어도 부끄럽지 않고 천지 사이에 내어놓아도 부족함이 없을 것이니, 비록 옛사람이 다시 살아온다 하더라도 신은 크게 양보하고 싶지 않습니다.

1) 實 : 是이다.
2) 推許 : 推重稱許로 尊重해 칭찬함이다.
3) 當時之文 : 당시에 유행하던 騈儷文을 이른다.
4) 郊廟 : 천자가 하늘에 제사하는 郊宮과 선조에 제사하는 宗廟이다.
5) 紀泰山之封 鏤白玉之牒 : 封은 封禪을 이른다. 封은 천자가 泰山에 올라 흙으로 단을 쌓고서 하늘에 祭祀하면서 하늘의 공덕을 아뢰는 것이고, 禪은 태산 남쪽의 梁父山 위에 땅을 평평하게 고르고서 땅에 제사하면서 땅의 공덕을 아뢰는 것이다. 紀는 봉선할 때 천지에 고하는 글을 記述함이다. 牒은 백옥을 깎아 만든 玉板이다. 이 옥판에 천지에 고한 글을 새긴다는 말이다.
6) 鋪張對天之閎休 揚厲無前之偉蹟 : 鋪張과 揚厲는 互文으로 모두 宣揚의 뜻이다. 對天은 配天과 같은 말로 천자의 덕이 하늘과 맞먹음이다. 閎은 大이고 休는 美이니, 곧 큰 美德이다.
7) 措之乎天地之間而無虧 : 措는 내어놓음이고, 無虧는 흠결이 없는 것이니, 곧 세상에 내어놓아도 부족함이 없다는 말이다.

伏以大唐受命有天下로 四海之內가 莫不臣妾[1]이요 南北東西가 地各萬里[2]니이다 自天寶之後[3]로 政治少懈하야 文致未優[4]하고 武剋[5]不剛하니 孼臣姦隸[6]가 蠹居棊處[7]하야 搖毒自防[8]하고 外順內悖하며 父死子代하고 以祖以孫하야 如古諸侯하야 自擅其地하야 不貢不朝가 六七十年이니이다 四聖[9]傳序하야 以至陛下하니 陛下卽位以來로 躬親聽斷[10]하사 旋乾轉坤[11]하고 關機闔開[12]가 雷厲風飛[13]하고 日月淸照[14]하니 天戈所麾[15]에 莫不寧順[16]하야 大宇之下[17]에 生息理極이니이다 高祖創制天下하신 其功大矣나 而治未太平也요 太宗太平矣나 而大功所立이 咸在高祖之代하니 非如陛下承天寶之後하고 接因循之餘[18]하야 六七十年之外에 赫然興起[19]하야 南面[20]指麾하야 而致此巍巍之治功也니이다

삼가 생각건대 唐나라가 천명을 받아 천하를 소유한 뒤로 四海 안에 당나라 백성이 아닌 자가 없고, 사방 萬里의 땅이 모두 당나라 땅이었습니다. 그런데 天寶 이후로 정치가 조금 해이해져서 사회에 질서와 화합이 깨지고 敵을 제압할 武力이 강하지 못하자, 한 지방을 割據하여 조정에 반항하는 불충한 무리들이 사방에 퍼져 있으면서 자기의 세력을 지키기 위해 반란을 일으켜 조정에 반항하고, 겉으로는 조정에 순종하는 체하지만 속으로는 조정을 배반하며, 아비가 죽으면 자식이 승계하고 할아비가 손자에게 전하면서 마치 옛날의 제후처럼 한 지방을 멋대로 통치하며 공물도 바치지 않고 朝見도 하지 않은 지가 6, 7십 년이 되었습니다.

네 분의 先帝께서 차례로 帝位를 전하여 폐하께 이르렀는데, 폐하께서는 즉위하신 뒤로 몸소 정무를 처리하여 국면을 전환시키셨고, 중요한 문제를 신속하고 엄격하게 처리하면서도 밝게 살피시니, 천자의 군대가 가는 곳마다 모두 반란이 평정되고 조정에 귀순하여, 온 천하에 生育이 蕃息하고 정치가 지극히 안정되었습니다. 高祖께서 당나라를 창건하신 그 공은 크지만 정치는 태평하지 못하였고, 太宗께서는 太平을 이룩하였으나 큰 功을 세우신 것은 모두 고조 때에 있었으니, 폐하처럼 天寶의 뒤와 因襲한 뒤를 이어 6, 7십 년 뒤에 떨쳐 일어나시어, 南面해 지휘하시어 이처럼 거룩한 治績을 세우신 것과는 같지 않습니다.

1) 臣妾 : 男奴를 '臣', 女婢를 '妾'이라 하는데, 일반적으로 帝王의 관할지에 거주하는 백성을 이르는 말로 쓰인다.
2) 南北東西 地各萬里 : 남북 萬里와 동서 萬里의 땅이 모두 당나라의 땅이란 말이다.
3) 天寶之後 : 唐 玄宗 天寶 14년(755)에 있었던 安祿山・史思明의 반란 이후를 이른다.
4) 文致未優 : 文致는 질서를 뜻하는 禮와 화합을 뜻하는 樂이고, 未優는 넉넉하지 못함이니, 곧 사회에 질서와 화합이 무너졌다는 뜻이다.
5) 武剋 : 敵을 制壓하는 武力이다.
6) 孼臣姦隷 : 간사하고 불충한 臣僕을 이르는데, 여기서는 安史의 반란 이후에 軍權을 쥐고 조정에 반항한 方鎭의 軍閥들을 이른다.
7) 蠹居棋處 : 蠹居는 좀이 한곳에 숨어 있듯이 한 지방을 차지하여 勢力圈을

형성함이고, 棋處는 바둑돌처럼 사방에 퍼져 있음이다.

8) 搖毒自防 : 搖毒은 소요를 일으켜 해독을 끼침이고, 自防은 자기의 領域을 防守함이니, 곧 자기의 세력을 지키기 위해 반란을 일으켜 조정에 반항함이다.

9) 四聖 : 네 先帝인 肅宗・代宗・德宗・順宗을 이른다.

10) 躬親聽斷 : 신하들의 말을 듣고서 몸소 決斷함이다.

11) 旋乾轉坤 : 하늘을 돌리고 땅을 돌린다는 말로, 局面을 轉換시킴이다.

12) 關機闔開 : 關機는 關鍵과 樞機로 중요한 일을 이르고, 闔開는 열고 닫는 것으로 일을 처리함을 이른다.

13) 雷厲風飛 : 雷厲風行과 같은 말로 우레가 맹렬하고 바람이 빠름을 뜻하는데, 정사를 처리함이 신속하고 엄격함을 비유한 것이다.

14) 日月淸照 : 해와 달이 밝게 비친다는 말로, 帝王이 사태를 밝게 살핌을 비유한 것이다.

15) 天戈所麾 : 天戈는 천자의 군대이고, 所麾는 所向과 같은 말로 천자의 군대가 이른 곳이다.

16) 寧順 : 반란이 평정되고, 軍閥이 조정에 귀순한 것이다.

17) 大宇之下 : 온 천하를 이른다.

18) 承天寶之後 接因循之餘 : 天寶 年間에 일어난 安史의 亂으로 國勢가 피폐해진 뒤와, 方鎭의 跋扈를 懲治하지도 國政을 개혁하지도 못하고 그대로 인습한 네 先帝의 뒤를 이어 황제에 올랐다는 뜻이다.

19) 赫然興起 : 赫然은 떨쳐 일어나는 모양이고, 興起는 떨쳐 일어남이다.

20) 南面 : 古代에 帝王이 남쪽을 향해 앉아 신하를 접견하고 정무를 처리한 데서 온 말로, 제왕의 자리, 또는 제왕의 뜻으로 쓰인다.

宜定樂章[1)]하야 以告神明하고 東巡泰山하야 奏功皇天[2)]하고 具著顯庸하야 明示得意[3)]하야 使永永年代[4)]히 服我成烈[5)]이니이다 當此之際는 所謂千載一時[6)]라 不可逢之嘉會어늘 而臣負罪嬰釁[7)]하야 自拘海島[8)]하야 戚戚嗟嗟[9)]하니 日與死迫이니이다 曾不得奏薄伎於從官之內와 隷御之間[10)]하야 窮思畢精하야 以贖罪過하니 懷痛窮天하야 死不閉目이리이다 瞻望宸極하니 魂神飛去[11)]니이다 伏惟皇帝陛下는 天地父

母시니 **哀而憐之**하소서 **無任感恩戀闕**[12]**慙惶懇迫之至**하야 **謹附表陳謝以聞**하노이다

그러니 樂章을 제정하여 神明께 고하고, 동쪽으로 泰山을 순행하시어 공적을 하늘에 아뢰고, 빛나는 공적을 자세히 글로 엮어 뜻을 이루신 것을 밝게 보이시어, 천추만대토록 우리 황상께서 이룩하신 공적을 잊지 않게 하심이 마땅합니다.

지금이야말로 이른바 '千載一遇의 기회'여서 다시 만날 수 없는 좋은 기회인데도 신은 죄를 지어 처벌을 받은 몸으로 海島에 갇혀 있어 憂愁와 탄식으로 지내다 보니 하루하루 죽음이 가까이 다가옵니다. 그러므로 성상을 가까이서 모시는 官吏나 奴僕들 사이에 끼어 생각과 정력을 다해 보잘것없는 技藝를 바쳐 죄과를 속죄할 길이 없으니, 마음속의 痛恨이 하늘에 닿아 죽어도 눈을 감지 못할 것입니다. 멀리서 황상께서 계신 곳을 바라보노라니 생각이 그곳으로 달려갑니다.

삼가 바라건대 황제 폐하께서는 천지와 부모 같으시니 신을 가엾게 여기소서. 성은에 감사하고 조정을 그리워하며 부끄럽고 황공하며 간절한 마음을 견딜 수 없어, 삼가 표문을 첨부하여 감사의 뜻을 진술해 아뢰나이다.

1) 樂章 : 音樂에 맞추어 부르는 帝王의 功德을 찬양한 詩歌이다.
2) 東巡泰山 奏功皇天 : 동방으로 가서 泰山에 封禪하여 하늘에 皇帝의 공덕을 아뢰라는 말이다.
3) 具著顯庸 明示得意 : 具著는 자세히 著述함이고, 顯庸은 혁혁한 공적이고, 明示는 분명하게 표시함이며, 得意는 得志와 같은 말로 평소 뜻한 바를 實現함이니, 곧 혁혁한 공적을 글로 자세히 써서 평소에 뜻한 바를 실현하였음을 분명하게 표시하라는 말이다.
4) 永永年代 : 영원한 年代란 말로, 곧 千秋萬代를 이른다.
5) 服我成烈 : 服은 가슴에 담아 잊지 않고 생각함이고, 我는 우리 聖上이고, 成烈은 이룬 공적이다.
6) 千載一時 : 千年에 한 번 오는 때라는 말로, 만나기 어려운 기회를 이른다.
7) 嬰釁 : 嬰은 걸림이고, 釁은 罪이니, 곧 죄를 얻었다는 말이다.
8) 自拘海島 : 自는 自己로 곧 몸을 뜻하고, 拘는 拘禁이고, 海島는 潮州를 이른다.
9) 戚戚嗟嗟 : 戚戚은 憂愁이고, 嗟嗟는 탄식이다.

10) 曾不得奏薄伎於從官之內 隷御之間 : 曾은 乃(그러므로)이고, 薄伎는 보잘것없는 技藝란 말인데, 여기서는 韓愈가 자기의 詩文에 대한 겸사로 썼다. 從官과 隷御는 皇帝를 가까이서 모시는 侍從臣과 奴僕이다.

11) 瞻望宸極 魂神飛去 : 瞻望은 멀리서 바라봄이고, 宸極은 北極星으로 帝王을 뜻하고, 魂神은 魂靈인데 사람의 마음과 생각의 뜻으로도 쓰이며, 飛去는 날아가는 것으로 급히 달려감을 뜻한다.

12) 戀闕 : 조정을 그리워함이다. 闕은 帝王이 거처하는 宮闕을 이르는데, 朝廷의 뜻으로도 쓰인다.

04. 論捕賊行賞表* 賊을 잡은 자에게 施賞할 것을 論한 表文

* 唐 憲宗 元和 10년(815) 6월 3일에 刺客이 宰相 武元衡을 살해하고 御史中丞 裴度의 머리에 傷害를 입히는 사건이 일어났다. 며칠이 지나도록 자객을 체포하지 못하자, 6월 8일에 勅書를 내려 자객을 잡은 자에게 만 貫의 돈과 5品의 관직을 내리겠다고 하고는 대대적인 수색을 벌였다. 6월 10일에 王士則과 王士平이, 이 사건은 王承宗의 사주를 받은 張晏 등이 저지른 일이라고 고발하여 장안 등 8인이 체포되었다. 그런데 자객을 체포하는 데 공을 세운 사람들에게 賞錢을 내리지 않자, 韓愈가 상전을 내려서 백성들에게 國家의 信義를 보여야 한다며 이 表文을 올렸다. ≪新唐書≫와 ≪資治通鑑≫에 의하면, 자객을 보내 무원형을 살해하라고 사주한 사람은 淄靑節度使 李師道이다.

識達事體하고 **文亦典刑**이라

識見이 事體를 통달하였고, 문장 또한 典範이 될 만하다.

臣伏見六月八日勅컨대 **以狂賊傷害宰臣**[1]이로되 **擒捕未獲**으로 **陛下悲傷震悼**하사 **形於寢食**[2]하시고 **特降詔書**하사 **明立條格**[3]하야 **云有能捉獲賊者**면 **賜錢萬貫**[4]하고 **仍加超授**[5]라하시니이다 **今下手賊等**을 **四分之內**에 **已得其三**하니 **其餘兩人**은 **蓋不足**

計니이다 **根尋蹤跡**[6]하야 **知自承宗**[7]하니 **再降明詔**하사 **絶其朝請**[8]하고 **又與王士則士平**[9]**等官**하소서 **八日之制**[10]를 **無不行者**로되 **獨有賞錢尙未賜給**하니 **群情疑惑**하야 **未測聖心**이니이다

신이 삼가 6월 8일에 내리신 勅書를 보건대 미친 도적이 宰臣을 傷害하였는데도 잡지 못함으로 인해 폐하께서 매우 비통해하시어 寢食도 편히 하지 못하시고, 특별히 조서를 내려 法의 규정을 밝게 세워 "도적을 잡는 자가 있으면 돈 만 貫을 상으로 주고, 다시 높은 관직에 제수하겠다."고 하셨습니다.

지금 범죄에 가담한 도적의 4분의 3을 이미 잡았으니, 나머지 두 명을 〈잡지 못한 것은〉 따질 것이 못 됩니다. 뒤를 추적하여 王承宗의 使嗾에서 나온 짓임을 알았으니, 재차 분명한 조서를 내리시어 그의 朝請을 금지하시고, 또 王士則과 王士平 등에게 관직을 주소서. 8일에 내리신 詔勅을 실행하지 않은 것이 없으되 아직 賞錢을 주지 않으시니, 민심이 의심하여 성상의 마음을 헤아리지 못하고 있습니다.

1) 狂賊傷害宰臣 : 唐 憲宗 元和 10년(815) 6월에 刺客이 宰相 武元衡을 살해하고, 御史中丞 裴度를 傷害한 사건을 이른다. 狂은 賊을 욕하기 위해 붙인 말이니, 참으로 미친 것이 아니다. 賊은 남을 해치는 일체의 행위를 이르니, 刺客・殺人者 등이 모두 이에 해당한다.

2) 形於寢食 : 寢食하는 사이에 드러난다는 말인데, 곧 침식도 편히 하지 못한다는 뜻이다.

3) 條格 : 法의 規定이다.

4) 萬貫 : 葉錢 천 개를 꿴 꾸러미를 1貫이라 하니, 만 관이면 천만 錢이다. 그러나 천만 錢은 혼자의 힘으로는 며칠을 두고 운반하여도 다 운반할 수 없는 엄청난 돈이니, 상금으로 이렇게 많은 돈을 주었을 리가 없다. 아마도 만 전을 이른 듯하다.

5) 仍加超授 : 仍은 '다시'이고, 加는 '올려줌'이고, 超授는 등급을 뛰어넘어 몇 단계 높은 관직에 임명함이다. ≪舊唐書≫ 〈本紀 憲宗 下〉에는 "다시 5품관을 주겠다.〔仍與五品官〕"로 되어 있다.

6) 根尋蹤跡 : 主謀者를 찾기 위해 뒤를 밟음이다.

7) 承宗 : 成德節度使로 朝廷에 反抗한 軍閥 王承宗이다.
8) 朝請 : 朝는 諸侯가 봄에 天子를 알현하는 것이고, 請은 가을에 알현하는 것이다.
9) 王士則士平 : 武元衡이 살해당하고 裴度가 상해를 입은 것이, 王承宗의 使嗾를 받은 張晏 등이 저지른 일임을 알린 神策軍의 將士이다.
10) 制 : 皇帝의 勅命이다.

聞初載錢置市之日에 市中觀者日數萬人이 巡繞瞻視하며 咨嗟歎息하고 旣去復來하야 以至日暮라하나이다 百姓은 小人이라 重財輕義ㄹ새 不能深達事體하고 但見不給其賞하고 便以爲朝廷愛惜此錢하야 不守言信[1)]이라하니 自近傳遠이면 無由辨明이니이다 且出賞은 所以求賊이어늘 今賊已誅斬하니 若無人捉獲이면 國家何因得此賊而正刑法[2)]也며 承宗何故而賜誅絶[3)]也며 士則士平何故與美官也잇가 三事旣因獲賊이니이다 獲賊必有其人이어늘 不給賞錢하시니 實亦難曉니이다 假如聖心獨有所見하야 審知不合加賞이라도 其如天下百姓及後代久遠之人何哉잇가

듣건대 당초에 상으로 줄 돈을 실어다가 저자거리에 쌓아놓던 날부터 저자에는 구경꾼이 날마다 수만 명씩 모여들어 돈더미 주위를 돌며 바라보면서 감탄을 연발하였고, 갔다가는 다시 와서 해가 저물 때까지 구경하였다고 합니다. 百姓은 小人이라서 재물을 중하게 여기고 의리를 가벼이 여기기 때문에 일의 체통을 깊이 알지 못하고 단지 상을 주지 않는 것만을 보고서 조정이 이 돈을 아껴 言約을 지키지 않는다고들 하니, 이 소문이 가까운 곳에서 먼 곳으로 전해진다면 변명할 길이 없습니다.

상으로 줄 돈을 내어놓은 것은 도적을 잡기 위함인데 이제 도적을 이미 誅殺하였으니, 만약 도적을 잡은 사람이 없었다면 국가가 어떻게 이 도적을 잡아 법에 의해 刑을 執行할 수 있었겠으며, 王承宗을 어떻게 토벌하고 朝請을 금지할 수 있었겠으며, 王士則과 王士平에게 어떻게 좋은 관직을 줄 수 있었겠습니까? 이 세 가지 일은 모두 도적을 잡았기 때문에 가능했던 것입니다. 틀림없이 도적을 잡은 사람이 있는데, 賞錢을 주지 않으시니, 실로 이해하기 어렵습니다. 가령 성상의 心中에 혼자만의 소견이 있으시어, 상을 주는 것이 합당하지 않다는 것을 아셨기 때문이

라 하더라도 천하의 백성과 먼 후대 사람들에게 어떻게 해명하시겠습니까?

1) 言信 : 言約이다.
2) 正刑法 : 법에 의해 형을 집행함이다.
3) 賜誅絶 : 賜는 帝王이 신하에게 내리는 命에 대한 敬稱이다. 誅는 토벌이고, 絶은 朝請을 금지함이다.

況今元濟承宗을 **尙未擒滅**하고 **兩河之地**를 **太半未收**하고 **隴右河西**가 **皆沒戎狄**하니 **所宜大明約束**[1]하야 **使信在言前**하야 **號令指麾**[2]하야 **以圖功利**니이다 **況自陛下卽位以來**로 **繼有丕績**하사 **斬楊惠琳**[3]하야 **收夏州**하고 **斬劉闢**[4]하야 **收劍南東西川**하며 **斬李錡**[5]하야 **收江東**하고 **縛盧從史**[6]하야 **收澤潞等五州**하며 **威德所加**에 **兵不汚刃**하고 **收魏博等六州**하며 **致張茂昭張愔**[7]하야 **收易定徐泗濠等五州**니이다 **創業已來**로 **列聖功德**이 **未有能高於陛下者**니 **可謂赫赫巍巍光照前後**[8]**矣**니이다 **此由天授陛下神聖英武之德**하야 **爲巨唐中興之君**하고 **宗廟神靈所共祐助**니 **勉强不已**하야 **守之以信**이면 **則故地不足收**[9]요 **而太平不難致**리이다 **如乘快馬行平路**하야 **遲速進退**를 **自由其心**하야 **有所欲往**이면 **無不可者**리이다 **於此之時**엔 **特宜示人以信**이니이다 **孔子欲存信去食**[10]하니 **人非食不生**이로되 **尙欲捨生以存信**이온 **況可無故而輕棄也**잇가

더구나 지금 吳元濟와 王承宗를 아직 잡아 죽이지 못하였고, 河北과 河南의 땅을 아직 절반 이상 수복하지 못하였으며, 隴右와 河西가 모두 오랑캐의 수중으로 들어갔으니, 法令을 크게 밝혀 말보다 信義를 앞세우고서 명령을 내려 征伐軍을 보내어 功利를 꾀하심이 마땅합니다. 더구나 폐하께서 즉위하신 뒤로 계속해 위대한 공적을 세우시어, 楊惠琳을 斬殺하고서 夏州를 수복하시고, 劉闢을 참살하고서 劍南의 東川과 西川을 수복하시고, 李錡를 참살하고서 江東을 수복하시고, 盧從史를 체포하고서 澤·潞 등 다섯 州를 수복하시고, 위엄과 은덕으로 대하시어 칼에 피를 묻히지 않고도 魏·博 등 여섯 州를 수복하셨으며, 張茂昭와 張愔을 조정으로 불러들여 易·定·徐·泗·濠 등 다섯 州를 수복하셨습니다.

唐나라를 創業한 이후로 어느 列聖의 공덕도 폐하의 공덕보다 높은 공덕이 없었

으니, 〈폐하의 공덕이야말로〉 전무후무한 빛나고 거룩한 공적이라 할 수 있습니다. 이것은 하늘이 폐하께 神聖하고 英武한 德을 주어 大唐을 中興시킨 君主가 되게 하고, 宗廟의 神靈들께서 함께 도우셨기 때문이니, 끊임없이 노력하시어 신의로써 나라를 지키신다면 옛 땅은 수복할 것도 없고, 태평을 이루기도 어렵지 않을 것입니다. 마치 駿馬를 타고 평지를 달리는 같아, 遲速과 進退를 마음대로 할 수 있어, 가고자 하는 곳이 있으면 가지 못할 곳이 없을 것입니다.

이러한 때에는 특별히 사람들에게 신의를 보이셔야 합니다. 孔子께서는 신의를 보존하기 위해 食糧을 버리셨습니다. 사람은 식량이 없이는 생존할 수 없는데도 오히려 생존을 버리고 신의를 보존하고자 하셨는데, 하물며 아무 까닭 없이 신의를 가벼이 버려서야 되겠습니까?

1) 約束 : 法令이다.
2) 號令指麾 : 號令은 명령을 내림이고, 指麾는 군대를 파견함이다.
3) 楊惠琳 : 夏綏節度使 韓全義의 사위로 한전의가 入朝한 틈을 이용해 반란을 일으켜 城을 점령하고서 스스로 절도사가 되어, 조정에 반항한 자이다. 元和 元年 3월에 斬殺되었다.
4) 劉闢 : 劍南西川節度使 韋皐가 죽자, 군권을 장악하고서 반란을 일으킨 자이다. 元和 元年 10월에 참살되었다.
5) 李錡 : 鎭海節度使로 조정에 반항한 자이다. 元和 2년 11월에 참살되었다.
6) 盧從史 : 昭義節度使로 적을 토벌하라는 皇命을 받고도 도리어 적과 내통한 자이다. 吐突承璀가 憲宗의 密旨를 받고 그를 잡아 長安으로 압송하였다.
7) 張茂昭張愔 : 張茂昭는 義武節度使로 누차 表文을 올려 조정으로 돌아가기를 청한 忠臣이다. 元和 5년 12월에 온 가족을 다 데리고 조정으로 들어왔다. 張愔은 武寧節度使로 병이 들자, 조정으로 돌아가기를 청한 충신이다. 元和 2년에 조정에서 그를 불러들여 工部尙書로 삼았다.
8) 光照前後 : 빛이 前後를 비춘다는 말로 전에도 없었고 앞으로도 없을 빛난 功績이란 뜻이다.
9) 故地不足收 : 信義를 지키면 모든 藩鎭이 歸順할 것이므로, 옛 땅을 수복하려하지 않아도 저절로 수복된다는 뜻이다.

10) 孔子欲存信去食 : ≪論語≫ 〈顔淵〉에 子貢이 정치에 대해 묻자, 孔子께서 "양식이 충분하고 兵備가 충분하면 백성들이 그 정부를 신임한다." 하였다. 자공이 다시 "부득이 하여 이 세 가지 중에 하나를 버려야 한다면 무엇을 먼저 버려야 합니까?"라고 묻자, 공자께서 "병비를 버려야 한다." 하였다. 자공이 또 "부득이하여 이 두 가지 중에서 하나를 버려야 한다면 무엇을 먼저 버려야 합니까?"라고 묻자, 공자께서 "양식을 버려야 한다. 예로부터 〈양식이 없으면〉 누구나 다 죽음을 면하지 못하였지만 백성이 정부에 대한 믿음이 없으면 그 나라는 存立하지 못하였다."라고 한 말을 縮約한 것이다.

昔秦孝公用商鞅爲相하야 欲富國强兵하야 行令於國에 恐人不信하야 立三丈之木於市南門하고 募人有能徙置北門者면 與五十金하리라 有一人徙之어늘 輒與五十金[1]하니 秦人以君言爲必信이라하야 法令大行하야 國富兵强하야 無敵天下니이다 三丈之木은 非難徙也요 徙之가 非有功也로되 孝公輒與之金者는 所以示其言之必信也니이다 昔周成王尙小에 與其弟叔虞爲戲할새 削桐葉爲珪曰 以晉封汝하노라 其臣史佚이 因請擇日하야 立叔虞爲侯하니 成王曰 吾與之戲耳라 史佚曰 天子無戲言이라 言之則史書之하고 禮成之하고 樂歌之[2]니이다 於是에 遂封叔虞於晉하니이다 昔漢高祖出黃金四萬斤與陳平하야 恣其所爲하고 不問出入[3]하야 令謀項羽하니 平用金間楚하야 數年之間에 漢得天下하니이다 論者皆言漢高祖深達於利하야 能以金四萬斤致得天下라하나 以此觀之컨대 自古以來未有不信其言而能有大功者요 亦未有不費少財而能收大利者也니이다

옛날에 秦 孝公은 商鞅을 등용하여 丞相으로 삼고서, 나라를 부유하게 만들고 군대를 강하게 만들고자 하여, 이에 관한 法令을 반포하려 할 때 사람들이 믿지 않을까 염려스러워, 세 길 되는 나무를 저자 南門에 세워두고서, 사람들을 모아놓고 "이 나무를 北門으로 옮겨놓는 자가 있으면 50金을 賞으로 주겠다." 하였습니다. 어떤 한 사람이 이 나무를 북문으로 옮기자, 효공은 즉시 50금을 주었습니다. 그러자 秦나라 사람들은 "임금님의 말씀은 반드시 믿을 수 있다."고 여겨, 법령이

널리 시행되어 나라가 부유하고 군대가 강해져서 천하에 대적할 자가 없는 나라가 되었습니다. 세 길의 나무는 옮기기 어려운 것이 아니고, 그것을 옮긴 것이 공이 있는 것도 아닌데, 효공이 즉시 50금을 준 것은 자기의 말이 반드시 믿을 수 있다는 것을 보이기 위함이었습니다.

옛날에 周 成王이 어릴 적에 그 아우 叔虞와 장난하며 놀 때 오동잎을 잘라 珪로 만들어 〈숙우에게 주며〉 "晉에 너를 封하노라."라고 하였습니다. 그 신하 史佚이 날을 잡아 숙우를 諸侯로 세우기를 청하니, 성왕이 "나는 그와 弄談하였을 뿐이오."라고 하였습니다. 그러자 사일은 "천자에게는 농담이 있을 수 없습니다. 말씀을 하시면 그 말씀을 史官이 史策에 기록하고, 禮官이 거행하여 成事시키고, 樂官이 음악에 실어 노래합니다."라고 하니, 이에 드디어 숙우를 晉에 봉하였습니다.

옛날에 漢 高祖는 황금 4만 근을 내어 陳平에게 주어 마음대로 쓰게 하고 출납을 묻지 않고서 項羽를 도모하게 하였습니다. 진평이 그 金으로 〈楚나라 간첩을 매수해 역이용하여〉 수년 동안 초나라 君臣 사이를 이간하였기에 한나라가 천하를 얻게 된 것입니다. 論評하는 자들은 모두 "한 고조가 利害에 매우 밝았기 때문에 4만 근의 황금으로 천하를 얻었다."고들 합니다만, 이상의 일을 통해 보면 예로부터 자기의 말을 지키지 않고서 큰 공을 이룬 자는 없고, 또 작은 재물을 허비하지 않고서 큰 이익을 거둔 자도 없었습니다.

1) 秦孝公用商鞅爲相……輒與五十金 : 이 일은 ≪史記≫ 〈商君列傳〉에 보인다.
2) 周成王尙小……樂歌之 : 이 일은 ≪史記≫ 〈晉世家〉에 보인다. 珪는 古代에 天子가 諸侯를 封할 때 證票로 주던 瑞玉이다.
3) 漢高祖出黃金四萬斤……不問出入 : 이 일은 ≪史記≫ 〈陳丞相世家〉에 보인다.

臣於告賊之人[1]과 **本無恩義**하니 **彼雖獲賞**이라도 **了不關臣**이니이다 **所以區區盡言不避煩黷**[2]**者**는 **欲令陛下之信行於天下也**니 **伏望恕臣愚陋僻惷**[3]**之罪**하시고 **而收其懇款誠至之心**[4]이면 **天下之幸**이요 **非臣之幸也**니이다 **謹奉表以聞**하노이다

신은 도적을 고발한 사람과 본래 恩情이 있는 사이가 아니니, 저 사람이 상을

받는다 해도 신과는 전혀 관계가 없습니다. 그런데도 신이 하고 싶은 말을 다하여 귀찮게 해드림을 피하지 않는 것은 폐하의 신의가 천하에 행해지게 하고자 해서입니다. 삼가 바라건대 신의 어리석고 비루하며 괴팍하고 무지한 죄를 용서하시고 신의 간절한 忠誠과 지극한 誠心을 거두어주신다면, 이는 천하의 다행이고 신만의 다행이 아닐 것입니다. 삼가 표문을 올려 아뢰나이다.

1) 告賊之人 : 王士則과 王士平을 이른다. 이들은 神策軍의 將士로 元和 10년 6월에 도적의 이름을 들어 上奏하고, 또 王承宗이 使嗾한 일이라고 말하였다. ≪舊唐書 憲宗紀≫
2) 區區盡言不避煩黷 : 區區는 자기의 謙稱이고, 煩黷은 귀찮게 하는 것이다.
3) 愚陋僻惷 : 어리석고 비루하며 괴팍하고 무지함이다.
4) 懇款誠至之心 : 懇款은 간절한 충성이고, 誠至는 지극한 정성이다.

05. 復讐狀* 復讐에 대해 의견을 진술해 올린 狀

* 元和 6년(811)에 富平縣 사람 梁悅이 아비의 원수 秦杲를 죽이고서 縣廳에 나아가 自首하고 죄를 청하니, 憲宗은 詔書를 내려 사형을 면제하고 곤장 100대를 쳐서 循州로 유배하게 하였다. 헌종이 尙書省에 명하여 經傳과 律法에 의거해 이 일을 의논하여 법령으로 정하게 하니, 韓愈가 이 의논을 올린 것이다. ≪舊唐書 憲宗 上≫
  狀은 君王의 물음에 신하가 의견을 진술해 올리는 일종의 文體이다.

以經術斷律이라 **當與子厚文參看**이라

經術(經學)에 의거해 刑律을 판단하였다. 柳子厚(柳宗元)의 글(〈駁復讐議〉)과 참고해 보는 것이 마땅하다.

右[1]하노이다 **伏奉今月五日勅**하니 **復讐**는 **據禮經則義不同天**[2]이요 **徵法令則殺人者死**라 **禮法二事**는 **皆王敎之端**[3]이어늘 **有此異同**하니 **必資論辯**이리라 **宜令都省**[4] **集議聞奏者**니이다

아래와 같이 아뢰나이다.

삼가 이달 5일에 내리신 勅書를 보니, "復讐에 대해서 禮經에 의하면 '의리로 보아 아비를 죽인 원수와는 같은 하늘 아래 살 수 없다.'고 하였고, 法令에 의하면 '사람을 죽인 자는 죽인다.'고 하였다. 禮와 法 두 가지는 모두 王化의 뿌리인데 이처럼 같지 않으니, 반드시 논쟁거리가 될 것이다. 그러니 尙書省으로 하여금 함께 모여 의논하여 아뢰게 하는 것이 마땅하다."는 내용이었습니다.

1) 右 : 아래를 이른다. 북쪽을 향해 疏章을 올리는 신하에게는 東이 右(上)가 되지만, 남쪽을 향하고 앉아 소장을 받는 임금에게는 東이 左(下)가 된다.
2) 據禮經則義不同天 : 禮經은 ≪周禮≫·≪禮記≫ 등 儒家 經傳을 이른다. 義不同天은 不共戴天과 같은 말이다.
3) 王教之端 : 王教는 王者의 教化이다.
4) 都省 : 尙書省의 別稱이다.

朝議郎行尙書職方員外郎上騎都尉韓愈議曰 伏以子復父讐는 **見於春秋**[1]하고 **見於禮記**[2]하며 **又見周官**[3]하고 **又見諸子史**하야 **不可勝數**나 **未有非而罪之者也**니이다 **最宜詳於律**이어늘 **而律無其條**는 **非闕文也**라 **蓋以爲不許復讐**면 **則傷孝子之心**하고 **而乖先王之訓**이며 **許復讐**면 **則人將倚法專殺**하야 **無以禁止其端矣**니이다 **夫律雖本於聖人**이나 **然執而行之者**는 **有司也**니 **經之所明者**는 **制有司者也**니이다 **丁寧**[4]**其義於經**이어늘 **而深沒其文於律者**는 **其意將使法吏一斷於法**이면 **而經術之士得引經而議也**니이다

朝議郎 行尙書職方員外郎 上騎都尉 韓愈는 다음과 같이 의논드립니다.

삼가 생각건대 자식으로서 아비의 원수를 갚는 것은 ≪春秋≫와 ≪禮記≫에 보이며, 또 ≪周官≫에도 보이고 諸子書와 史書에도 이루 셀 수 없이 보이는데, 복수한 것을 잘못이라 하여 처벌한 경우는 없었습니다. 法律로 자세히 정하는 것이 가장 합당한데도 법률에 그에 대한 條文이 없는 것은 빠뜨린 것이 아니라, 아마도 복수를 허락하지 않으면 孝子의 마음을 상하게 하고 先王의 교훈을 어기게 되며, 복수

를 허락하면 사람들이 법에 의거해 멋대로 원수를 죽이려 할 것이므로 그 일을 금지할 수 없다고 여겨서일 것입니다.

저 법률이 비록 성인에게서 나왔지만 그 법률을 집행하는 자는 法官이므로 經에 분명하게 말한 것은 법관을 制約하기 위함입니다. 經에는 자식이 아비의 원수를 갚아야 하는 도리를 재삼 말하였는데 법률에는 그 조문을 깊이 숨긴 것은, 아마도 법관이 법으로 판단하면 經學을 한 學士가 經을 이끌어 의논할 수 있게 하려는 뜻이었을 것입니다.

1) 見於春秋 : ≪春秋公羊傳≫ 定公 4년에 "아비가 죄를 지어 법에 의해 誅殺된 경우가 아니면 그 자식이 복수해야 하지만, 죄를 지어 주살되었는데도 그 자식이 복수하면 이는 복수가 복수를 불러 복수가 반복되는 길을 여는 것이다.〔父不受誅 子復仇可也 父受誅 子復仇 推刃之道也〕"란 말이 보인다.

2) 見於禮記 : ≪禮記≫ 〈曲禮 上〉에 "아비를 죽인 원수와는 같은 하늘을 이고 살지 않는다.〔父之讐 弗與共戴天〕"란 말이 보이고, 〈檀弓 上〉에 "자공이 공자께 '부모가 원수에게 죽은 자는 어찌해야 합니까?' 라고 묻자, 공자께서 '거적자리에 창을 베고 자고 出仕하지 않으며, 항상 그와 함께 세상을 살지 않겠다는 뜻을 품고서, 항상 무기를 휴대하고 다니다가 원수를 만나면 즉시 찔러 죽여야 한다.'라고 대답하였다.〔子貢問於孔子曰 居父母之仇如之何 夫子曰 寢苫枕戈不仕 不與共天下也 遇諸市朝 不反兵而鬪〕"라는 말이 보인다. 그 뜻은 까닭 없이 아비가 죽임을 당하였으면, 被殺者의 자식은 殺害者와 같은 하늘 아래 살 수 없는 원수이니 살해자를 죽여야 한다는 것이다.

3) 又見周官 : ≪周禮≫ 〈地官 調人〉에 "정당한 사유로 사람을 죽인 자에게는 죽은 자의 자식이 원수를 갚지 못하게 하고, 만약 원수를 갚으면 죽인다.〔凡殺人而義者 勿令讐 讐之則死〕"란 말이 보이고, ≪周禮≫ 〈秋官 朝士〉에 "무릇 원수를 갚은 자가 사전에 그 사유를 적어 朝士에게 고하고서 원수를 죽였으면 무죄이다.〔凡報仇讐者 書于士 殺之 無罪〕"란 말이 보인다. 뒤 단락의 譯文 참조.

4) 丁寧 : 재삼 당부함이다.

周官曰 凡殺人而義者[1]는 **令勿讐**하고 **讐之則死**라하니이다 **義**는 **宜也**니 **明殺人而不得其宜者**는 **子得復讐也**니 **此百姓之相讐者也**니이다 **公羊傳曰 父不受誅**[2]면 **子復讐可也**라하니 **不受誅者**는 **罪不當誅也**니이다 **誅者**는 **上施於下之辭**요 **非百姓之相殺者也**니이다 **又周官曰 凡報仇讐者**가 **書於士**[3]하고 **殺之**면 **無罪**라하니 **言將復讐**에 **必先言於官**이면 **則無罪也**니이다 **今陛下垂意典章**[4]하사 **思立定制**호되 **惜有司之守**[5]하고 **憐孝子之心**하사 **示不自專**하고 **訪議**[6]**群下**니이다

≪周官≫에 "무릇 정당한 사유로 사람을 죽인 자에게는 피살자의 자식이 복수를 하지 못하게 하고, 만약 복수를 하면 죽인다."고 하였습니다. 義는 사유가 정당한 것이니, 정당한 사유 없이 사람을 죽인 자에게는 피살자의 자식이 복수할 수 있다는 것을 明示한 것이니, 이것이 바로 백성들이 서로 복수하는 근거입니다.

≪春秋公羊傳≫ 定公 4년 傳에 "아비가 죄를 지어 誅殺된 경우가 아니면 자식이 복수해야 한다."고 하였는데, 그 注에 "죄를 지어 주살된 경우가 아니라는 것은 그 죄가 주살에 해당하지 않는 것이다."라고 하였습니다. 주살은 군왕이 신하에게 시행하는 것을 이르는 말이고, 백성이 서로 죽이는 것을 이르는 말이 아닙니다.

또 ≪周官≫에 "무릇 원수를 갚은 자가 사전에 그 사유를 적어 朝士에게 고하고서 원수를 죽였으면 무죄이다."라고 하였으니, 이는 복수하려 할 때 반드시 사전에 官에 고하고서 원수를 죽였으면 무죄라는 말입니다.

지금 폐하께서 制度와 法令에 뜻을 두시어 일정한 제도를 세우기를 생각하시면서도 법관의 직책을 소중히 여기시고 효자의 마음을 가엾게 여기시어, 獨斷하지 않는 뜻을 보이시고 群臣에게 자문하셨습니다.

1) 殺人而義者 : 사람을 죽였으나 의로웠다는 말로 정당한 사유가 있어 사람을 죽였다는 뜻이다. 앞 단락의 역주 3) 참조.
2) 受誅 : 죄를 지어 법의 심판을 받고 주살된 것이다. 앞 단락의 역주 1) 참조.
3) 書於士 : 원수를 살해하기 전에 사유를 글로 적어 朝士에게 고하는 것이다. 士는 朝士로 外朝의 位次와 刑獄을 맡은 官吏이다. 앞 단락의 역주 3) 참조.
4) 典章 : 制度와 法令이다.

5) 惜有司之守 : 惜은 愛惜으로 소중히 여김이다.

6) 訪議 : 諮問과 같다.

臣愚以爲復讐之名雖同이나 而其事各異니이다 或百姓相讐를 如周官所稱은 可議於今者어니와 或爲官所誅를 如公羊所稱은 不可行於今者니이다 又周官所稱將復讐에 先告於士則無罪者는 若孤稚羸弱[1]이면 抱微志而伺敵人之便[2]이요 恐不能自言於官이니 未可以爲斷於今也니이다 然則殺之與赦를 不可一例니 宜定其制曰 凡有復父讐者가 事發[3]하고 具其事하야 申尙書省이면 尙書省集議奏聞하야 酌其宜而處之라하면 則經律無失其指矣리이다 謹議하노이다

신의 어리석은 소견에 復讐라는 이름은 같지만, 그 사정은 각각 다르다고 생각합니다. ≪周官≫의 말처럼 백성들이 서로 원수를 갚도록 허용하는 것은 오늘날 다시 논의할 수 있으나, ≪春秋公羊傳≫의 말처럼 罪를 짓고 誅殺된 경우가 아니면 그 자식으로 하여금 복수하게 하는 것은 오늘날 시행할 수 없습니다. 또 ≪周官≫에 말한 "복수하려 할 때 사전에 朝士에게 고하고서 원수를 죽였으면 무죄이다."라는 것은 피살자의 자식이 어리거나 貧弱할 경우, 복수의 뜻을 품고 적을 죽일 기회만을 엿볼 뿐, 아마도 스스로 官에 고할 수 없을 것이니, 이를 오늘날에 斷例(判例)로 삼을 수 없습니다.

그렇다면 복수한 자를 죽일 것인가 용서할 것인가 하는 문제는 일률적으로 정할 수 없으니, 그에 대한 법령을 "무릇 아비의 원수를 갚은 자가 일을 벌인 뒤에 그 사유를 갖추어 尙書省에 申告하면 상서성에 모여서 의논하여 聖上께 아뢰고서 事宜(사정)를 참작하여 처결한다."라고 제정하는 것이 마땅합니다. 그리하면 經과 律의 뜻과도 어긋나지 않습니다. 삼가 의논드리나이다.

1) 孤稚羸弱 : 孤稚는 어린 고아이고, 羸弱은 貧弱이다.

2) 抱微志而伺敵人之便 : 微志는 숨긴 뜻이고, 便은 좋은 기회이니, 곧 마음속에 복수의 뜻을 품고 원수를 죽일 수 있는 기회를 엿본다는 말이다.

3) 事發 : 일을 일으킴이니, 곧 복수의 일을 벌임이다.

06. 論今年權停擧選狀* 今年에 科擧와 銓選을 임시로 정지한 것에 대해 논한 狀

* 唐 德宗 貞元 9년(803)에 정월부터 6월까지 비가 내리지 않았다. 7월에 덕종이 饑饉을 이유로 禮部의 科擧와 吏部의 銓選을 잠시 停止하게 하자, 韓愈가 이를 부당하다고 여겨 이 狀을 올린 것이다. 唐代에는 禮部가 과거를 보여 사람을 뽑는 것을 '擧'라 하고, 吏部가 官吏들의 才能을 헤아려 官職에 임명하는 것을 '選'이라 하였다.

議論博大하고 而氣亦昌이라

議論이 해박하고 高大하며, 기운 또한 盛大하다.

右하노이다 臣伏見今月十日勅컨대 今年諸色擧選宜權停[1]者니이다 道路相傳호되 皆云以歲之旱으로 陛下憐閔京師之人하사 慮其乏食이라 故權停擧選하야 以絶其來者하니 所以省費而足食也라하니이다

아래와 같이 아뢰나이다.

신이 삼가 이달 10일에 내리신 勅書를 보니 금년의 각종(諸色) 科擧와 銓選을 잠시 정지하는 것이 마땅하다는 내용이었습니다. 도로에서 서로 전하는 말을 들어보니, 모두 "금년의 旱災로 인해 폐하께서 서울 사람들을 가여워하시어 저들의 양식이 부족하게 될 것을 염려하신 것이다. 그러므로 잠시 과거와 전선을 정지하여 應試하기 위해 오는 자들을 막으셨으니, 이는 비용을 절약하여 서울 사람들의 식량을 補助하기 위함이다."라고 하였습니다.

1) 權停 : 임시로 停止함이다.

臣伏思之컨대 竊[1]以爲十口之家에 益之以一二人이라도 於食未有所費니이다 今京師之人이 不啻百萬이요 都計擧者라도 不過五七千人이니 幷其僮僕畜馬라도 不當京

師百{萬}分之一[2]이리다 以十口之家計之면 誠未爲有所損益[3]이니이다 又今年雖旱이나 去歲大豐하니 商賈之家에 必有儲蓄이리다 擧選者皆齎持資用[4]하야 以有易無리니 未見其弊리이다 今若暫停擧選이면 或恐所害實深이리다 一則遠近驚惶이요 二則人士失業이니이다 臣聞古之求雨之詞曰 人失職歟[5]아하니 然則人之失職이 足以致旱이니이다 今緣旱而停擧選은 是使人失職而召災也니이다

신이 삼가 생각해보건대, 신의 생각에는 열 식구의 집에 한두 사람을 보태더라도 식량의 소비가 크지 않다고 여깁니다. 지금 서울의 인구가 백만 명뿐만이 아니고, 응시하기 위해 오는 자를 다 계산해도 5천 내지 7천 인에 지나지 않을 것이니, 그 奴僕과 馬畜을 합해도 서울 인구의 100분의 1도 되지 않습니다. 열 식구를 한 집으로 계산하면 〈서울의 戶數가 10만 호가 넘을 것이니, 10만 호의 가정이 5천 내지 7천 인과 그 노복 및 마축을 담당하더라도〉 실로 소모되는 바가 없을 것입니다.

그리고 또 금년은 비록 旱災가 들었으나 작년에는 크게 풍년이 들었으니, 商人의 집에 반드시 저축해둔 糧穀이 있을 것입니다. 科擧와 銓選에 참여하기 위해 오는 자는 모두 돈이나 재물을 가지고 와서 식량과 바꿀 것이니, 弊害가 생기지 않을 것입니다.

금년에 만약 과거와 전선을 잠시 정지한다면 폐해가 실로 깊어질까 두렵습니다. 첫째는 遠近의 사람들이 놀라 당황할 것이고, 둘째는 士人들이 직업을 잃을 것입니다. 신이 듣기로는 옛사람이 비를 祈求한 말 중에 "사람들이 직업을 잃었는가?"라는 말이 있다고 하니, 그것이 사실이라면 사람들이 직업을 잃는 것이 旱災를 부르기에 충분합니다. 지금 한재로 인해 과거와 전선을 정지하는 것은 바로 사람들로 하여금 직업을 잃게 하여 災害를 부르는 것입니다.

1) 竊 : 자신의 생각을 낮추어 이르는 말이다.
2) 百{萬}分之一 : 저본에는 '百萬分之一'로 되어 있으나, 朱子의 ≪韓文考異≫에 " '萬'자가 없어야 한다."고 하였다. 이에 의거하여 '萬'자는 衍文으로 보아 번역하지 않았다.
3) 損益 : '損'자의 뜻만을 취한 것이니, 곧 耗損(消耗)의 뜻이다.

4) 齎持資用 : 齎持는 싸서 가지고 감이고, 資用은 비용으로 쓸 돈과 재물이다.

5) 古之求雨之詞曰 人失職歟 : ≪春秋公羊傳≫ 桓公 5년에 보이는 "大雩는 무엇인가? 가뭄이 들어 비를 청하는 祭祀의 이름이다.〔大雩者何 旱祭也〕"라는 내용의 注에 "임금이 친히 南郊로 가서 여섯 가지 일로 사과하고 자책하며 '정치가 한결같지 않기 때문인가? 백성들이 직업을 잃었기 때문인가? 宮室이 높기 때문인가? 총애하는 女人의 청탁이 심하기 때문인가? 뇌물이 盛行하기 때문인가?'〔君親之南郊 以六事謝過自責曰 政不一與 民失職與 宮室崇與 婦謁盛與 苞苴行與〕"라고 한 말을 이른다. 民失職은 잦은 부역으로 농사를 폐한 것을 이른다. 여기에 '民'을 '人'으로 바꾸어 쓴 것은 唐 太宗 李世民의 諱를 피한 것이다.

臣又聞君者陽也요 **臣者陰也**[1)]니 **獨陽爲旱**이요 **獨陰爲水**[2)]라하니이다 **今者陛下聖明在上**하시니 **雖堯舜**이라도 **無以加之**로되 **而群臣之賢**이 **不及於古**[3)]하고 **又不能盡心於國**하야 **與陛下同心**하야 **助陛下爲理**하니 **有君無臣**이니이다 **是以久旱**이니이다

신이 또 듣건대, 임금은 陽이고 신하는 陰이니, 양만 있고 음이 없으면 가뭄이 들고, 음만 있고 양이 없으면 洪水가 난다고 하였습니다. 지금 성스럽고 영명하신 폐하께서 위에 계시니, 비록 帝堯와 帝舜이라 하더라도 폐하보다 더 나을 수 없습니다. 그러나 신하들의 賢能함이 옛사람에 미치지 못하는데다 또 국가에 마음을 다 바쳐 폐하와 한마음이 되어 폐하의 정치를 輔助하지 못하니, 聖君(陽)만 계시고 賢臣(陰)이 없는 것입니다. 그러므로 오래 가물고 비가 내리지 않는 것입니다.

1) 君者陽也 臣者陰也 : 屈原의 ≪楚詞≫ 〈九章 涉江〉의 '陰陽易位'의 注에 "陰은 臣이고 陽은 君이다."라고 하였다.

2) 獨陽爲旱 獨陰爲水 : 陽은 天・火・熱이고, 陰은 地・水・寒이다. 음양이 조화를 이루어야 만물이 生長하고 成熟할 수 있고, 양만 있고 음이 없으면 가뭄이 들고, 음만 있고 양이 없으면 홍수가 져서 만물이 생장할 수도 성숙할 수도 없다. 이와 마찬가지로 聖君만 있고 보좌할 賢臣이 없으면 善政을 펼쳐 旱災를 막을 수 없으니, 科擧와 銓選을 거행하여 인재를 선발해 國政을 보좌

하게 해야 한다는 것을 말한 것이다.

3) 不及於古 : 古는 古人으로, 堯舜의 신하였던 皐陶(요)·夔·后稷·契(설) 등을 이른다.

以臣之愚로는 **以爲宜求純信之士**와 **骨鯁之臣**으로 **憂國如家**하고 **忘身奉上者**하야 **超其爵位**하야 **置在左右**니이다 **如殷高宗之用傅說**[1]하고 **周文王之擧太公**[2]하고 **齊桓公之拔甯戚**[3]하고 **漢武帝之取公孫弘**[4]하야 **淸閒之餘**에 **時賜召問**이면 **必能輔宣王化**하야 **銷殄**[5]**旱災**리이다 **臣雖非朝官**[6]이나 **月受俸錢**하고 **歲受祿粟**하니 **苟**[7]**有所知**면 **不敢不言**이니이다

신의 어리석은 소견에는 순수하고 성실한 선비와 강직한 신하로서 나라를 제 집처럼 걱정하고 자신은 돌보지 않고 君上만을 받드는 사람을 구하여, 그 爵位를 올려주고 좌우에 두심이 마땅하다고 생각합니다. 殷 高宗이 傅說을 등용하고, 周 文王이 太公을 擧用하고, 齊 桓公이 甯戚을 拔擢하고, 漢 武帝가 公孫弘을 取用하여 한가한 여가에 때때로 불러들여 자문한 것처럼 하신다면 반드시 王化를 돕고 宣揚하여 旱災를 소멸할 수 있을 것입니다.

신이 비록 朝官은 아니지만 다달이 봉급을 받고 해마다 祿粟(녹으로 주는 곡식)을 받고 있으니, 조금이라도 아는 것이 있으면 감히 말씀드리지 않을 수 없습니다.

1) 殷高宗之用傅說 : 高宗은 殷나라 22代 임금으로 殷나라를 中興시킨 武丁이다. 高宗은 그의 廟號이다. 고종이 꿈에서 본 傅說의 肖像畵를 그려 전국에 배포하여, 傅險에서 도로를 築造하고 있는 그를 찾아서 丞相으로 삼았다고 한다. ≪史記 殷本紀≫

2) 周文王之擧太公 : 周 文王이 사냥을 나갔다가 渭水에서 낚시질하는 姜太公을 만나 이야기를 해보고는 그를 데리고 돌아와서 스승으로 삼았다고 한다. ≪史記 齊太公世家≫

3) 齊桓公之拔甯戚 : 齊 桓公은 春秋 때 五霸 중의 하나로 이름은 小白이다. 甯戚은 衛나라 사람으로 집이 가난하여 남의 고용인이 되어 수레를 밀고 齊나라에 갔다가 제 환공이 성 밖으로 나오는 것을 보고서 소의 뿔을 치며 노래

하니, 환공이 그 노래를 듣고 예사로운 사람이 아니라고 여겨 그를 데리고 돌아와서 재상으로 삼았다고 한다. ≪太平御覽 484≫

4) 漢武帝之取公孫弘 : 公孫弘은 집이 가난하여 바닷가에서 돼지를 기르며 나이 40이 되어서야 비로소 ≪春秋≫를 배웠다. 武帝 초년에 賢良으로 초빙하여 博士에 임명하였다가 누차 승진시켜 丞相을 삼고 平津侯에 封하였다. ≪史記 平津侯列傳≫

5) 銷殄 : 消滅이다.

6) 非朝官 : 朝官은 조정의 관원을 이른다. 이때 韓愈는 四門博士였고, 時政의 得失을 논할 수 있는 조정의 諫官이 아니었다. 그러므로 '非朝官'이라 한 것이다.

7) 苟 : 苟簡의 뜻으로 쓰인 듯하다. 구간은 엉성하고 간략함이니, 곧 조금의 뜻이다.

07. 論淮西事宜狀* 淮西의 事宜에 대해 논한 狀

* 唐 憲宗 元和 9년(814)에 淮西節度使 吳少陽이 죽자, 그 아들 吳元濟가 喪을 숨기고는 발표하지 않고서 스스로 절도사가 되었다. 헌종이 16道의 군대를 일으켜 오랫동안 토벌하였으나 승리하지 못하자, 停戰하기를 청하는 신하가 많았다. 이에 韓愈는 이 글을 올려 토벌할 것을 강력히 주장하면서 그 利害를 조목조목 진술하였다. 事宜는 합당한 처리방법이다.

始予慕昌黎爲文詞로되 **或特疑其馬遷劉向以下一文士而已**러니 **及讀所論淮西事宜**하얀 **幷鑿鑿中名實**하야 **可當施行**하니라 **其經略措置**도 **與宋之韓范富歐**로 **亦略相當**이로되 **特韓范諸君**은 **幸而遇**하야 **則聲施**하고 **昌黎**는 **未幾卽爲讒搆所坐**하야 **不遇**하야 **則摧悲乎**ㄴ저 **豈非士之幸不幸由命哉**아

당초에 나는 昌黎의 문장을 흠모하면서도 단지 司馬遷·劉向 이하의 한 文士일 뿐이라고 의심하였다. 그러다가 이 〈論淮西事宜〉를 읽

어보니, 모두 정확하게 명분과 실제에 맞아 시행할 만하였다. 그 策略과 措置도 宋나라의 韓琦·范仲淹·富弼·歐陽脩와 대략 비슷하였으나, 단지 한기·범중엄 등 몇몇 분은 다행히 뜻을 얻어 명성을 전하였고, 창려는 오래지 않아 참소와 모함에 걸려 뜻을 잃고서 좌절과 비통의 날을 보냈을 뿐이니, 선비의 幸不幸이 어찌 운명에서 유래하는 것이 아닌가?

右하노이다 臣伏以淮西三州之地[1]는 自少陽疾病去年春夏已來[2]로 圖爲今日之事[3]하야 有職位者는 勞於計慮撫循하고 奉所役者[4]는 修其器械防守하며 金帛糧畜은 耗於賞給[5]이니이다 執兵之卒[6]은 四向侵掠하고 農夫織婦는 攜持幼弱하야 餉於其後[7]니이다 雖時侵掠하야 小有所得이나 力盡筋疲하니 不償其費니이다 又聞畜馬甚多나 自半年已來로 皆上槽櫪[8]이라하니 譬如有人雖有十夫之力이나 自朝及夕히 常自大呼跳躍[9]이면 初雖可畏나 其勢不久하야 必自委頓[10]이니이다 乘其力衰면 三尺童子도 可使制其死命이어든 況以三小州殘弊困劇之餘로 而當天下之全力이릿가 其破敗可立而待也리이다 然所未可知者는 在陛下斷與不斷耳니이다

아래와 같이 말씀드립니다.

신이 삼가 생각건대 淮西의 세 州는 吳少陽이 병을 앓은 작년 봄과 여름부터 오늘의 일을 계획하여, 職位가 있는 자들은 계략을 짜고 백성을 위무하는 일에 노력하고, 命을 받고 勞役에 복무하는 자들은 무기와 防守에 필요한 기구를 수리하였으며, 황금과 비단, 양곡과 가축은 賞與로 바닥이 났습니다. 무기를 든 군졸은 사방을 침략하고, 농사짓는 사내와 길쌈하는 아낙은 어린아이를 끌고 部隊의 뒤를 따르며 음식을 제공하였습니다. 비록 때때로 침략하여 약간의 소득이 있었으나, 힘이 다하고 몸이 지쳤으니 얻은 것이 비용을 보상하기에는 부족하였습니다.

또 듣건대 기른 말이 매우 많으나 半年이 지난 뒤로는 모두 마구간에 매어두었다고 하니, 비유하자면 어떤 사람이 비록 열 사람의 힘을 가졌다 하더라도 아침부터 저녁까지 고함을 치며 난폭하게 성질을 부리면 처음에는 비록 두려우나 그 기세가

오래가지 못하여 반드시 스스로 지치는 것과 같습니다. 그자가 힘이 빠진 틈을 이용하면 어린아이도 그자를 죽일 수 있는데, 하물며 참혹하게 피폐하고 극도의 困難을 겪은 뒤의 작은 세 州로써 천하의 兵力 전체를 상대하는 것이겠습니까? 저들의 패망을 서서 기다릴 수 있습니다. 그러나 알 수 없는 것은 폐하께서 결단하느냐 하지 않느냐에 달렸을 뿐입니다.

1) 淮西三州之地 : 淮西의 申州・光州・蔡州 등 세 州를 이른다.
2) 去年春夏已來 : ≪新唐書≫ 〈憲宗紀〉에 "元和 9년 閏8월 丙辰日에 彰義軍(淮西)節度使 吳少陽이 卒하였다."고 하였다.
3) 今日之事 : 吳元濟의 叛逆을 이른다.
4) 有職位者……奉所役者 : 有職位者는 淮西節度使府의 官僚를 이르고, 所役者는 회서의 軍卒을 이른다.
5) 耗於賞給 : '耗於'가 他本에는 '匱于'로 되어 있다. 匱는 바닥남이다.
6) 執兵之卒 : 吳元濟의 군졸을 이른다.
7) 餉於其後 : 부대의 뒤를 따르며 사내는 땔감을 마련하고 아낙은 음식을 만들어 군졸을 먹인 것이다.
8) 槽櫪 : 말구유와 馬板(마구간에 깐 널판)으로 마구간을 뜻한다. 戰馬로 사용할 만하지 못하여 마구간에 매어두었다는 말이다.
9) 跳躍 : 난폭하게 성질을 부리며 날뜀이다.
10) 委頓 : 지침이다.

夫兵不多면 不足以必勝이나 必勝之師는 必在速戰이니이다 兵多而戰不速이면 則所費必廣이니이다 兩界之間의 疆埸之上[1]에 日相攻劫이면 必有殺傷이요 近賊州縣은 徵役[2]百端하야 農夫織婦가 不得安業하야 或時小遇水旱이면 百姓愁苦리이다 當此之時면 則人人異議하야 以惑陛下之聽하리이다 陛下持之不堅하사 半塗而罷면 傷威損費니 爲弊必深이리니 所以要先決於心하사 詳度本末하야 事至不惑이니 然可圖功이리이다 爲統帥者는 盡力行之於前하고 而參謀議者는 盡心奉之於後하야 內外相應이라야 其功乃成이니이다 昔者殷高宗은 大聖之主也로되 以天子之威로 伐背叛之

國하야 **三年乃剋**[3)]코도 **不以爲遲**하니 **志在立功**하야 **不計所費**니이다 **傳曰 斷而後行**이면 **鬼神避之**[4)]라하니 **遲疑不斷**하고 **未有能成其事者也**니이다

대체로 병사가 많지 않으면 승리할 수 없으나, 전쟁의 승리는 速戰에 달렸습니다. 군대가 많아도 속전하지 않으면 비용의 소모가 반드시 많아집니다. 아군과 적군 사이의 戰場에서 날마다 서로 공격하고 약탈하면 반드시 사상자가 생길 것이고, 賊地에 근접한 州縣에는 徭役이 번다하여, 농사짓는 사내와 길쌈하는 아낙이 편안히 일을 하지 못하여, 혹 조금만 가뭄과 수재를 만나도 백성들은 근심하며 괴로워할 것입니다.

이때가 되면 조정에서는 사람마다 의논을 달리하여 폐하의 귀를 혼란시킬 것입니다. 폐하께서 初心을 굳게 지키지 않고 중도에 그만두신다면 위엄을 손상하고 비용만 소모하여 그 폐해가 반드시 깊을 것입니다. 그러니 반드시 먼저 결심하여 그 본말을 자세히 헤아리시어, 일이 닥쳤을 때 의혹하지 않으셔야 하니, 그렇게 하여야 성공을 도모할 수 있습니다. 統帥(君主)가 된 자는 힘을 다해 앞에서 이끌고 모의에 참여한 자는 힘을 다해 뒤에서 받들어 따라 안팎이 서로 호응하여야 공을 이룰 수 있습니다.

옛날에 殷 高宗은 크게 聖明한 君主였으나, 天子의 위엄으로 배반한 나라를 정벌하여 3년 만에 승리하고도 더디다고 여기지 않았으니, 그 뜻이 공을 세우는 데 있어서 비용은 계산하지 않은 것입니다. 傳에 "결단한 뒤에 실행하면 귀신도 피해 간다."고 하였으니, 우유부단하고서 일을 이룬 자는 없었습니다.

1) 兩界之間 疆埸之上 : 兩界는 아군과 적군의 경계이고, 疆埸은 戰場이다.
2) 徵役 : 徭役이다.
3) 殷高宗……三年乃剋 : ≪周易≫ 旣濟卦 九三爻辭에 "고종이 鬼方을 정벌하여 3년 만에 이겼다.〔高宗伐鬼方 三年克之〕"란 말이 보인다.
4) 傳曰……鬼神避之 : 傳은 ≪史記≫ 〈李斯列傳〉을 이른다. 여기에 "의심하고 주저하면 나중에 반드시 후회하게 되고, 결단을 내려 과감하게 행하면 귀신도 피한다.〔狐疑猶豫 後必有悔 斷而敢行 鬼神避之〕"란 말이 보인다.

臣謬承恩寵[1]하야 獲掌綸誥[2]하니 地親職重이 不同庶寮니이다 輒竭愚誠하야 以效裨補하야 謹條次[3]平賊事宜를 一二如後하노이다

신은 재주도 덕도 없으면서 분에 넘치는 恩寵을 입어 詔書를 짓는 일을 맡았으니, 지위의 친근함과 직책의 중대함이 일반 관리와 같지 않습니다. 이에 정성을 다해 도움을 바치기 위해, 삼가 賊을 討平하는 데 합당한 방법을 차례에 따라 조목별로 나누어 이하와 같이 일일이 서술하나이다.

1) 謬承恩寵 : 才德도 없이 과분한 은총을 받았다는 말로 謙辭이다.
2) 獲掌綸誥 : 綸誥는 詔書와 敎書를 이르는데, 이를 지어 바치는 일을 맡은 것이다. 이때 韓愈가 考功郎知制誥였다.
3) 條次 : 차례에 따라 조목을 나누어 서술함이다.

一 諸道發兵或三二千人이라 勢力單弱이어늘 羈旅[1]異鄉이라 與賊不相諳委[2]하야 望風[3]懾懼하니 難更[4]前進이니이다 所在將帥는 以其客兵이라하야 難處使先[5]하고 不存優恤[6]하니 待之既薄하고 使之又苦니이다 或被分割隊伍하야 隸屬諸頭[7]하야 士卒本將이 一朝相失하니 心孤意怯하야 難以有功이니이다 又其本軍各須資遣[8]이니 道路遼遠하야 勞費倍多니이다 士卒有征行[9]之艱하고 閭里[10]懷離別之思니이다 今聞陳許安唐汝壽等州는 與賊界連接하야 處村落百姓이 悉有兵器일새 小小俘劫[11]은 皆能自防이라하니 習於戰鬪하야 識賊深淺일새니이다 既是土人이라 護惜鄉里하야 比來未有處分[12]이로되 猶願自備衣糧하야 共相保聚하야 以備寇賊하니 若令召募면 立可成軍이요 若要添兵이면 自可取足이며 賊平之後에 易使歸農이니이다 伏請諸道先所追到行營[13]者는 悉令却牒[14]歸本道호되 據行營所追人額하야 器械弓矢一物已上을 悉送行營하야 充給所召募人하소서 兵數既足하고 加之教練이면 三數月後엔 諸道客軍을 一切可罷니 比之徵發遠人이면 利害懸隔이니이다

1. 각 道에서 派遣한 군대가 2, 3천 인에 불과하여 형세가 외롭고 힘이 약한데다가 他鄕에 주둔하고 있는 처지라서 적을 상대할 地形 地勢를 자세히 알지 못하

여 멀리서 적을 바라만 보고도 겁을 먹으니 다시 前進하기 어렵습니다. 그런데 駐屯地의 將帥는 이들이 外地에서 온 군대라 하여 作戰하기 어려운 곳에 이들을 먼저 投入하고 慰撫하지도 우대해 돌보지도 않으니, 대우가 너무 박하고 시키는 일이 더욱 고달픕니다. 혹 隊伍를 分割하여 그들을 都頭에 예속시켜 士卒과 本隊의 장수가 하루아침에 서로 헤어지게 하니 외로움을 느끼고 겁을 먹어 戰功을 세우기 어렵습니다. 또 그 本隊에서는 필요한 물자를 보내야 하니 길이 멀어서 노고와 경비가 倍加합니다. 사졸들은 먼 길을 오는 어려움이 있고, 家族들은 이별의 그리움이 있습니다.

지금 듣건대 陳州·許州·安州·唐州·汝州·壽州 등은 적과 경계를 마주하고 있어, 村落의 백성들이 모두 兵器를 지니고 있으므로 웬만한 침략은 모두 스스로 방어할 수 있다고 하니, 이는 전투에 익숙하여 적의 정황을 잘 알기 때문입니다. 그들은 그 고장 사람이므로 자기 고장을 아끼고 보호하기 위해 근래에 處分이 있지 않았는데도 오히려 자원하여 스스로 의복과 양식을 준비하여 함께 모여 고향을 보호하고 도적을 防備하니, 지금 만약 명령을 내려 저들을 召募(불러 모음)한다면 즉시 한 부대를 編成할 수 있고, 군대를 늘리려 한다면 즉시 수를 채울 수 있으며, 적을 토평한 뒤에는 歸農시키기도 용이합니다.

삼가 청하건대 각 도에서 먼저 行營으로 보내온 군대들은 모두 却牒을 주어 本道로 돌려보내되, 행영에서 徵集한 인원수에 의거하여 器械(武器)와 弓矢 중에 한 가지 이상씩을 모두 행영으로 보내게 하여 召募軍에게 충분히 지급하소서. 병사의 수가 이미 충분해지고 그들에게 교련을 실시한다면 3개월 뒤에는 각 도의 군대를 모두 돌려보내도 될 것이니, 먼 곳 사람을 징집하는 것에 비하면 이해의 차이가 매우 큽니다.

1) 羈旅 : 타향에 머무는 나그네이다.

2) 與賊不相諳委 : 與賊은 賊을 상대해 싸움이고, 不相諳委는 서로 자세히 알지 못함이니, 곧 적을 상대해 戰鬪할 때 地形 地勢를 자세히 알지 못한다는 뜻이다.

3) 望風 : 멀리서 敵軍을 바라봄이다.

4) 難更前進 : 저본에는 '便'으로 되어 있으나, 方崧卿의 ≪韓集擧正≫과 朱子의 ≪韓文考異≫에는 " '便'이 '更'이 되어야 한다."고 하였다. 이에 의거하여 '更'으로 바로잡아 번역하였다.
5) 難處使先 : 곤란한 곳에는 그들을 선봉으로 보낸다는 말인지, 그들을 先鋒으로 보내기가 난처하다는 말인지, 未詳이다. 그러나 下文에 '使之又苦'란 말로 미루어보면 곤란한 곳에 그들을 먼저 보낸다는 뜻인 것 같으므로 이상과 같이 번역하였다.
6) 不存優恤 : 存은 存撫로 慰撫함이고, 優恤은 우대해 돌봄이다.
7) 頭 : 都頭로 指揮府의 將校를 이른다.
8) 各須資遣 : 각각 필요한 물자를 주어 파견함이다.
9) 征行 : 遠行이다.
10) 閭里 : 鄕里인데, 여기서는 出征한 兵士들의 家族을 이르는 말로 쓰였다.
11) 俘劫 : 侵犯해 掠奪함이다.
12) 處分 : 특정한 事案에 대해 그 행위를 規定한 조정의 명을 이른다.
13) 行營 : 군대가 출정했을 때 指揮所를 設置한 곳을 이른다.
14) 却牒 : 退去를 허락하는 證明書인 듯하다.

一 繞逆賊州縣堡柵等에 各置兵馬의 都數雖多나 每處則至少하고 又相去闊遠하야 難相接應[1)]하니 所以數被攻劫하야 致有損傷이니이다 今若分爲四道하야 每道各置三萬人하야 擇要害地하야 屯聚一處하야 使有隱然之望[2)]이면 審量事勢하고 乘時逐利리이다 可入則四道一時俱發하야 使其狼狽驚惶하야 首尾不相救濟하고 若未可入則深壁高壘하야 以逸待勞면 自然不要諸處多置防備니이다 臨賊小縣은 可收百姓하야 於便地作行縣[3)]하야 以主領之하야 使免散失하소서

1. 逆賊을 둘러싸고 있는 州縣의 堡壘와 城柵 등에 각각 배치한 兵馬의 總數는 비록 많으나, 每處에 배치된 병마는 지극히 적고, 또 서로의 거리가 멀어서 서로 지원하기 어렵기 때문에 여러 차례 공격을 받아 손상을 입었습니다. 이제 만약 네 道로 나누어, 도마다 각각 3만 명씩 배치해 要衝地를 골라 한 곳에 주둔하여, 嚴重

한 威勢와 名望이 있게 한다면 사세를 살피고 기회를 노려 승리를 취할 수 있을 것입니다.

쳐들어갈 만하면 네 道의 군대가 동시에 함께 출발하여 적으로 하여금 궁지에 몰려 어찌할 바를 모르고 허둥대게 하여 前軍과 後軍이 서로 구제할 수 없게 하고, 쳐들어갈 만하지 못하면 城壁과 보루를 높이 쌓고서 편안히 지내면서 수고로운 적을 기다린다면 자연히 여러 곳에 많은 방비를 설치할 필요가 없게 될 것입니다.

적과 인접한 작은 縣의 경우, 백성들을 거두어 안전한 곳에 임시로 현을 설치하고 縣主를 보내어 다스리게 하여, 백성들로 하여금 흩어져서 가족을 잃는 고통을 면하게 하소서.

1) 接應 : 支援해 呼應함이다.
2) 隱然之望 : 隱然은 嚴重한 모양이고, 望은 名望이니, 곧 엄중한 권위와 명망이다.
3) 行縣 : 임시로 설치한 縣廳이다.

一 蔡州士卒은 爲元濟迫脅하야 勢不得已하야 遂與王師交戰이니이다 原其本根이면 皆是國家百姓이어늘 進退皆死[1]니 誠可閔傷이니이다 宜明勅諸軍하사 使深知此意니이다 當戰鬪之際하얀 固當以盡敵爲心이어니와 若形勢已窮하야 不能爲惡者[2]는 不須過有殺戮이니 喩以聖德하야 放之使歸하야 銷其兇悖之心하고 貸以生全之幸이면 自然相率棄逆歸順하리이다

1. 蔡州의 士卒은 吳元濟의 협박을 받아 형세상 어찌할 수 없어서, 드디어 王師와 交戰하는 것입니다. 그 근본을 따져보면 모두 국가의 백성인데, 前進하거나 後退하거나 모두 죽음뿐이니, 그 정상이 참으로 가엾습니다. 그러니 각 軍에 밝게 命하시어 이런 뜻을 깊이 알게 하심이 마땅합니다.

전투할 때에는 본래 적을 다 죽이겠다는 마음으로 싸워야 하지만, 형세가 이미 곤궁해져서 더 이상 반항할 수 없는 자들은 지나치게 殺戮할 필요가 없으니, 성상의 덕으로 깨우쳐 放免해 돌려보내어, 나쁜 마음을 버리고 생명을 보전하는 행운

을 주신다면, 채주의 사졸들이 자연히 서로 이끌고 와서 역적을 버리고 조정에 귀순할 것입니다.

1) 進退皆死 : 蔡州의 士卒이 전진하면 皇軍에게 죽고, 후퇴하면 吳元濟에게 죽임을 당할 것이기 때문에 이리 말한 것이다.

2) 若形勢已窮 不能爲惡者 : 형세가 이미 곤궁해져서 더 이상 반항할 수 없는 叛軍을 이른다. 爲惡은 惡行을 하는 것으로, 곧 皇軍에 반항하는 것을 이른다.

一 論語曰 欲速則不達하고 見小利則大事不成[1]이라하니 比來征討無功은 皆由欲其速捷이니이다 有司計算所費호되 苟務因循[2]하고 小不如意[3]면 卽求休罷하니 河北淮西等이 見承前事勢[4]하고 知國家必不與之持久하야 併力苦戰[5]하고 幸其一勝이면 卽希冀恩赦니이다 朝廷無至忠憂國之人하야 不惜傷損威重하고 因其有請하야 便議罷兵하니 往日之事는 患皆然[6]也니이다 臣愚以爲淮西는 三小州之地요 元濟는 又甚庸愚하니 而陛下以聖明英武之資로 用四海九州之力이면 除此小寇에 難易[7]可知니 太山壓卵으로도 未足爲喩니이다

1. ≪論語≫에 "빨리 이루고자 하면 達成하지 못하고 작은 이익을 돌아보면 큰일을 이루지 못한다."고 하였으니, 근래 征討에 성과가 없는 것은 모두 빨리 승리하고자 하였기 때문입니다.

有司가 戰費를 계산함에 있어 구차하게 옛 규정을 따르기만을 일삼고, 戰況이 조금이라도 생각한 바와 같지 않으면 즉시 토벌을 정지하기를 요구하니, 河北과 淮西의 節度使 등이 조정의 처사가 지난날과 같은 것을 보고 국가가 자신들과 持久戰을 할 수 없다는 것을 알고서 힘을 합해 죽을힘을 다해 싸우고, 요행히 한 번 승리하면 즉시 은전을 내려 사면해주기를 바랍니다. 그런데도 조정에는 지극한 충성으로 나라를 걱정하는 사람이 없어, 국가의 권위가 손상되는 것은 애석해하지 않고 그들의 청원에 따라 이내 停戰을 논의하니, 지난날의 일은 그 환란이 모두 이러한 데서 생긴 것입니다.

신의 어리석은 소견에는 淮西는 작은 세 州의 땅이고, 吳元濟는 매우 용렬하고

우매한 자이니, 聖明하고 英武하신 자질을 지니신 폐하께서 四海와 九州의 무력을 사용하신다면 이 작은 도적을 제거하기에 용이함을 알 수 있으니, 태산으로 계란을 누른다는 말로도 비유가 되기에 부족하다고 생각합니다.

1) 欲速則不達 見小利則大事不成 : ≪論語≫ 〈子路〉에 보인다. 子夏의 問政에 答한 孔子의 말로, 순서를 밟아 차근차근 해나가야 成事할 수 있고, 급히 이루고자 하여 순서를 무시하고 서두르면 앞뒤가 뒤바뀌어 도리어 일을 이룰 수 없으며, 日前의 작은 이익에 연연하면 원대한 사업을 이룰 수 없다는 뜻이다.

2) 有司計算所費 苟務因循 : 有司는 擔當官이고, 所費는 필요한 戰費이고, 苟는 目前의 무사함만 추구함이고, 務는 일삼음이고, 因循은 舊例만을 따름이다.

3) 不如意 : 전황이 생각한 것과 같지 않음이다.

4) 承前事勢 : 承前은 從前이니, 종전의 사세란 말로, 조정의 處事가 전과 같다는 뜻이다.

5) 苦戰 : 목숨을 바쳐 싸움이다.

6) 往日之事 患皆然 : 지난날에 일어난 반역의 일은 그 환란이 모두 이러함으로 인해 생겼다는 말이다.

7) 難易 : '易'의 뜻만을 취하였다.

一兵之勝負는 實在賞罰하니 賞厚면 可令廉士動心이요 罰重이면 可令兇人喪魄[1]이니이다 然可集事[2]니 不可愛惜所費요 憚於行刑이니이다

1. 전쟁의 승패는 실로 賞罰에 달렸습니다. 상이 후하면 청렴한 戰士도 마음을 움직이게 할 수 있고, 벌이 중하면 흉악한 자도 놀라 넋이 빠지게 할 수 있습니다. 그렇게 하여야 成事할 수 있으니, 비용이 드는 것을 아껴서도 안 되고, 형벌을 시행하는 것을 두려워해서도 안 됩니다.

1) 喪魄 : 몹시 놀라 넋이 빠짐이다.

2) 然可集事 : 그렇게 하여야 成事할 수 있다는 말이다.

一 淄靑恒冀兩道는 與蔡州[1)]氣類略同[2)]하니 今聞討伐元濟면 人情必有救助之意리이다 然皆闇弱하야 自保無暇리니 虛張聲勢는 則必有之어니와 至於分兵出界하야 公然爲惡은 亦必不敢이리이다 宜特下詔云 蔡州自吳少誠已來로 相承爲節度使[3)]하고 亦微有功效ㄹ새 少陽之歿에 朕亦本擬與元濟나 恐其年少하야 未能理事라 所以未便處置[4)]하고 待其稍能緝綏[5)]然後에 許其承繼러니 今忽自爲狂勃侵掠하야 不受朝命하니 事不得已라 所以有此討伐하니라 至如[6)]淄靑恒州范陽等道하야는 祖父各有功業하야 相承命節[7)]이 年歲已久하니 朕必不利其土地하야 輕有改易하리니 各宜自安하라 如妄自疑懼하야 敢相扇動이면 朕卽赦元濟不問하고 廻軍討之하리라 自然破膽[8)]하야 不敢妄有異說하리이다

1. 淄靑과 恒冀 두 道의 節度使는 蔡州節度使 吳元濟와 意氣가 서로 통하는 사이이니, 오원제를 토벌한다는 말을 들으면 인정으로 보아 반드시 救助할 마음을 가질 것입니다. 그러나 두 사람은 모두 어리석고 나약하여 자신을 보전하기에도 겨를이 없으니, 군대를 보내어 蔡州軍을 支援할 것처럼 虛勢를 부리는 일은 있겠지만 실제로 군대를 나누어 경계를 넘어와 공공연히 皇軍에 대항하는 짓은 감히 하지 못할 것입니다.

그러니 특별히 "蔡州는 吳少誠 이후로 서로 계승해 절도사가 되었고, 또 약간의 공적이 있었기에, 吳少陽이 죽은 뒤에 朕도 처음에는 오원제를 後任으로 삼을까도 생각하였으나, 그 나이가 어려 政事를 처리하지 못할 것이 우려되었다. 그러므로 즉시 처리하지 않고 그가 그곳을 다스려 백성을 안정시키기를 기다린 뒤에 그의 승계를 允許하려 하였다. 그런데 지금 갑자기 亂暴하게 침략을 자행하여 조정의 명을 받아들이지 않으니, 사세가 부득이하여 이렇게 토벌하게 된 것이다. 淄靑·恒州·范陽道 등의 절도사로 말하면 그 할아비와 아비가 각각 功業을 세워 절도사를 승계한 세월이 이미 오래되었으니 朕은 반드시 그 土地를 탐하여 가벼이 교체하지 않을 것이니, 너희들은 각자 안심하라. 만약 함부로 의심하고 두려워하여 감히 반역을 부추긴다면 朕은 즉시 오원제를 사면하여 그 죄를 묻지 않고, 군대를 돌려 너희들을 토벌할 것이다."라는 조서를 내리소서. 그리하시면 저들은 자연히

두려워서 감히 함부로 딴소리를 하지 못할 것입니다.

1) 州 : 저본에는 '以'로 되어 있으나, 本集에 의거하여 '州'로 바로잡아 번역하였다.
2) 淄青恒冀兩道 與蔡州氣類略同 : 兩道는 淄青節度使 李師道와 恒冀(成德)節度使 王承宗을 이른다. 이들 또한 조정에 반항한 藩鎭의 軍閥로, 蔡州節度使 吳元濟와 서로 뜻이 통하는 자들이었다. 氣類略同은 기질의 종류가 대략 같다는 말로 意氣가 서로 통하는 것을 이른다.
3) 蔡州自吳少誠已來 相承爲節度使 : 吳少誠이 淮西節度使 李希烈을 毒殺한 陳仙奇를 죽이고서 군대의 추대를 받아 節度留後가 되었다가 얼마 뒤에 정식으로 절도사에 임명되었고, 오소성이 죽은 뒤에 그의 義弟 吳少陽이 뒤를 이어 절도사가 된 것을 이른다.
4) 未便處置 : 便은 즉시이니, 즉시 처리하지 않았다는 말이다.
5) 緝綏 : 緝은 理이고, 綏는 安이니, 다스려 안정시킴이다.
6) 至如 : 至于와 같은 말로 '…으로 말하면', '…에 관해서는'의 뜻으로 쓰인다.
7) 淄青恒州范陽等道……相承命節 : 淄青節度使는 李正己로부터 李訥을 거쳐 李師道에게 전해졌고, 恒州(成德)節度使는 王武俊으로부터 王士眞을 거쳐 王承宗에게 전해졌고, 范陽節度使는 劉怦으로부터 劉濟를 거쳐 劉總에게 전해졌으니, 모두 祖·父·孫 3대가 承襲한 것이다. 命節은 唐나라 때 皇帝가 절도사에게 내리던 旌節이니, 곧 절도사를 뜻한다.
8) 破膽 : 쓸개가 터진다는 말로 매우 두려움을 뜻한다.

以前件謹錄奏聞하니 〈**伏乞天恩特賜裁擇**하소서 **謹奏**〉[1]하노이다

위에 서술한 文件을 삼가 기록해 아뢰오니, 성은을 내리시어 특별히 헤아려 채택하소서. 삼가 아뢰나이다.

1) 伏乞天恩特賜裁擇 謹奏 : 저본에는 없으나, 本集에 의거하여 보충하여 번역하였다.

08. 黃家賊事宜狀* 黃家賊의 事宜에 대해 논한 狀

* 唐 德宗 貞元 원년(785)에 서남 지방의 野蠻族인 黃洞族의 首領 黃少卿이 조정에 반항하여 邕管 등을 공격하니, 邕管觀察使 裴行立과 容管經略使 陽旻 등이 征討하기를 앞다퉈 청하여 出征하였으나, 2년이 지나도록 아무 성과가 없었다. 憲宗 元和 15년(820) 겨울에 韓愈가 袁州에서 조정으로 들어와 國子祭酒가 되어, 용관경략사 嚴公素가 재차 상소해 정토하기를 청한 것을 알고서, 이 狀을 올린 것이다. 古代에는 叛逆者를 '賊'이라 하였다.

處分亦確이라

處分(處理) 또한 正確하다.

一 臣去年貶嶺外刺史[1)]에 其州雖與黃家賊不相隣接이나 然見往來過客하니 幷諳知嶺外事人하야 所說至精至熟이니이다 其賊幷是夷獠[2)]라 亦無城郭可居하야 依山傍險하야 自稱洞主하며 衣服言語가 都不似人[3)]하며 尋常亦各營生이라가 急則屯聚相保라 比緣邕管經略使[4)]多不得人하야 德旣不能綏懷[5)]하고 威又不能臨制[6)]하야 侵欺虜縛[7)]일새 以致怨恨이라하니이다 蠻夷之性은 易動難安[8)]일새 遂至攻劫州縣하고 侵暴平人이니이다 或復私讐하고 或貪小利하며 或聚或散하니 終亦不能爲事[9)]니이다 近者征討는 本起於裴行立陽旻이나 此兩人者는 本無遠慮深謀하니 意在邀功求賞이니이다 亦緣見賊未屯聚之時하야 將謂單弱하니 立可摧破라하야 爭獻謀計하야 惟恐後時어늘 朝廷信之하야 遂允其請이니이다 自用兵已來로 已經二年[10)]이요 前後所奏에 殺獲計不下一二萬人하니 儻皆非虛면 賊已尋盡[11)]이어늘 至今賊猶依舊하니 足明欺罔[12)]朝廷이니이다 邕容兩管이 因此凋弊하야 殺傷疾患으로 十室九空하니 百姓怨嗟가 如出一口니이다 陽旻行立相繼身亡은 實由自邀功賞하야 造作兵端[13)]하야 人神共嫉하야 以致殃咎니이다 陽旻行立은 事旣已往이어니와 今所用嚴公素者도 亦非撫御之才라 不能別立規模하고 依前還請攻討[14)]하니 如此不已면 臣恐嶺南一道未有寧息之時니이다

1. 신이 지난해 嶺外(潮州)의 刺史로 좌천되었을 때에, 그 州가 비록 黃家賊과 인접하지는 않았으나, 왕래하는 過客들을 만나보니 모두 嶺外의 사정과 사람들을 자세히 알고 있어, 하는 말들이 매우 정확하고 상세하였습니다. 그 말에 의하면 "그 적은 모두 野蠻族으로 거주할 城郭이 없어 험한 산기슭에 의지해 살면서 스스로 洞主로 칭하고, 의복과 언어가 모두 중국 사람과 같지 않으며, 평상시에는 각자 흩어져 생활하다가 위급한 일이 생기면 한데 모여 서로를 보호하는데, 근자에 邕管經略使로 간 자들이 대부분 適任者가 아니어서, 蠻夷를 어루만져 懷柔할 만한 德도 없고 또 감독해 단속할 만한 위엄도 없어서, 단지 侵害와 逮捕만을 일삼았기 때문에 저들의 원한을 불렀다."고 합니다.

만이의 속성은 移動을 좋아하고 定着을 싫어하므로 드디어 州縣을 공격하고 평민을 侵害하는 데 이른 것입니다. 사사로운 원한을 갚기도 하고, 작은 이익을 탐하여 분란을 일으키기도 하며, 모였다 흩어졌다 하니, 〈官府는〉 끝내 〈주민을 안정시키고 범죄자를 처벌하는 등의〉 일을 할 수가 없습니다.

근자의 征討는 본래 裴行立과 陽旻의 청원에 의해 시작된 일입니다만 이 두 사람은 본래 深遠한 계획이 없으니, 그 의도는 공을 세워 상을 받으려는 데 있었을 뿐입니다. 그들 또한 적이 한 곳에 모이지 않았을 때의 〈상황만을〉 보았으므로 인하여 적의 형세가 외롭고 약하니 즉시 擊破할 수 있을 것으로 여겨, 행여 때를 놓칠새라 앞다퉈 계책을 올린 것인데, 조정에서 그들의 말만 믿고서 그 청원을 허락하였습니다.

전쟁을 시작한 이후로 이미 2년이 지났고, 前後에 올린 報告에 의하면 죽인 적과 포로로 잡은 적의 수가 1, 2만 인 이하가 아니니, 만약 이 말이 모두 虛言이 아니라면 적은 이미 討滅되었어야 하는데, 지금도 오히려 적의 수가 여전하니, 〈저들의 보고가〉 조정을 속인 것이 분명합니다. 邕管과 容管은 이로 인해 피폐하여 死傷과 疾病으로 열 집에 아홉 집이 비었으니, 백성들이 한목소리로 원망하고 탄식합니다.

양민과 배행립이 연달아 죽은 것은 실로 스스로 공을 세워 상을 받기 위해 전쟁을 일으켜, 사람과 귀신의 미움을 사서 災殃을 부른 데서 연유한 것입니다. 양민과 배행립의 일은 이미 지난 일이거니와, 지금 등용한 嚴公素란 자도 백성을 어루만져 다스릴 수 있는 人才가 아니어서, 따로 계획을 세우지 못하고 도리어 여전히 공격해 토벌하기만을 청하니, 계속 이와 같이 한다면 신은 嶺南 一帶는 安息할 날이 없을까 두렵습니다.

1) 貶嶺外刺史：元和 14년(891)에 韓愈가 〈論佛骨表〉를 올렸다가 憲宗의 노여움을 사서 潮州刺史로 左遷된 것을 이른다. 조주는 嶺南道에 딸렸기 때문에 '嶺外'라 한 것이다.

2) 夷獠：野蠻族을 이른다.

3) 都不似人：漢民族과 같지 않다는 말이다. 人은 民이다. 唐 太宗 李世民의 諱를 피하기 위해 '人'으로 고친 것이다.

4) 邕管經略使：唐나라는 高宗 이후로 嶺南道를 廣州・桂州・容州・邕州・交州 등 다섯으로 나누어 都督府를 설치하였는데, 그 뒤에 都督의 稱號를 자주 변경하여 廣州府를 嶺南節度使로 고쳤으며, 桂州・容州・邕州 세 곳은 經略使로 고치기도 하고 觀察使로 고치기도 하여 地方行政의 長官으로 삼았다.

5) 綏懷：편안히 살도록 어루만져 懷柔함이다.

6) 臨制：監臨控制의 준말로, 어떤 범위를 넘지 못하도록 監督해 制約함이다.

7) 侵欺虜縛：侵欺는 侵害하고 속임이고, 虜縛은 捕虜로 잡아 묶음이니, 곧 침범해 害惡을 끼치고 거짓말로 압박하며 주민들을 잡아들인다는 뜻이다.

8) 易動難安：이동하기를 쉽게 여기고, 安着하기를 어렵게 여긴다는 말로, 移動을 좋아하고 定着을 싫어한다는 뜻이다.

9) 不能爲事：官府가 주민을 안정시키고 범죄자를 처벌하는 등의 일을 할 수 없다는 말이다.

10) 用兵已來 已經二年：用兵은 戰爭함이다. ≪資治通鑑≫ 憲宗 元和 14년 條에 "蠻賊 黃少卿이 貞元 이후로 歸順과 背叛을 반복하니, 桂管觀察使 裴行立과 容管經略使 陽旻이 공을 세우는 요행을 얻고자 하여 앞다퉈 토벌하기를 청하였다. 헌종은 그들의 건의를 받아들여 江湖의 군대를 징발해 容管과 桂管으로 들어가 蠻賊을 토벌하게 하였는데, 남방의 풍토병에 걸려 죽은 사졸이 이루 셀 수 없이 많았다."고 하였다.

11) 尋盡 : 討滅과 같다. ≪國語≫ 〈周語 中〉의 '夫三軍之所尋'의 注에 "尋은 討이다."라고 하였다.

12) 罔 : 저본에는 '妄'으로 되어 있으나, 本集에 의거하여 '罔'으로 바로잡아 번역하였다.

13) 造作兵端 : 전쟁의 꼬투리를 만들었다는 말로, 곧 전쟁을 일으켰다는 뜻이다.

14) 不能別立規模 依前還請攻討 : 規模는 計劃이다. 嚴公素가 따로 계책을 세우지 못하고 그저 裴行立과 陽旻이 하던 대로 공격해 토벌하기만을 청한다는 말이다.

一 昨者併邕容兩管爲一道는 深合事宜니이다 然邕州는 與賊逼近하고 容州는 則甚懸隔하니 其經略使를 若置在邕州면 與賊隔江對岸이니이다 兵鎭所處에 物力[1)]必全은 一則不敢輕有侵犯이요 一則易爲逐便控制[2)]니이다 今置在容州하니 則邕州兵馬必少리이다 賊見勢弱이면 易生姦心이리니 伏請移經略使於邕州하고 其容州에는 但置刺史가 實爲至便이니이다

1. 지난번에 邕管과 容管을 併合해 한 道로 만든 것은 매우 합당한 처사였습니다. 그러나 邕州는 賊과 근접하였고 容州는 매우 멀리 떨어졌으니, 經略使府를 옹주에 설치한다면 적과 강을 사이에 두고 양쪽 언덕에서 대치하게 됩니다. 兵鎭이 있는 곳에 반드시 兵力과 物資를 完備하는 것은, 하나는 적이 감히 함부로 침범할 마음을 품지 못하게 하기 위함이고, 하나는 기회를 보아 적을 제압하기 수월하게 하기 위함입니다.

그런데 지금 경략사부를 용주에 설치하였으니, 옹주에는 반드시 兵馬의 수가 적어질 것입니다. 적이 軍勢가 약한 것을 보면 반드시 간악한 마음을 쉽게 품을 것이니, 삼가 청하건대 經略使府를 옹주로 옮기고 용주에는 刺史府만을 두소서. 그렇게 하는 것이 실로 지극히 합당하다고 생각하나이다.

1) 物力 : 兵力과 物資이다.

2) 逐便控制 : 逐便은 隨便과 같은 말로 기회를 이용함이고, 控制는 制壓함이다.

一 比者所發諸道南討兵馬는 例皆不諳山川하고 不服水土[1)]하며 遠鄉羈旅라 疾疫殺傷[2)]이니이다 臣自南來見說컨대 江西所發共四百人에 曾未一年하야 其所存者가 數不滿百이요 岳鄂所發都三百人도 其所存者四分纔一이며 續添續死하야 每發倍難이라하니이다 若令於邕容側近召募添置千人하고 便割諸道見供行營人數糧賜하야 均融[3)]充給이면 所費既不增加하고 而兵士又皆便習[4)]이리니 長有守備면 不同客軍하야 守則有威하고 攻則有利리이다

1. 근자에 각 道에서 南蠻 토벌을 위해 보내온 兵馬는 하나같이 모두 이곳 山川과 風土에 익숙하지 않고 먼 고장에서 온 나그네들이라서 풍토병으로 죽거나 몸이 상하였습니다. 신이 남방에서 오면서 사람들의 말을 듣건대, "江西에서 보낸 병사 400명 중에 1년도 되기 전에 살아남은 자가 채 100명도 안 되고, 岳鄂에서 보낸 병사 300명도 살아남은 자가 겨우 4분의 1에 불과하며, 계속해 보충하지만 계속 죽어나가서, 보충병을 징발하기가 갑절이나 더 어려워졌다."고 합니다.

그러니 만약 邕州와 容州 근처 사람들을 召募(불러 모음)하여 천 명을 增員하고서, 즉시 각 道가 현재 行營으로 파견한 인원수에 따라 提供하고 있는 軍糧과 賞賜物의 일정 부분을 떼어내어 均等하게 召募한 자들에게 지급한다면, 비용은 증가하지 않고 召募한 병사들도 모두 그 뜻을 익히 알게 될 것이니, 〈이들에게 常住하며〉 장구히 守備하게 한다면 他地에서 온 군대와 같지 않아서 수비하면 威勢가 있고 공격하면 승리가 있을 것입니다.

1) 不服水土 : 不服은 익숙지 않음이고, 水土는 風土와 같은 말로 그 지방의 독특한 自然環境을 이르니, 곧 그 지방의 자연환경에 익숙하지 못하다는 말이다.
2) 疾疫殺傷 : '疾疫이 殺傷한다.'로 해석하는 것이 옳지만, 殺傷을 死傷으로 보아 '疾疫으로 죽거나 몸이 상하였다.'는 뜻으로 번역하였다.
3) 均融 : 均等이다.
4) 便習 : 익숙함이니, 곧 자기들을 召募한 이유를 익히 안다는 뜻이다.

一 自南討已來로 賊徒亦甚傷損하니 察其情理면 厭苦必深이리다 大抵嶺南人稀地

廣이어늘 賊之所處는 又更荒僻하니 假如盡殺其人하고 盡得其地라도 在於國計[1)]하야 不爲有益이리다 容貸羈縻[2)]하야 比之禽獸하야 來則捍禦하고 去則不追라도 亦未虧損朝廷事勢리이다 以臣之愚로 若因改元大慶하야 赦其罪戾[3)]하고 遣一郎官御史하야 親往宣諭면 必望風[4)]降伏하야 讙呼聽命하리니 仍爲擇選有材用威信諳嶺南事者爲經略使하야 處理得宜면 自然永無侵叛之事리이다

1. 南蠻의 토벌을 시작한 이후로 賊의 무리도 심한 손상을 입었을 것이니, 情理를 살펴보면 반드시 전쟁에 대한 싫증과 괴로움이 깊을 것입니다. 대체로 嶺南은 인구는 희소하고 땅은 광활한데, 적이 거주하는 지역은 더욱 황량하고 궁벽하니, 가령 그들을 모두 죽이고 그 땅을 다 얻는다 하더라도 국가의 財政에 도움이 되지 않을 것입니다. 그러니 그들을 너그러이 용서해 羈縻하고서 禽獸처럼 대하여 쳐들어오면 방어하고 물러가면 추격하지 않더라도 조정의 權威에 손상이 되지 않을 것입니다.

신의 어리석은 소견으로는 改元하는 큰 경사를 인하여 그들의 죄를 사면하시고, 한 郎官과 御史를 파견하여 직접 가서 聖上의 諭旨를 선포하게 하신다면 저들은 반드시 소문만 듣고도 降伏하여 환호하며 성상의 명을 따를 것이니, 뒤이어 재능과 威信이 있고 영남 사정에 밝은 사람을 골라 經略使로 보내어, 합당하게 처리하게 하시면 자연히 침범하거나 반역하는 일이 영원히 없어질 것입니다.

1) 國計 : 국가의 財政을 이른다.

2) 容貸羈縻 : 容貸는 너그러이 용서함이고, 羈縻는 말의 굴레와 소의 고삐로, 말과 소를 날뛰지 못하도록 속박함이니, 곧 조정에 반항할 만한 세력을 가진 部族이나 集團을 懷柔하여 함부로 날뛰지 못하도록 牽制함이다.

3) 因改元大慶 赦其罪戾 : 改元은 新王이 卽位하면 다음 해에 前王의 年號를 신왕의 연호로 바꾸고 그해를 新王 元年으로 칭함이다. 개원하면 천하에 大赦令을 내리는 것이 역대의 관례였다. 韓愈가 이 狀을 올린 때가 元和 15년 겨울이었으니, 이때는 憲宗이 이미 죽고 穆宗이 즉위한 시기였다. 다음 해 正月이면 개원하는 큰 경사가 있으니, 이때를 이용해 黃家賊을 赦免하라고 말한 것이다.

4) 望風 : '소식을 듣다', '멀리서 바라보다', '명성을 듣다', '동정을 살피다', '기세를 바라보다' 등 다양한 뜻이 있다. 여기서는 '소식을 듣다'의 뜻으로 쓰였다.

09. 論變鹽法事宜狀* 鹽法을 고치는 事宜에 대해 논한 狀

* 唐 穆宗 長慶 2년(822) 봄에 戶部侍郎 張平叔이 上疏하여, 鹽法을 바꾸어 국가가 專賣하는 것으로 고치기를 청하면서 그 利害에 대해 18조목을 조목조목 진술하여, 이렇게 하면 국가가 富强해질 수 있다고 하였다. 목종이 그 疏를 조정으로 내려보내어 百官에게 자세히 의논하게 하니, 이때 兵部侍郎이었던 韓愈가 이 狀을 올려 조목조목 반박하였다.

昌黎經濟之文如此라

昌黎의 經世濟民에 관한 글은 〈대체로〉 이러하다.

右하노이다 奉勅하니 將變鹽法하노라 事貴精詳하니 宜令臣等各陳利害可否하야 聞奏者니이다 平叔所上變法條件을 臣終始詳度하니 恐不可施行일새 各隨本條하야 分析利害如後하노이다

아래와 같이 말씀드립니다.

勅書를 받들어 보건대 "鹽法을 바꾸려 한다. 일은 정밀하고 상세하게 살피는 것이 중요하니, 신하들에게 각각 利害와 可否를 진술해 아뢰게 하라."는 내용이었습니다. 張平叔이 上奏한 變法條件을 신이 처음부터 끝까지 자세히 헤아려보니, 아마도 시행할 수 없을 것 같습니다. 그러므로 〈장평숙이 올린〉 각 조건에 따라 그 이해를 아래와 같이 분석하나이다.

一件 平叔請令州府差人自糶官鹽호되 收實估匹段[1]하야 省司準舊例支用[2]이면 自然獲利一倍已上者니이다 臣今通計所在百姓컨대 貧多富少하야 除城郭[3]外에 有見錢糴鹽者가 十無二三이요 多用雜物及米穀博易[4]이니이다 鹽商利歸於己일새 無物不取하고

或從賖貸[5)]**升斗**하야 **約以時熟塡還**[6)]이니이다 **用此取濟**[7)]하니 **兩得利便**이니이다 **今令州縣人吏坐鋪自糶**면 **利不關己**하고 **罪則加身**일새 **不得見錢及頭段物**[8)]이면 **恐失官利**하야 **必不敢糶**리니 **變法之後**엔 **百姓貧者**는 **無從得鹽而食矣**리이다 **求利未得**하고 **斂怨已多**하야 **自然坐失鹽利常數**[9)]리니 **所云獲利一倍**는 **臣所未見**이니이다

1건. 張平叔이 청한 내용은 "州나 府에서 사람을 보내어 직접 官鹽을 팔되, 소금 값을 布木이나 비단으로 받아 省과 司에서 전례에 따라 비용으로 지출하면 자연히 한 배 이상의 이익을 얻을 수 있다."는 것이었습니다.

이에 대하여, 신이 지금 도처에 살고 있는 백성 중에 貧者와 富者의 通計를 내어 보니, 빈자가 많고 부자가 적어서, 都城을 제외하고는 현금으로 소금을 사는 자가 열에 두셋도 되지 않고, 대부분 雜物이나 米穀 등으로 소금과 바꿉니다. 소금장수는 이익이 자기에게 돌아오기 때문에 받지 않는 물건이 없고, 혹은 〈買受者의 요청에〉 따라 한 되나 한 말의 소금을 외상으로 주고서 秋收해 갚도록 약정하기도 하는데, 이런 방법으로 서로 이익을 취하니 양쪽 모두 편리하게 여깁니다.

그런데 이제 州나 縣의 관리가 가게에 앉아서 직접 소금을 팔게 하면 이익은 자기와 관계가 없고 죄만이 자기에게 돌아오므로, 현금이나 귀중한 물건을 받지 않으면 官家에서 손해를 볼까 두려워하여 반드시 감히 팔지 않을 것이니, 법을 고친 뒤에는 가난한 백성들은 소금을 구해 먹을 길이 없을 것입니다. 이익을 구하려다가 이익은 얻지 못하고 많은 원망만을 사게 되어, 자연히 소금으로 얻던 이익의 일정한 액수마저 앉아서 잃게 될 것이니, "한 배의 이익을 얻을 수 있다."고 한 장평숙의 말을 신은 이해할 수 없습니다.

1) 收實估匹段 : 實估는 實價이고, 匹段은 布木과 비단이니, 곧 匹段의 값을 따져 소금 값에 걸맞는 수량을 받는 것이다.
2) 支用 : 경상비용으로 지출함이다.
3) 城郭 : 唐나라 首都 長安을 이른다.
4) 博易 : 서로 물건을 팔고 삼이다.
5) 或從賖貸 : 賖貸는 외상으로 팔고 삼이니, 혹은 買受者의 요청에 따라 외상으로 판다는 말이다.

6) 塡還 : 補償이다.

7) 濟 : 이익이다.

8) 頭段物 : 頭段은 高貴한 家門을 이르니, 곧 貴重한 물건을 이른 듯하다.

9) 鹽利常數 : 鹽商에게 세금으로 徵收해 얻던 이익의 일정한 액수를 이른다.

一件 平叔又請鄕村去州縣遠處엔 令所由[1]將鹽就村糶易하야 不得令百姓闕鹽者니이다 臣以爲鄕村遠處엔 或三家五家가 山谷居住하니 不可令人吏將鹽家至戶到니이다 多將則糶貨不盡이요 少將則得錢無多하니 計其往來면 自充糧食不足이리이다 比來商人或自負擔斗石하야 往與百姓博易호되 所冀平價之上에 利得三錢兩錢이니 不比所由爲官所使가 到村之後에 必索百姓供應[2]이니이다 所利至少하고 爲弊則多하니 此又不可行者也니이다

1건. 張平叔이 또 청한 내용은 "州와 縣에서 멀리 떨어져 있는 鄕村에는 所由로 하여금 소금을 가지고 마을로 가서 交易하여 소금이 없는 백성이 없게 하라."는 것이었습니다.

이에 대하여, 신이 생각하기에 멀리 떨어져 있는 향촌에는 혹 세 집이나 다섯 집이 산골에 살고 있으니, 관리로 하여금 소금을 가지고 집집마다 찾아가게 할 수가 없습니다. 소금을 많이 가지고 가면 다 팔 수가 없고 조금 가지고 가면 얻는 돈이 적을 것이니, 오가는 거리를 계산하면 제가 먹는 食糧의 비용도 충당하기 부족할 것입니다.

근래에 商人이 혹 얼마간의 소금을 지고 가서 백성들에게 팔되, 기대하는 것은 正價 이외에 2錢이나 3전의 이익을 얻는 것뿐이니, 官家의 지시를 받고 소금을 가지고 간 所由가 마을에 당도한 뒤에 백성들에게 물건을 가지고 와서 소금과 바꾸어 가도록 강요하는 것과는 비교가 되지 않습니다. 이익은 지극히 적고 폐단은 많으니, 이 또한 시행할 수 없습니다.

1) 所由 : 所由官으로, 業務를 담당한 官員을 이르는데, 여기서는 소금을 파는 일을 맡은 下級官吏를 이른 말로 쓰였다.

2) 索百姓供應 : 索은 强要이고, 供應은 요구에 응함이니, 곧 백성들에게 물건을 가지고 와서 소금과 바꾸어 가라고 강요함이다.

一件 平叔云호되 **所務至重**하니 **須令廟堂宰相充使**라하니이다 **臣以爲若法可行**이면 **不假令宰相充使**[1]요 **若不可行**이면 **雖宰相爲使**라도 **無益也**리이다 **又宰相者**는 **所以臨察百司**하야 **考其殿最**[2]니 **若自爲使**면 **縱有敗闕**이라도 **遣誰擧之**릿가 **此又不可者也**니이다

1건. 張平叔이 "〈소금을 專賣하는 일은 그〉 業務가 지극히 중대하니, 반드시 廟堂(조정)의 宰相이 鹽鐵使의 職務를 담당해야 한다."고 하였습니다.

이에 대하여, 신이 생각하기에 이 법이 만약 시행할 만하다면 재상이 염철사를 맡을 필요가 없고, 만약 시행할 만하지 못하다면 재상이 염철사가 되더라도 도움이 되지 않을 것입니다. 또 재상은 百官의 成績을 監察하여 優劣을 매기는 분이니, 만약 그런 분이 염철사가 된다면 설령 過失이 있다 하더라도 누구를 보내어 그 잘못을 擧論하겠습니까? 이 또한 시행할 수 없습니다.

1) 充使 : 鹽鐵使의 職務를 充任(담당)함이다. 염철사는 唐代 중엽 이후에 설치하여 食鹽의 專賣와 金銀銅鐵의 採鑛을 관리하던 중요한 官職이다.
2) 考其殿最 : 官吏의 成績을 考察하여 등급을 매김이다. 殿은 下等이고, 最는 上等이다.

一件 平叔又云호되 **法行之後**에 **停減鹽司所由糧課**[1]면 **年可收錢十萬貫**이라하니이다 **臣以爲變法之後**에 **弊隨事生**하야 **尙恐不登常數**어늘 **安可更望贏利**릿가

1건. 張平叔이 또 "이 법을 시행한 뒤에 鹽司에 소속된 所由들의 糧課(祿俸)를 停減한다면 한 해에 10만 貫의 돈을 收合할 수 있다."고 하였습니다.

이에 대하여, 신이 생각하기에 법을 고친 뒤에는 일마다 폐단이 생겨, 소금으로 얻던 이익의 일정한 액수에도 이르지 못할까 두려운데, 어찌 다시 많은 이익을 바랄 수 있겠습니까?

1) 停減鹽司所由糧課 : 停減은 지급하지 않거나 削減함이고, 鹽司는 소금을 관

리하는 官署이고, 糧課는 所由에게 지급하는 祿俸이다.

一件 平叔欲令府縣糶鹽하야 每月更加京兆尹料錢百千하고 司錄及兩縣令[1]은 每月各加五十千하고 其餘觀察及諸州刺史縣令錄事參軍[2]은 多至每月五十千하고 少至五千三千者니이다 臣今計此컨대 用錢已多로되 其餘官典及巡察手力[3]所由等糧課는 仍不在此數[4]니이다 通計所給이면 每歲不下十萬貫이니 未見其利요 所費已廣이니이다 平叔又云호되 停鹽司諸色所由糧課면 約每歲合減得十萬貫錢이라하니이다 今臣計其新法컨대 亦用十萬不啻니이다 減得十萬이라도 却用十萬이니 所亡所得이면 一無贏餘也니이다 平叔又請以糶鹽多少로 爲刺史縣令殿最하야 多者遷轉[5]호되 不拘常例하고 如闕課利[6]면 依條科責[7]者라하니이다 刺史縣令은 職在分憂[8]어늘 今惟以鹽利多少로 爲之升黜하고 不復考其治行이면 非唐虞三載[9]考績黜陟幽明[10]之義也니이다

1건. 張平叔은 府와 縣으로 하여금 소금을 팔게 하고서 매월 京兆尹에게는 料錢으로 10만 錢을 더 주고, 司錄과 두 縣令에게는 매월 각각 5만 전을 더 주고, 그 밖에 觀察使와 각 州의 刺史, 縣令, 錄事參軍에게는 매월 많게는 5만 전을 주고, 적게는 5만 전이나 3만 전을 주고자 하였습니다.

이에 대하여, 신이 이제 이 돈을 계산해보건대 料錢으로 쓰이는 돈의 額數가 매우 많은데, 이밖에 官典·巡察·手力·所由 등의 祿俸은 여전히 이 액수에 포함되지 않았습니다. 지급할 액수를 종합해 계산해보면 해마다 10만 貫이 넘으니, 이익은 보지 못하고 비용만 늘어납니다.

張平叔은 또 "鹽司에 소속된 각종 所由의 녹봉을 停減하면 대략 해마다 도합 10만 관의 돈을 절감할 수 있다."고 하였습니다.

이에 대하여, 지금 신이 그 新法에 명시한 支出額數를 계산해보면 비용이 10만 관뿐만이 아닙니다. 10만 관을 절감하더라도 도로 10만 관을 지출해야 하니, 잃는 것과 얻은 것을 따져보면 하나도 남는 것이 없습니다.

張平叔은 또 "소금을 많이 팔았느냐 적게 팔았느냐로 刺史와 縣令의 등급을 매

겨, 많이 판 자는 常例를 무시하고 職級을 올려 移動시키고, 課利를 채우지 못한 자는 法條에 의해 처벌하라."고 하였습니다.

이에 대하여, 자사와 현령은 그 직분이 聖上의 근심을 分擔하는 것인데, 지금 소금으로 얻는 이익의 多少만으로 올려주고 내치는 기준을 삼고, 다시 그 治績을 상고하지 않는다면, 이는 堯舜이 3년마다 관리들의 성적을 조사하여 어리석은 자는 내치고 賢明한 자는 승진시켰던 뜻이 아닙니다.

1) 司錄及兩縣令 : 司錄은 京兆尹 麾下의 正7品官이다. ≪舊唐書≫ 〈職官志〉에 "司錄參軍 두 사람을 둔다."고 하였다. 兩縣令은 京兆府 관할의 萬年縣과 長安縣의 현령을 이른다.
2) 錄事參軍 : 京兆尹 휘하의 從9品官이다.
3) 官典及巡察手力 : 官典은 下級官吏이고, 巡察과 手力은 官署에 소속된 일꾼이다.
4) 數 : 저본에는 '處'로 되어 있으나, 本集에 의거하여 '數'로 바로잡아 번역하였다.
5) 遷轉 : 昇進해 높은 職級으로 移動함이다.
6) 課利 : 정해진 稅額인데, 여기서는 소금을 팔아 얻는 이익을 이른 듯하다.
7) 科責 : 處罰함이다.
8) 分憂 : 임금의 근심을 분담한다는 말로 地方官의 職分을 이른다.
9) 載 : 저본에는 '代'로 되어 있으나, 本集에 의거하여 '載'로 바로잡아 번역하였다.
10) 唐虞三載考績黜陟幽明 : 唐虞는 堯와 舜이다. ≪尙經≫ 〈虞書 舜典〉에 "3년에 한 번씩 성적을 조사하고, 세 차례 조사한 뒤에 어두운자는 내치고 밝은 자는 올려주었다.〔三載考績 三考 黜陟幽明〕"란 말이 보인다.

一件 平叔請定鹽價每斤三十文하고 又每二百里每斤價加收二文하야 以充脚價[1]호되 量地遠近險易[2]하야 加至六文하고 脚價不足이어든 官與出[3]이니이다 名爲每斤三十文이요 其實已三十六文也니이다 今鹽價京師每斤四十이요 諸州則不登此하니 變法之後에 秖校數文[4]이면 於百姓未有厚利也리이다 脚價用五文者에 官與出二文하고 用

十文者에 官與出四文이면 是鹽一斤官糶得錢名爲三十이요 其實斤多得二十八이며 少得二十六文이리다 折長補短[5]이면 每斤收錢不過二十六七이요 百姓折長補短이면 每斤用錢三十四이니 則是公私之間에 每斤常失七八文[6]也라 下不及百姓하고 上不歸官家리이다 積數[7]至多하야 不可遽算이니 以此言之면 不爲有益이니이다 平叔又請令所在及農隙時에 併召車牛하야 般鹽送納都倉하야 不得令有闕絶者라하니이다 州縣和雇[8]車牛면 百姓必無情願[9]이니 事須差配하고 然付脚錢[10]이니이다 百姓將車載鹽에 所由先皆無檢[11]하고 齊集之後에 始得載鹽이며 及至院監請受[12]에 又須待其輪次하고 不用門戶[13]면 皆被停留하며 輸納之時에 人事又別이리이다 凡是和雇가 無不皆然하니 百姓寧爲私家載物하야 取錢五文이언정 不爲官家載物하야 取十文錢也니이다 不和雇則無可載鹽하고 和雇則害及百姓이니 此又不可也니이다

1건. 張平叔이 청한 내용은 "소금 값을 한 근에 30文으로 정하고, 또 〈鹽倉과의 거리를 계산하여〉 200리마다 소금 값을 한 근에 2문씩 더 받아 運搬費로 충당하게 하되, 거리의 遠近과 길의 險易를 헤아려 6문까지 올려 받게 하고, 그래도 운반비를 충당하기에 부족하면 그 부족분을 官에서 보조해야 한다."는 것이었습니다.

이에 대하여, 〈이렇게 하면〉 말로만 한 근에 30문이지 사실은 한 근에 36문인 셈입니다. 지금 京城의 소금 값이 한 근에 40문인데, 각 州의 소금값도 이보다 높지 않으니, 법을 고친 뒤에 단지 몇 문의 차이만이 있을 뿐이라면 백성들에게 큰 이익이 되지 않습니다. 운반비로 5문이 필요한 곳에는 관에서 2문을 보조하고, 10문이 필요한 곳에는 관에서 4문을 보조한다면 관에서 소금 한 근을 팔아 얻는 돈이 말로만 30문이지 사실은 한 근에 많아야 28문을 얻고 적으면 26문을 얻을 뿐입니다. 평균을 내어보면 〈관에서 얻는 돈은〉 한 근에 26, 7문에 불과하고, 백성의 입장에서 평균을 내어보면 한 근을 사는 데 34문을 써야 하니, 이는 官民 사이에 항상 한 근에 7, 8문의 損失이 생겨서, 아래로는 백성에게 이익이 미치지 않고 위로는 관가에 이익이 돌아가지 않습니다. 그 액수를 종합해 계산해보면 그 액수가 너무 많아서 빨리 계산조차 할 수 없으니, 이로써 말하면 유익함이 되지 않습니다.

張平叔이 또 청한 내용은 "〈소금을 생산하는〉 각처의 官府로 하여금 농한기에 民

間의 수레와 소를 모두 徵集해 소금을 실어 都倉(鹽倉)으로 운반하게 하여, 소금이 떨어지는 백성이 없게 하라."는 것이었습니다.

이에 대하여, 州와 縣에서 수레와 소를 和雇하면 반드시 志願하는 백성이 없을 것이니, 사세로 보아 반드시 官에서 수레와 소를 差出하여 운반할 量을 配定하고서 배정한 대로〔然〕 운반비를 주어야 합니다. 백성들이 소금을 운반하려 할 때에 所由는 먼저 규칙〔檢〕도 세우지 않고 수레와 소가 다 모인 뒤에야 비로소 소금을 싣게 할 것이며, 院監에 가서 受納할 때에도 반드시 차례를 기다리게 하고 門戶(뇌물)를 쓰지 않으면 수레와 소를 그대로 세워두게 할 것이며, 실어다가 창고에 바칠 때에도 따로 인사를 해야 할 것입니다. 모든 和雇가 다 그러하기 때문에 백성들은 차라리 私家의 물건을 실어다 주고서 5문의 돈을 받는 일을 할지언정, 관가의 물건을 실어 나르고서 10문의 돈을 받는 일을 하려 하지 않습니다. 和雇하지 않으면 소금을 운반할 수가 없고, 和雇하면 백성에게 해가 미치니, 이 또한 옳지 않습니다.

1) 脚價 : 運搬費이다.

2) 險易 : 험한 길과 평탄한 길이다.

3) 官與出 : 官에서 부족한 額數를 보조해주기 위해 公金을 支出함이다.

4) 秪校數文 : 秪는 只이고, 校는 差이니, 곧 단지 몇 文의 차이만 있을 뿐이라는 말이다.

5) 折長補短 : 긴 곳이나 많은 곳의 것을 떼어다가 짧거나 적은 곳에 보태어 계산한다는 말로, 곧 많은 수와 적은 수를 합하여 평균을 냄이다.

6) 文 : 저본에는 '分'으로 되어 있으나, 本集에 의거하여 '文'으로 바로잡아 번역하였다.

7) 積數 : 하나하나를 종합한 액수를 이른다.

8) 和雇 : 官에서 代價를 주고서 人力을 雇用함이다.

9) 情願 : 志願과 같다.

10) 事須差配 然付脚錢 : 사세로 보아 반드시 인력을 차출해 운반할 양을 배정하고서, 배정한 대로 운송비를 주어야 한다는 말이다.

11) 無檢 : 규칙을 정하지 않음이다.

12) 院監請受 : 院監은 官署의 이름으로, 여기서는 鹽務를 관리하는 官署를 이

른다. 請受는 싣고 온 소금을 받아주기를 청함이다.

13) 門戶 : 문을 통과할 때 문지기에게 주는 뇌물을 이르는데, 일반적으로 뇌물의 뜻으로 쓰인다.

一件 平叔稱停減鹽務所由하고 收其糧課면 一歲尙得十萬貫文이라하고 今又稱旣有巡院[1]하니 請量閒劇하야 留官吏於倉場하야 勾當要害守捉[2]하야 少置人數하고 優恤糧料[3]하야 嚴加把捉[4]하고 如有漏失私糶等이면 幷準條處分者니이다 平叔所管鹽務에 所由人數有幾완대 量留之外에 收其糧課라도 一歲尙得十萬貫이릿가 此又不近理也니이다 比來要害守捉人數至多로되 尙有漏失私糶之弊어늘 今又減置人數라도 謂能私鹽斷絶이라하니 此又於理不可也니이다

1건. 張平叔은 鹽務를 보는 所由들의 祿俸을 停減하고서 정감한 액수를 收合하면 1년에 10만 관의 돈을 얻을 수 있다고 말해놓고서, 지금은 또 이미 巡院을 설치하였으니, 業務量의 多寡를 참작하여 〈所由는 감원하고〉 鹽倉과 鹽場에 官吏만을 남겨, 要衝地의 檢問所〔守捉〕를 관리하여 소수의 인원만을 배치하고 糧料를 넉넉하게 주어 엄히 경계해 지키게 하고, 만약 소금이 遺失되거나 私賣하는 등의 일이 있으면 모두 法條에 의해 처분하기를 청하였습니다.

이에 대하여, 장평숙이 鹽務를 관리하고 있는 곳의 所由가 얼마나 많기에, 참작해 남겨둔 사람을 제외한 나머지 사람들의 녹봉만을 수합하여도 1년에 10만 관을 얻을 수 있다는 말입니까? 이는 더욱 이치에 맞지 않습니다. 요사이 요충지의 검문소에 인원수가 매우 많은데도 오히려 소금이 유실되거나 私賣하는 폐해가 있는데, 지금 또 인원수를 줄여도 소금을 私賣하는 폐해를 단절할 수 있다고 하니, 이는 더욱 사리에 닿지 않습니다.

1) 旣有巡院 : ≪新唐書≫ 〈食貨志 四〉에, 唐 肅宗 때 鹽鐵使 劉晏의 奏請으로 淮北의 열세 곳에 巡院을 설치하여 私鹽者(鹽稅를 내지 않고 몰래 소금을 판매하는 자)를 체포하였다는 말이 보인다.

2) 勾當要害守捉 : 勾當은 管理함이고, 要害는 交通의 要衝地를 이른다. 守捉은

소수의 인원이 주둔한 鎭營을 이르니, 곧 지금의 檢問所 같은 것이다.

3) 糧料 : 祿俸 이외에 별도로 주는 錢財를 이른다.

4) 把捉 : 把守와 같은 말로 경계해 지킴이다.

一件 平叔云호되 變法之後에 歲計必有所餘나 日用還恐不足이라하고 謂一年已來에 且未責以課利[1)]면 後必數倍校多[2)]者라하니 此又不可니이다 方今國用常言不足이어늘 若一歲頓闕[3)]課利면 爲害已深하야 雖云明年校多라도 豈可懸保[4)]릿가 此又非公私蓄積尙少之時可行者也니이다

1건. 張平叔이 “법을 바꾼 뒤에 1년 동안의 수입과 지출을 계산하면 반드시 여유가 있을 것이나, 일상의 비용은 도리어 부족할 우려가 있다.”고 하고서, 또 “1년 동안 잠시 徵稅하지 않으면 뒤에는 반드시 이익이 몇 배로 늘어날 것이다.”라고 하였으니, 이는 더욱 옳지 않습니다.

현재 국가의 財政이 항상 부족하다고들 말하는데, 〈이런 판국에〉 만약 1년 동안 徵稅를 모두 없앤다면 그 피해가 너무 깊습니다. 설령 명년에 이익이 몇 배로 늘어난다 하더라도 그것을 어찌 미리 保證할 수 있겠습니까? 이는 公私의 저축이 부족한 오늘날에 시행할 수 있는 것이 아닙니다.

1) 未責以課利 : 責은 求이니 納稅를 요구하지 않음이다.

2) 數倍校多 : 校多는 비교적 많다는 말이니, 곧 이익이 전에 비해 몇 배가 많아진다는 뜻이다.

3) 頓闕 : 頓은 전부이고, 闕은 除去이다.

4) 懸保 : 미리 保證함이다.

一件 平叔又云호되 浮寄[1)]姦猾者轉富하고 土著守業者日貧하니 若官自糶鹽하야 不問貴賤貧富면 士農工商道士僧尼幷兼游惰[2)]도 因其所食하야 盡輸官錢[3)]하리다 幷諸道軍諸使[4)]家口親族은 遞相影占[5)]하야 不曾輸稅나 若官自糶鹽이면 此輩無一人遺漏者라하니이다 臣以此數色人等은 官未自糶鹽之時로 從來糴鹽而食하니 不待官

自糶然後食鹽也니이다 若官不自糶鹽이면 此色人等不糴鹽而食하고 官自糶鹽이라야 卽糴而食之면 則信如平叔所言矣어니와 若官自糶與不自糶皆常糴鹽而食이면 則今官自糶라도 亦無利也리니 所謂知其一而不知其二요 見其近而不見其遠也니이다 國家榷鹽[6]하야 糶與商人하고 商人納榷[7]하야 糶與百姓이면 則是天下百姓無貧富貴賤히 皆已輸錢於官矣니 不必與國家交手付錢然後爲輸錢於官也니이다

1건. 張平叔이 또 "住居 없이 떠도는 간사하고 교활한 자들은 점점 부자가 되고, 고향에 눌러 살면서 家業을 지키는 자들은 날로 가난해지니, 만약 官에서 직접 소금을 판매하여 貴賤과 貧富를 따지지 않고 누구에게나 판매하면 士·農·工·商·道士·僧尼 및 하는 일 없이 놀며 나태하게 지내는 자들도 자기들이 먹을 소금을 사기 위해 모두 官에 소금 값을 낼 것이다. 그리고 각 道 軍府〔諸道軍〕의 長과 각 官府〔諸使〕의 長의 家口와 親族들은 돌아가며 서로 家口와 田地를 허위로 보고하여 세금을 낸 적이 없으나, 만약 관에서 직접 소금을 판매하면 이런 무리들 중에 한 사람도 세금을 내지 않고 빠져나가는 자가 없을 것이다."라고 하였습니다.

이에 대하여, 신은 이 몇 부류의 사람들은 관에서 직접 소금을 판매하기 전부터 소금을 사서 먹었으니, 관에서 직접 소금을 팔기를 기다린 뒤에 소금을 먹을 수 있는 무리가 아니라고 생각합니다.

만약 관에서 직접 소금을 팔지 않으면 이 부류의 사람들이 소금을 사서 먹지 않고, 관에서 소금을 판매하여야 소금을 사서 먹는다면 장평숙의 말이 옳습니다만, 만약 관에서 직접 소금을 판매하건 판매하지 않건 모두 항상 소금을 사서 먹는다면 지금 관에서 직접 소금을 판매하더라도 이익이 없을 것이니, 장평숙의 말은 이른바 '하나만 알고 둘은 모르며, 가까운 것만 보고 먼 것을 보지 못한다.'는 것입니다.

국가는 鹽稅를 징수하고서 商人에게 팔고, 상인은 염세를 납부하고서 백성들에게 팔면 이는 천하의 백성이 빈부와 귀천 할 것 없이 모두 이미 관에 소금 값을 납부한 셈이니, 반드시 국가에 직접 돈을 건넨 뒤에야 관에 소금 값을 납부하는 것이 아닙니다.

1) 浮寄 : 일정한 住居가 없이 떠도는 것이다.

2) 游惰 : 하는 일 없이 놀면서 나태하게 날을 보냄이다.

3) 因其所食 盡輸官錢 : 因은 '爲'이고, 輸는 '納付'이니, 자기가 먹을 소금을 구하기 위해 모두 소금 값을 官에 납부한다는 말이다.

4) 諸使 : 中央政府에서 파견한 節度使・觀察使 등을 이른다.

5) 影占 : 影은 虛이고, 占은 計數를 報告함이니, 곧 家口와 소유한 田地의 수를 허위로 보고한다는 말이다.

6) 榷鹽 : 鹽稅를 징수함이다.

7) 納榷 : 鹽稅를 납부함이다.

一件 平叔云호되 初定兩稅[1]時에 絹一匹直錢三千이나 今絹一匹直錢八百이니 百姓貧虛[2]하야 或先取粟麥價하고 及至收穫하야 悉以還債하고 又充官稅하니 顆粒不殘이라 若官中糶鹽이면 一家五口所食鹽價가 不過十錢이니 隨日而輸요 不勞驅遣이니 則必無擧債逃亡之患者라하니이다 臣以爲百姓困弊는 不皆爲鹽價貴也니이다 今官自糶鹽與依舊令商人糶가 其價貴賤所校無多하니 通計一家五口所食之鹽하되 平叔所計一日以十錢爲率이면 一月當用錢三百이니 是則三日食鹽一斤이요 一月率當十斤이니이다 新法實價가 與舊每斤不校三四錢以下니 通計五口之家하야 以平叔所約之法計之면 賤於舊價나 日校一錢이요 月校三十이니 不滿五口之家는 所校更少이니이다 然則改用新法이라도 百姓亦未免窮困流散也니이다 初定稅時엔 一匹絹三千이나 今只八百이니 假如特變鹽法이라도 絹價亦未肯貴요 五口之家가 因變鹽法하야 日得一錢之利니 豈能便免作債하야 收穫之時에 不被徵索하고 輸官稅後에 有贏餘也릿가 以臣所見으론 百姓困弊日久니 不以事擾之면 自然漸校[3]리니 不在變鹽法也니이다 今絹一匹八百이로되 百姓尙多寒無衣者어늘 若使匹直三千이면 則無衣者必更衆多리이다 況絹之貴賤은 皆不緣鹽法이릿가 以此言之컨대 鹽法未要變也니이다

1건. 張平叔이 "처음 兩稅를 정할 때는 명주 한 필 값이 3천 錢이었으나, 지금은 한 필 값이 800전에 불과하므로 백성들의 생활이 빈궁해져서, 〈소금을 살 수 있는 돈이 없으므로 收穫期의〉 곡식 값을 미리 추정하여 외상으로 소금을 가져가기도

하는데, 수확기에 미쳐서는 〈곡식 값이 떨어지기 때문에〉 수확한 곡식이 소금 빚을 갚는 데 거의 다 나간다. 그런데 또 官家에 세금까지 곡식으로 내다 보니 한 톨의 곡식도 남는 것이 없다. 만약 관에서 소금을 판매하면 식구가 다섯인 집에서 하루에 먹는 소금 값이 10전에 불과하니 편리한 날에 와서 소금을 받아갈 수 있고, 핍박을 받는 괴로움도 없을 것이니 반드시 빚을 지고 도망갈 염려가 없어질 것이다."라고 하였습니다.

이에 대하여, 신이 생각하기에 백성들이 빈곤하고 피폐한 것이 모두 소금 값이 비싸기 때문만은 아닙니다. 지금 관에서 직접 소금을 판매하거나 예전처럼 상인에게 판매하거나, 그 값의 차이〔校〕가 크지 않습니다. 식구가 다섯인 집에서 먹는 소금을 계산하여 장평숙이 계산〔校〕한 하루의 10전을 기준으로 삼으면 한 달에 300전을 소금 값으로 써야 합니다. 그렇다면 사흘에 소금 한 斤이 필요하고, 한 달이면 대체로 열 근이 필요합니다. 新法에 정한 實價가 옛 가격에 비해 한 근에 3, 4전 이하밖에 차이〔校〕가 나지 않으니, 다섯 식구를 한 집으로 계산하여 장평숙이 約定한 법으로 계산해보면 옛날의 가격보다 싸기는 하지만 하루에 1전이 차이가 나고 한 달이면 30전이 차이가 날 뿐이니, 식구가 다섯이 되지 않는 집은 그 차이가 더욱 적을 것입니다. 그렇다면 鹽法을 바꾸어 新法을 시행하더라도 백성들은 여전히 곤궁하여 정처 없이 떠도는 신세를 면하지 못할 것입니다.

처음 兩稅를 정할 때는 명주 한 필 값이 3천 전이었으나, 지금은 단지 800전에 불과합니다. 가령 특별히 鹽法을 바꾸더라도 명주 값이 흡족할 만큼 올라가지 않을 것이고, 식구가 다섯인 집은 바뀐 鹽法으로 인해 하루에 1전의 이익을 얻을 뿐이니, 어찌 빚을 내는 일을 면하여 수확할 때에 빚 독촉을 받지 않고, 官家에 세금을 납부하고도 남는 곡식이 있을 수 있겠습니까?

신의 소견에는 백성이 곤궁하고 피폐해진 지가 오래이니, 번거로운 일로 백성들을 괴롭히지 않으면 자연히 〈형편이〉 점차 좋아질 것이니, 〈백성의 형편을 넉넉하게 하는 것은〉 鹽法을 고치는 데 있지 않습니다. 지금 명주 한 필 값이 800전인데도 백성 중에는 옷이 없어 추위에 떠는 자들이 많은데, 가령 한 필의 값이 3천 전으로 오른다면 옷이 없는 자가 더욱 많아질 것입니다. 더구나 명주 값의 高下는 모두 鹽法과 관계가 없음이겠습니까? 이로써 말하면 鹽法을 바꿀 필요가 없습니다.

1) 兩稅 : 唐 德宗 建中 원년(780)에 백성들에게 여름과 가을 두 차례로 나누어 세금을 납부하게 한 新稅法을 이른다.
2) 百姓貧虛 : 백성들의 所得源은 곡식과 布帛뿐인데, 명주 값이 하락하였기 때문에 백성들의 생계가 貧窮해진 것이다.
3) 漸校 : '校'에 '悅'의 訓이 있으므로 '좋아진다'는 뜻으로 번역하였다.

一件 平叔云호되 **每州糶鹽不少**어늘 **長吏**[1]**或有不親公事**하야 **所由浮詞**[2]**云**호되 **當界無人糴鹽**이라하니 **臣卽請差淸强巡官**하야 **檢責**[3]**所在實戶**하야 **據口團保**[4]하야 **給一年鹽**하고 **使其四季輸納鹽價**케하고 **口多糶少**어나 **及鹽價遲違**어든 **請停觀察使見任**하야 **改散慢官**[5]하고 **其刺史已下**는 **貶與上佐**[6]하고 **其餘官貶遠處者**라하니이다 **平叔本請官自糶鹽**은 **以寬百姓**하야 **令其蘇息**하야 **免更流亡**이어늘 **今令責實戶口**하야 **團保給鹽**하야 **令其隨季輸納鹽價**는 **所謂擾而困之**니 **非前意也**니이다 **百姓貧家食鹽至少**하고 **或有淡食動經旬月**하니 **若據口給鹽**하야 **依時徵價**면 **辦與不辦**이 **幷須納錢**이리이다 **遲違及違條件**에 **觀察使已下各加罪譴**이면 **苟官吏畏罪**[7]하야 **必用威刑**이리니 **臣恐因此所在不安**하야 **百姓轉致流散**이니이다 **此又不可之大者也**니이다

1건. 張平叔이 "각 州에서 판매하는 소금이 적지 않은데, 長吏 중에 公事를 직접 챙기지 않는 자가 더러 있어, 所由가 '이곳에는 소금을 사는 사람이 없다.'고 거짓말을 한다고 하니, 신이 청하옵건대 즉시 청렴하고 강직한 巡官을 보내어, 그곳에 실제로 거주하는 戶口를 조사하여 인구수에 따라 백성들을 組로 編成하여 단체로 保證하게 하고서 1년 치의 소금을 지급하고서, 백성들에게 네 철에 소금 값을 나누어 납부하게 하고, 인구는 많은데 소금을 적게 판매하거나 소금 값을 늦게 징수하거나 하는 일이 있으면 觀察使를 現任에서 解除하여 散慢官으로 이동시키고, 그곳 刺史 이하는 上佐와 함께 좌천시키고, 그 밖의 관원들은 먼 곳으로 좌천시키소서."라고 하였습니다.

이에 대하여, 장평숙이 본래 관에서 직접 소금을 판매하기를 청한 것은 백성을

너그럽게 대우해 소생시켜 다시는 떠도는 백성이 없게 하려는 뜻이었는데, 지금 실제로 거주하는 戶口를 조사하여 단체로 보증을 세워 소금을 주고서, 계절에 따라 소금 값을 납부하게 하라는 것은 이른바 '백성을 괴롭혀 곤궁하게 한다.'는 것이니, 그가 전에 말한 뜻이 아닙니다.

가난한 백성들은 먹는 소금의 양이 매우 적고, 혹은 한 달이 지나도록 항상 맨 음식을 먹기도 하는데, 만약 식구수에 의해 소금을 주고서 철마다 소금 값을 징수한다면 소금을 샀건〔辦〕 사지 않았건〔不辦〕 모두 소금 값을 납부해야 할 것입니다. 소금 값을 늦게 징수하거나 법을 어겼을 때, 관찰사 이하 모든 관리들을 각각 처벌한다면 관리들이 죄를 두려워하여 반드시 백성들에게 엄한 형벌을 쓸 것이니, 신은 이로 인해 도처가 불안하여 백성들이 점점 흩어져 떠돌게 될까 두렵습니다. 장평숙의 이 말은 더욱 크게 옳지 않습니다.

1) 長吏 : 지위가 높은 관리를 이르는 말인데, 여기서는 한 州의 鹽務를 主管하는 長官을 이른다.
2) 浮詞 : 근거 없는 허튼소리이다.
3) 檢責 : 檢査함이다.
4) 據口團保 : 民戶를 組로 편성하여 團體로 保證하게 함이다.
5) 散慢官 : 職名만 있고 實職이 없는 散官을 이른다.
6) 貶與上佐 : 上佐는 州・郡의 長官을 補佐하는 官員이다.
7) 苟官吏畏罪 : 他本에는 句首에 '苟'자가 없다.

一件 平叔請限商人鹽納官[1]後에 不得輒於諸軍諸使覓職하야 掌把錢捉店[2]커나 看守莊磑[3]하야 以求影庇[4]하고 請令所在官吏嚴加防察하야 如有違犯이면 應有資財[5]를 幷令納官하고 仍牒送府縣하야 充所由者라하니이다 臣以爲鹽商納榷하고 爲官糶鹽하야 子父相承하야 坐受厚利하니 比之百姓이면 實則校優니이다 今旣奪其業하고 又禁不得求覓職事하야 及爲人把錢捉店看守莊磑면 不知何罪로 一朝窮蹙之也니이다 若必行此면 則富商大賈는 必生怨恨하야 或收市重寶하야 逃入反側之地[6]하야 以資寇盜리니 此又不可不慮也니이다

1건. 張平叔이 청한 내용은, "商人이 소금 販賣權을 官에 반납한 뒤에 각 軍府〔諸軍〕와 각 官府〔諸使〕에 일자리를 구하여, 錢店의 관리인이나 莊園의 看守를 맡아, 納稅와 賦役에서 빠지기를 구하지 못하도록 제한하기를 청하고, 또 소재지의 관리로 하여금 엄히 방비하고 감찰하여, 만약 법을 어기는 자가 있으면 가진 재물을 모두 관에 바치게 하고, 이어 府縣으로 公文〔牒〕을 보내어 所由에 充當하게 해야 한다."는 것이었습니다.

이에 대하여, 신이 생각하기에 〈그동안〉 鹽商들은 父子가 대를 이어가며 鹽稅를 바치고서 관을 대신해 소금을 판매하여 앉아서 많은 이익을 얻었으니, 백성들에 비하면 〈그 형편이〉 실로 넉넉한 편입니다. 그런데 이제 그 직업을 빼앗고, 또 일자리를 구하여 남의 錢店의 관리인이나 莊園의 看守도 될 수 없도록 금한다면, 이들이 무슨 죄를 지었기에 갑자기 이런 핍박을 받아야 하는지 모르겠습니다. 만약 이대로 실행한다면 財力이 풍부한 큰 장사치들은 반드시 원한을 품고서 귀중한 보물을 사들여〔收市〕 叛逆者의 땅으로 도망가서 逆賊〔寇盜〕을 도울 것이니, 이 또한 고려하지 않을 수 없습니다.

1) 商人鹽納官 : 商人이 소금 專賣權을 官에 返納함이다. 종전에는 상인이 鹽稅를 관에 납부하고서 소금 전매권을 받아 관을 대신해 소금을 판매하였으나, 新法은 관에서 직접 소금을 판매하도록 되어 있으므로 상인이 전매권을 관에 반납한 것이다.
2) 把錢捉店 : 把捉錢店이다. 把捉은 管理함이고, 錢店은 換錢所이니, 곧 환전소의 관리인이다.
3) 莊磑 : 高貴한 家門의 莊園에 景觀을 위해 설치한 水車(물레방아)를 이른다.
4) 影庇 : 戶籍과 財産을 權勢家의 명의 밑에 달아놓고서 賦役과 納稅를 도피함이다.
5) 應有資財 : 소유한 재산 일체를 이른다.
6) 反側之地 : 反側은 분수를 지키지 않고 朝廷에 반항하는 무리를 이르니, 곧 조정에 반항하는 藩鎭을 이른다.

一件 平叔云호되 行此策後에 兩市[1]軍人과 富商大賈가 或行財賄하야 邀截喧訴[2]어든

請令所由切加收捉하고 **如獲頭首**면 **所在決殺**[3]하고 **連狀聚衆**[4] **人等**은 **各決脊杖**[5] **二十**하며 **檢責軍司軍戶鹽**하야 **如有隱漏**[6]어든 **幷準府縣例科決**[7]하고 **幷賞所由告人者**라하니이다 **此一件**을 **若果行之**면 **不惟大失人心**이라 **兼亦驚動遠近**이리이다 **不知糶鹽所獲幾何**나 **而害人蠹政**[8]이니 **其弊實甚**이니이다

1건. 張平叔이 "이 정책을 시행한 뒤에 兩市의 軍人이나 돈 많은 商人이 혹 뇌물을 먹이고서 길을 막고 물건을 강탈하고는 시끄럽게 변명을 늘어놓는 자가 있으면 所由에게 명하여 즉시 잡아들이게 하고, 만약 두목을 잡거든 그 자리에서 쳐 죽이고, 무리를 모아 連判狀을 올리는 자는 각각 脊杖 20대로 처벌하고, 軍司와 軍戶의 소금을 조사하여 만약 숨겼거나 빠뜨린 것이 있거든 모두 府縣의 條例에 의해 처벌하고 아울러 이를 고발한 所由에게 施賞하기를 청한다."고 하였습니다.

이에 대하여, 만약 이 한 건을 시행한다면 인심을 크게 잃을 뿐만 아니라 원근이 놀라 동요하게 될 것입니다. 소금을 팔아 얻는 이익이 얼마인지는 모르겠으나, 사람을 해치고 國政을 무너뜨리게 될 것이니, 그 폐해가 실로 심할 것입니다.

1) 兩市 : 長安 東西에 있는 큰 市場을 이른다.
2) 邀截喧訴 : 邀截은 길을 막고 남의 물건을 약탈함이고, 喧訴는 시끄럽게 하소연함이니, 곧 남의 물건을 약탈하고는 시끄럽게 변명을 늘어놓는 것이다.
3) 所在決殺 : 所在는 현재 있는 곳이고, 決殺은 打殺이니, 곧 그 자리에서 쳐 죽이는 것이다.
4) 連狀聚衆 : 사람들을 모아 連判狀을 올리는 행위이다.
5) 脊杖 : 杖刑 가운데 하나로, 죄인의 등 부위를 때리는 형벌이다.
6) 隱漏 : 記帳하지 않고 숨기거나 빠뜨림이다.
7) 科決 : 處決이다.
8) 蠹政 : 國政을 무너뜨림이다.

以前件狀은 **奉今月九日勅令**에 **臣等各陳利害者**니이다 **謹錄奏聞**하야 **伏聽勅旨**니이다

前件의 狀은 이달 9일에 내리신 勅命에, 臣 등에게 각각 利害를 진술해 아뢰라고 하신 명을 받들어 올리는 狀입니다. 삼가 기록해 아뢰며 엎드려 勅旨(皇帝의 命)를 기다리나이다.

唐大家韓文公文抄 卷2

書

01. 上張僕射書* 張僕射에게 올린 편지

* 唐 德宗 貞元 15년(799) 2월에 宣武節度使 董晉이 죽고 汴軍이 반란을 일으키자, 韓愈는 汴州를 떠나 徐州로 가서 徐・泗・濠節度使 張建封에게 의탁하였다. 그해 가을에 장건봉이 조정에 奏請하여 한유를 節度推官으로 삼자, 한유는 이 편지를 올려 자신을 禮遇해주기를 청하였다. 張僕射는 장건봉을 이른다. 장건봉은 정원 4년에 徐州刺史로 서・사・호절도사를 兼任하였다. 12년에 檢校右僕射를 겸임하였기 때문에 '장복야'라고 한 것이다. 僕射는 尙書省의 次官이다. 唐 太宗 李世民이 唐 高祖 때 尙書令을 맡은 적이 있기 때문에 당나라는 그 뒤로 상서령을 두지 않았으니, 실은 복야가 상서성의 장관이 셈이다. 그러나 이는 지방 절도사에게 내린 榮譽職이고 實職이 아니다.

申情之文이라 故宜於圓暢反復이라

衷情을 진술한 글이기 때문에 圓滑하고 流暢하게 반복해 표현한 것이 당연하다.

九月一日에 愈再拜[1]하노라 受牒[2]之明日에 在使院[3]中이러니 有小吏持院中故事節目[4]十餘事하야 來示愈하니라 其中不可者하니 有自九月至明年二月之終히 皆晨入夜歸하고 非有疾病事故면 輒不許出이라 當時以初受命일새 不敢言이로라 古人有言曰 人各有能有不能이라하니 若此者는 非愈之所能也라 抑而行之면 必發狂疾하야 上無以承事于公하야 忘其將所以報德者요 下無以自立하야 喪失其所以爲心이리라

夫如是면 **則安得而不言**이리오

9월 1일에 愈는 再拜하고서 이 글을 올립니다.

牒(任命狀)을 받은 다음 날 使院(節度使官府) 안에 있는데, 下吏가 使院의 故事節目 십여 條項을 가지고 와서 저에게 보여주었습니다. 그 조항 중에 제가 할 수 없는 것이 있었으니, "9월부터 명년 2월 말까지는 모두 새벽에 출근하고 밤늦게 퇴근한다. 疾病이나 事故가 아닌 경우는 외출을 허락하지 않는다."는 것이었습니다. 그러나 당시에는 처음 任命을 받은 터라 감히 말씀을 드리지 못하였습니다.

옛사람의 말에 "사람에게는 각각 능한 것이 있고 능하지 못한 것이 있다."고 하였으니, 새벽에 출근하여 밤늦게 퇴근하는 것은 제가 능히 할 수 있는 일이 아니니, 저를 억압해 그렇게 시행하게 한다면 반드시 미친 병이 발작하여, 위로는 公을 섬길 수 없어 은덕을 보답할 방법을 망각하게 될 것이고, 아래로는 자립할 수 없어 마음을 지킬 방법을 상실하게 될 것입니다. 이와 같다면 어찌 말씀을 드리지 않을 수 있겠습니까?

1) 再拜 : '再拜上書'의 뜻이다. 尊敬을 표하기 위해 편지의 첫머리와 말미에 쓰는 말이다.
2) 牒 : 任命狀을 뜻한다.
3) 使院 : 節度使의 官府를 이른다.
4) 故事節目 : 故事는 전부터 시행해오던 제도를 이르고, 節目은 條目이다.

凡[1]執事[2]之擇於愈者는 **非爲其能晨入夜歸也**라 **必將有以取之**리라 **苟有以取之**면 **雖不晨入而夜歸**라도 **其所取者猶在也**리라 **下之事上**이 **不一其事**요 **上之使下 不一其事**니 **量力而任之**하고 **度才而處之**하야 **其所不能**을 **不强使爲**라 **是故爲下者不獲罪於上**하고 **爲上者不得怨於下矣**니라 **孟子有云 今之諸侯無大相過者**는 **以其皆好臣其所教**요 **而不好臣其所受教[3]**라하니 **今之時**는 **與孟子之時又加遠[4]矣**하야 **皆好其聞命而奔走者**하고 **不好其直己而行道[5]者**니라 **聞命而奔走者**는 **好利者也**요 **直己而行道者**는 **好義者也**니 **未有好利而愛其君者**요 **未有好義而忘其君者**니라 **今之**

王公大人에 惟執事可以聞此言이요 惟愈於執事也에 可以此言進이라

대체로 執事께서 저를 택하신 것은 제가 새벽에 출근하여 밤늦게 퇴근하는 것이 아니라, 반드시 달리 취할 것이 있어서일 것입니다. 가령 취할 것이 있다면 비록 새벽에 출근하여 밤늦게 퇴근하지 않더라도 취할 것은 그대로 남아 있습니다. 아랫사람이 윗사람을 섬기는 일이 하나가 아니고, 윗사람이 아랫사람을 부리는 일도 하나가 아니니, 능력을 헤아려 任用하고 재간을 헤아려 處遇하여, 그가 할 수 없는 일은 억지로 시키지 말아야 합니다. 그러므로 아랫사람이 윗사람에게 죄를 얻지 않고 윗사람이 아랫사람에게 원망을 받지 않습니다.

孟子의 말에 "오늘날 제후 중에 크게 뛰어난 이가 없는 것은 자기가 가르칠 상대를 신하로 삼기 좋아하고, 자기가 가르침을 받을 상대를 신하로 삼기 좋아하지 않아서이다."라고 하였는데, 지금은 맹자 때보다 더욱 심하여, 모두 군주의 명령을 듣고 달려오는 자만을 좋아하고 몸을 곧게 지켜 자기의 주장을 실행하는 자는 좋아하지 않습니다. 명령을 듣고 달려오는 자는 利益을 좋아하는 자이고, 몸을 곧게 지켜 자기의 주장을 실행하는 자는 道義를 좋아하는 자이니, 이익을 좋아하면서 그 임금을 사랑한 자가 있지 않았고, 도의를 좋아하면서 그 임금을 잊은 자가 있지 않았습니다. 오늘날 王公大人 중에 오직 집사만이 이런 말을 들을 수 있고, 오직 저만이 집사께 이런 말을 올릴 수 있습니다.

1) 凡 : '무릇'이다. '무릇'에는 '대체로 헤아려보건대'의 뜻이 있다.
2) 執事 : 원래는 左右에서 侍奉하는 사람을 이르는데, 書信 중에 상대방을 지칭하는 말로 쓰인다. 감히 상대방을 직접 지칭하지 않고, 좌우에서 시봉하는 사람에게 진술하는 형식을 취하여 상대방에 대한 존경을 표함이다.
3) 今之諸侯無大相過者……而不好臣其所受教 : ≪孟子≫ 〈公孫丑 下〉에 보인다.
4) 又加遠 : 더욱 더 멀다는 말로, 곧 더욱 심하다는 뜻이다.
5) 行道 : 자기의 主張이나 抱負를 실행함이다.

愈蒙幸於執事하야 其所從舊矣니 若寬假[1]之하야 使不失其性하고 加待之하야 使足以爲名이면 寅而入하야 盡辰而退하고 申而入하야 終酉而退를 率以爲常[2]이라도 亦不

廢事리라 天下之人이 聞執事之於愈如是也면 必皆曰 執事之好士也如此하고 執事之待士以禮如此하며 執事之使人不枉其性而能有容如此하고 執事之欲成人之名如此하며 執事之厚於故舊如此라하고 又將曰 韓愈之識其所依歸也如此하고 韓愈之不諂屈於富貴之人如此하며 韓愈之賢能使其主待之以禮如此라하리니 則死於執事之門이라도 無悔也어니와 若使隨行而入하고 逐隊而趨[3]하야 言不敢盡其誠하야 道有所屈於己면 天下之人이 聞執事之於愈如此하고 皆曰 執事之用韓愈는 哀其窮收之而已耳요 韓愈之事執事는 不以道라 利之而已耳라하리니 苟如是면 雖日受千金之賜하고 一歲九遷其官이라도 感恩則有之矣어니와 將以稱於天下曰知己則未也라 伏惟哀其所不足하고 矜其愚하야 不錄其罪하고 察其辭而垂仁採納焉하라

제가 執事께 사랑을 받아 서로 交遊한 지가 오래되었으니, 너그럽게 용인하시어 저의 個性을 상실하지 않게 하고, 더욱 優待하시어 명성을 이루게 하신다면, 寅時(새벽 4시부터 5시)에 들어갔다가 辰時(오전 8시부터 9시)가 다하면 물러나오고, 申時(오후 4시부터 5시)에 들어갔다가 酉時(오후 6시부터 7시)가 다하면 물러나오는 것을 기준으로 삼아 日常의 規例로 정하더라도 직무를 폐기하지 않을 것입니다.

천하 사람들이 집사께서 저를 이와 같이 대우한다는 말을 들으면, 반드시 모두 "집사가 선비를 좋아함이 이와 같으며, 집사가 선비를 예로 대우함이 이와 같으며, 집사가 남의 개성을 꺾지 않고 포용함이 이와 같으며, 집사가 남의 명성을 이루어 주고자 함이 이와 같다."고 할 것이고, 또 장차 "韓愈가 귀의할 사람을 알아본 것이 이와 같고, 한유가 부귀한 사람에게 비굴하지 않은 것이 이와 같고, 한유가 그 주인으로 하여금 자기를 예로 대우하게 한 것이 이와 같다." 할 것이니, 이리 된다면 집사의 문하에서 죽어도 悔恨이 없을 것입니다.

그러나 만약 저에게 사람들의 행렬을 따라 들어가고 대열을 따라 나아가 謁見〔趨〕하게 하여, 감히 성심을 다해 말할 수 없어 저의 道(주장)를 펼 수 없게 하신다면, 천하 사람들은 집사께서 저를 이렇게 대우한다는 말은 듣고, 모두 "집사가 한유를 등용한 것은 단지 그의 곤궁함을 가엾게 여겨 거두어준 것일 뿐이고, 한유가 집사를 섬기는 것도 자기의 주장을 펴기 위한 것이 아니고 단지 利祿을 위한

것일 뿐이다."라고 할 것입니다. 만약 이렇게 된다면 비록 날마다 千金의 下賜를 받고, 1년에 官職이 아홉 차례 승진된다 하더라도 은혜에 감사한 마음은 있겠으나, 장차 천하 사람들에게 '知己'라고 말할 수는 없습니다.

삼가 바라건대 저의 부족함과 어리석음을 가엾게 여기시어 죄를 기록하지 마시고, 저의 말을 깊이 살피시어 仁愛를 베풀어 〈저의 請願을〉 받아주소서.

1) 寬假 : 너그럽게 용인함〔寬容〕이다.
2) 率以爲常 : 이를 基準〔率〕으로 삼아 일상의 規例로 정함이다.
3) 逐隊而趨 : 아침에 출근하여 모든 관원이 대열을 지어 종종걸음으로 빨리 걸어가서 節度使를 謁見하는 것이다. 趨는 趨蹌으로, 朝廷이나 師門에서 종종걸음으로 빨리 걸어 존경을 표하는 일종의 禮節이다.

古之人有言曰 道屈於不知己者而伸於知己라하니 昌黎는 根氣自如此라

옛사람의 말에 "자기를 알아주지 않는 사람에게는 주장〔道〕을 굽히고, 자기를 알아주는 사람에게는 주장을 편다."고 하였는데, 昌黎는 根氣(타고난 氣質)가 본래 이와 같았다.

02. 上張僕射第二書* 張僕射에게 두 번째 올린 편지

* 이 편지는 張建封에게 몸을 상하게 할 수 있는 擊毬를 하지 말 것을 諫하여 올린 것이다.

婉而宕이라 其詞旨 與司馬相如諫獵書相參이라

완곡하면서도 豪宕하다. 그 문장의 내용이 司馬相如의 〈諫獵書〉와 서로 비슷하다.

愈再拜하노라 以擊毬[1]事諫執事者多矣하야 諫者不休로되 執事不止하니 此非爲其

樂不可捨요 其諫不足聽故哉아 諫不足聽者는 辭不足感心也요 樂不可捨者는 患不能切身也라 今之言毬之害者는 必曰 有危墮之憂하고 有激射之虞하야 小者傷面目이요 大者殘形軀라하나니라 執事聞之若不聞者는 其意必曰 進若習熟이면 則無危墮[2]之憂요 避能便捷이면 則免激射[3]之虞니 小何傷於面目이며 大何累於形軀者哉리오

愈는 再拜하고서 이 글을 올립니다.

擊毬의 일로 執事께 간하는 이들이 많아서, 諫하는 자들이 그치지 않는데도 집사께서는 그 일을 멈추지 않으시니, 이는 그 즐거움을 버릴 수 없고 그 諫言이 들을 만하지 못하다고 여겨서가 아니겠습니까? 간언을 듣지 않으시는 것은 간언이 집사의 마음을 감동시키지 못해서이고, 즐거움을 버리지 않으시는 것은 患害가 몸에 와 닿지 않기 때문입니다.

지금 격구의 患害를 말하는 자들은 반드시 "높은 데서 떨어질 우려와 공에 맞을 우려가 있어서, 작게는 얼굴을 다치고 크게는 몸을 상하게 할 것이다."라고 합니다. 집사께서 간하는 말을 듣고도 못 들은 체하시는 것은 반드시 "앞으로 달려 나가는 것이 익숙하면 떨어질 우려가 없고, 피하는 것이 재빠르면 공에 맞을 우려가 없으니, 어찌 작게는 얼굴을 다칠 우려가 있고, 어찌 크게는 몸을 상할 우려가 있겠느냐?"는 생각에서일 것입니다.

1) 擊毬 : 말을 타고서 말 위에서 杖으로 공을 치는 놀이로, 唐宋시대에 상류사회에서 유행하였던 놀이이다.
2) 危墮 : 높은 곳에서 떨어짐이다.
3) 激射 : 세차게 맞거나 부딪침이다.

愈今所言은 皆不在此니 其指要는 非以他事外物牽引相比也라 特以擊毬之間之事明之耳라 馬之與人이 情性殊異나 至於筋骸之相束과 血氣之相持하야 安佚則適하고 勞頓則疲者는 同也라 乘之有道[1]하야 步驟[2]折中이면 少必無疾이요 老必後衰어니와 及以之馳毬於場하야는 蕩搖其心腑[3]하고 振撓其骨筋[4]하며 氣不及出入하고

走不及廻旋이라 遠者三四年이요 近者一二年에 無全馬矣리라 然則[5]毬之害於人也決矣라 凡五藏之繫絡甚微하야 坐立必懸垂於胸臆之間이어늘 而以之顚頓馳騁[6]하니 嗚呼其危哉라 春秋傳曰 夫有尤物이 足以移人이니 苟非德義면 則必有禍라하니 雖豈弟(愷悌)君子[7]는 神明所扶持로되 然廣慮之하고 深思之니 亦養壽命之一端也ㄹ새니라

제가 지금 말씀드리는 것은 모두 이런 일이 아니니, 그 요지는 다른 사물을 끌어다가 擊毬에 비유한 것이 아니고, 단지 격구하는 사이에 일어날 수 있는 일만을 가지고 설명한 것입니다.

말이 사람과 性情은 다르지만 신체에 힘줄과 뼈가 서로 묶이고 피와 기운이 서로 依存하여, 安逸하면 쾌적하고 勞苦하면 피곤해지는 것은 사람과 같습니다. 乘馬에 기술이 있어서 走行에 緩急을 알맞게 조종하면 그 말이 젊어서는 반드시 무병하고 늙어서도 반드시 다른 말보다 늦게 노쇠할 것입니다. 그러나 그 말을 타고 달리면서 광장에서 공을 치는 데 이르러서는 말의 심장이 뒤흔들리고 骨節과 靭帶가 심한 요동으로 인해 느슨해지며, 미처 호흡할 틈도 없고 달리다가 회전할 틈도 없습니다. 〈말을 이렇게 酷使하면〉 길어야 3, 4년, 짧으면 1, 2년 안에 온전한 말이 없게 될 것입니다. 그렇다면 격구가 사람에게 害를 끼침이 틀림없습니다.

대체로 五臟은 매우 약하게 붙어 있어, 앉거나 서면 반드시 가슴 사이에 매달려 있는데, 그런 오장을 뒤흔들며 달리니, 아! 위험하다 하겠습니다. ≪春秋左氏傳≫ 昭公 28년에 "대체로 뛰어난 美色은 사람의 마음을 흔들기에 충분하니, 만약 德義로써 自制하지 않는다면 반드시 禍가 있을 것이다."라고 하였습니다. 비록 和樂하고 平易한 君子는 神明이 保佑하는 바이지만 그래도 크게 우려하고 깊이 생각하였으니, 이 또한 壽命을 保養하는 하나의 방법이기 때문입니다.

1) 乘之有道 : 乘馬에 기술이 있다는 말이다.

2) 步驟 : 步는 느리게 걸음이고, 驟는 빠르게 달림이니, 곧 緩急을 뜻한다.

3) 蕩搖其心腑 : 蕩搖는 흔들림이고, 心腑는 心臟이니, 곧 심장이 흔들려 심하게 뛰는 것을 이른다.

4) 振撓其骨筋 : 振撓는 진동이고, 骨筋은 骨節과 靭帶이니, 곧 骨筋이 심한 요동으로 인해 느슨해짐을 이른다.

5) 然則 : 말이 그렇다면 사람도 그럴 것이라는 말이다.

6) 以之顚頓馳騁 : 以之의 '之'는 미약하게 달려 있는 五臟을 指示한 代詞이니, 곧 그런 오장을 들까부르며 달린다는 말이다.

7) 豈弟(愷悌)君子 : 豈弟는 和樂하고 平易함이고, 君子는 張僕射를 가리킨 것이다. 和樂은 사람들과 화목하고 즐겁게 지내는 것이고, 平易는 性情이 溫和하고 조용하여 까다롭지 않은 것이다. ≪春秋左氏傳≫ 僖公 12년에 "화락하고 평이한 군자는 神이 위로해 돕는 바이다.〔愷悌君子 神所勞矣〕"란 말이 보인다.

03. 上兵部李侍郎書* 兵部侍郎 李巽에게 올린 편지

* 李侍郎은 李巽을 가리킨다. 이 편지는 永貞 원년(805)에 쓴 것이다. 이때 韓愈는 山陽縣令에서 江陵府의 法曹參軍으로 移動되었는데, 한유는 이 人事를 매우 불만으로 여겨, 이손에게 이 편지를 올려 자기를 끌어주기를 청하였다. 이손은 이때 江西觀察使로 朝廷으로 들어가 兵部侍郎이 되었다.

中多自悲하고 幷以自譽라

이 글 안에 자신의 처지를 悲嘆한 말과 아울러 자신을 칭찬한 말이 많다.

愈少鄙鈍[1]하야 於時事[2]都不通曉나 家貧不足以自活일새 應擧覓官이 凡二十年矣로라 薄命不幸하야 動遭讒謗하야 進寸退尺[3]하니 卒無所成이라 性本好文學[4]일새 因困厄悲愁를 無所告語하야 遂得究窮[5]於經傳史記百家之說하야 沈潛乎訓義[6]하고 反復乎句讀하고 礱(롱)磨乎事業[7]하야 而奮發乎文章이라 凡自唐虞[8]已來로 編簡所存이 大之爲河海요 高之爲山嶽이며 明之爲日月이요 幽之爲鬼神이며 纖之爲珠璣華實[9]이요 變之爲雷霆風雨어늘 奇辭奧旨를 靡不通達이나 惟是鄙鈍하야 不通曉

於時事ㄹ새 學成而道益窮[10)]하고 年老而智益困[11)]이라 私自憐悼하야 悔其初心하니 髮禿齒豁[12)]히 不見知己일새니라

저는 젊어서부터 見聞이 좁고 識見이 부족한데다가 어리석고 둔하기까지 하여 세상일에 전혀 아는 것이 없는데도, 집이 가난하여 스스로의 힘으로 생활할 수 없으므로 과거에 응시해 벼슬을 구한 지가 대체로 20년이 되었습니다. 그러나 운명이 기박하고 불행하여 번번이 참소와 비방을 만나, 한 걸음 나아갔다가 열 걸음 물러났으니, 끝내 아무것도 이룬 것이 없습니다.

저는 천성이 본래 文學을 좋아하므로 困窮과 悲愁를 호소할 곳이 없음으로 인해 드디어 經傳과 史記와 諸子百家의 學說을 연구하여 文辭의 뜻을 깊이 탐구하고 句讀를 떼는 일을 반복해 點檢하며, 事業에 심신을 단련하고 문장을 짓는 일에 분발할 수 있었습니다. 대체로 唐虞(堯舜) 이래로 編簡(書籍)에 실려 있는 文獻은 廣大하기가 河海 같고 높기가 山岳 같고 밝기가 日月 같고 幽深(深奧)하기가 鬼神 같고 纖細하기가 珠璣·華實 같고 변화가 雷霆·風雨 같은데, 저는 그 기묘한 文辭와 심오한 뜻을 통달하지 않은 것이 없습니다.

그러나 淺陋하고 愚鈍하여 세상일에 밝지 못한 탓에, 학문이 이루어졌으나 道(學問)는 더욱 펼 길이 없고 나이는 들었으나 지혜는 더욱 줄어듭니다. 스스로 가여워하고 슬퍼하면서 당초에 이 일을 하기로 마음먹었던 것을 후회하니, 이는 머리가 벗겨지고 이가 빠져 늙은이가 되도록 저를 알아주는 사람을 만나지 못하였기 때문입니다.

1) 鄙鈍 : 鄙는 淺陋로 견문이 좁고 지식이 모자람이고, 鈍은 愚鈍으로 어리석고 둔함이다. 이 말은 자신에 대한 겸사로 흔히 쓰인다.

2) 時事 : 世事이다.

3) 進寸退尺 : ≪道德經≫ 69章에 보이는 말로 戰爭에서 조금 前進하였다가 많이 後退한다는 뜻인데, 얻는 것은 적고 잃는 것이 많은 것을 비유하는 말로 쓰인다.

4) 文學 : 聖人의 道와 儒家의 學說을 이른다.

5) 究窮 : 窮究와 같은 말로, 깊이 硏究함이다.

6) 沈潛乎訓義 : 沈潛은 그 속에 잠긴다는 말로 깊이 탐구함이고, 訓義는 글의 뜻을 해석함이니, 곧 文義를 깊이 탐구하였다는 말이다.

7) 礱(롱)磨乎事業 : 礱磨는 鍛鍊이고, 事業은 儒學을 闡明하는 일이니, 유학을 천명하는 일로 심신을 단련하였다는 말이다. 韓愈는 유학을 천명하는 것을 一生의 事業으로 삼았다.

8) 唐虞 : 陶唐氏 堯와 有虞氏 舜을 이른다.

9) 珠璣華實 : 珠璣는 둥근 진주와 둥글지 않은 진주로 珠玉처럼 아름다운 詩文을 이르고, 華實은 꽃과 열매로 詩文 속에 담긴 아름다운 말과 내용을 이른다.

10) 學成而道益窮 : 학문이 이루어졌으나, 더욱 학문을 펼칠 길이 없다는 말이다.

11) 年老而智益困 : 나이가 늙을수록 지혜는 더욱 줄어든다는 말이다.

12) 髮禿齒豁 : 머리는 대머리가 되고 이는 빠져서 써레처럼 된 것을 이르는데, 곧 늙은이를 형용하는 말이다.

夫牛角之歌는 辭鄙而義拙[1]하고 堂下之言은 不書於傳記[2]로되 齊桓擧以相國하고 叔向携手以上하니 然則非言之難이라 爲聽而識之者難遇也니라 伏以閤下內仁而外義하고 行高而德鉅하며 尙賢而與能[3]하고 哀窮而悼屈하니 自江而西가 旣化而行矣라 今者入守內職하야 爲朝廷大臣이라 當天子新卽位하야 汲汲於理化之日하니 出言擧事가 宜必施設[4]이리라 旣有聽之之明하고 又有振之之力하니 甯戚之歌와 鬷(종)明之言을 不發於左右[5]면 則後而失其時矣리라 謹獻舊文一卷하니 扶樹敎道에 有所明白이리라 南行詩一卷은 舒憂娛悲라 雜以瓌怪之言하니 時俗之好라 所以諷於口而聽於耳也리라 如賜覽觀이면 亦有可采리라 干黷嚴尊하니 伏增惶恐이라

저 甯戚이 쇠뿔을 두드리며 부른 노래는 歌辭가 비루하고 뜻이 졸렬하며, 鬷明이 堂下에서 한 말은 傳記(≪春秋左氏傳≫)에 기록하지 않았습니다. 그런데도 齊桓公은 영척을 등용해 相國으로 삼았고, 叔向은 종명의 손을 이끌고서 堂上으로 올라갔습니다. 그렇다면 말을 하기가 어려운 것이 아니라 그 말을 듣고서 알아주는 이를 만나기가 어려운 것입니다.

삼가 생각건대 閤下께서는 內心이 인자하고 外行이 의로우시며, 행실이 고상하고 덕이 크시며, 賢者를 높이고 유능한 자를 薦擧하시며, 곤궁한 사람을 불쌍히 여기고 억울한 사람을 가엾게 여기시니, 江南 西道의 백성들이 이미 감화되어 道義를 행합니다. 이제 합하께서 조정으로 들어가 內職을 맡으시어 조정의 大臣이 되셨습니다. 天子께서 새로 즉위하시어 정치와 교화를 서두르시는 때를 당하였으니, 의견을 제시한 말과 거행하시려는 일이 반드시 실시될 것입니다.

이미 남의 말을 들으시는 밝은 지혜가 있으시고, 또 사람을 발탁할 수 있는 힘이 있으시니, 영척의 노래와 종명의 말을 합하〔左右〕께 말씀드리지 않는다면 늦어서 때를 잃게 될 것입니다. 그러므로 삼가 지난날에 지었던 문장 한 권을 올리오니, 〈이 문장을 읽어보시면〉 교화와 도의를 붙잡아 세우는 일에 대해 밝게 아실 수 있을 것입니다. 그리고 ≪南行詩≫ 한 권은 근심을 풀고 슬픔을 달랠 수 있습니다. 그 속에 세속 사람들이 좋아하는 기괴한 말들을 섞었으니, 입으로 읊조리고 귀로 들을 만합니다. 가령 이 詩를 보신다면 그중에 採擇할 만한 것이 있을 것입니다. 존엄하신 합하를 범하였으니 더욱 황공하옵니다.

1) 牛角之歌 辭鄙而義拙 : ≪呂氏春秋≫에 의하면, 衛나라 사람 甯戚이 齊나라로 가서 성문 밖에서 소에게 여물을 먹이다가 齊 桓公이 賓客을 영접하기 위해 나오는 것을 보고서 쇠뿔을 치면서 큰 소리로 노래를 부르니, 제 환공이 이 노랫소리를 듣고는 "예사로운 사람이 아니다."라고 하고서 그를 데리고 가서 丞相으로 삼았다 한다. ≪蒙求≫에 의하면 그 노랫말은 이러하다. "남산은 깨끗하고 흰 돌은 아름다운데, 堯와 舜이 선양하던 시대 만나지 못하였네. 무릎까지 내려오는 짧은 잠방이 입고서 초저녁부터 밤중까지 소를 먹이니, 길고 긴 이 밤이 언제나 새려나.〔南山矸 白石爛 生不逢堯與舜禪 短布單衣適至骭 從昏飯牛薄夜半 長夜漫漫何時旦〕"

2) 堂下之言 不書於傳記 : 春秋 때 鄭나라 사람 鬷明이 堂下에서 한 말이 ≪春秋左氏傳≫에 기재되지 않았다는 말이다. 晉나라 大夫 叔向이 鄭나라에 갔을 때, 정나라 사람 종명이 숙향을 만나보려고 그릇을 수습하는 심부름꾼 틈에 끼어 들어가서 堂下에 서서 도리에 맞는 말을 한마디 하자, 숙향이 술을 마시려다가 그 말을 듣고 "이자는 반드시 종명일 것이다."라고 하고서, 堂下로

내려가서 종명의 손을 잡고 堂上으로 올라왔다고 한다. ≪春秋左氏傳 昭公 28년≫

3) 與能 : 有能한 자를 薦擧함이다.

4) 施設 : 實施됨이다.

5) 左右 : 李侍郎을 이른다. 옛사람들은 書信에 상대방을 직접 지칭하지 않고 좌우에서 모시는 사람을 지칭하여 존경의 뜻을 표하였다.

04. 鄧州北寄上襄陽于相公書* 鄧州 북쪽에서 襄陽 于相公에게 올린 편지

* 唐 憲宗 元和 원년(806) 6월에 韓愈는 江陵法曹參軍으로 있으면서 조정의 부름을 받고 들어와서 國子博士에 제수되었다. 한유가 돌아오는 길에 襄陽을 지나니, 山南節度使 于頔(적)이 한유를 환대하고 자기가 지은 詩文을 보여주었다. 한유는 이 시문을 받아 가지고 오다가 鄧州 북쪽에 이르러 이 편지를 써서 보낸 것이다. 우적이 이때 새로 平章事에 올랐기 때문에 '相公'이라 한 것이다.

似譽而昌이라

상대를 기린 것 같으나, 사실은 자신을 드러낸 것이다.

伏蒙示[1]**文武順聖樂辭**[2]와 **天保樂詩**[3]와 **讀蔡琰胡笳辭詩**[4]와 **移族從**[5]**幷與京兆書**[6]하니라 **自幕府至鄧之北境**이 **凡五百餘里**요 **自庚子至甲辰**이 **凡五日**이라 **手披目視**하고 **口詠其言**하며 **心惟其義**하니 **且恐且懼**하야 **忽若有忘**하야 **不知鞍馬之勤**과 **道塗之遠也**로라

보내주신 〈文武順聖樂辭〉와 〈天保樂詩〉와 〈讀蔡琰胡笳辭詩〉와 〈移族從〉 및 〈與京兆書〉를 받았습니다. 幕府에서 鄧州 北境까지의 거리가 모두 500여 리이고, 庚子日에 출발하여 甲辰日에 도착하기까지 모두 5일이 걸렸는데, 5일 동안 손으로 피봉을 뜯어 눈으로 보며 입으로 그 詩文을 읊조리고 마음으로 그 뜻을 생각하노

라니, 황공하기도 하고 두렵기도 하여 마치 무엇을 잊은 것처럼 황홀하여, 말을 타는 괴로움도 길이 먼 것도 몰랐습니다.

1) 示 : 상대의 書信이나 詩文에 대한 敬稱이다. 상대의 서신이나 시문을 '來示', '示諭', '所示' 등으로, 상대의 答書를 '回示', '復示' 등으로 표현한다.
2) 文武順聖樂辭 : 皇室의 功德을 贊頌한 歌舞樂의 歌辭이다. 唐나라는 德宗 이후로 方鎭에서 樂舞를 지어 올리는 일이 많았다.
3) 天保樂詩 : 保는 '寶'와 通用이다. 이 역시 皇室의 공덕을 찬송한 詩歌이다.
4) 讀蔡琰胡笳辭詩 : 于頔이 蔡琰의 〈胡笳辭〉를 읽고서 지은 詩이다. ≪後漢書≫ 〈烈女傳 董祀妻〉에 의하면, 채염은 東漢 때 학자 蔡邕의 딸로 字가 文姬인데, 그녀는 학문이 해박하고 音律에도 뛰어났다. 獻帝 때 凶奴에게 잡혀 南匈奴 左賢王의 後宮이 되어 12년 동안 살면서 아들 형제를 낳았다. 뒤에 曹操가 채옹의 後嗣가 없는 것을 가엾게 여겨 흉노에게 많은 財貨를 주고서 문희를 되찾아와서 董祀의 아내로 주었다고 한다. 〈胡笳十八拍(章)〉은 ≪樂府詩集≫ 59에 보이는데, 채염의 作品이라 한다.
5) 移族從 : 朱子의 ≪韓文考異≫에 의하면, '移'는 移居의 '移'가 아니라 移書(편지를 보냄)의 '移'이다. 于頔이 오래간만에 비로소 고향에 가기 때문에 편지를 보내어 그 同族과 從兄弟들에게 알린 것이라고 하였다.
6) 與京兆書 : 于頔이 京兆尹 李實에게 보낸 편지이다.

夫澗谷之水는 深不過咫尺[1)]이요 丘垤[2)]之山은 高不能踰尋丈[3)]이니 人則狎而翫之[4)]라가 及至臨泰山之懸崖[5)]하고 窺巨海之驚瀾[6)]하야는 莫不戰掉悼慄[7)]하야 眩惑而自失[8)]이라 所觀變於前이면 所守[9)]易於內는 亦其理宜也라 閤下負超卓之奇材와 畜雄剛之俊德이 渾然天成[10)]하야 無有畔岸[11)]하고 而又貴窮乎公相하고 威動乎區極[12)]하니 天子之毗요 諸侯[13)]之師라 故其文章言語가 與事相侔하야 憚赫若雷霆[14)]하고 浩汗若河漢[15)]하며 正聲諧韶濩[16)]하고 勁氣沮金石[17)]하며 豐而不餘一言하고 約而不失一辭하며 其事信하고 其理切이라 孔子之言曰 有德者必有言[18)]이라하니 信乎其有德且有言也로다 揚子雲曰 商書灝灝爾요 周書噩噩爾[19)]라하니 信乎其能灝

灝而且噩噩也로다

저 골짜기 물은 깊이가 한 자에 지나지 않고, 작은 土山은 높이가 한 길도 되지 않으니, 사람들은 가벼이 여겨 함부로 대합니다. 그러다가 泰山의 높은 절벽에 오르고 大海의 거센 파도를 목도함에 미쳐서는 벌벌 떨면서 넋이 나가 정신이 멍해지지 않는 자가 없습니다. 보이는 광경이 눈앞에서 변하면 心境이 안에서 바뀌는 것은 이 또한 당연한 이치입니다.

閣下께서는 지니신 탁월한 재능과 쌓으신 雄大하고 剛健한 大德이 자연스럽게 이루어져서 끝이 없으시며, 또 高貴함은 公相(公卿)에 이르고〔窮〕 威嚴은 管轄地域에 진동하니, 天子의 輔佐이고 諸侯의 師表이십니다. 그러므로 합하의 문장과 언론이 事績과 서로 부합하여, 진동하는 위엄이 천둥처럼 맹렬하고 銀河처럼 광대하며, 純正한 樂聲은 韶濩와 어울리고 剛健한 氣槪는 金石이 기운을 잃게 하며, 文辭가 풍부하되 필요 없는 말이 한마디도 없고, 간략하되 놓친 말이 한마디도 없으며, 거론하신 일은 信賴할 수 있고 말씀하신 도리는 합당하셨습니다.

孔子께서 "德이 있는 자는 반드시 훌륭한 말을 한다."고 하셨는데, 閣下야말로 참으로 덕이 있어서 훌륭한 말을 하셨다고 하겠습니다. 揚子雲이 "〈商書〉는 灝灝(뜻이 廣大함)하고, 〈周書〉는 噩噩(논조가 嚴肅하고 切直함)하다."고 하였는데, 합하의 문장이야말로 참으로 灝灝하고도 噩噩하다 하겠습니다.

1) 咫尺 : 咫는 8寸이고, 尺은 10寸이다.
2) 丘垤 : 작은 土山이다.
3) 尋丈 : 尋은 8尺이고, 丈은 10尺이다.
4) 狎而翫之 : ≪春秋左氏傳≫ 昭公 20년에 "물은 柔弱하기 때문에 사람들이 輕視하여 함부로 대한다. 그러므로 빠져죽는 자가 많다.〔水懦弱 民狎而翫之 則多死焉〕"란 말이 보인다.
5) 懸崖 : 높이 솟은 절벽이다.
6) 驚瀾 : 무섭게 밀려오는 거센 파도이다.
7) 戰掉悼慄 : 戰掉와 悼慄은 同意辭로, 두려워서 벌벌 떪이다.
8) 眩惑而自失 : 넋이 나가 정신이 멍해짐이다.

9) 所守 : 마음이다.

10) 渾然天成 : 이루어진 모습이 자연스러워 人爲의 흔적이 없음이다.

11) 畔岸 : 가장자리로, 곧 끝이나 限界를 이른다.

12) 區極 : 管轄地域을 이른다.

13) 諸侯 : 兵權을 장악하고서 한 지방을 鎭守하는 節度使 등을 이른다.

14) 憚赫若雷霆 : 憚赫은 명성과 위엄이 진동함이니, 곧 진동하는 위엄이 천둥처럼 맹렬하여 사람들을 두렵게 한다는 말이다.

15) 浩汗若河漢 : 浩汗은 廣大이고, 河漢은 銀河이니, 곧 위엄이 미치는 범위가 은하처럼 광대하여 헤아릴 수 없다는 뜻이다.

16) 正聲諧韶濩 : 正聲은 순정한 樂聲이고, 諧는 어울림(조화)이고, 韶는 虞舜의 樂이고, 濩는 商湯의 樂이니, 곧 于頔이 지은 〈文武順聖樂辭〉의 聲調가 韶濩와 어울린다는 말이다.

17) 勁氣沮金石 : 두 가지 뜻으로 해석할 수 있다. 하나는 '문장의 剛健한 氣槪가 金石을 凌駕〔沮〕한다.'로 해석할 수도 있고, 하나는 '문장의 강건하고 정직한 기개가 金聲(鐘)이나 石聲(磬)을 능가한다.'로 해석할 수도 있는데, 이 두 가지 뜻을 다 포함한 것으로 보는 것이 좋을 것 같다. 勁氣는 剛健한 氣槪이고, 沮는 沮喪(기세가 꺾여 기운을 잃게 함)이니, 金石으로 하여금 기세가 꺾여 기운을 잃게 한다는 말이다. 대체로 아름다운 문장을, 소리가 크고 맑아 餘韻이 은은하게 오래 지속되는 金聲(鍾)과 石聲(磬)에 비유하니, 곧 文辭가 아름답고 聲調가 맑다는 말이다.

18) 有德者必有言 : ≪論語≫ 〈憲問〉에 보인다.

19) 商書灝灝爾 周書噩噩爾 : ≪法言≫ 〈問神〉에 보인다. 灝灝는 끝없이 광대한 모양이고, 噩噩은 엄숙하고 切直(간절하고 솔직함)한 모양이다.

昔者齊君行而失道에 管子請釋老馬而隨之[1)]하고 樊遲請學稼에 孔子使問之老農[2)]하니 夫馬之智不賢於夷吾[3)]며 農之能不聖於尼父[4)]로되 然且云爾[5)]者는 聖賢之能多하고 農馬之知專故也니라 今愈雖愚且賤이나 其從事於文이 實專且久하니 則其贊王公之能하고 而稱大君子之美라도 不爲僭越也라 伏惟詳察하노라

옛날에 齊君이 行軍하다가 길을 잃자 管子(管仲)가 늙은 말을 풀어놓고서 그 말을 따라가기를 청하였고, 樊遲가 농사짓는 법을 배우기를 청하자 孔子는 늙은 농부에게 묻게 하셨습니다. 저 늙은 말의 지혜가 夷吾(管仲)보다 賢能하지 못하고, 늙은 농부의 재능이 尼父(孔子)보다 明哲하지 못한데도, 〈관자와 공자가〉 이와 같이 한 것은 성인과 현인은 재능이 다양하고 老農과 老馬는 지혜가 전일하기 때문일 것입니다.

지금 저는 비록 어리석고 비천하지만 문학에 종사한 것이 전일하고도 오래되었으니, 王公의 재능을 찬양하고 大君子의 미덕을 칭송하여도 분수를 넘는 일이 되지 않습니다. 〈그러므로 이와 같이 말씀드리는 바이니〉 자세히 살펴주시기를 바랍니다.

1) 齊君行而失道 管子請釋老馬而隨之 : ≪韓非子≫ 〈說林〉에 의하면, 管仲이 齊桓公을 모시고 孤竹國을 정벌하고서 돌아올 때 중도에서 길을 잃자, 늙은 말을 풀어놓고서 그 뒤를 따라가 길을 찾았다고 한다.
2) 樊遲請學稼 孔子使問之老農 : ≪論語≫ 〈子路〉에 보인다.
3) 夷吾 : 管仲의 이름이다.
4) 尼父 : 孔子에 대한 존칭이다. 孔子의 字가 仲尼이기 때문에 이렇게 칭한 것이다. 父는 남자에 대한 미칭으로 甫와 같이 쓰였다.
5) 云爾 : 如此와 같으니, 管仲이 老馬의 뒤를 따라 길을 찾고, 孔子가 樊遲로 하여금 老農에게 묻게 한 것을 이른다.

05. 上宰相書* 宰相에게 올린 편지

* 韓愈는 貞元 8년(729)에 進士試에 及第한 뒤에, 9년부터 11년까지 3년 동안 吏部에서 보이는 博學宏詞科에 연거푸 應試하였으나 번번이 낙방하고서, 당시 宰相에게 官職을 요구하는 편지를 세 차례 올렸는데, 이것이 첫 번째 올린 편지이다. 당시의 宰相은 趙憬·賈耽·盧邁였고, 한유가 글을 올린 재상이 누구인지는 未詳이다.

引經術似劉向이나 所乏者西漢風韻이라

經術을 인용한 것은 劉向과 비슷하나, 부족한 것은 西漢시대의 風度와 韻致이다.

正月二十七日에 前鄕貢進士[1]韓愈謹伏光範門[2]下하야 再拜獻書相公[3]閤下하노라 詩之序[4]曰 菁菁者莪는 樂育材也라 君子能長育人材면 則天下喜樂之矣라하고 其詩曰 菁菁者莪여 在彼中阿로다 旣見君子하니 樂且有儀[5]로다하야늘 說者曰 菁菁者는 盛也요 莪는 微草也며 阿는 大陵也니 言君子之長育人材가 若大陵之長育微草하야 能使之菁菁然盛也라 旣見君子하니 樂且有儀云者는 天下美之之辭也라 其三章曰 旣見君子하니 錫我百朋[6]이로다하야늘 說者曰 百朋은 多之之辭也니 言君子旣長育人材면 又當爵命之하고 賜之厚祿하야 以寵貴之云爾라 其卒章曰 汎汎楊舟여 載沈載浮로다 旣見君子하니 我心則休로다하야늘 說者曰 載는 載也요 沈浮者는 物也니 言君子之於人材에 無所不取가 若舟之於物에 浮沈皆載之云爾라 旣見君子하니 我心則休云者는 言若此則天下之心美之也라 君子之於人也에 旣長育之하고 又當爵命寵貴之하야 而於其才無所遺焉이라 孟子曰 君子有三樂하니 王天下不與存焉[7]이라 其一曰 樂得天下之英才而敎育之라하니라 此皆聖人賢士之所極言至論이니 古今之所宜法者也라 然則孰能長育天下之人材오 將非吾君與吾相乎아 孰能敎育天下之英才오 將非吾君與吾相乎아 幸今天下無事하야 小大之官이 各守其職하야 錢穀甲兵之問이 不至於廟堂하니 論道經邦[8]之暇에 捨此宜無大者焉[9]이라

정월 27일에 前鄕貢進士 韓愈는 삼가 光範門 아래에 엎드려 두 번 절하고서 相公閤下께 글을 올립니다.

≪詩經≫의 小序에 "〈菁菁者莪〉는 人材를 기른 것을 즐거워한 詩이다. 君子가 인재를 기르면 천하 사람이 모두 즐거워한다."라고 하였습니다. 그 시에 "무성한 쑥이여! 저 언덕 가운데 있네. 이미 관작을 받고 군자를 알현하니 마음이 즐거운데 또 예의로써 접대하시네.〔菁菁者莪 在彼中阿 旣見君子 樂且有儀〕"라고 하였는데,

이를 解說한 자는 "菁菁은 무성함이고, 莪는 작은 풀이고, 阿는 큰 언덕이니, 군자가 인재를 기르는 것이 마치 큰 언덕이 작은 풀을 길러 무성하게 하는 것과 같다는 것을 말한 것이다. '이미 군자를 알현하니 마음이 즐거운데 또 예의로써 접대하기까지 하시네.'라고 한 것은 天下 사람이 군자를 찬미한 말이다."라고 하였습니다.

이 시의 제3장에 "이미 군자를 알현하니 나에게 百朋을 주시네.〔旣見君子 錫我百朋〕"라고 하였는데, 이를 해설한 자는 "百朋은 俸祿이 많음을 표현한 말이니, 군자가 이미 인재를 육성하였으면 또 반드시 그에게 작위와 관직을 주고 많은 봉록을 주어 총애해야 한다는 것을 말한 것이다."라고 하였습니다.

그 卒章에 "두둥실 떠가는 버드나무 배여! 잠기는 물건도 싣고 뜨는 물건도 실었네. 이미 군자를 알현하니 내 마음속으로 찬미하였네.〔汎汎楊舟 載沈載浮 旣見君子 我心則休〕"라고 하였는데, 이를 해설한 자는 "載는 실음이고, 잠기는 것과 뜨는 것은 물건이니, 군자가 취하지 않는 인재가 없는 것이 마치 배가 뜨는 물건이나 잠기는 물건을 모두 싣는 것과 같다는 것을 말한 것이다. '이미 군자를 알현하니 내 마음속으로 찬미한다.'는 말은 이와 같이 하면 천하 사람들이 진심으로 군자를 찬미한다는 것을 말한 것이다. 군자가 사람들에 대해 이미 인재로 육성하였으면 또 작위와 관직을 주어 총애하고 빠뜨리는 인재가 없어야 한다는 것을 말한 것이다."라고 하였습니다.

孟子가 "君子에게는 세 가지 즐거움이 있는데, 천하에 王者가 되는 것은 그 안에 포함되지 않는다."라고 하였고, 세 가지 즐거움 중의 하나는 "천하의 英才를 얻어 교육하는 것이다."라고 하였습니다.

이것은 모두 聖人과 賢士가 힘을 다해 말한 지당한 言論이니 예나 지금이나 본받아야 할 바입니다. 그렇다면 누가 천하의 인재를 육성할 수 있습니까? 어찌 우리 임금님과 우리 宰相이 아니겠습니까. 누가 천하의 영재를 교육할 수 있습니까? 어찌 우리 임금님과 우리 재상이 아니겠습니까. 다행히 지금 천하가 무사하여 높고 낮은 관원들이 각각 자기의 직무를 충실히 지켜, 錢穀이나 甲兵에 관한 문제가 廟堂에 이르지 않으니, 治國의 방도를 논의하고 국가를 경영하는 여가에 이 일 말고는 아마도 더 큰 일이 없을 성싶습니다.

1) 前鄕貢進士 : 각 州郡에서 선발하여 서울로 올려 보낸 사람으로 禮部에서 보이는 進士試에는 합격하였으나, 아직 吏部에서 실시하는 博學宏詞科에 及第하지 못한 進士를 이른다. 唐代에는 이들을 '前鄕貢進士', '前進士', '新及第進士' 등으로 호칭하였다.

2) 光範門 : 宣政殿 西南에서 中書省으로 통하는 문이니, 곧 宰相이 政務를 살피는 곳을 이른다.

3) 相公 : 宰相을 일컫는 말이다.

4) 詩之序 : ≪詩經≫ 〈小雅 菁菁者莪〉의 小序를 이른다.

5) 旣見君子 樂且有儀 : 君子는 人才를 育成한 君主를 이른다. 旣見君子는 군주에 의해 육성된 인재가 관직을 받고서 군주를 알현함이고, 樂且有儀는 관작을 받고서 군주를 알현하는 것만으로도 이미 마음이 즐거운데, 또 예의로써 접대하기까지 하신다는 뜻이다.

6) 百朋 : 많은 俸祿을 이른다. 옛날에는 조가비를 貨幣로 사용하였는데, 5貝가 1串이고, 兩串이 1朋이었다.

7) 君子有三樂 王天下不與存焉 : ≪孟子≫ 〈盡心 上〉에 보인다.

8) 論道經邦 : 君臣이 治國의 방도를 講論하여 국가를 經營함이다.

9) 捨此宜無大者焉 : 宜는 疑詞이다. 이일 말고는 아마도 더 큰 일이 없을 성싶다는 말이다.

今有人生二十八年[1]矣니 名不著於農工商賈之版하고 其業則讀書著文歌頌堯舜之道하야 鷄鳴而起하야 孜孜焉亦不爲利니라 其所讀은 皆聖人之書라 楊墨釋老之學[2]無所入於其心이요 其所著는 皆約六經之旨[3]而成文하야 抑邪與正하야 辨時俗之所惑이라 居窮守約호되 亦時有感激怨懟奇怪之辭하야 以求知於天下나 亦不悖於敎化하니 妖淫諛佞譸張之說이 無所出於其中이라 四擧於禮部하야 乃一得[4]하고 三選於吏部나 卒無成[5]하니 九品之位[6]를 其可望이며 一畝之宮[7]을 其可懷리오 遑遑乎[8]四海無所歸하고 恤恤乎[9]饑不得食寒不得衣하야 濱於死而益固하니 得其所者爭笑之니라 忽將棄其舊而新是圖하야 求老農老圃而爲師나 悼本志之變化하야

中夜涕泗交頤하니라 **雖不足當詩人孟子之謂**나 **抑長育之使成材**도 **其亦可矣**요 **教育之使成才**도 **其亦可矣**리라

지금 여기에 태어난 지 28년이 된 사람이 하나 있는데, 그 이름이 農工商賈의 名簿에 올라 있지 않고, 오직 글을 읽고 문장을 지어 堯舜의 도를 歌頌하는 것만을 직업으로 삼아 새벽닭이 울면 일어나서 이 일만을 부지런히 하고 이익은 꾀하지 않습니다. 그가 읽은 글은 모두 聖人의 글이라서 楊·墨이나 釋·老의 학설은 그 마음에 들어오지 않고, 그가 지은 글들은 모두 六經의 뜻에 의거하여 문장을 엮어 邪惡을 抑止하고 正道를 도와 세속 사람들이 의혹하는 것들을 변론한 것입니다. 곤궁하게 생활하고 儉約을 지키면서도 때로 감격하기도 하고 怨恨하기도 하는 奇怪한 言辭를 토로하여 천하에 알려지기를 구하였으나 교화에 어긋나는 말이 없으니, 그 속에 요괴하고 음란하며 아첨하고 남을 속이는 말들이 나온 것이 없습니다.

州郡의 천거를 받아 禮部에서 실시하는 進士試에 네 차례 應試하여 겨우 한 차례 及第하였고, 吏部에서 실시하는 選擧에 세 차례 응시하였으나 끝내 성공하지 못하였으니, 9品의 官位인들 어찌 바랄 수 있으며, 1畝의 宮室(家屋)인들 어찌 생각할 수 있었겠습니까? 四海 안에 돌아갈 곳이 없어서 사정이 다급해 허둥대고, 배가 고파도 먹을 것이 없고 추워도 입을 것이 없어서 죽음이 가까이 닥친 근심 속에 있으면서도 뜻은 더욱 굳건하니, 벼슬을 얻은 자들은 앞다투어 그를 비웃었습니다.

그러므로 그는 문득 舊業을 버리고 새로운 직업을 꾀하여 老農과 老圃를 찾아 스승으로 삼으려 하였으나, 본래의 뜻을 바꾸는 것이 슬퍼서 밤중에 눈물과 콧물이 번갈아 얼굴을 적셨습니다. 그가 비록 詩人과 孟子가 말한 '人才'에 해당하기에는 부족하지만 그래도 그를 養育한다면 쓸모 있는 재목감(人材)으로 만드는 것도 아마 가능할 것이고, 교육한다면 뛰어난 才士(英才)로 만드는 것도 아마 가능할 것입니다.

1) 今有人生二十八年 : 韓愈 자신을 이른다. 한유는 唐 代宗 大曆 3년(769)에 출생하였으니, 그가 이 편지를 올린 貞元 11년(795)이 28세가 되는 해이다.
2) 楊墨釋老之學 : 楊朱·墨翟·釋迦(佛教)·老子(道教)의 學說을 이른다. 楊朱는 戰國 때 魏나라 사람이다. ≪孟子≫ 〈盡心 上〉에 의하면, 그는 爲我主義者로 자기 머리카락 하나를 뽑아서 천하 사람을 이롭게 할 수 있다고 하여도 하

지 않았다고 한다. 墨翟은 春秋戰國 때의 思想家로 儒家의 愛有差等(사랑에 차등을 둠)에 반대하여 친소와 원근을 구분하지 말고 모두를 똑같이 사랑해야 한다는 兼愛說을 주장하였다. 자세한 내용은 그의 著書 《墨子》 〈兼愛〉에 보인다.

3) 約六經之旨 : 約은 依據함이다. 《尙書》 〈孔安國序〉에 "《史記》에 의거하여 《春秋》를 편수하였다.〔約史記而修春秋〕"란 말이 보이는데, 孔穎達의 疏에 "그 일에 准依(依據)하는 것을 '約'이라 한다.〔准依其事曰約〕"고 하였다. 六經은 儒學에서 尊重하는 《詩經》 《書經》 《禮記》 《樂記》 《周易》 《春秋》 등 六部의 經典을 이른다.

4) 四擧於禮部 乃一得 : 韓愈가 19세 때인 貞元 8년(729)에 州郡의 천거를 받아 서울로 올라와서 禮部에서 실시하는 進士試에 응시한 지 네 번 만에 及第한 것을 이른다. 이때 한유의 나이 25세였다.

5) 三選於吏部 卒無成 : 吏部에서 보이는 官員選拔 시험에 세 차례 落榜한 것을 이른다. 唐나라 제도는 進士試에 及第하였어도 즉시 官職을 除授하지 않고 반드시 吏部에서 실시하는 博學宏詞科에 급제하여야 朝廷의 官員이나 藩鎭의 幕僚가 될 수 있었다.

6) 九品之位 : 魏晉時代에 官吏를 아홉 등급으로 나누었는데, 당나라도 그 제도를 계승하였다. 9품은 문관의 낮은 品階이다. 唐나라 때는 進士試 甲科에 及第한 사람을 '從九品上'이라 하고, 乙科에 급제한 사람을 '從九品下'라고 하였다.

7) 一畝之宮 : 《禮記》 〈儒行〉에 "儒者는 一畝의 住居가 있다.〔儒有一畝之宮〕"란 말이 보인다. 1畝는 너비가 1步(5尺), 길이가 100步(500尺)이다. 길이를 잘라 너비에 보태어 方形으로 만들면 사방이 각각 10步(50尺)가 되니, 사방 50척의 面積에 세운 작은 집을 이른다.

8) 遑遑乎 : 마음이 다급해 허둥대는 모양이다.

9) 恤恤乎 : 근심하는 모양이다.

抑又聞古之君子相其君也에 **一夫不獲其所**면 **若已推**(퇴)**而內**(납)**之溝中**[1]이라하니라 **今有人生七年而學聖人之道**하야 **以修其身**이 **積二十年**이어늘 **不得已一朝而毁之**면 **是亦不獲其所矣**라 **伏念今有仁人在上位**어늘 **若不往告之而遂行**이면 **是果於自棄**

而不以古之君子之道待吾相也니 其可乎아 寧往告焉하리라 若不得志면 則命也니 其亦行矣라

또 듣건대 옛날에 군자는 임금을 도와 나라를 다스릴 때, 한 사람이라도 생활을 영위하지 못하는 자가 있으면 마치 자기가 그를 밀쳐 구렁텅이에 빠뜨린 것처럼 여겼다고 합니다. 지금 어떤 사람이 7세 때부터 聖人의 道를 학습하여 그 몸을 수양한 지가 20년이 되었는데, 부득이 하루아침에 그동안 해오던 일을 버려야 한다면 이 또한 편안히 생활할 수 있는 처소를 얻지 못한 것입니다.

그러나 저는 삼가 '지금 어지신 분이 윗자리에 계시는데도 찾아가서 나의 뜻을 고하지 않고 지레 떠난다면, 이는 자신을 抛棄하는 데 과감하여 옛날 군자의 도리로써 우리 재상을 대우하는 것이 아니니 어찌 그리해서야 되겠는가? 차라리 가서 고하리라. 가령 뜻을 얻지 못한다면 이는 운명이니 그때에 떠날 것이다.'라고 생각하였습니다.

1) 古之君子相其君也……若己推(퇴)而內(납)之溝中 : 古之君子는 伊尹을 이른다. ≪孟子≫ 〈萬章 上〉에 보이는 "이윤은 천하의 백성 중에 한 남자나 한 여자라도 堯舜의 혜택을 입지 못한 자가 있으면 마치 자기가 그들을 밀쳐 구렁텅이에 빠뜨린 것처럼 생각하였다.〔伊尹 思天下之民 匹夫匹婦 有不被堯舜之澤者 若己推而內之溝中〕"란 말을 인용하면서 '伊尹'을 '古之君子'로 바꾸고, '思天下之民 匹夫匹婦 有不被堯舜之澤者'를 '一夫不獲其所'로 바꾼 것이다.

洪範[1]曰 凡厥庶民에 有猷有爲有守를 汝則念之하며 不協于極이라도 不罹于咎어든 皇則受之하며 而康而色하야 曰予攸好德이라커든 汝則錫之福[2]이라하니 是皆與善之辭[3]也니라 抑又聞古之人有自進者[4]호되 而君子不逆[5]之矣라하니 曰予攸好德이라커든 汝則錫之福之謂也니라

〈洪範〉에 "모든 庶民 중에 計謀가 있고 施爲할 만한 才能이 있고 操守가 있는 사람을 그대는 생각할 것이며, 極(中)에는 맞지 않더라도 惡에 빠지지 않았거든 임

금은 그를 받아들일 것이며, 그대는 그대의 얼굴빛을 편안하게 갖고서 〈어떤 자가 그대에게〉 '내가 좋아하는 바는 덕이다.'라고 하거든 그대는 그에게 福(爵祿)을 주라."고 하였으니, 이는 모두 善을 행하도록 권면한 말입니다.

또 듣건대 옛사람 중에 薦擧를 거치지 않고 스스로 벼슬에 나아가기를 꾀한 자가 있었으나 군자가 그를 거절하지 않았다고 하니, 이는 앞에서 말한 " '내가 좋아하는 바는 덕이다.'라고 하거든 그대는 그에게 복을 주라."고 한 뜻입니다.

1) 洪範 : ≪尙書≫의 篇名이다. 洪은 大이고 範은 法이니 곧 大法이다. ≪尙書≫의 疏에 의하면 武王이 殷나라를 정벌해 紂王을 죽이고서 箕子를 데리고 鎬京으로 돌아와서 天道를 묻자, 기자가 洪範을 진술하였다고 하였다.

2) 凡厥庶民……汝則錫之福 : '凡厥庶民 有猷有爲有守 汝則念之'는 백성이 德·行·智를 수렴하여 道德이 있고, 才能이 있고, 操守가 있거든 그대(武王)는 등급에 따라 그들을 適所에 등용하기를 항상 念頭에 두고 잊지 말라는 말이고, '不協于極 不罹于咎 皇則受之'는 大善(極)은 될 수 없더라도 惡行이 없으면 이는 中人 이상이어서 勸勉하면 장래성이 있는 자이니 모두 받아들여 등용하라는 말이고, '而康而色'은 그대는 그대의 안색을 편안히 갖고서 겸손하게 자신을 낮추라는 말이고, '曰予攸好德 汝則錫之福'은 어떤 자가 그대에게 '내가 좋아하는 것은 덕이다.'라고 하거든 이는 善을 사모하는 마음이 있는 자이니 그대는 그에게 爵祿을 주라는 말이다. ≪尙書正義 孔穎達疏≫

3) 與善之辭 : 與善은 ≪孟子≫ 〈公孫丑 上〉에 보이는 "남에게서 취하여 善을 행함은 남이 善을 하도록 도와주는 것이다.〔取諸人以爲善 是與人爲善者也〕"라는 말에서 따온 것으로, 與는 助(돕다)와 같은 뜻이다.

4) 自進者 : 薦擧를 거치지 않고 스스로 벼슬아치가 되기를 꾀함이다. 옛날의 士子들은 郡縣의 薦擧나 朝廷의 招聘을 받은 뒤에 나아가 벼슬을 맡았고, 스스로 벼슬을 구하는 것을 천하게 여겼다.

5) 不逆 : 거절하지 않음이다.

抑又聞上之設官制祿은 **必求其人而授之者**요 **非苟慕其才而富貴其身也**라하니 **蓋將用其能理**[1]**不能**하고 **用其明理不明者耳**라 **下之修己立誠**은 **必求其位而居之者**요

非苟沒於利[2]而榮於名也라하니 蓋將推己之所餘[3]하야 以濟其不足者耳라 然則上之於求人과 下之於求位가 交相求而一其致焉[4]耳라 苟以是而爲心이면 則上之道不必難[5]其下요 下之道不必難其上이니 可擧而擧焉이요 不必讓[6]其自擧[7]也며 可進而進焉이요 不必廉[8]於自進也니라

또 듣건대 임금이 官職을 설치하고 俸祿을 제정한 것은 반드시 적임자를 찾아서 그에게 주기 위함이고 구차하게 그 사람의 재능만을 사모하여 그 사람을 富貴하게 하기 위함이 아니라고 하니, 이는 장차 그 사람의 능력을 이용해 무능한 사람들을 다스리고, 그 사람의 총명을 이용해 총명하지 못한 자들을 다스리게 하기 위함이며, 아랫사람이 자신을 수양하고 성실한 뜻을 세우는 것은 반드시 벼슬을 구하여 그 직무를 담당하기 위함이고, 구차하게 이익을 탐하여 영화로운 명예를 구하기 위함이 아니라고 하니, 이는 장차 자기의 넉넉한 것을 널리 전파하여 부족한 사람을 돕기 위함입니다.

그렇다면 윗사람이 인재를 구하는 것과 아랫사람이 벼슬을 구하는 것이 서로 구하는 것은 다르지만 그 목표는 하나일 뿐입니다. 가령 이것을 마음에 새긴다면 윗사람이 인재를 구하는 도리는 아랫사람을 탓할 필요가 없고, 아랫사람이 벼슬을 구하는 도리는 윗사람을 탓할 필요가 없으니, 〈윗사람은〉 천거할 만하면 천거하고 〈아랫사람이〉 스스로 천거하는 것을 꾸짖을 필요가 없으며, 〈아랫사람은〉 벼슬에 나아갈 만하면 나아가고 천거도 없이 스스로 벼슬에 나아가기를 꾀하는 것을 사양할 필요가 없습니다.

1) 理 : 治이다. 唐 高宗의 諱를 피하기 위해 문장에 '治'자를 '理'자로 바꾸어 쓴 경우가 많다.
2) 沒於利 : 沒은 貪이니 이익을 탐함이다.
3) 推己之所餘 : 修己立誠한 나의 人品과 德行을 남에게 널리 전파하여 부족한 사람을 도움이다. 所餘는 所長과 같은 말로 윗글에 말한 '修己立誠'을 이른다.
4) 交相求而一其致焉 : 上下가 서로 구하는 目標는 같다는 말이다. 致는 志致로 志向하는 目標를 이른다. 朱子의 ≪韓文考異≫에는 '其致一'로 되어 있다.
5) 難 : 非難함이다.

6) 讓 : 꾸짖음이다.

7) 自擧 : 자기가 자기를 천거함이다.

8) 廉 : 遜讓의 뜻으로 쓰였다.

抑又聞上之化下에 得其道면 則勸賞不必徧加乎天下라도 而天下從焉이라하니 因人之所欲爲而遂推[1]之之謂也니라 今天下不由吏部而仕進者幾希矣라 主上感傷山林之士有逸遺[2]者하야 屢詔內外之臣하야 旁求於四海로되 而其至者蓋闕焉하니 豈其無人乎哉아 亦見國家不以非常之道禮之而不來耳라 彼之處隱就閒者亦人耳니 其耳目鼻口之所欲과 其心之所樂과 其體之所安이 豈有異於人乎哉리오 今所以惡衣食하고 窮體膚[3]하야 麋鹿之與處하고 猨狖之與居는 固自以其身不能與時從順俯仰[4]이라 故甘心自絶而不悔焉이니라 而方聞國家之仕進者는 必擧於州縣[5]然後에 升於禮部吏部하야 試之以繡繪雕琢之文[6]하고 考之以聲勢之逆順과 章句之短長[7]하야 中其程式者然後에 得從下士之列[8]이라하니 雖有化俗之方과 安邊之策이라도 不繇是而稍進은 萬不有一得焉이라 彼惟恐入山之不深하고 入林之不密하야 其影響昧昧[9]하야 惟恐聞於人也니라 今若聞有以書進宰相而求仕者어늘 而宰相不辱焉하고 而薦之天子而爵命之하고 而布其書於四方이면 枯槁沈溺魁閎寬通之士[10]가 必且洋洋焉動其心[11]하고 峨峨焉[12]纓其冠하야 于于焉[13]而來矣리니 此所謂勸賞不必徧加乎天下而天下從焉者也는 因人之所欲爲而遂推之之謂者也니라

또 듣건대 윗사람이 천하를 교화하는 방법이 도의에 맞으면 천하에 두루 賞을 주어 권장하지 않아도 천하 사람이 모두 따른다고 하니, 이는 사람들이 원하는 바에 따라 그 소원이 자연스럽게 이루어지도록 널리 은혜를 베풀어야 함을 말한 것입니다.

지금은 천하에 吏部를 경유하지 않고서 관직에 진출한 자는 거의 드뭅니다. 그러므로 主上께서는 조정의 부름을 받지 못하고 山林에 은거한 人士가 있는 것을 가슴 아프게 여기시어 內外의 신하들에게 누차 詔書를 내려 四海에 널리 찾아보게 하셨으나 나온 자가 없습니다. 그러나 어찌 은거한 인사가 없어서이겠습니까? 그

들 또한 국가가 특별한 방법으로 예우하지 않는 것을 보았기 때문에 나오지 않는 것일 뿐입니다.

저 은거해 한가로이 지내는 자들 역시 사람이니, 그 耳目口鼻가 원하는 바와 그 마음이 즐기는 바와 그 몸이 편안히 여기는 바가 어찌 보통 사람들과 다르겠습니까? 그런데도 지금 열악한 옷과 밥을 입고 먹으며 바싹 여윈 몸으로 사슴이나 원숭이들과 함께 생활하는 것은 본래 저들 스스로 세속에 영합해 남이 하는 대로 따라 할 수 없다고 여기기 때문입니다. 그러므로 기꺼운 마음으로 세상과 관계를 단절하고 후회하지 않는 것입니다.

지금 듣건대 국가가 관리를 임용하는 제도는 반드시 州縣에서 천거해 禮部와 吏部로 올려 보내어 화려한 문장으로 시험을 보이고, 聲勢의 逆順과 章句의 長短을 심사하여 格式에 맞은 뒤에 下級官吏에 임명한다고 하니, 비록 세속을 교화할 방법과 邊境을 안정시킬 책략이 있는 사람이라 하더라도 이 길을 경유하지 않고서 관직에 나아간 자는 만에 하나도 없습니다. 그러므로 저들은 오직 더 깊은 산과 더 빽빽한 숲으로 들어가지 못할까 걱정하여 그 종적을 감추어 남들에게 알려질까 두려워하는 것입니다.

지금 저들이 만약 재상께 편지를 올린 자가 있는데도 재상께서 그를 모욕하지 않고 천자께 추천하여 관직을 주고 그 편지를 사방에 公布하였다는 말을 듣는다면, 큰 도량과 通達한 재능을 가진 隱士들이 반드시 감동하여 冠을 높이 쓰고 천천히 걸어 나올 것이니, 이것이 이른바 '천하에 두루 賞을 주어 권장하지 않아도 천하 사람이 모두 따른다고 한 것은 사람들이 원하는 바에 따라 그 소원이 자연스럽게 이루어지도록 널리 은혜를 베풀어야 함을 말한 것이다.'라는 것입니다.

1) 遂推 : 遂는 順遂로 자연스럽게 이루어짐이고, 推는 推施로 널리 은혜를 베풂이다.
2) 逸遺 : 遺逸과 같은 말로 조정의 부름을 받지 못하여 山林에 隱居하는 人材를 이른다.
3) 窮體膚 : 飢寒으로 인해 몸이 여윔이다.
4) 與時從順俯仰 : 與時는 世俗에 迎合함이고, 從順은 따름이고, 俯仰은 고개를

숙이고 고개를 듦이니, 곧 세속에 영합해 남이 고개를 숙이면 나도 따라 고개를 숙이고, 남이 고개를 들면 나도 따라 고개를 든다는 말로 남이 하는 대로 따름을 이른다.

5) 擧於州縣 : 州縣에서 選拔한 人材를 朝廷에 薦擧함이다.

6) 繡繪雕琢之文 : 辭句를 다듬어 아름답게 꾸민 문장을 이른다. 곧 辭句와 聲律만을 중시하고 내용의 效用性은 따지지 않은 당시에 통행하던 駢儷文을 이른다.

7) 考之以聲勢之逆順 章句之短長 : 聲韻의 氣勢가 자연스럽게 조화되느냐 그렇지 못하냐와 나눈 章과 만든 句의 長短이 適宜하냐를 심사함이다.

8) 得從下士之列 : 從은 從班列로 朝臣들이 朝見할 때 각각 품계에 따라 자기의 자리로 나아가는 것이니, 곧 下士에 임명할 수 있다는 말이다. 下士는 옛날 天子의 朝廷에 大夫 다음에 두었던 三士(上士・中士・下士) 중에 지위가 가장 낮은 九品職을 이른다.

9) 其影響昧昧 : 影響은 蹤迹이고, 昧昧는 어두움이니, 곧 종적을 숨김이다.

10) 枯槁沈溺魁閎寬通之士 : 枯槁는 憔悴한 모양이고 沈溺은 곤궁에 빠짐이니 생활이 곤궁함을 이르고, 魁閎은 도량이 큼이고 寬通은 널리 通達함이니 그 度量이 크고 재능이 뛰어남을 이른다. 곧 宏大한 氣量과 통달한 才能을 가졌으면서도 세상과 뜻이 맞지 않아 隱居하여 貧寒하게 지내는 隱士들을 이른다.

11) 洋洋焉動其心 : 洋洋焉은 感動하는 모양이니, 곧 動其心을 형용한 말이다.

12) 峨峨焉 : 높은 모양이다.

13) 于于焉 : 徐行하는 모양이다.

伏惟覽詩書孟子之所指[1)]하고 念育才錫福之所以하며 考古之君子相其君之道하고 而忘自進自擧[2)]之罪니라 思設官制祿之故하야 以誘致山林逸遺之士면 庶天下之行道者가 知所歸焉이리라 小子不敢自幸이라 其嘗所著文에 輒采其可者若干首하야 錄在異卷[3)]하니 冀辱賜觀焉하노라 干瀆尊嚴하니 伏地待罪하노라 愈再拜하노라

삼가 ≪詩經≫・≪書經≫・≪孟子≫의 뜻을 閱覽하고서 인재를 육성하여 福(爵

祿)을 준 까닭을 생각하고, 옛날의 군자가 그 임금을 보좌하던 방법을 고찰하고는 自進과 自擧의 罪를 잊었습니다. 閣下께서 官職을 설치하고 봉록을 제정한 까닭을 생각하시어 出仕하지 않고 산림에 은거한 선비들이 나오도록 誘引한다면, 천하에 도를 행하기를 바라는 자들이 歸依할 곳을 알게 될 것입니다. 저는 감히 요행을 바라지 않습니다. 제가 전에 지은 글 중에 비교적 나은 것 몇 편을 뽑아 別紙에 기록하였으니 보아주시기 바랍니다. 尊嚴하신 합하를 범하였으니 땅에 엎드려 처분을 기다립니다. 愈는 재배하고서 이 글을 올립니다.

1) 詩書孟子之所指 : 이상에 인용한 ≪詩經≫ 〈小雅〉의 〈菁菁者莪〉와 ≪書經≫ 〈洪範〉의 '凡厥庶民 有猷有爲有守 汝則錫之福'과 ≪孟子≫ 〈萬章 上〉의 '一夫不獲其所 若己推而內之溝中'을 이른다.
2) 自進自擧 : 自進은 천거도 없이 스스로 벼슬에 나아가기를 꾀함이고, 自擧는 스스로 자기를 천거함이다.
3) 異卷 : 別紙와 같은 말이다.

06. 後十九日復上書* 지난번 편지를 올리고 19일 뒤에 다시 올린 편지

* 앞서 宰相에게 편지를 올린 뒤에, 韓愈는 19일을 기다렸으나 아무런 回答이 없자 이 편지를 올려 자신의 困窮을 救濟해주기를 청하였다.

所見[1)]似悲竄[2)]이나 而文則宕逸[3)]可誦이라

내용은 悲竄하는 것 같으나, 문장은 宕逸하여 誦讀할 만하다.

1) 所見 : 생각이다. 곧 문장의 내용을 이른다.
2) 悲竄 : 憂愁와 같다.
3) 宕逸 : 문장이 틀에 매이지 않고 자유분방하면서도 품격이 높음이다.

二月十六日에 前鄕貢進士韓愈는 謹再拜言相公閤下하노라 向上書及所著文後에 待命凡十有九日이로되 不得命하니 恐懼不敢逃遁하고 不知所爲하야 乃復敢自納於

不測之誅하야 以求畢其說하야 而請命於左右하노라

2월 16일에 前鄕貢進士 韓愈는 삼가 再拜하고서 相公閣下께 말씀드립니다.

지난번에 편지와 함께 제가 지은 문장을 올린 뒤에 19일 동안 命(회답)을 기다렸으나 명을 받지 못하였으니, 두려워 감히 도망가지도 못하고 어찌할 바를 몰라 다시 감히 스스로 헤아릴 수 없는 꾸지람을 받을 각오로 心中의 말을 다 올려 합하의 명을 청하옵니다.

愈聞之컨대 蹈水火者之求免於人也에 不惟其父兄子弟之慈愛然後에 呼而望之也라 將有介於其側者[1)]면 雖其所憎怨이라도 苟不至乎欲其死者ㄴ댄 則將大其聲[2)]하야 疾呼而望其仁之[3)]也하고 彼介於其側者도 聞其聲而見其事면 不惟其父兄子弟之慈愛然後에 往而全之[4)]也라 雖有所憎怨이라도 苟不至乎欲其死者ㄴ댄 則將狂奔盡氣하야 濡手足하고 焦毛髮하야 救之而不辭也라하니 若是者는 何哉오 其勢誠急而其情誠可悲也ㄹ새니라

제가 듣건대 물이나 불 속에 빠진 자가 남에게 구원을 요구할 때, 자기의 자애로운 父兄이나 子弟인 뒤에야 소리쳐 불러 구출해주기를 바라는 것이 아니라, 그 곁에 사람이 있으면 비록 자기가 미워하고 원망하는 자일지라도 자기가 죽기를 바라는 자가 아니면 즉시 큰 소리로 다급하게 불러 구출해주기를 바라며, 그 곁에 있던 사람도 그 소리를 듣고 그 사정을 보면 자애로운 부형이나 자제인 뒤에야 달려가서 구출하는 것이 아니라, 비록 미워하고 원망하는 자일지라도 그가 죽기를 바라는 자가 아니면 즉시 미친 듯이 달려가 힘을 다해 손발을 적시고 머리카락을 그슬려가며 구출하기를 사양하지 않는다고 하니, 이렇게 하는 것은 어째서입니까? 그 형세가 참으로 다급하고 그 정상이 참으로 비참하기 때문입니다.

1) 將有介於其側者 : 將은 만약이고, 介는 舍(머무름)이니, 곧 '그 곁에 머물러 있는 자가 있다면'이라는 말이다.

2) 將大其聲 : 여기의 '將'과 下文의 將狂奔盡氣의 '將'은 모두 '乃是(즉시)'의 訓으로 쓰였다.

3) 望其仁之 : 그가 인자한 은혜를 베풀어 자기를 구출해주기를 바람이다.
4) 往而全之 : 달려가 물과 불 속에서 그를 구출해 생명이 손상되지 않도록 보호함이다.

愈之强學力行이 **有年矣**라 **愚不惟道之險夷**하고 **行且不息**이라가 **以蹈於窮餓之水火**하야 **其旣危且亟矣**ㄹ새 **大其聲而疾呼矣**니라 **閤下其亦聞而見之矣**리니 **其將往而全之歟**아 **抑將安而不救歟**아 **有來言於閤下者曰 有觀溺於水而爇於火者**하고 **有可救之道**로되 **而終莫之救也**라하면 **閤下且以爲仁人乎哉**아 **不然**이면 **若愈者**는 **亦君子之所宜動心者也**니라

저는 부지런히 배우고 힘써 道를 행한 지가 여러 해 되었습니다. 어리석은 저는 세상길이 험한지 평탄한지도 생각지 않고 쉬지 않고 도를 행하였다가, 빈궁과 기아의 水火에 빠져 〈처지가〉 위험하고 급박하므로 큰 소리로 다급하게 불렀습니다. 閤下께서도 저의 소리를 듣고 저의 사정을 보셨을 것이니, 달려와서 저를 구출하시겠습니까? 아니면 편안히 앉아서 구경만 하고 구출하지 않으시겠습니까? 어떤 자가 와서 합하께 말하기를 "물에 빠지고 불에 타는 자를 보고서 구출할 방법이 있었는데도 끝내 구출하지 않았다."고 하면, 합하께서는 그를 어진 사람으로 여기시겠습니까? 그리 여기지 않으신다면 저와 같은 자도 君子가 당연히 마음을 움직여 구제해야 할 사람입니다.

或謂愈호되 **子言則然矣**요 **宰相則知子矣**로되 **如時不可何**오 **愈竊謂之不知言者**라하노라 **誠其材能不足當吾賢相之擧耳**언정 **若所謂時者**는 **固在上位者之爲耳**요 **非天之所爲也**니라 **前五六年時**에 **宰相薦聞**에 **尙有自布衣蒙抽擢者**[1]하니 **與今豈異時哉**아 **且今節度觀察使及防禦營田諸小使**[2]**等**도 **尙得自擧判官**[3]하야 **無間於已仕未仕者**어든 **況在宰相**은 **吾君所尊敬者**어늘 **而曰不可乎**아

어떤 자는 저에게 "그대의 말이 옳고 재상께서도 그대의 처지를 알고 있지만 시기가 적합하지 않은 데야 어쩌겠는가?"라고 합니다. 그러나 저는 이는 도리를 알

지 못하는 자의 말이라고 여깁니다.

저의 재능이 어지신 우리 재상의 천거를 받기에 부족한 것이 걱정일 뿐이지, 이른바 '시기'라는 것은 본래 윗자리에 있는 분이 만드는 것이고 하늘이 만드는 것이 아닙니다. 5, 6년 전에 재상께서 천거한 사람 중에 布衣로서 발탁된 자가 있었으니, 지금이 그때와 무엇이 다릅니까? 그리고 또 지금 節度使·觀察使 및 防禦使·營田使 같은 小使들도 오히려 스스로 判官을 천거하여 이미 出仕한 사람이거나 아직 출사하지 않은 사람이거나 차별을 두지 않는데, 하물며 우리 임금님께서 존경하는 재상께서 어찌 '시기가 적합하지 않다.'고 하시겠습니까?

1) 自布衣蒙抽擢者 : 宰相 李泌이 夏縣의 布衣(平民)인 陽城을 천거하여 諫議大夫로 삼은 일을 이른다. ≪舊唐書 李泌傳≫

2) 小使 : 宮中의 侍從이나 奴僕을 이르는데, 여기서는 節度使 등을 가리키는 말로 쓰였다.

3) 尙得自擧判官 : 節度使 등도 오히려 判官으로 쓸 사람을 천거하여 조정의 승인을 받아 임명한다는 말이다. 판관은 절도사 등을 보좌하는 지방정부의 僚屬이다. 唐나라는 節度使, 觀察使, 防禦使 밑에 모두 판관을 두어 政事를 돕게 하였다.

古之進人者는 **或取於盜**[1)]하고 **或擧於管庫**[2)]하니 **今布衣雖賤**이나 **猶足以方於此**니라 **情隘辭蹙**[3)]하야 **不知所裁**하니 **亦惟少垂憐焉**하라

옛날에 인재를 천거한 자는 혹은 盜賊 중에서 취하기도 하고, 혹은 창고지기 중에서 천거하기도 하였습니다. 지금 布衣(韓愈 자신을 이름)가 비록 卑賤하지만 오히려 이들에게 견줄 수 있습니다. 사정이 곤궁해 말을 급박하게 하고 억제할 줄을 몰랐으니, 조금이나마 가엾게 여겨주소서.

1) 或取於盜 : 管仲이 도적을 만나, 그 도적 중에 두 사람을 추천하여 齊 桓公의 신하가 되게 한 일을 이른다. ≪禮記 雜記 下≫

2) 或擧於管庫 : 趙文子가 창고지기 70여 인을 晉나라에 천거하여 大夫와 士로 삼게 한 일을 이른다. ≪禮記 檀弓 下≫

3) 情隘辭蹙 : 情隘는 사정이 곤궁함이고, 辭蹙은 言辭가 급박함이니, 곧 사정이 곤궁하여 말을 다급하게 하였다는 말이다.

07. 後卄九日復上書* 두 번째 편지를 올리고 29일 뒤에 다시 올린 편지

* 두 번째 편지를 올린 뒤에도 아무런 회답이 없고, 세 차례 찾아갔으나 만나주지 않으므로 다시 이 편지를 올린 것이다.

議論正大가 **勝前篇**이라 **當看虛字斡旋**[1]**處**니라

議論의 正大함이 前篇보다 뛰어나다. 그러나 虛字를 써서 뜻을 함축한 곳을 보아야 할 것이다.

1) 斡旋 : 뜻을 함축하고 다 드러내지 않아 남은 意味가 있음이다.

三月十六日에 **前鄕貢進士韓愈謹再拜言相公閤下**하노라

3월 16일에 前鄕貢進士 韓愈는 삼가 再拜하고서 相公閤下께 말씀드립니다.

愈聞周公之爲輔相[1]에 **其急於見賢也**하야 **方一食三吐其哺**하고 **方一沐三握其髮**[2]이라하니 **當是時**하야 **天下之賢才**가 **皆已擧用**이며 **姦邪讒佞欺負之徒**[3]**皆已除去**며 **四海皆已無虞**며 **九夷八蠻之在荒服之外者**[4]**皆已賓貢**[5]이며 **天災時變昆蟲草木之妖**가 **皆已銷息**이며 **天下之所謂禮樂刑政敎化之具**[6]가 **皆已修理**[7]하며 **風俗皆已敦厚**하며 **動植之物風雨霜露之所霑被**[8]**者**가 **皆已得宜**하며 **休徵嘉瑞**[9]**麟鳳龜龍之屬**이 **皆已備至**하니라 **而周公以聖人之才**로 **憑叔父之親**하야 **其所輔理承化**[10]**之功**이 **又盡章章**[11]**如是**하니 **其所求進見之士**가 **豈復有賢於周公者哉**아 **不惟不賢於周公而已**라 **豈復有賢於時百執事者哉**며 **豈復有所計議**[12]**能補於周公之化者哉**아 **然而周公求之如此其急**은 **惟恐耳目有所不聞見**하고 **思慮有所未及**하야 **以負成王託周公之意**하야 **不得於天下之心**이라 **如周公之心**[13]이면 **設使其時輔理承化之功未**

盡章章如是하고 **而非聖人之才**요 **而無叔父之親**이면 **則將不暇食與沐矣**리니 **豈特吐哺握髮爲勤而止哉**리오 **維其如是**라 **故于今頌成王之德而稱周公之功不衰**니라

제가 듣건대 周公이 輔相이 되었을 때에 賢者를 만나보기에 급하여 한 끼의 밥을 먹는 사이에 먹던 밥을 세 차례나 뱉어내고, 한 번 머리를 감는 사이에 감던 머리를 세 차례나 움켜쥐고 나왔다고 합니다. 당시에 천하의 賢才가 이미 다 擧用되었으며, 간사하고 아첨하고 남을 속이고 배신하는 무리가 이미 다 제거되었으며, 四海 안이 이미 다 근심이 없으며, 荒服 밖에 있는 九夷와 八蠻이 모두 이미 다 복종하여 貢物을 바쳤으며, 天災時變과 昆蟲草木의 妖怪가 이미 다 소멸되었으며, 천하에 이른바 '禮樂과 刑政과 敎化'의 법령이 이미 다 수정되고 정리되었으며, 풍속이 이미 다 돈후해졌으며, 風雨와 霜露의 恩澤을 입는 動植物이 이미 다 생장에 適宜한 환경을 얻었으며, 길한 징조와 아름다운 상서인 기린・봉황・거북・용 등이 이미 다 빠짐없이 이르렀습니다.

주공은 성인의 재능을 가진 분으로 成王의 숙부라는 친분을 憑藉하여 정치를 보좌하고 교화를 계승한 공적이 또 모두 이처럼 밝게 드러났으니, 주공을 찾아와서 알현하기를 요구한 인사 중에 어찌 다시 주공보다 賢能한 자가 있었겠습니까? 주공보다 현능하지 못할 뿐만 아니라, 어찌 당시의 모든 관원보다 현능한 자가 있었겠으며, 어찌 다시 주공의 교화를 도울 만한 計謀를 가진 자가 있었겠습니까? 그런데도 주공이 인재를 구하는 일을 이처럼 서두른 것은 눈으로 보지 못하고 귀로 듣지 못한 人才가 있거나 미처 생각하지 못한 인재가 있어서 주공에게 부탁한 성왕의 뜻을 저버려 천하의 마음을 얻지 못하게 될까 두려웠기 때문입니다.

주공의 마음을 비추어보면 가령 그때 정치를 보좌하고 교화를 계승한 공적이 모두 이처럼 밝게 드러나지 못하고, 또 성인의 재능도 아니고 숙부라는 친분도 없었다면 아마 밥을 먹고 머리를 감을 겨를도 없었을 것이니, 어찌 단지 먹던 밥을 뱉고 감던 머리를 움켜쥐는 수고만을 하였을 뿐이겠습니까? 이와 같이 하였기 때문에 지금까지 성왕의 덕과 주공의 공에 대한 칭송이 그치지 않는 것입니다.

1) 周公之爲輔相 : 周公은 周 文王의 아들이고 武王의 아우로 이름은 旦이다.

武王이 죽고 成王이 어린 나이에 즉위하자, 주공이 國政을 代理하였다가 성왕이 長成하자 政權을 返納하고서 성왕을 輔佐하였다. 輔相은 국정을 보좌하는 宰相이다.

2) 方一食三吐其哺 方一沐三握其髮：周公이 그 아들 伯禽을 경계한 글에 "한 번 머리를 감는 사이에 감던 머리를 세 차례나 움켜쥐고, 한 끼의 밥을 먹는 사이에 먹던 밥을 세 차례나 뱉고 나가서 선비를 접대하였다.〔一沐三捉髮 一飯三吐哺 起以待士〕"란 말이 보인다. ≪史記 魯周公世家≫

3) 姦邪讒佞欺負之徒：管叔·蔡叔·武庚 등을 이른다. 武王이 殷紂를 誅伐하고서 그 아들 무경을 殷에 封하여 은나라의 祭祀를 받들게 하고는 자기의 아우 관숙과 채숙에게 무경을 돕게 하였는데, 周公이 攝政이 되자, 관숙은 여러 아우들과 함께 '주공이 장차 성왕에게 불리한 짓을 할 것이다.'라는 流言을 퍼뜨렸다. 그리고는 마침내 관숙·채숙·무경 등이 반란을 일으키니, 주공이 성왕의 명을 받들어 군대를 일으켜 토벌해 관숙과 무경을 죽이고 채숙을 추방하였다. ≪史記 魯周公世家≫

4) 九夷八蠻之在荒服之外者：九夷八蠻은 周나라 王朝의 통치가 미치지 않는 野蠻族을 이르고, 荒服은 王畿로부터 2,000리에서 2,500리 떨어진 地域을 이르니, 곧 수천 리 밖에 있는 야만족이란 말이다.

5) 賓貢：賓은 服從이고, 貢은 貢物을 바침이다.

6) 禮樂刑政敎化之具：具는 법령이다.

7) 修理：修訂하고 整理함이다.

8) 霑被：恩澤을 입음이다. 雨露가 공급하는 水分의 은택을 입는 것이다.

9) 休徵嘉瑞：吉한 징조와 아름다운 상서이다. 옛사람들은 帝王이 정치를 잘하여 천하가 태평하면 吉兆와 상서를 상징하는 기린·봉황·거북·용 등이 출현한다고 믿었다.

10) 承化：先王의 교화를 계승함이다.

11) 章章：밝게 드러남이다.

12) 計議：計謀이다.

13) 如周公之心：如는 依照(비추어봄)이니, 周公의 마음을 비추어본다는 말이다.

今閤下爲輔相亦近耳[1)]라 天下之賢才豈盡擧用이며 姦邪讒佞欺負之徒豈盡除去며 四海豈盡無虞며 九夷八蠻之在荒服之外者豈盡賓貢이며 天災時變昆蟲草木之妖豈盡銷息이며 天下之所謂禮樂刑政敎化之具豈盡修理며 風俗豈盡敦厚며 動植之物風雨霜露之所霑被者豈盡得宜며 休徵嘉瑞麟鳳龜龍之屬豈盡備至며 其所求進見之士가 雖不足以希望盛德이나 至比於百執事면 豈盡出其下哉며 其所稱說이 豈盡無所補哉리오 今雖不能如周公吐哺握髮이나 亦宜引而進之하야 察其所以而去就之[2)]요 不宜默默而已也니라 愈之待命四十餘日矣라 書再上而志不得通하고 足三及門而閽人辭焉이나 惟其昏愚不知逃遁이라 故復有周公之說焉하노니 閤下其亦察之어다

지금 閤下께서 輔相이 되신 것도 이에 가깝습니다. 그러나 어찌 천하의 賢才가 다 거용되었다고 하겠으며, 간사하고 아첨하고 남을 속이고 배신하는 무리가 어찌 다 제거되었다고 하겠으며, 사해 안이 어찌 다 근심이 없다고 하겠으며, 荒服 밖에 있는 九夷와 八蠻이 어찌 다 복종하여 貢物을 바친다고 하겠으며, 天災時變과 昆蟲草木의 妖怪가 어찌 다 소멸되었다고 하겠으며, 천하에 이른바 '禮樂과 刑政과 敎化'의 법령이 어찌 다 수정되고 정리되었다고 하겠으며, 풍속이 어찌 다 돈후해졌다고 하겠으며, 風雨와 霜露의 은택을 입는 動植物이 어찌 다 생장에 適宜한 환경을 얻었다고 하겠으며, 길한 징조 아름다운 상서인 기린・봉황・거북・용 등이 어찌 다 빠짐없이 이르렀다고 하겠으며, 찾아와서 알현하기를 청하는 사람들이 비록 盛德을 기대하기에는 부족하지만 百官에 비하면 어찌 다 백관만 못하겠으며, 그들의 말이 어찌 다 도움 되는 바가 없다고 하겠습니까?

지금 비록 周公처럼 먹던 밥을 뱉고 감던 머리를 움켜쥐고 나가서 맞이하지는 못한다 하더라도 그들을 인도해 나오게 하여 行動擧止를 살펴 取捨함이 마땅하고, 입을 다문 채 아무 대답도 하지 않는 것은 옳지 않습니다. 제가 명을 기다린 지 40일이 되었습니다. 편지를 두 차례 올렸으나 저의 뜻이 통하지 않았고, 합하의 문에 세 차례 찾아갔으나 문지기가 사절하였습니다. 그러나 저는 사리에 어둡고 어리석어 도망갈 줄을 모르기 때문에 다시 주공의 이야기를 올리는 바이니 합하께

서 살펴주소서.

1) 今閤下爲輔相亦近耳 : 지금 閤下께서 宰相이 되어 國政을 처리한 햇수가, 周公이 輔相이 되어 국정을 처리한 햇수와 서로 가깝다는 말이다. ≪唐宋八大家文鈔 校注集評≫에 "韓愈가 이 편지를 올릴 때에 趙憬・賈耽・盧邁가 재상이 된 지 겨우 3년밖에 되지 않았으나, 주공이 7년 동안 보상의 자리에 있은 것에 비교하면 그래도 서로 가까움이 된다."고 한 馬其昶의 ≪韓昌黎文集校注≫의 말을 一說로 소개하였다.

2) 察其所以而去就之 : 所以는 所爲(行動擧止)이고, 去就는 取捨이다. 孔子께서 사람을 觀察하는 법을 말씀한 곳에 '視其所以'란 말이 보이는데, 그 註에 "以는 爲이다."라고 하였다. ≪論語 爲政≫

古之士三月不仕則相弔[1]라 故出疆必載質(지)[2]하니라 然所以重於自進者[3]는 以其於周不可則去之魯하고 於魯不可則去之齊하며 於齊不可則去之宋之鄭之秦之楚也ㄹ새니라 今天下一君이요 四海一國이라 舍乎此則夷狄矣니 去父母之邦矣라 故士之行道者가 不得於朝則山林而已矣니라 山林者는 士之所獨善自養而不憂天下者之所能安也니 如有憂天下之心이면 則不能矣라 故愈每自進而不知愧焉하야 書亟(기)上足數及門而不知止焉이로라 寧獨如此而已리오 惴惴焉[4]惟不得出大賢之門下是懼니 亦惟少垂察焉하라 瀆冒威尊하니 惶恐無已로라 愈再拜하노라

옛날 선비는 석 달 동안 벼슬하지 못하면 서로 위문하였습니다. 그러므로 故國을 떠날 때에 반드시 禮物을 싣고 갔습니다. 그런데도 스스로 벼슬에 나아가기를 어려워한 까닭은 周나라에서 벼슬을 얻지 못하면 魯나라로 가고, 노나라에서 얻지 못하면 齊나라로 가고, 제나라에서 얻지 못하면 宋나라, 鄭나라, 秦나라, 楚나라로 갈 수 있었기 때문입니다. 그러나 지금은 천하에 군주가 하나이고 사해 안이 한 나라여서, 이 나라를 떠나면 夷狄의 나라이니 부모의 나라를 떠나는 것입니다. 그러므로 道를 행하는 선비가 조정에서 뜻을 얻지 못하면 山林에 隱居할 뿐입니다.

산림은 홀로 善을 행하며 자신만을 수양하고 천하를 근심하지 않는 선비가 安住

할 곳이니, 천하를 근심하는 마음이 있는 선비라면 산림에 안주할 수 없습니다. 그러므로 저는 매양 스스로 벼슬에 나아가기를 구하면서도 부끄러워할 줄을 모르고서 누차 편지를 올리고 누차 문전에 찾아가는 일을 그칠 줄을 모른 것입니다. 어찌 이뿐이겠습니까?

제가 근심하고 두려워하는 것은 오직 大賢의 門下에서 進出하지 못하게 될까 두려울 뿐이니, 閣下께서는 조금이나마 굽어살펴 주소서. 위엄을 모독하였으니 황공하기 그지없습니다. 愈는 再拜하고서 이 글을 올립니다.

1) 三月不仕則相弔 : ≪孟子≫ 〈滕文公 下〉에 "옛사람은 석 달 동안 섬기는 임금이 없으면 위문하였다.〔古之人 三月無君 則弔〕"고 한 公明儀의 말이 실려 있다.

2) 出疆必載質(지) : ≪孟子≫ 〈滕文公 下〉에 보이는데, 그 註에 "出疆은 벼슬을 잃고 故國을 떠남이고, 質는 가지고 가서 남을 謁見할 때 바치는 예물이다. 고국을 떠날 때 폐백을 싣고 가는 것은 장차 가는 나라의 임금을 알현하고서 벼슬을 구해 그를 섬기기 위함이다."라고 하였다.

3) 重於自進者 : 重은 難이니, 임금이 招聘하지 않는데도 스스로 벼슬에 나아가는 것을 어려워하였다는 말이다. '어려워함'은 거북하게 여겨 함부로 하지 않음이다. 옛날의 군자는 반드시 임금의 초빙이 있은 뒤에 벼슬에 나아갔고, 초빙하지 않는데도 스스로 벼슬에 나아가는 것을 천하게 여겼다.

4) 惴惴焉 : 憂懼하는 모양이다.

書

01. 上考功崔虞部書* 考功 崔虞部에게 올린 편지

* 韓愈가 貞元 9년(793)에 吏部에서 보이는 博學宏詞科에 應試하였을 때 考試官이 虞部員外郎 崔元翰이었는데, 그는 비교적 古文을 중시하는 사람이었다. 그는 한유의 문장을 특별히 눈여겨보고서 한유와 그 밖에 두 사람의 이름을 함께 기록해 올렸는데, 두 사람은 모두 中書省의 落點을 받았으나, 한유는 낙점을 받지 못하고 탈락하였다. 考功은 考試를 주관하는 吏部의 府署로 考功郎中과 考功員外郞이 있다. 虞部는 工部에 속한 府署로 虞部郎中과 虞部員外郎이 있는데, 이때 崔元翰이 우부원외랑으로 박학굉사과의 고시관을 兼任한 것이다. 唐나라 제도는 進士試에 합격한 뒤에 다시 吏部에서 실시하는 박학굉사과에 합격하여야 官職에 임용하였다.

昌黎公遇而不遇 其書如此라

昌黎公은 知己를 만났으나 뜻을 이루지 못하였으므로 그 편지가 이와 같았다.

愈不肖하야 行能誠無可取하고 行己頗僻하야 與時俗異態하고 抱愚守迷[1)]하니 固不識仕進之門이라 迺與群士爭名競得失[2)]하야 行人之所甚鄙하며 求人之所甚利하니 其爲不可는 雖童昏[3)]實知之로라 如執事者는 不以是爲念하고 援之幽窮之中하야 推之高顯之上하니 是知其文之或可요 而不知其人之莫可也며 知其人之或可요 而不知其時之莫可也라

저는 不肖하여 진실로 취할 만한 德行과 才能이 없고, 처신마저 매우 乖僻하여

세속과 태도를 달리하여 愚拙과 迷妄을 굳게 지키니, 본디 벼슬로 나아가는 길을 모릅니다. 그런데도 많은 선비들과 榮譽와 得失을 다투어, 사람들이 매우 비루하게 여기는 행위를 하면서 사람들이 매우 이롭게 여기는 벼슬을 구하려 하였으니, 그래서는 안 된다는 것은 무지한 어린아이도 확실히 알 것입니다.

그런데도 執事께서는 저의 이런 행위를 마음에 두지 않으시고 어둡고 곤궁한 데에서 저를 끌어올려 고귀하고 현달한 자리에 추천하셨으니, 이는 저의 문장이 쓸 만하다는 것만을 아시고 저라는 사람이 쓸 만하지 못하다는 것은 모르신 것이며, 저라는 사람이 쓸 만하다는 것만을 아시고 시대에 맞지 않는다는 것은 모르신 것입니다.

1) 抱愚守迷 : 抱拙執迷와 같은 말로 處世에 어리석고 옹졸한 줄 알면서도 고치지 않고 현재의 생활 방식을 고수함이다.
2) 與群士爭名競得失 : 32人의 進士와 함께 博學宏詞科에 應試한 것을 이른다.
3) 童昏 : 아무것도 모르는 어린아이를 이른다.

既已[1]自咎[2]하고 又歎執事者所守異於人人{之}[3]호라 廢耳任目[4]하고 華實必兼[5]이라 故有所進하고 故有所退니라 且執事始考文之明日에 浮囂之徒가 已相與稱曰 某得矣요 某得矣라하야늘 問其所從來하니 必言其有自라하고 一日之間에 九變其說하니라 凡進士之應此選者 三十有二人에 其所不言者는 數人而已니 而愈在焉이라 及執事既上名之後에 三人之中에 其二人者는 固所傳聞矣요 華實兼者也라 果竟得之하고 而又升焉이어니와 其一人者는 則莫之聞矣요 實與華違하고 行與時乖하야 果竟退之하니 如是則可見時之所與者와 時之所不與者之相遠矣라

이윽고 저는 제 자신을 책망하고서 또 執事께서 지키는 信條가 사람들과 다름에 감탄하였습니다. 집사께서는 귀로 들은 것은 버리고 눈으로 본 것만을 신임하시며, 言辭의 화려함과 내용의 충실함이 반드시 겸비된 것만을 취하셨기 때문에 추천한 문장도 있고 물리친 문장도 있었습니다. 그리고 또 집사께서 처음 문장을 考査하신 다음날 경박하게 떠들어대는 무리들이 이미 서로 말하기를 "아무개와 아무

개는 합격하였다."고 하기에 그 소문이 나온 곳을 물었더니, 반드시 나온 곳이 있다고 하면서 하루 사이에 그 말을 아홉 번이나 바꾸었습니다.

이번 選拔에 應試한 32인 중에 저들이 합격하였다고 말하지 않은 자는 몇 사람뿐이었는데, 제가 그 몇 사람 속에 들었습니다. 집사께서 합격자의 명단을 적어 올린 뒤에 세 사람 가운데 두 사람은 본디 소문에 올랐던 사람이고, 언사의 화려함과 내용의 충실함이 겸비된 자이므로 과연 합격하고 또 등용되었으나, 나머지 한 사람은 소문에 없던 사람이고, 충실함과 화려함이 격식에 맞지 않고 처신도 시대에 맞지 않으므로 과연 끝내 물리침을 받았습니다. 이와 같고 보면 時人이 인정하는 자와 시인이 인정하지 않는 자의 거리가 멀다는 것을 알 수 있습니다.

1) 已 : 저본에는 '以'로 되어 있으나, ≪別本韓文考異≫에 의거하여 '已'로 바로잡아 번역하였다.
2) 自咎 : 自責함이다.
3) 歎執事者所守異於人人{之} : ≪別本韓文考異≫에 '之'자는 생략하고 '人人' 밑에 句를 떼고서, "어떤 판본에는 '廢'자 위에 '之'자가 있다. 그러나 지금 고찰하건대 '人'자는 上句로 붙여야 한다."고 하였다. 이에 의거하여 '之'는 衍字로 처리하여 번역하지 않고, '人人'은 上句로 붙여 번역하였다.
4) 廢耳任目 : 사람들이 전하는 말을 믿지 않고 오직 눈으로 본 문장만을 믿었다는 말이다.
5) 華實必兼 : 華實은 문장의 言辭가 아름답고 내용이 충실한 것이다. 저본에는 '必兼'의 '必'이 '不'로 되어 있으나, ≪韓文考異≫에 " '不'자는 '必'자가 되어야 할 듯하다."고 하였다. 이에 의거하여 '必'로 바로잡아 번역하였다.

然愚之所守는 竟非偶然이라 故不可變이라 凡在京師八九年[1]矣로되 足不跡公卿之門하고 名不譽於大夫士之口하니라 始者謬爲今相國所第[2]에 此時惟念以爲得失은 固有天命이요 不在趨時라하야 而偃仰[3]一室하야 嘯歌古人이나 今則復疑矣라 未知夫天竟如何며 命竟如何오 由人乎哉아 不由人乎哉아 欲事干謁[4]하니 則患不能小書하야 困於投刺[5]하고 欲學爲佞하니 則患言訥詞直하야 卒事不成하고 徒使其躬儽

焉而不終日[6]이라 **是以勞思長懷**[7]로 **中夜起坐**하야 **度時揣己**[8]하고 **廢然而返**[9]하야 **雖欲從之**나 **末由也已**[10]니라

그러나 어리석은 제가 지키는 것은 결코 偶然이 아니므로 바꿀 수가 없습니다. 저는 서울에서 지낸 지 8, 9년이 되었으나, 발이 公卿의 대문을 밟은 적이 없고, 名聲이 사대부의 입에 오른 적이 없습니다. 처음에 지금의 相國께서 착오로 저를 進士에 及第시켜 주셨을 적에, 저는 벼슬을 얻고 잃는 것은 본래 천명에 달린 것이지 時俗을 따르는 데 달린 것이 아니라고 생각하여, 방 안에서 편안히 지내면서 古人을 노래하였습니다. 그러나 지금은 다시 의심이 생겨, 하늘은 무엇이고 운명은 무엇인지, 사람에게서 유래하는 것인지 아닌지를 모르겠습니다.

벼슬을 구하기 위해 高官을 만나보려니 小字를 잘 쓰지 못하는 탓에 名銜을 전하기가 곤란하고, 아첨을 배우려니 말이 굼뜨고 솔직한 탓에 끝내 뜻한 일은 이루지 못하고 한갓 몸만을 천하게 만들어 하루도 편히 살지 못하게 될 것입니다. 그러므로 근심 걱정과 깊은 想念으로 잠을 이루지 못하고 한밤중에 일어나 앉아 시대를 헤아려보고 나 자신을 헤아려보고는 모든 것을 잊고 본래의 모습으로 돌아가서 〈집사를〉 따르고 싶으나, 방법이 없습니다.

1) 在京師八九年 : 韓愈가 貞元 2년(786)에 처음 서울로 왔으니, 이때까지 모두 8년인데, 8, 9년이라 한 것은 대략의 수를 들어 말한 것이다.
2) 謬爲今相國所第 : 謬는 錯誤이다. 급제할 만하지 못한 나를 착오로 잘못 뽑았다는 말로 謙辭이다. 今相國은 陸贄를 가리킨 것이다. 第는 及第이다.
3) 偃仰 : 安居인데, 安貧樂道(淸貧한 생활을 편안히 여기면서 聖人의 道를 追求하는 것을 樂으로 삼음)를 이른다.
4) 干謁 : 벼슬을 구하기 위해 勢力家를 謁見함이다.
5) 投刺 : 名銜(성명, 주소, 신분 등을 적은 종이쪽)을 전함이다.
6) 使其躬儳焉而不終日 : ≪禮記≫ 〈表記〉에 "君子는 장중하고 공경하기 때문에 날로 의지가 강해지고, 小人은 안락과 방종을 일삼기 때문에 날로 구차해지니, 군자는 하루라도 자기의 몸이 경시나 천시당할 짓을 하여 소인이 하루도 마치지 못하는 것처럼 하지 말라.〔君子莊敬日强 安肆日偸 君子不以一日使其

躬儢焉如不終日]"는 말이 보이는데, 그 注에 "儢焉은 경시와 천시당할 수 있는 모양이고, 如終日은 사람이 禮가 없으면 죽음이 즉시 닥친다는 말이다."라고 하였다.

7) 勞思長懷 : 勞思는 憂慮(근심 걱정)함이고, 長懷는 깊이 생각에 잠겨 옛사람을 그리워함이다.

8) 度時揣己 : 時代의 形勢를 헤아려보고, 자신의 能力을 헤아려봄이다.

9) 廢然而返 : ≪莊子≫ 〈德充符〉에 보이는데, 그 注에 "모든 것을 잊고 본래의 모습으로 돌아옴이다."라고 하였다.

10) 雖欲從之 末由也已 : ≪論語≫ 〈子罕〉에 보이는데, 이는 顔淵이 孔子를 讚美한 말이다. 그 疏에 "末은 無이다. 夫子께서 創立한 바가 비할 데 없이 卓越하시어 내가 비록 따르고 싶어도 미칠 방법이 없다는 말이다."라고 하였다. 韓愈는 이 말을 斷章取義하여, 벼슬에 대한 미련을 버리고 순수한 마음으로 崔元翰과 從遊하고 싶어도 방법이 없다는 뜻으로 사용하였다.

又常念古之人은 日已進이어늘 今之人은 日已退로라 夫古之人은 四十而仕[1)]하야 其行道爲學이 旣已大成이로되 而又之死不倦이라 故其事業功德이 老而益明하고 死而益光하니라 故詩曰 雖無老成人이나 尙有典刑[2)]이라하니 言老成之可尙也라 又曰 樂只君子여 德音不已[3)]라하니 謂死而不亡(忘)也니라 夫今之人은 務利而遺道하니 其學其問은 以之取名致官而已니라 得一名하고 獲一位면 則棄其業하고 而役役[4)]於持權者之門이라 故其事業功德이 日以忘하고 月以削하야 老而益昏하고 死而遂亡(忘)이라 愈今二十有六矣라 距古人始仕之年이면 尙十四年이니 豈爲晩哉리오 行之以不息하고 要之以至死[5)]면 不有得於今이라도 必有得於古요 不有得於身이라도 必有得於後리라 用此自遣[6)]하고 且以爲知己者之報하노니 執事以爲何如哉오 其信然否也아

또 저는 항상 옛사람들은 날마다 진보하였는데, 지금 사람들은 날마다 퇴보한다고 생각하였습니다. 옛사람들은 40세가 되어서야 出仕하여, 道를 행하고 學問을 닦은 것이 이미 크게 이루어졌는데도 계속 노력해 죽을 때까지 게을리하지 않았습니다. 그러므로 그 사업과 공덕이 늙을수록 더욱 밝아지고 죽은 뒤에 더욱 빛이

났습니다. 그러므로 ≪詩經≫에 "비록 세상일에 老成한 사람은 없지만 오히려 그 典刑은 남아 있다."고 하였으니, 이는 老成한 사람을 尊崇해야 함을 말한 것이고, 또 "즐거운 군자여! 名聲(德音)이 그치지 않네."라고 하였으니, 이는 죽은 뒤에도 그를 잊지 못함을 이른 것입니다.

그런데 지금 사람들은 利益을 구하기만을 힘쓰고 道義는 버리니, 그들이 학문을 하는 것은 단지 그 학문을 이용해 명예를 취하고 官位에 오르기 위함입니다. 〈그러므로〉 명예를 한 번 얻고 벼슬 한 자리를 얻은 뒤에는 學業은 팽개치고서 權門에 분주히 드나들며 名利만을 꾀합니다. 그러므로 그 사업과 공덕이 날이 갈수록 잊히고 달이 갈수록 깎여서, 늙을수록 더욱 어두워지고 죽은 뒤에는 마침내 다 잊힙니다.

저는 이제 26세입니다. 옛사람들이 처음 出仕하던 나이에 이르려면 아직 14년이 남았으니 어찌 늦었다고 하겠습니까. 쉼 없이 성인의 도를 실천하고 죽을 때까지 몸을 단속한다면 今世에는 얻는 것이 없어도 반드시 옛 도에는 얻는 것이 있을 것이고, 살아서는 얻는 것이 없어도 반드시 죽은 뒤에는 얻는 것이 있을 것입니다. 저는 이런 생각으로 마음을 달래고, 또 이렇게 함으로써 저를 알아준 분에게 보답하려 하니, 집사께서는 어찌 생각하십니까? 저의 생각을 옳게 여기십니까? 옳지 않게 여기십니까?

1) 古之人 四十而仕 : ≪禮記≫ 〈曲禮 上〉에 "40세가 되면 智力과 體力이 强하여 出仕할 수 있다.〔四十强而仕〕"란 말이 보인다.

2) 雖無老成人 尙有典刑 : ≪詩經≫ 〈大雅 蕩〉에 보이는데, 비록 老鍊하고 圓熟한 伊尹과 伊陟 같은 舊臣은 죽고 없으나 오히려 그들이 남긴 법은 있다는 말이다.

3) 樂只君子 德音不已 : ≪詩經≫ 〈小雅 南山有臺〉에 보인다. 이 篇은 모두 5장으로 이루어졌는데, 1章의 "즐거운 군자여, 국가의 터전이로다. 즐거운 군자여, 萬壽가 기한이 없으리로다.〔樂只君子 邦家之基 樂只君子 萬壽無期〕"를 鄭玄의 箋에 "임금이 賢者를 얻어 官位에 앉혀 존경하고 또 예악으로 그를 즐겁게 하면 국가의 基本이 되고 長壽의 복을 얻는다."는 뜻으로 해석하였으니, '樂只君子 德音不已'도 관위에 앉아 임금의 존경을 받는 즐거움을 얻은 군자는 德行을 칭송하는 아름다운 명성이 끊임없다는 뜻이다.

4) 役役 : 權門勢家에 분주히 드나들며 名利를 꾀함이다.
5) 要之以至死 : 要는 約이니, 곧 죽을 때까지 約之以禮(禮로써 몸을 단속)하는 것이다.
6) 自遣 : 스스로 마음을 달램이다.

今所病者는 **在於窮約**이라 **無僦屋賃僕之資**하고 **無縕袍糲食之給**하야 **驅馬出門**이라도 **不知所之**니라 **斯道未喪**이요 **天命不欺**니 **豈遂殆哉**며 **豈遂困哉**아 **竊惟執事之於愈也**에 **無師友之交**하고 **無久故之事**하며 **無顏色言語之情**이로되 **卒然振而發之者**는 **必有以見知爾**[1]라 **故盡暴其所志**하고 **不敢以默**하노라 **又懼執事多在省**하니 **非公事不敢以至**니라 **是則拜見之不可期**요 **獲侍之無時也**라 **是以進其說如此**하노니 **庶執事察之也**하노라

지금 저에게 고통스러운 것은 빈곤입니다. 셋집을 얻거나 노복을 살 돈이 없고, 허름한 옷과 거친 음식도 自給할 수 없어서, 〈도움을 청하기 위해〉 말을 타고 문을 나서도 어디로 가야 할지를 모르겠습니다. 그러나 斯道(성인의 도)가 아직 사라지지 않았고, 天命은 속이지 않는 것이니, 어찌 제가 끝내 위태롭고 곤궁한 지경에 이르겠습니까?

제가 생각하기에 집사께서 저와 師友의 교분도 없고, 오래 사귄 일도 없으며, 만나서 이야기를 나눈 情分도 없는데, 갑자기 저를 거두어 發迹시켜 주신 것은 반드시 〈집사의〉 알아줌을 받아서일 것입니다. 그러므로 감히 입을 다물고 있을 수 없어 제 마음속의 생각을 다 말씀드렸습니다.

또 집사께서 尙書省에 계시는 시간이 많으니, 제가 공무가 아닌 일로는 그곳에 갈 수 없습니다. 그렇다면 拜謁을 기약할 수 없고 모실 기회가 없을까 두려웠습니다. 그러므로 이와 같이 말씀을 올리는 것이니, 집사께서 살펴주시기 바랍니다.

1) 振而發之者 必有以見知爾 : 振은 收이고, 發은 發迹이니, 곧 나를 거두어 功名을 이루게 한 것은 반드시 내가 당신의 알아줌을 받았기 때문이라는 말이다. 發迹은 빈천한 사람이 뜻을 얻어 이름을 드날림이다.

02. 與孟尙書書* 孟尙書에 준 편지

* 孟尙書는 孟簡을 이른다. 맹간은 字가 幾道이고 德州 昌平 사람이다. 元和 13년(818)에 戶部侍郞檢校尙書로 나아가 永州刺史 山南節度使가 되었다가 15년에 다시 太子賓客에 除授되었는데, 穆宗이 卽位하여 그의 관직을 낮추어 吉州司馬로 左遷시켰다. 맹간은 불교를 독실히 믿어 佛經을 번역하는 일에 참여하였다. 韓愈가 원화 14년(819)에 憲宗이 佛骨을 맞아들이려는 것을 간하는 表文을 올렸다가 헌종의 노여움을 사서 潮州司馬로 좌천되었을 때 佛僧 太顚과 交遊하니, 사람들은 한유가 부처를 신봉한다는 말을 전하였다. 그해 겨울에 한유가 袁州刺史에 除授되어, 다음 해에 行官으로 袁州로 가는 길에 吉州를 지나니, 맹간이 편지를 보내어 전해 들은 말을 言及하였다. 그러므로 한유가 이 答書를 보낸 것이다.

翻覆[1)]變幻하니 昌黎書當以此爲第一이라

反覆이 일정하지 않고 變化가 헤아릴 수 없으니, 昌黎의 글 중에 이 편지를 으뜸으로 꼽아야 한다.

1) 翻覆 : 反覆이니, 同一한 語句를 사용해 거듭 설명하여 감정을 강렬하게 표현하는 修辭法의 하나이다.

愈白하노라 行官[1)]自南廻하야 過吉州에 得吾兄[2)]二十四日手書數番[3)]하니 忻悚兼至로라 未審入秋來에 眠食何似오 伏惟萬福하노라 來示[4)]云 有人傳愈近少信奉釋氏라하니 此傳之者妄也라 潮州時에 有一老僧號大顚하니 頗聰明識道理라 遠地無可與語者라 故自山召至州郭[5)]하야 留十數日하니라 實能外形骸[6)]하고 以理自勝하야 不爲事物侵亂[7)]이라 與之語에 雖不盡解나 要自胸中無滯礙[8)]일새 以爲難得하야 因與來往하니라 及祭神至海上에 遂造其廬하고 及來袁州에 留衣服爲別하니 乃人之情이요 非崇信其法하야 求福田[9)]利益也니라

韓愈는 아룁니다.

行官인 내가 南方에서 돌아와 吉州를 지날 때에 24일에 보내신 吾兄의 手書 몇 장을 받으니 기쁜 마음과 황송한 마음이 함께 지극하였습니다. 모르겠습니다만 가을로 접어든 이래로 寢食이 어떠하신지요. 萬福하시기를 바랍니다.

주신 편지에 "어떤 사람이 한유가 근자에 釋氏(釋迦牟尼)를 약간 신봉한다고 전하였다."고 하였으니, 이는 전한 자의 妄言입니다. 潮州에 있을 적에 號가 大顚이라는 한 늙은 중이 있었는데, 제법 총명하여 도리를 알았습니다. 조주는 都城에서 멀리 떨어져 있는 곳이라서 함께 말을 나눌 만한 자가 없으므로 그를 山寺에서 州郭으로 招致하여 수십 일을 留宿시켰는데, 그는 실로 形體를 도외시하고 도리로써 자기를 억제하여 事物의 侵亂을 받지 않는 사람이었습니다.

그와 이야기를 할 때 비록 그 말을 다 이해하지는 못하였으나, 요컨대 그는 마음속에 〈세간의 욕망으로 인한〉 막힘이 없었습니다. 그러므로 나는 그를 얻기 어려운 사람으로 여겨 그와 來往하였습니다. 海神에게 제사하기 위해 海上에 갔을 적에 드디어 그의 집을 訪問하였고, 袁州로 올 때에 의복을 남겨주고 그와 작별하였으니, 이는 인정으로 〈방문하고 옷을 남겨준 것이지〉 佛法을 높이고 신봉하여 福田의 利益을 구하려 한 것이 아니었습니다.

1) 行官 : 節度使나 刺史의 속관으로, 명을 받고 인근의 州縣으로 가서 公事를 처리하는 관원이다.
2) 吾兄 : 벗에 대한 尊稱이다. 옛사람들은 先輩가 後輩에게 이렇게 칭하여 겸양의 뜻을 표시하였다.
3) 手書數番 : 手書는 손수 쓴 편지이고, 數番은 몇 장이다.
4) 來示 : 보내온 편지를 이른다. 示는 상대의 書信이나 詩文에 대한 敬稱이다.
5) 州郭 : 潮州城의 外郭을 이른다.
6) 形骸 : 形體인데, 여기서는 死生 存亡과 榮辱 窮達 등 일체의 사물을 이르는 뜻으로 쓰였다.
7) 以理自勝 不爲事物侵亂 : 自勝은 자기를 억제함이고, 侵亂은 침범해 어지럽힘이니, 곧 도리로써 욕망을 억제하여 외부 사물의 侵亂을 당하지 않았다는 말이다.
8) 胸中無滯礙 : 마음이 世間의 욕망에 얽매여 막힘이 없다는 뜻이다.

9) 福田 : 佛教用語로 부처를 공양하고 선행을 쌓으면 복을 받는 것이 마치 밭에 씨앗을 뿌리면 수확의 이익을 얻는 것과 같다는 뜻이다.

孔子云 丘之禱久矣[1)]라하시니라 **凡君子行己立身**[2)]에 **自有法度**하고 **聖賢事業**이 **具在方冊**[3)]하야 **可效可師**하니 **仰不愧天**하고 **俯不愧人**하며 **內不愧心**이니라 **積善積惡**에 **殃慶自各以其類至**하나니 **何有去聖人之道**하며 **舍先王之法**[4)]하고 **而從夷狄之教**[5)]하야 **以求福利也**리오 **詩不云乎**아 **愷悌君子**여 **求福不回**[6)]라하고 **傳又曰 不爲威惕**하고 **不爲利疚**[7)]라하니 **假如釋氏能與人爲禍祟**[8)]라도 **非守道君子之所懼也**어든 **況萬萬無此理**아 **且彼佛者**가 **果何人哉**아 **其行事類君子邪**아 **小人邪**아 **若君子也**ㄴ댄 **必不妄加禍於守道之人**이요 **如小人也**ㄴ댄 **其身已死**하고 **其鬼不靈**이라 **天地神祇**[9)]가 **昭布森列**[10)]하야 **非可誣也**라 **又肯令其鬼行胸臆**하야 **作威福於其間哉**[11)]리오 **進退無所據**[12)]어늘 **而信奉之**면 **亦且惑矣**라

孔子께서 "내가 기도한 지가 오래이다."라고 하셨습니다. 군자의 處身과 行事에는 본래 법도가 있고, 성현의 사업이 모두 方冊에 실려 있어, 본받을 수 있고 스승으로 삼을 수 있으니, 위로는 하늘에 부끄럽지 않고 아래로는 사람에게 부끄럽지 않으며 안으로는 마음에 부끄럽지 않을 수 있습니다. 善行을 쌓거나 惡行을 쌓으면 福慶과 災殃이 각각 그 種類에 따라 이르는 것이 〈정해진 이치이니,〉 무엇 때문에 성인의 도와 선왕의 법을 버리고서 오랑캐의 가르침을 따라 福利를 구하겠습니까?

≪詩經≫에 "愷悌한 군자여! 복을 구함이 邪僻(不正)하지 않으셨네."라고 말하지 않았던가요. 또 ≪春秋左氏傳≫에 "위협에 겁먹지 않고 이익에 병들지 않는다."고 하였으니, 가령 釋氏가 사람들에게 禍를 줄 수 있다 하여도 도를 지키는 군자가 두려워할 바가 아닌데, 더구나 이럴 리가 萬無한 데이겠습니까?

그리고 또 저 부처란 자는 과연 어떤 사람이었습니까? 그 행위가 군자와 유사하였습니까? 소인과 유사하였습니까? 만약 부처가 군자였다면 반드시 도를 지키는 사람에게 함부로 화를 주지 않을 것이고, 만약 소인이었다면 그 몸이 이미 죽었고 그 귀신도 靈驗하지 못할 것입니다. 天神과 地祇가 사방에 밝게 分布하여 삼엄하

게 나열해 있어 속일 수가 없으니, 또 어찌 그 귀신으로 하여금 제 마음대로 행동하여 인간에게 화를 주고 복을 주도록 버려두겠습니까? 이리 보나 저리 보나 근거가 없는데, 부처를 신봉한다면 이 또한 迷惑된 것입니다.

1) 丘之禱久矣 : ≪論語≫ 〈述而〉에 보인다. 丘는 孔子의 諱字이다. 그 註에 "기도는 잘못을 悔改하고 善으로 옮겨가서 神의 도움을 祈求함이다. 그런 이치가 없다면 기도할 필요가 없고, 이미 병을 위해 기도하는 이치가 있다 하더라도 성인은 허물을 지은 적이 없으니 더 이상 옮겨갈 선이 없다. 공자는 평소의 행동이 이미 神明의 뜻에 부합하였기 때문에 '나는 기도한 지 오래이다.'라고 한 것이다." 하였다.
2) 行己立身 : 處身과 行事를 이른다.
3) 方冊 : 典籍을 이른다.
4) 先王之法 : 堯・舜・禹王・湯王・文王・武王이 천하를 다스렸던 法을 이른다.
5) 夷狄之敎 : 佛敎가 天竺國에서 流入하였기 때문에 '夷狄의 敎'라 한 것이다.
6) 愷悌君子 求福不回 : ≪詩經≫ 〈大雅 旱麓〉의 詩句인데, 그 注와 箋에는 '愷悌'를 樂易로 풀고, '君子'는 太王과 王季를 이른다고 하였으며, 不回는 福祿을 구함에 있어 先王의 도를 어기지 않았다는 뜻으로 풀었다. 樂易는 和樂平易의 준말로 性情이 溫和하여 까다롭지 않음이다. 集註에 "回는 邪이다."라고 하였으니, 求福不回는 복을 구하기 위해 부정한 방법을 쓰지 않았다는 뜻이다. 不回는 注說을 따르지 않고 集註를 취해 번역하였다.
7) 不爲威惕 不爲利疚 : ≪春秋左氏傳≫ 哀公 16년과 ≪春秋左氏傳≫ 昭公 20년에 보인다.
8) 禍祟 : 귀신이 내리는 災禍를 이른다.
9) 天地神祇 : 天神과 地祇를 이른다.
10) 昭布森列 : 사방에 밝게 분포하여 삼엄하게 벌여 있다는 말이다.
11) 肯令其鬼行胸臆 作威福於其間哉 : 肯은 豈(어찌)이고, 胸臆은 마음속의 생각이고, 作威福은 惡人에게 罰을 주고 善人에게 복을 주는 임금의 權限을 이르고, 其間은 천지 사이의 世上이니, 곧 하늘이 어찌 석가모니의 귀신으로 하여금 제 마음대로 세상 사람들에게 화복을 주도록 버려두겠느냐는 뜻이다. ≪尙書≫ 〈洪範〉에 "오직 임금만이 복을 줄 수 있고, 오직 임금만이 罰

〔威〕을 줄 수 있다.〔惟辟作福 惟辟作威〕"란 말이 보이는데, 그 疏에 "惟辟作福은 임금만이 오로지 사람들에게 賞을 줄 수 있는 것이고, 惟辟作威는 임금만이 오로지 사람들에게 罰을 줄 수 있는 것이다."라고 하였다. 作威와 作福은 일반적으로 임금만이 행사할 수 있는 賞罰의 권한을 이른다.

12) 進退無所據 : 전진하여도 의거할 곳이 없고 후퇴하여도 의거할 곳이 없다는 뜻인데, 이리 보아도 근거가 없고 저리 보아도 근거가 없다는 말로 쓰인다.

且愈不助釋氏而排之者엔 其亦有說이라 孟子云 今天下不之楊則之墨[1]이라하니 楊墨交亂하야 而聖賢之道不明이면 則三綱淪하고 而九法斁(두)[2]하며 禮樂崩하고 而夷狄橫하리니 幾何其不爲禽獸也리오 故曰 能言距楊墨者는 皆聖人之徒也[3]라하니라 揚子雲[4]云 古者楊墨塞路어늘 孟子辭而闢之廓如也[5]라하니라 夫楊墨行하야 正道廢가 且將數百年이러니 以至於秦하야 卒滅先王之法하고 燒除其經하며 坑殺學士하니 天下遂大亂하니라 及秦滅하고 漢興且百年이로되 尙未知修明[6]先王之道러니 其後始除挾書之律[7]하고 稍求亡書하고 招學士하니 經雖少得이나 尙皆殘缺하야 十亡(무)二三하니라 故學士多老死하고 新者不見全經하야 不能盡知先王之事ㄹ새 各以所見爲守하야 分離乖隔하야 不合不公[8]하니 二帝三王[9]群聖人之道가 於是大壞하니라 後之學者無所尋逐하야 以至於今泯泯也하니 其禍出於楊墨肆行而莫之禁故也니라 孟子雖賢聖이나 不得位하야 空言無施하니 雖切何補리오 然賴其言하야 而今學者尙知宗孔氏崇仁義貴王賤霸[10]而已요 其大經大法[11]은 皆亡滅而不救하고 壞亂而不收하니 所謂存十一於千百이라 安在其能廓如也오 然向無孟氏면 則皆服左衽而言侏離[12]矣리라 故愈嘗推尊孟氏하야 以爲功不在禹下者는 爲此也니라

또 내가 釋氏를 돕지 않고 배척하는 데는 이유가 있습니다. 孟子가 "오늘날 천하의 學說이 楊朱를 따르지 않으면 墨翟을 따른다."고 하였습니다. 楊墨의 邪說이 번갈아 천하를 어지럽혀 聖賢의 도가 밝아지지 않으면 三綱이 沒落하고 九法이 파괴되고 禮樂이 무너지고 오랑캐가 橫行할 것이니, 禽獸가 되지 않을 사람이 몇이나 되겠습니까? 그러므로 맹자가 "능히 말로라도 양묵을 거절하는 자는 성인의 무리

이다."라고 한 것입니다.

揚子雲(揚雄)이 말하기를 "옛날에 양묵의 邪說이 正道의 길을 막자, 맹자가 〈사설의 그릇됨을〉 자세히 설명하고 배척하여 막힌 길을 깨끗이 치웠다."라고 하였습니다. 저 양묵의 사설이 횡행하여 정도가 폐기된 지 거의 수백 년이 되었는데, 秦나라에 이르러 마침내 先王의 법을 다 없애고 성인의 經書를 불사르고 學士들을 묻어 죽이니 천하가 드디어 크게 혼란하였습니다. 진나라가 멸망하고 漢나라가 들어선 지 거의 백 년이 되도록 오히려 선왕의 도를 修明할 줄을 몰랐습니다.

그 뒤에 비로소 挾書律을 없애고서 차츰 없어진 책을 구하고 學士들을 招聘하니, 경서는 비록 조금 구하였으나, 오히려 모두 殘缺되어 열에 두셋은 없어졌습니다. 옛 學士들은 대부분 늙어죽었고, 새로운 학사들은 온전한 경서를 보지 못하여 선왕의 일을 다 알지 못하므로 각각 자기가 본 경서만을 고집하여, 학설이 분리되고 서로 저촉되어 의견이 합일되지도 공정하지도 못하니, 二帝와 三王 등 여러 성인의 도가 이로 인해 크게 파괴되었습니다. 후대 학자들이 성인의 종적을 찾아 따를 곳이 없어서 지금에 이르러서 이처럼 泯滅된 것입니다. 이 災禍는 양묵의 사설이 횡행하는데도 금지하지 않은 데서 나온 것입니다.

맹자가 비록 성현이었으나, 職位를 얻지 못하여 빈말만 하고 시행하지 못하였으니, 말씀이 비록 간절하였으나 무슨 도움이 되었겠습니까? 그러나 그 말씀을 힘입어 지금의 학자들이 오히려 孔子를 존경하고 仁義를 숭상하고 王道를 귀하게 여기고 霸道를 천하게 여길 줄을 알게 되었을 뿐이고, 성인의 大經과 大法은 모두 없어지는데도 구원하고 못하고, 파괴되는데도 수습하지 못하였으니, 이른바 '천분의 십, 백분의 일을 보존하였다.'는 것이니, '깨끗이 치웠다.'는 것을 어디에서 찾아볼 수 있습니까? 그러나 그때 가령 맹자가 없었다면 우리는 모두 옷깃을 왼쪽으로 여미는 옷을 입고 알아들을 수 없는 말을 하는 오랑캐가 되었을 것입니다. 그러므로 내가 일찍이 맹자를 추존하여 그 공이 禹임금에 못지 않다고 한 것은 이 때문입니다.

1) 今天下不之楊則之墨 : ≪孟子≫ 〈滕文公 下〉에 "楊朱와 墨翟의 邪說이 천하에 가득하여 천하의 학설이 양주에게로 돌아가지 않으면 묵적에게로 돌아간다.〔楊朱墨翟之言 盈天下 天下之言 不歸楊 則歸墨〕"란 말이 보인다. 楊・墨

은 戰國時代에 爲我說를 주장한 楊朱와 兼愛說을 주장한 墨翟을 이른다.

2) 九法斁(두) : 九法은 하늘이 禹에게 내려주었다는 천하를 다스리는 九疇(九種의 法)를 이른다. 斁는 敗壞이다. 九疇는 五行 · 五事 · 八政 · 五紀 · 皇極 · 三德 · 稽疑 · 庶徵 · 五福 · 六極이다. ≪尙書≫ 〈洪範〉에 자세히 보인다.

3) 能言距楊墨者 皆聖人之徒也 : ≪孟子≫ 〈滕文公 下〉에 보인다.

4) 揚子雲 : 揚雄이다. 子雲은 그의 字이다. 西漢 때의 哲學者이다.

5) 辭而闢之廓如也 : 辭는 是非를 자세히 설명함이고, 闢은 排斥함이고, 廓如는 깨끗이 치움이다.

6) 修明 : 아름다운 옛 制度를 더욱 발전시킴이다.

7) 挾書之律 : 秦나라 때 藏書를 금지하던 법이다. 漢 惠帝 3년(B.C. 192)에 비로소 이 법이 폐기되었다.

8) 分離乖隔 不合不公 : 學說이 分離되고 서로 抵觸되어, 의견이 합일되지도 공정하지도 못하였다는 말이다.

9) 二帝三王 : 二帝는 堯와 舜을 이르고, 三王은 夏 禹王, 商 湯王, 周 文王 · 武王을 이른다.

10) 貴王賤霸 : 仁義와 道德으로 천하를 다스리는 것을 '王道'라 하고, 武力과 刑罰로 천하를 다스리는 것을 '霸道'라 한다. 儒家는 王道를 귀하게 여기고, 霸道를 천하게 여긴다.

11) 大經大法 : 不變의 常道와 法則을 이른다.

12) 服左衽而言侏離 : 蠻夷처럼 옷깃을 왼쪽으로 여미고, 알아들을 수 없는 괴이한 蠻夷의 말을 하였을 것이라는 말이다.

漢氏[1]已來로 群儒區區修補나 百孔千瘡[2]이 隨亂隨失[3]하야 其危如一髮引千鈞[4]하야 綿綿延延[5]하야 寖以微滅이어늘 於是時也에 而唱釋老於其間하야 鼓天下之衆而從之하니 嗚呼라 其亦不仁甚矣로다 釋老之害過於楊墨하고 韓愈之賢不及孟子로라 孟子不能救之於未亡之前이어늘 而韓愈乃欲全之於已壞之後하니 嗚呼라 其亦不量其力이로다 且見其身之危하야 莫之救以死也리라 雖然이나 使其道由愈而粗傳이면 雖滅死라도 萬萬[6]無恨이리라 天地鬼神이 臨之在上하고 質之在傍[7]하니 又安得因一摧

折[8]로 自毁其道하고 以從於邪也리오 籍湜[9]輩는 雖屢指敎나 不知果能不叛去否아 辱吾兄眷厚로되 而不獲承命[10]하니 惟增慙懼로라 死罪死罪[11]로다 愈再拜하노라

漢나라 이래로 여러 儒者들이 조금씩 수정하고 보완하였으나, 상처투성이가 된 大經 大法이 이내 어지러워지고 이내 遺失되어, 그 위태로움이 마치 한 올의 머리카락으로 천 鈞의 물건을 끄는 것과 같아, 끊어지지 않고 겨우 이어오면서 점점 미약해져서 소멸될 지경에 이르렀습니다. 그런데 이런 때에 그 사이에서 佛教와 道教를 제창하여 천하 사람들을 부추겨 따르게 하니, 아! 그들 또한 매우 不仁하다 하겠습니다.

불교와 도교의 해는 楊朱와 墨翟의 해보다 지나치고, 나의 賢能은 孟子에 미치지 못합니다. 맹자는 〈성인의 도가〉 없어지기 전인데도 구원하지 못하였는데, 나는 이미 무너진 뒤에 보전하려 하니, 아! 이 또한 자신의 힘을 요량하지 못한 것입니다. 장차 몸이 위험을 당하여 도를 구원하지도 못하고 죽게 될 것입니다. 비록 그렇게 된다 하더라도 도가 나로 인해 조금이나마 전해진다면 나는 비록 죽는다 해도 절대로 悔恨하지 않을 것입니다. 천지의 귀신이 위에서 굽어보고 곁에서 質責하시니, 어찌 한 번의 挫折로 인해 스스로 성인의 도를 毁棄(버림)하고서 邪教를 따르겠습니까?

張籍과 皇甫湜 등에게 누차 지도해 가르쳤습니다만 그들이 과연 성인의 도를 배반하지 않았는지 모르겠습니다. 吾兄의 두터운 돌보심을 받고도 오형의 명을 받아들일 수 없으니 부끄럽고 두려운 마음만 더해질 뿐입니다. 죽을죄를 지었습니다. 죽을죄를 지었습니다. 愈는 再拜하고서 이 글을 올립니다.

1) 漢氏 : 漢나라를 이른다.
2) 百孔千瘡 : 백 개의 구멍, 천 개의 상처로 상처투성이라는 말인데, 여기서는 大經 大法이 여지없이 무너진 것을 비유하는 뜻으로 쓰였다.
3) 隨亂隨失 : 修正하자 이내 어지러워지고, 補完하자 이내 遺失되었다는 말이다.
4) 其危如一髮引千鈞 : 30斤이 1鈞이니, 천 균이면 3만 근이다. 한 가닥의 머리카락으로 무거운 3만 근의 물건을 끄는 것과 같다는 것은 그 형세가 매우 위험함을 비유한다.

5) 綿綿延延 : 끊어지지 않고 죽 이어옴이다.
6) 萬萬 : '절대로'의 뜻이다.
7) 臨之在上 質之在傍 : 하늘의 신은 위에서 도리를 지키는지의 여부를 굽어 살피고, 땅의 신은 곁에서 도리를 지키라고 책망한다는 말이다.
8) 一摧折 : 〈論佛骨表〉를 올렸다가 潮州刺史로 左遷된 일을 이른다.
9) 籍湜 : 張籍과 皇甫湜을 이른다. 이들을 모두 韓愈의 제자이다. 장적은 字가 文昌인데 中唐 때의 詩人으로 樂府에 뛰어났다. 황보식은 자가 持正인데, 古文學派로 〈韓文公神道碑〉와 〈韓文公墓銘〉을 지었다.
10) 辱吾兄眷厚 而不獲承命 : 辱은 謙辭로 承蒙(입다, 받다)과 같고, 眷厚는 돌봐주시는 두터운 은혜라는 말인데, 여기서는 孟簡이 편지를 보낸 것을 이른다. 不獲은 不能과 같으니, 곧 저에게 관심을 보여 편지를 보내주시는 은혜를 입었으나, 당신의 명을 받아들일 수 없다는 말이다.
11) 死罪死罪 : 옛사람들이 書信에 미안함을 나타내던 套式語이다.

古來書自司馬子長答任少卿後로 獨韓昌黎爲工이나 而此書尤昌黎佳處라

예로부터 書信으로는 任少卿에게 보낸 司馬子長(司馬遷)의 答書가 〈가장 뛰어나고,〉 그 뒤로는 유독 韓昌黎의 서신만이 정교한데, 이 서신은 昌黎의 서신 중에서도 더욱 아름다운 작품이다.

03. 與鳳翔邢尙書書* 鳳翔 邢尙書에게 준 편지

* 저본에는 '刑尙書'가 '刑部尙書'로 되어 있으나, 朱子의 ≪韓文考異≫에 의거하여 '邢尙書'로 바로잡아 번역하였다. 鳳翔은 지명으로 鳳翔隴州都防禦觀察使의 治所이고, 邢尙書는 邢君牙이다. 이 편지는 韓愈가 貞元 11년(795)에 京師를 떠나 鳳翔을 유람할 때 觀察使 邢君牙에게 올린 것이다.

與于襄陽書[1]同意라

〈于襄陽에게 준 편지〔與于襄陽書〕〉와 뜻이 같다.

1) 與于襄陽書 : 본서 권3에 실려 있다.

愈再拜하노라 布衣之士는 身居窮約하니 不借勢於王公大人이면 則無以成其志하고 王公大人功業顯著는 不借譽於布衣之士면 則無以廣其名이라 是故布衣之士는 雖甚賤而不諂하고 王公大人은 雖甚貴而不驕하니 其事勢相須[1]하고 其先後相資[2]也ㄹ새니라

愈는 두 번 절하고 이 편지를 올립니다.

貧窮하게 사는 벼슬이 없는 선비는 王公 大人의 권세를 빌리지 않고는 뜻을 이룰 수 없고, 功業이 드러난 왕공 대인은 벼슬이 없는 선비의 기림을 빌리지 않고는 명성을 널리 전할 수 없습니다. 그러므로 벼슬이 없는 선비는 아무리 빈천하여도 아첨하지 않고, 왕공 대인은 아무리 존귀하여도 교만하지 않으니, 이는 사세가 서로 의존하고 선후가 서로 돕는 사이이기 때문입니다.

1) 事勢相須 : 相須는 서로 依存함이다.
2) 先後相資 : 先後는 上下이고, 相資는 도움이니, 곧 위의 王公 大人과 아래의 布衣之士는 서로 돕는 관계라는 말이다.

今閤下爲王爪牙[1]요 爲國藩垣[2]이라 威行如秋하고 仁行如春하니 戎狄棄兵而遠遁[3]하고 朝廷高枕而不虞하니 是豈負大丈夫平生之志願哉며 豈負明天子非常之顧遇[4]哉아 赫赫[5]乎洸洸[6]乎功業逐日以新하고 名聲隨風而流하니 宜乎讙呼海隅高談之士하고 奔走天下慕義之人하야 使或願馳一傳[7]하고 或願操一戈라 納君於唐虞[8]하고 收地於河湟[9]이어늘 然而未至乎是者는 蓋亦有說云[10]이니 豈非待士之道未甚厚하고 遇士之禮未甚優아 請粗言其事하노니 閤下試詳而聽之하라

지금 閤下께서는 君王의 武臣이고 국가의 城牆으로 威令(軍令)은 가을 날씨처럼 차갑고, 仁政은 봄 햇살처럼 따뜻하셨습니다. 戎狄이 무기를 버리고 멀리 도망가

고, 조정이 베개를 높이 베고 근심이 없으니, 이 어찌 대장부가 평소에 뜻한 바를 저버린 것이겠으며, 이 어찌 밝으신 천자의 知遇를 저버린 것이겠습니까.

빛나고 씩씩한 공업이 날로 새로워지고 명성이 바람 따라 유포되었으니, 당연히 해변에 은거해 고상한 담론을 하는 선비들이 환호하고, 천하에 의리를 사모하는 사람들이 달려와서, 합하를 위해 使者가 되어 驛傳(驛車)을 달리기를 원하거나 혹은 戰士가 되어 한 자루의 창을 잡기를 원했어야 합니다.

그리고 합하께서도 聖上을 도와 堯舜 같은 君王이 되게 하고, 河湟 일대의 失地를 수복했어야 합니다. 그런데 그리 되지 못한 데에는 아마도 原因이 있을 것이니, 어찌 선비를 대우하는 禮가 매우 隆崇하지 못하였기 때문이 아니겠습니까. 이제 제가 그 일에 대해 대략 말씀드리겠으니 합하께서 한 번 자세히 들어보소서.

1) 爪牙 : 범의 발톱과 어금니이다. 곧 용감한 武臣을 비유한다.
2) 藩垣 : 울타리와 담장이다. 곧 국가를 保衛하는 城牆을 이른다.
3) 戎狄棄兵而遠遁 : 戎狄은 吐藩을 이른다. ≪舊唐書≫〈邢君牙傳〉에 "吐藩이 해마다 邊境을 침범하자, 형군아가 屯田을 설치해 농사를 지으면서 전쟁하니, 西戎이 끝내 큰 우환거리가 되지 못하였다."라고 하였다.
4) 顧遇 : 知遇와 같은 말이다.
5) 赫赫 : 빛나는 모양이다.
6) 洸洸 : 위엄이 있고 씩씩한 모양이다.
7) 傳 : 驛站의 수레이다.
8) 唐虞 : 堯舜의 國號이다.
9) 河湟 : 黃河와 湟水 유역을 이른다. ≪新唐書≫〈吐藩傳 下〉에 "湟水는 蒙谷에서 발원하여 龍泉에 이르러 황하와 合流한다.……그러므로 세상에서는 西戎의 땅을 일러 '河湟'이라 한다."고 하였다. 이 지역은 唐나라 영토였으나 安史의 亂 이후 吐藩이 점검하였다.
10) 有說云 : 原因이 있다는 말이다.

夫士之來也는 必有求於閤下라 夫以貧賤而求於富貴는 正其宜也라 閤下之財不可以徧施于天下니 在擇其人之賢愚而厚薄等級之可也[1]니라 假如賢者至에 閤下

乃一見之하고 愚者至에 不得見焉이면 則賢者莫不至而愚者日遠矣요 假如愚者至에 閤下以千金與之하고 賢者至에 亦以千金與之면 則愚者莫不至而賢者日遠矣리라 欲求得士之道ㄴ댄 盡於此而已요 欲求士之賢愚인댄 在於精鑑博采之而已니라 精鑑於己면 固已得其十七八矣요 又博采於人이면 百無一二遺者焉이리라 若果能是道면 愈見天下之竹帛[2]不足書閤下之功德이요 天下之金石[3]不足頌閤下之形容[4]矣리라

선비가 찾아오는 것은 반드시 閤下께 구하는 것이 있어서입니다. 빈천한 사람으로서 부귀한 분에게 구하는 것은 바로 당연한 도리입니다. 합하의 재물을 천하 사람들에게 두루 施惠할 수 없으니, 그 사람의 賢愚를 구별하여 厚待와 薄待의 등급을 정해야 합니다. 가령 賢者가 찾아올 경우 합하께서 한 번 접견하시고 愚者가 찾아올 경우 합하께서 접견하지 않으신다면, 현자는 찾아오지 않는 자가 없을 것이지만 우자는 날로 멀리 떠날 것입니다. 가령 우자가 찾아와도 합하께서 천금을 주시고 현자가 찾아와도 천금을 주신다면, 우자는 오지 않는 자가 없을 것이지만 현자는 날로 멀리 떠날 것입니다.

선비를 얻는 방법을 찾고자 하신다면 제가 드린 말 속에 다 담겨 있고, 선비의 현우를 알려 하신다면 밝게 감별하여 널리 채용하는 데 달렸을 뿐입니다. 나에게 밝게 감별하는 지혜가 있다면 이미 열에 일고여덟의 현자를 얻은 것이고, 사람들을 널리 채용한다면 백에 한둘도 빠뜨린 자가 없을 것입니다. 과연 이 방법대로 하신다면, 저는 천하의 竹帛이 합하의 공덕을 기록하기에 모자라고 천하의 金石이 합하의 形容(盛德)을 칭송하기에 모자랄 것으로 압니다.

1) 擇其人之賢愚而厚薄等級之可也 : 擇은 구별함이다. 그 사람이 賢者인지 愚者인지를 구별하여 厚待와 薄待의 등급을 나누어 대우해야 한다는 말이다.
2) 竹帛 : 竹簡과 白絹이다. 종이가 발명되기 전에는 죽간과 백견에 글을 적었으므로 史策의 뜻으로 쓰인다.
3) 金石 : 功德을 篆刻하는 鐘鼎과 碑石을 이른다.
4) 形容 : 盛德을 이른다.

愈也는 布衣之士也라 生七歲而讀書하고 十三而能文하고 二十五而擢第於春官[1)]하야 以文名於四方이라 前古之存亡을 未嘗不經於心也하고 當世之得失을 未嘗不留於意也하야 常以天下之安危在邊이라 故六月于邁하야 來觀其師하니라 及至此都[2)]하야 徘徊而不能去者는 誠悅閤下之義하야 願少立於堦墀之際하야 望見君子之威儀也로되 居十日而不敢進者는 誠以左右無先爲容[3)]하야 懼閤下以衆人視之면 則殺身不足以滅恥요 徒悔恨於無窮이라 故先此書하야 序其所以來之意하니 閤下其無以爲狂하고 而以禮進退之면 幸甚幸甚[4)]이라

저는 벼슬이 없는 선비입니다. 태어나 일곱 살에 글을 읽기 시작하였고, 열세 살에 능히 문장을 지었고, 스물다섯 살에 禮部 進士科에 합격하여 문장으로 사방에 이름이 났습니다. 저는 前代의 存亡과 당세의 득실에 대해 관심을 기울이지 않은 적이 없는데, 항상 천하의 안위가 邊方에 달렸다고 생각하였습니다. 그러므로 6월에 먼 길을 와서 군대를 구경하였습니다.

이곳에 와서 머뭇거리고 떠나지 않은 것은 참으로 閤下의 의리를 사모하여 잠시나마 섬돌 옆에 서서 군자의 威儀를 바라보고 싶었기 때문입니다. 그런데 열흘이 지나도록 감히 나아가 뵙지 못한 것은, 합하의 좌우에 먼저 저를 소개한 사람이 없어서 합하께서 저를 보통 사람으로 보신다면 저는 죽어도 수치를 씻지 못하고 한갓 끝없는 회한만 남기게 될까 두려웠기 때문입니다. 그러므로 먼저 이 글을 올려 찾아온 뜻을 서술하오니, 합하께서 저를 狂妄하다고 여겨 禮를 따져 물리치지 않으시면 매우 다행이겠습니다.

1) 擢第於春官 : 春官은 禮部의 별칭이다. 예부에서 실시하는 進士試에 及第한 것을 이른다.
2) 此都 : 鳳翔府의 治所가 있는 곳이다.
3) 左右無先爲容 : 邢君牙의 좌우에 있는 사람 중에 먼저 韓愈를 소개한 자가 없다는 말이다.
4) 幸甚 : 書信 중에 쓰는 투식어로 여기서는 간절한 바람을 뜻한다.

04. 應科目時與人書* 科目에 應試할 때 어떤 이에게 준 편지

* ≪五百家注昌黎文集≫에는 '應科目時與韋舍人書'로 되어 있다. 洪興祖의 ≪韓子年譜≫에 "貞元 9년(793)에 博學宏詞科에 응시할 때 지은 것이다."라고 하였다. 隋唐 이래로 科目을 나누어 관리를 선발하였으므로 허다한 名目이 있었다. 박학굉사과도 그중의 하나이다.

空中樓閣[1]이라 其自擬處奇하고 而其文亦奇라

空中樓閣이다. 자신을 비유한 것이 기이하고 문장도 기이하다.

1) 空中樓閣 : 여러 가지 뜻으로 쓰인다. 여기서는 가상의 사물을 빌려 비유한 것이 명쾌하고 文詞가 通暢하다는 뜻으로 쓰였다.

月日에 愈再拜하노라 天池之濱과 大江之濆[1]에 曰有怪物[2]焉하니 蓋非常鱗凡介之品彙匹儔[3]也라 其得水면 變化風雨하고 上下于天이 不難也어니와 其不及水면 蓋尋常尺寸之間[4]耳라 無高山大陵曠途絶險爲之關隔也로되 然其窮涸不能自致乎水하야 爲獱獺之笑者가 蓋十八九矣라 如有力者哀其窮而運轉之면 蓋一擧手一投足之勞也라

아무 달 아무 날에 愈는 두 번 절하고 이 글을 올립니다.

天池와 大江 가에 怪物이 있는데, 이 괴물은 평범한 물고기나 甲殼類의 同類가 아닙니다. 이 괴물이 물을 만나면 변화를 부려 비바람을 일으키고 하늘을 오르내리는 것도 어렵지 않지만, 물을 만나지 못하면 지극히 좁은 곳에서 움직일 뿐입니다. 높은 산, 큰 丘陵, 먼 길, 험한 지세의 가로막힘이 없어도, 물이 마른 곳에 있는 처지라서 자력으로 물이 있는 곳으로 갈 수 없어서, 수달의 비웃음을 받는 경우가 허다합니다. 가령 힘이 있는 사람이 이 괴물의 곤궁함을 가엾게 여겨 물이 있는 곳으로 옮겨주려 한다면, 그 수고는 손을 한 번 들고 발을 한 번 움직이는 수고로 충분할 것입니다.

1) 天池之濱 大江之濆：天池는 자연이 만든 大池란 말로 바다를 이르고, 大江은 長江을 이른다. 韓愈는 이미 進士試에 及第하였으니 隱居한 布衣가 아니다. 그러므로 천지와 대강 가에 있으나 단지 아직 둘을 만나지 못했다고 한 것이다.
2) 怪物：蛟龍 따위인데, 韓愈가 자신을 비유한 것이다.
3) 品彙匹儔：品彙는 品類와 같은 말로 물건의 갖가지 종류를 이르고, 匹儔는 同類를 이른다.
4) 尋常尺寸之間：8척이 '尋'이고, 16척이 '常'이니, 尋常尺寸之間은 좁은 공간을 의미한다.

然是物也는 負其異於衆也하고 且曰 爛死於沙泥를 吾寧樂之리오 若俛首帖耳[1)]하고 搖尾而乞憐者는 非我之志也라 是以有力者遇之에 熟視之오도 若無覩也하니 其死其生을 固不可知也니라 今又有有力者當其前矣일새 聊試仰首一鳴號焉하니 庸詎知有力者不哀其窮而忘一擧手一投足之勞하야 而轉之淸波乎아 其哀之도 命也요 其不哀之도 命也며 知其在命而且鳴號之者도 亦命也라 愈今者實有類於是라 是以忘其疎愚之罪하고 而有是說焉하니 閤下其亦憐察之하라

그러나 이 怪物은 자기가 평범한 魚類와 다름을 자부하면서도 '모래와 진흙 속에서 썩어 죽는 것을 내 어찌 즐기겠는가? 그러나 머리를 숙이고 귀를 붙이고서 꼬리를 치면서 가엾게 보아주기를 구하는 것은 나의 뜻이 아니다.'라고 합니다. 그러므로 힘이 있는 사람이 이 괴물을 만났을 때에 자세히 보고도 못 본 체하니, 이 괴물이 살 것인지 죽을 것인지 참으로 알 수가 없습니다.

지금 또 힘이 있는 분이 앞에 계시므로 고개를 들고 한 번 부르짖으니, 힘이 있는 분이 괴물의 곤궁함을 가엾게 여겨 수족을 한 번 움직이는 수고를 잊고서 맑은 물결 속으로 옮겨주지 않을 줄을 어찌 알겠습니까? 힘이 있는 분이 가엾게 여기는 것도 운명이고 가엾게 여기지 않는 것도 운명이며, 운명인 줄을 알면서도 부르짖는 것도 운명입니다. 저의 지금의 처지가 실로 이 괴물과 유사합니다. 그러므로 거칠고 어리석은 죄를 잊고서 이 말씀을 올리는 바이니, 합하께서 가엾게 여겨 살펴

주시기 바랍니다.

1) 帖耳 : 개가 엎드려 귀를 뒤로 붙이고서 알랑대는 것이다.

05. 與陳給事書* 陳給事에게 준 편지

* 陳給事는 陳京이다. 진경은 자가 慶復이다. 大曆(唐 代宗의 연호) 원년(766)에 진사시에 합격하였고, 貞元 19년(803)에 급사중으로 升遷하였다. 韓愈는 정원 19년에 陽山令으로 좌천되었으니, 이 편지는 진경이 급사중으로 승천한 뒤에 보낸 것이다.

洗刷[1)]工而調句佳하니 甚有益於初進者라

오해를 拂拭한 솜씨가 뛰어나고, 글귀를 다듬은 것이 아름다우니, 처음 官界에 진출한 자에게 매우 도움이 될 만하다.

1) 洗刷 : 洗는 물로 씻어냄이고, 刷는 刷子(솔)로 털어냄이니, 곧 오해를 拂拭함이다.

愈再拜하노라 愈之獲見於閤下가 有年矣라 始者에 亦嘗辱一言之譽[1)]나 貧賤也하야 衣食於奔走하야 不得朝夕繼見하고 其後에 閤下位益尊하야 伺候於門牆者日益進[2)]이라 夫位益尊이면 則賤者日隔하고 伺候於門牆者日益進이면 則愛博而情不專[3)]이라 愈也는 道不加修而文日益有名하니 夫道不加修면 則賢者不與하고 文日益有名이면 則同進者[4)]忌니라 始之以日隔之疏하고 加之以不專之望하며 以不與者之心하고 而聽忌者之說하니 由是閤下之庭에 無愈之迹矣니라

愈는 두 번 절하고 이 편지를 올립니다.

제가 閤下를 뵌 지가 이미 여러 해 되었습니다. 당초에 칭찬하시는 말씀을 받은 적이 있었으나, 貧賤으로 인해 입고 먹는 일에 바빠 아침저녁으로 계속 찾아뵙지 못하였고, 뒤에는 합하의 지위가 더욱 높아지시어 대문 밖에 기다리는 자가 날로

더욱 늘어났습니다. 지위가 더욱 높아지면 賤한 자는 날로 사이가 막히고, 대문 밖에 기다리는 사람이 날로 늘어나면 오로지 한 사람에게만 마음을 쓸 수 없습니다.

저는 道를 더 修習하지 못하였는데도 문장은 날로 이름이 났습니다. 도를 더욱 수습하지 않으면 賢者가 가까이하지 않고, 문장이 날로 이름이 나면 同進者들이 시기하기 마련입니다. 처음에는 날로 사이가 막히는 소원함이 있고, 다시 오로지 저만을 기대하지 않으심이 있으며, 저를 가까이하려 하지 않는 마음을 가지시고, 또 시기하는 자들의 말까지 듣게 되셨으니, 이로 인해 합하의 뜰에 저의 발을 들여놓을 수 없었던 것입니다.

1) 嘗辱一言之譽 : 辱은 겸사로 承蒙(받음)이니, 칭찬하는 한마디 말을 받은 적이 있다는 말이다.
2) 伺候於門牆者日益進 : 伺候는 等待(기다림)이고, 門牆은 대문과 붙어 있는 담장이니, 곧 陳京을 만나기 위해 대문 밖에서 기다리는 자들이 날로 늘어난다는 말이다.
3) 愛博而情不專 : 親愛해야 할 대상이 많아져서 한 사람에게만 애정을 쏟을 수 없다는 말이다.
4) 同進者 : 함께 진출한 자이다.

去年春에 亦嘗一進謁於左右矣니 溫乎其容은 若嘉其新也[1]요 屬乎其言은 若閔其窮也[2]ㄹ새 退而喜也하야 以告於人이러니 其後如東京取妻子하야 又不得朝夕繼見하고 及其還也에 亦嘗一進謁於左右矣니 邈乎其容이 若不察其愚也하며 悄乎其言이 若不接其情也ㄹ새 退而懼也하야 不敢復進호라 今則釋然悟하고 翻然悔曰 其邈也는 乃所以怒其來之不繼也요 其悄也는 乃所以示其意也라 不敏之誅를 無所逃避ㄹ새 不敢遂進하고 輒自疏其所以[3]하고 幷獻舊所爲復志賦已下十首爲一卷하니 卷有標軸이요 送孟郊序一首는 生紙[4]寫하고 不加裝飾하니 皆有揩字注字處[5]니라 急於自解而謝하야 不能竢更寫하니 閣下取其意而略其禮可也니라

작년 봄에 한 번 가서 閣下를 알현한 적이 있었는데, 온화하신 용모는 제가 처음

찾아온 것을 가상히 여기시는 것 같았고, 계속된 말씀은 저의 곤궁을 딱하게 여기시는 것 같았습니다. 그러므로 저는 물러나온 뒤에 너무 기뻐서 남에게 말하였습니다. 그런데 그 뒤에 東京으로 가서 처자를 데려오는 일로 인해 또 朝夕으로 계속해 찾아뵙지 못하였습니다. 돌아온 뒤에 또 한 번 가서 합하를 알현하니, 냉담한 모습은 저의 심중을 살피지 않으시는 것 같았고, 가벼우신 말씀은 저의 정을 받아들이지 않으시는 것 같았습니다. 그러므로 물러나온 뒤에 두려워서 감히 다시 나아가 뵙지 못하였습니다.

그런데 이제야 석연히 깨닫고서 생각을 바꾸어 '냉담하셨던 것은 제가 계속해 찾아가 뵙지 않은 것에 노하신 것이고, 가벼우셨던 것은 저에게 의중을 보여주신 것'이라고 후회하였으니, 불민한 죄를 피할 길이 없습니다. 그러므로 감히 나아가 뵙지 못하고 스스로 그간의 사유를 진술한 이 편지와 함께 전에 지었던 〈復志賦〉 이하 10篇을 한 두루마리로 만들어 올립니다. 두루마리에는 標題를 붙였으며, 〈送孟郊序〉 한 편은 다듬지 않은 生紙에 썼습니다. 모두 지운 곳과 첨가한 곳이 있으니, 이는 스스로 해명하고 사죄하기에 급하여 다시 淨書하기를 기다릴 수 없어서입니다. 합하께서는 저의 뜻만을 취하시고 저의 실례는 가벼이 보아주소서.

1) 溫乎其容 若嘉其新也 : 온화한 용모는 내가 처음으로 찾아온 것을 가상히 여기는 것 같았다는 말이다. 底本에는 '嘉'가 '加'로 되어 있으나, ≪韓文考異≫에 " '加'는 '嘉'자가 되어야 下文의 '閔'자와 對가 된다."고 하였다. 이에 의거하여 '嘉'로 바로잡아 번역하였다.
2) 屬乎其言 若閔其窮也 : 屬乎는 말을 계속함이다. 계속하는 말은 나의 빈궁을 딱하게 여기는 것 같았다는 말이다.
3) 自疏其所以 : 自疏는 스스로 陳述함이고, 所以는 緣由이니, 곧 스스로 그간의 緣由를 진술한다는 말이다.
4) 生紙 : 가공하지 않은 뜬 채로의 종이이다.
5) 揩字注字處 : 揩字는 글자를 지운 곳이고, 注字는 글자를 첨가한 곳이다.

06. 與于襄陽書* 于襄陽에게 준 편지

* 이 편지는 貞元 18년(802) 가을에 쓴 것이다. 이때 韓愈는 國子監 四門博士였으나, 벼슬이 낮고 봉록이 박하여 생활이 곤궁하였다. 그러므로 于襄陽에게 이 편지를 올려 도움을 청한 것이다. 우양양은 于頔이다. 우적은 이때 工部尙書로 山南節度使로 나아가 襄陽에 머물고 있었다.

前半瑰瑋游泳하고 **後半婉孌凄切**이라

전반부는 특이한 내용과 아름다운 文詞로 文學의 바다에서 마음껏 헤엄을 쳤고, 후반부는 그리워하는 감정이 처량하고 비통하다.

七月三日에 **將仕郎守國子四門博士**[1]**韓愈**는 **謹奉書尙書閣下**하노라 **士之能享大名顯當世者**는 **莫不有先達**[2]**之士負天下之望者爲之前焉**이요 **士之能垂休光照後世者**[3]도 **亦莫不有後進之士負天下之望者爲之後焉**이라 **莫爲之前**이면 **雖美而不彰**하고 **莫爲之後**면 **雖盛而不傳**이니 **是二人者**는 **未始不相須**[4]**也**라 **然而千百載**에 **乃一相遇焉**이니 **豈上之人無可援**하고 **下之人無可推歟**아 **何其相須之殷**[5]**而相遇之疎**[6]**也**오 **其故**는 **在下之人負其能**하야 **不肯諂其上**하고 **上之人負其位**하야 **不肯顧其下**ㄹ새니라 **故高材多戚戚**[7]**之窮**하고 **盛位無赫赫之光**하니 **是二人者之所爲皆過也**라 **未嘗干**[8]**之**하니 **不可謂上無其人**이요 **未嘗求之**하니 **不可謂下無其人**이라 **愈之誦此言久矣**나 **未嘗敢以聞於人**이라

7월 3일에 將仕郎 守國子四門博士 韓愈는 삼가 尙書閣下께 이 글을 올립니다.

선비로서 큰 명성을 누리며 당세에 顯達한 자는 천하의 명망을 지닌 先達이 앞에서 끌어주었기 때문이고, 선비로서 아름다운 광채를 전하여 후세를 밝게 비추는 자는 천하의 명망을 지닌 後進이 뒤에서 밀어주었기 때문입니다. 앞에서 끌어주는 선달이 없으면 아무리 아름다운 德行을 가졌어도 명성을 드러낼 수 없고, 뒤에서 밀어주는 후진이 없으면 아무리 성대한 功績이 있어도 후세에 전할 수 없으니, 이

7) 左右 : 상대방에 대한 敬稱이다. 書信 등에 상대방을 직접 指稱하지 않고 '執事' 또는 '左右'로 지칭하여 尊敬을 표한다.

8) 請自隗始 : 이것은 郭隗가 燕 昭王에게 答한 말로 ≪史記≫ 〈燕昭公世家〉에 보인다. ≪사기≫에 의하면 연 소왕은 燕나라가 齊나라에게 격파된 뒤에 임금의 자리에 올라, 제나라에 복수하기 위해 몸을 낮추고 후한 폐백으로 賢者를 招聘하였다. 연 소왕이 곽외에게 말하기를 "제나라가 우리나라의 혼란을 틈타 우리나라를 습격해 격파하였다. 나는 우리나라가 작고 힘이 약하여 보복할 수 없다는 것을 잘 안다. 그러나 진실로 賢士를 얻어 함께 나라를 다스려 先王의 치욕을 씻는 것이 나의 소원이다. 그러니 先生은 可合한 자를 보거든 〈나에게 말하라〉 내 몸소 그를 섬기겠다."라고 하였다. 그러자 곽외가 말하기를 "왕께서 반드시 賢士를 초치하고자 하신다면, 먼저 곽외로부터 시작하시면 저 곽외보다 어진 자들이 어찌 천릿길을 멀다고 여기겠습니까?"라고 하니, 소왕은 곽외를 위해 宮殿을 新築하고서 그를 스승으로 섬겼다고 한다. 韓愈는 '나부터 등용하면 나보다 훌륭한 사람들이 사방에서 몰려올 것'이라는 뜻으로 곽외의 고사를 인용한 것이다.

愈今者惟朝夕芻米僕賃之資是急하니 不過費閣下一朝之享而足也라 如曰 吾志存乎立功하고 而事專乎報主하야 雖遇其人이라도 未暇禮焉이라하면 則非愈之所敢知也로라 世之齪齪者[1]旣不足以語之어니와 磊落奇偉之人[2]이 又不能聽焉이면 則信乎命之窮也라 謹獻舊所爲文一十八首하노니 如賜覽觀이면 亦足以知其志之所存이리라

저는 지금 아침저녁으로 말에게 먹일 꼴과 밥 지을 쌀과, 從僕에게 勞賃으로 줄 돈을 마련하는 일이 시급하니, 閣下께서 드시는 하루아침의 식사비용에 불과한 돈만 내어주셔도 충분하겠습니다. 그런데 가령 "나는 공을 세우는 데 뜻이 있고, 임금께 보답하는 일에 전념하느라, 비록 인재를 만나도 예우할 겨를이 없다."고 하신다면 제가 감히 알 바가 아닙니다. 세상에 작은 일에 얽매이는 자들에게는 이런 말을 할 가치도 없지만, 뜻이 커서 작은 일에 얽매이지 않는 非凡한 분마저 저의

말을 들어주지 않는다면 저의 운명은 참으로 곤궁해질 것입니다. 삼가 전에 지었던 문장 18편을 올리오니 보아주신다면 저의 뜻이 있는 곳을 아시기에 충분할 것입니다.

1) 齷齪者 : 성질이 급하고 속이 좁은 자이다.
2) 磊落奇偉之人 : 뜻이 커서 작은 일에 얽매이지 않는 非凡한 사람을 이른다.

07. 與祠部陸員外書* 祠部 陸員外에게 준 편지

* 祠部는 禮部에 속한 官署로 祭祀, 天文, 漏刻, 國忌, 廟諱, 卜祝, 醫藥 등을 管掌한다. 員外는 正員 외의 郎官이다. 陸員外는 陸傪인데, 貞元 16년(800)에 殿中侍御使로 들어와서 祠部員外郎에 除授되었다. 唐나라 제도는 試券에 기재한 성명을 封하지 않았다. 考試하기 전에 항상 제삼자가 명성이 알려진 사람의 名單을 列記해 主考官에게 건넸는데, 합격자가 대체로 이들 속에서 나왔다. 이를 '通榜'이라 한다. 정원 18년 봄에 中書舍人 權德輿가 主考官이 되고, 그의 벗 陸傪이 副考官이 되었으므로 韓愈가 열 사람을 추천하는 편지를 보낸 것이다. 尉遲汾, 侯雲長, 沈杞, 李翊은 당년에, 侯喜는 정원 19년에, 劉述古와 韋群玉은 21년에, 李紳은 元和 원년에, 張後餘와 張弘은 원화 2년에 모두 登科하였으므로 당시에 이 열 사람을 '韓門弟子'라고 칭하였다.

唐時主司取士에 於試文外又擇行誼采聞望이라 故昌黎之爲書如此하니라

唐나라 때는 主司(主考官)가 선비를 뽑을 때, 문장을 考試하는 이외에 또 行誼와 名望을 보고 뽑았다. 그러므로 昌黎가 이런 편지를 쓴 것이다.

執事好賢樂善하야 孜孜[1]以薦進良士하고 明白是非爲己任하니 方今天下에 一人而已라 愈之獲幸於左右하야 其足跡接於門牆之間하고 陞乎堂而望乎室者가 亦將一年於今矣라 念慮所及에 輒欲不自疑外하고 竭其愚而道其志어든 況在執事之所孜孜爲己任者에 得不少助而張之乎아 誠不自識其言之可采與否나 其事則小人之

事君子盡心之道也라 **天下之事**는 **不可遽數**[2]요 **又執事之志**도 **或有待而爲**리니 **未敢一二言**[3]**也**하고 **今但言其最近而切者爾**로라

執事께서는 賢者와 善人을 좋아하여, 어진 선비를 천거하고 시비를 밝게 분변하는 일에 부단히 노력하여 이를 자신의 임무로 삼고 계시니, 〈그런 분은〉 오늘날 천하에 오직 집사 한 사람뿐입니다.

제가 좌우께 사랑을 받아 門牆 사이에 발을 들여놓고 堂에 올라 방 안을 바라본 지도 이제 거의 1년이 되었습니다. 저는 마음에 염려되는 일이 있을 때마다 제가 外人이라고 협의하지 않고 저의 어리석은 충정을 다하여 저의 생각을 말씀드리고자 하였는데, 더구나 부단히 노력하시어 자신의 임무로 여기시는 집사께 조금이나마 그 일이 신장되도록 돕지 않을 수 있겠습니까?

진실로 저의 말이 채용할 만한지의 여부는 알 수 없으나, 제가 이렇게 하는 것은 小人이 君子를 섬기는 도리입니다. 천하의 일은 셀 수 없이 많고, 또 집사의 뜻도 혹 기회를 기다려 하시려는 것이 있을 것이니, 제가 감히 일일이 말씀드리지 않고, 지금 가장 가깝고 절실한 것만을 들어 말씀드리겠습니다.

1) 孜孜 : 부지런히 노력하는 모양이다.
2) 遽數 : 盡數와 같다.
3) 一二言 : 일일이 말함이다.

執事之與司貢士[1]로 **相知誠深矣**니 **彼之所望於執事**와 **執事之所以待乎彼者**가 **可謂至而無間疑矣**라 **彼之職**은 **在乎得人**하고 **執事之志**는 **在乎進賢**[2]하니 **如得其人而授之**면 **所謂兩得其求**니 **順乎其必從也**리라 **執事之知人其亦博矣**라 **夫子之言曰 擧爾所知**[3]라하니 **然則愈之知者**도 **亦可言已**라

執事께서 司貢士와 서로 깊이 알고 있는 사이이니, 저분이 집사께 바라는 일과 집사께서 저분에게 기대하는 것이 지극하여 어떤 틈이나 의심이 없다고 할 수 있습니다. 저분의 직분은 인재를 얻는 데 있고, 집사의 뜻은 현자를 추천하는 데 있으니, 만약 합당한 사람을 찾아 저분에게 추천한다면 이른바 '두 사람 모두 구하는 것을

얻는 것'이니, 반드시 순순히 집사의 의견을 따를 것입니다. 집사께서 알고 있는 인재 또한 많을 것입니다. 그러나 孔子의 말씀에 "네가 알고 있는 사람을 천거하라."고 하셨으니, 그렇다면 제가 알고 있는 사람들 또한 말씀드릴 수 있습니다.

1) 司貢士 : 貢士는 州縣의 考試에 합격한 뒤에 京師로 가서 會試에 참가한 사람을 이르고, 司貢士는 科擧의 考試를 主管하는 사람이다. 여기서는 權德輿를 이른다.
2) 進賢 : 賢者를 추천함이다.
3) 擧爾所知 : 무슨 수로 천하의 賢才를 다 알아서 천거할 수 있느냐는 仲弓의 물음에, 孔子는 "네가 알고 있는 인재를 천거하면 네가 모르는 인재를 남들이 버려두겠느냐?"고 대답하였다. ≪論語 子路≫

文章之尤者에 **有侯喜者侯雲長者**하니 **喜之家**는 **在開元中衣冠而朝**[1]**者兄弟五六人**이러니 **及喜之父仕而不達**하야 **棄官而歸**에 **喜率兄弟**하야 **操耒耜而耕于野**하니라 **地薄而賦多**하야 **不足以養其親**하니 **則以其耕之暇**에 **讀書而爲文**하야 **以干於有位者**하야 **而取足焉**[2]이라 **喜之文章**은 **學西京**[3]**而爲也**라 **擧進士**[4]**十五六年矣**라 **雲長之文**은 **執事所自知**라 **其爲人淳重方實**[5]하니 **可任以事**요 **其文**은 **與喜相上下**[6]니라

문장이 뛰어난 자로는 侯喜란 자와 侯雲長이란 자가 있습니다. 후희의 家族은 開元(唐 玄宗의 연호) 年間에 형제 5, 6인이 의관을 갖추고서 조정에 出仕하였으나, 후희 父親의 仕路가 順坦하지 못하여 벼슬을 버리고 귀향하니, 후희는 형제들을 거느리고서 몸소 쟁기를 잡고 들에서 밭을 갈았습니다. 그런데 땅이 척박한데다가 賦稅가 과다하여 어버이를 봉양할 수 없자, 밭가는 여가에 글을 읽고 문장을 지어 높은 자리에 있는 분에게 도움을 구하여 家用에 충당하였습니다. 후희의 문장은 西漢의 문장을 배워 지은 것이고, 進士試에 참가한 지가 이미 15, 6년이 되었습니다. 후운장의 문장은 執事께서도 아시는 바입니다. 그 사람됨이 淳厚하고 鎭重하며 方正하고 信實(성실)하니 일을 맡길 만하고, 그 문장은 후희와 서로 비슷합니다.

1) 衣冠而朝 : 衣冠은 官服이고 朝는 立朝이니, 곧 관복을 입고 朝廷의 관원이 되었다는 말이다.
2) 取足焉 : 충분히 취한다는 말인데, 여기서는 부족분을 충당한다는 뜻으로 쓰였다.
3) 西京 : 西漢의 文章을 이른다. 漢나라 張衡이 〈西京賦〉를 지은 뒤로 西京이 西漢의 代稱이 되었다.
4) 擧進士 : 州縣의 考試를 거쳐 長安으로 와서 進士試에 참가한 것을 이른다.
5) 淳重方實 : 淳厚하고 鎭重하며 方正하고 信實함이다.
6) 相上下 : 낫고 못함이 없이 서로 비슷함을 이르는 말이다.

有劉述古者하니 其文長於爲詩하고 文麗而思深[1)]하니 當今擧於禮部者에 其詩無與爲比요 而又工於應主司之試[2)]하니라 其爲人溫良誠信하야 無邪佞詐妄之心하며 彊志而婉容하고 和平而有立[3)]하며 其趨事[4)]靜以敏하야 著美名而負屈稱者가 其日已久矣라

劉述古란 자가 있는데, 그의 文學은 詩에 뛰어납니다. 文詞가 화려하고 뜻이 깊으니, 오늘날 禮部에 응시한 자 중에 그와 시를 견줄 만한 자가 없습니다. 그리고 또 主考官의 試問에 응대도 잘하였습니다. 그 사람됨이 온화하고 선량하고 성실하여, 간사한 말로 아첨하거나 거짓말로 속이려는 마음이 없으며, 뜻은 강하면서도 용모는 온순하고, 마음은 온화하면서도 주견이 뚜렷하며, 일을 처리함이 조용하면서도 민첩하여, 아름다운 명성이 드러났는데도 그에 걸맞는 대우를 받지 못해 억울해한 지가 이미 오래입니다.

1) 文麗而思深 : 文詞가 화려하고 담긴 뜻이 깊다는 말이다.
2) 工於應主司之試 : 工은 善(잘함)이고, 應은 應對이고, 主司之試는 主考官이 직접 口頭로 질문함이니, 곧 주고관의 질문에 응대를 잘하였다는 말이다.
3) 和平而有立 : 마음은 溫和하지만 主見은 確固함이다.
4) 趨事 : 處事(일 처리)와 같다.

有韋群玉者하니 京兆之從子[1)]라 其文有可取者하니 其進而未止者也라 其爲人賢而有材하고 志剛而氣和하며 樂於薦賢爲善이라 其在家無子弟之過[2)]하고 居京兆之側에 遇事輒爭하야 不從其令而從其義하니 求子弟之賢而能業其家者[3)]ㄴ대 群玉是也라 凡此四子는 皆可以當執事首薦而極論者니 主司疑焉커든 則以辨之하고 問焉커든 則以告之하고 未知焉커든 則殷勤[4)]而語之하야 期乎有成而後止可也니라

韋群玉이란 자가 있는데, 京兆尹 韋夏卿의 조카입니다. 그 문장이 취할 만한 점이 있으니, 그는 끊임없이 진보하는 자입니다. 그 사람됨이 현명하고 재능이 있으며, 뜻은 강하면서도 기색은 온화하며, 현자를 천거하고 선행을 하는 것을 즐거움으로 삼습니다. 그가 가정에 있을 때는 世家의 자제답게 행동하여 잘못이 없었고, 경조윤의 곁에 있을 때는 일을 당하면 번번이 諫爭하여 명령을 따르지 않고 도의를 따랐으니, 세가의 자제 중에 그 가업을 계승할 만한 현명한 자를 찾는다면 군옥이 바로 그 사람입니다.

이 네 사람은 모두 執事께서 가장 먼저 추천하여 힘을 다해 변론하셔야 할 사람들입니다. 主考官이 의심하거든 집사께서는 저들을 위해 해명하시고, 묻거든 저들의 재능을 일러주시고, 저들을 이해하지 못하거든 간절하게 말씀하시어, 기어이 성공하고 마셔야 합니다.

1) 京兆之從子 : 京兆는 京兆尹 韋夏卿을 이른다. 群玉은 韋珩의 字로, 위형은 위하경의 아우 韋正卿의 아들이다. 貞元 17년(801) 겨울에 위하경이 戶部侍郎으로 경조윤을 겸임하였다. 從子는 조카이다.
2) 無子弟之過 : 世家의 子弟에 걸맞지 않는 過失이 없었다는 말이다.
3) 業其家者 : 業은 계승이니, 家業을 계승함이다. 가업에는 여러 가지 뜻이 있으나, 여기서는 家門의 名聲을 이르는 뜻으로 쓰였다.
4) 殷勤 : 懇切이다.

有沈杞者張苰者尉遲汾者李紳者張後餘者李翊者하니 或文或行이 皆出群之才也라 凡此數子는 與之足以收人望得才實[1)]이니 主司疑焉이면 則與解之하고 問焉이면 則

以對之하고 **廣求焉**이면 **則以告之可也**니라

沈杞, 張茲, 尉遲汾, 李紳, 張後餘, 李翊이란 자가 있는데, 이들 중에는 문장이 우수한 자도 있고, 德行이 고상한 자도 있으니, 모두 出衆한 인재들입니다. 이들을 천거한다면 대중이 仰望하는 사람을 收用하는 것이고 진정한 인재를 얻는 것입니다. 主考官이 의심하거든 해명해주시고, 묻거든 대답해주시고, 널리 구하거든 이 사람들을 들어 일러주소서.

1) 與之足以收人望得才實 : 與는 '擧'와 통용하니 '與之'는 '擧之'이다. 收人望은 사람들이 仰望하는 사람을 수용함이고, 得才實은 진정한 인재를 얻음이다.

往者陸相公[1]**司貢士**에 **考文章甚詳愈**나 **時亦幸在得中**하니 **而未知陸之得人也**라 **其後一二年**에 **所與及第者**가 **皆赫然有聲**하니라 **原其所以**면 **亦由梁補闕肅**[2]과 **王郎中礎佐之**니라 **梁擧八人**에 **無有失者**[3]요 **其餘**는 **則王皆與謀焉**이라 **陸相之考文章甚詳也**와 **待梁與王如此不疑也**와 **梁與王擧人如此之當也**가 **至今以爲美談**이라 **自後**로 **主司不能信人**하고 **人亦無足信者**라 **故蔑蔑無聞**[4]하니라 **今執事之與司貢士者**로 **有相信之資**와 **謀行之道**[5]하니 **惜乎其不可失也**니라 **方今在朝廷者**가 **多以遊讌娛樂爲事**로되 **獨執事眇然高擧**[6]하야 **有深思長慮**하니 **爲國家樹根本之道**를 **宜乎小子**[7]**之以此言聞于左右也**로라

전에 陸相公(陸贄)이 貢士의 考試를 주관할 때 문장을 매우 상세히 考査하였으나, 그때 저도 요행으로 합격하였으니, 육상공이 인재를 얻은 것인지 모르겠습니다만, 1, 2년 뒤에 저와 함께 及第한 자들은 모두 혁혁한 명성이 있었습니다. 육상공이 인재를 얻은 원인을 推究해보면 補闕 梁肅과 郎中 王礎의 보좌에서 유래한 것입니다. 양숙이 천거한 여덟 사람 중에는 잘못 천거된 자가 없었고, 그 나머지도 모두 왕초와 함께 상의해 천거한 자들입니다. 육상공이 문장을 매우 상세하게 考査한 것과, 양숙과 왕초를 이와 같이 대우하고 의심하지 않은 것과, 양숙과 왕초가 천거한 인재가 이와 같이 합당했던 것이 지금까지 미담으로 전해지고 있습니다.

그 뒤로는 主考官이 보좌관을 믿지 않고, 보좌관 중에도 믿을 만한 자가 없었으

므로 인재를 선발하였다는 소식이 감감합니다. 지금 執事께서는 주고관과 서로 신뢰하는 바탕과 함께 일을 계획해 실행할 방도가 있으시니, 아깝게 기회를 놓쳐서는 안 됩니다. 지금 조정에 있는 자들은 대부분 遊宴과 오락을 일삼는데, 유독 집사만이 고상하게 행동하여 국가를 위해 근본을 세우는 방도를 깊이 생각하시니, 제가 이 말씀을 집사께 올리는 것이 합당합니다.

1) 陸相公 : 陸贄를 이른다. 貞元 8년(792)에 육지가 知貢擧가 되었을 때 韓愈, 歐陽詹, 李觀, 李絳 등 23인이 及第하였는데, 당시에 이들을 '龍虎榜'이라 하였다. 육지는 字가 敬輿이다. 정원 8년에 中書侍郎 同中書門下平章事에 제수되었는데, 11년 봄에 참소를 입어 知政事에서 罷職되고 忠州別駕로 貶黜되었다. ≪舊唐書 陸贄傳≫
2) 梁補闕肅 : 梁肅은 字가 敬之인데, ≪新唐書≫에 傳이 있다. 補闕은 官名이다. 唐나라 垂拱 원년(685)에 처음 左右補闕을 설치하여 左補闕은 門下省에 소속시키고 右補闕은 中書省에 소속시켜, 諷諫하는 일을 맡겼다.
3) 無有失者 : 재능이 없으면서 推薦者의 名單에 잘못 낀 자가 없다는 말이다.
4) 蔑蔑無聞 : 蔑蔑은 감감함이니, 소식이 감감하다는 말이다.
5) 有相信之資 謀行之道 : 서로 신뢰하는 바탕 위에서 함께 일을 계획해 실행할 방도가 있다는 말이다.
6) 眇然高擧 : 眇然은 遙遠한 모양이고, 高擧는 높이 날아 오름이니, 곧 세속에 영합하지 않고 고상하게 행동함을 이르는 말로 쓰인다.
7) 小子 : 尊長에 대한 자기의 謙稱이다.

08. 爲人求薦書* 어떤 이를 위해 추천해주기를 요구한 편지

* 이 편지는 韓愈가 어떤 사람을 대신해 쓴 것이다. 어떤 顯官의 姻戚으로 현관의 집에 머물고 있는 사람을 그 현관에게 推薦하라고 권한 것이다.

善喩却是昌黎本色이라

비유를 잘하는 것이 바로 韓愈의 本色이다.

某聞木在山하고 馬在肆[1)]에 遇之而不顧者가 雖日累千萬人이라도 未爲不材與下乘[2)]也어니와 及至匠石[3)]過之而不睨하고 伯樂[4)]遇之而不顧然後에 知其非棟梁之材와 超逸之足[5)]也라 以某在公之宇下[6)]가 非一日이요 而又辱居姻婭之後[7)]하니 是生于匠石之園이요 長于伯樂之廐者也라 於是而不得知면 假有見知者千萬人이라도 亦何足云이리오

제가 듣건대 나무가 산에 있고, 말이 市場에 있을 때, 그 앞을 지나면서 돌아보지 않는 자가 하루에 수천만 명이라 하더라도 쓸모없는 재목이나 下等馬가 되는 것이 아니지만, 匠石이 나무 밑을 지나면서도 쳐다보지 않고, 伯樂이 말 앞을 지나면서도 돌아보지 않은 뒤에야 棟梁의 재목과 빠른 발을 가진 駿馬가 아님을 알 수 있다고 합니다.

저로 말하면 公의 그늘 아래에 있은 지가 하루 이틀이 아니고 또 부끄럽게도 姻戚의 後輩가 되었으니, 이는 장석의 정원에서 생장한 나무와 같고 백락의 마구에서 자란 말과 같습니다. 그런데도 공의 알아줌을 받지 못한다면 가령 천만 명에게 알아줌을 받는다 하더라도 말할 게 뭐 있겠습니까.

1) 肆 : 物貨가 모이는 저자이니, 곧 말을 팔고 사는 시장을 이른다.
2) 下乘 : 下等馬이다.
3) 匠石 : 이름이 石인 고대의 匠人이다. ≪莊子 徐無鬼≫
4) 伯樂 : 春秋 때 秦나라 사람으로 이름은 孫陽이다. 말의 相을 잘 보았다고 한다. ≪列子 說符≫
5) 超逸之足 : 발이 빠른 駿馬를 이른다.
6) 宇下 : 처마 밑이라는 말로, 남의 그늘 아래 있는 것을 비유한다. ≪春秋左氏傳 昭公 13년≫
7) 辱居姻婭之後 : 辱은 상대를 높이고 자신을 낮추는 謙辭로 쓰인다. 여기서는 姻戚이 될 만한 자격도 없는 몸이 부끄럽게도 인척이 되었다는 뜻으로 쓰였다.

今幸賴天子每歲詔公卿大夫貢士하야 若某等比[1)]도 咸得以薦聞이라 是以冒進其說하야 以累於執事하니 亦不自量已니라 然執事其知某如何哉아 昔人有鬻馬不售

於市者러니 **知伯樂之善相也**하고 **從而求之**하니 **伯樂一顧**에 **價增三倍**[2)]라 **某與其事頗相類**라 **是以終始言之耳**로라

지금 다행히 천자께서 해마다 公卿大夫에게 선비를 추천하라는 詔書를 내리심에 힘입어 저 같은 무리들도 모두 추천되었습니다. 그러므로 함부로 이 말씀을 올려 執事께 누를 끼치니, 이 또한 스스로의 분수를 헤아리지 못한 것입니다. 그러나 집사께서는 저를 어떤 사람으로 알고 계십니까?

옛날에 어떤 사람이 말을 시장에 내다 팔려 하였으나 팔리지 않자, 伯樂이 말의 相을 잘 본다는 말을 듣고 찾아가서 말의 상을 보아주기를 청하였습니다. 백락이 그 말을 한 번 돌아보자, 말 값이 세 배로 뛰었다고 합니다. 저의 사정이 이 일과 유사하므로 처음부터 끝까지 말을 비유로 들어 말씀드린 것뿐입니다.

1) 等比 : 同輩를 이른다.

2) 昔人有鬻馬不售於市者……價增三倍 : 燕나라 說客 蘇代가 齊나라 策士 淳于髡에게 한 말을 간추려 인용한 것이다. ≪戰國策≫ 〈燕策 二〉에 보인다.

09. 代張籍與李浙東書* 張籍을 대신해 李浙東에게 준 편지

* 張籍은 字가 文昌이다. 저명한 詩人으로 韓愈의 벗이면서 제자이다. 이 글은 唐 憲宗 元和 5년(810)에 한유가 장적을 대신해 쓴 것이다. 장적은 長安에서 太常寺大祝으로 있었으나, 祿俸이 박하여 빈궁한데다가 눈병마저 앓아 거의 失明의 지경에 이르렀다. 이때 장안으로 돌아온 그의 벗 李翺를 통해 浙東都團練使 兼 御史中丞 李遜에 대해 듣고는 그에게 의탁하고자 하여, 한유에게 대신 편지를 써주기를 부탁하였다.

獨以目盲一節로 **感慨悲憤**이라

눈이 먼 한 가지 일로 복받치는 슬픔과 분함을 토로하였다.

月日前某官某는 **謹東向再拜**하고 **寓書浙東觀察使中丞李公閣下**하노라 **籍聞議論**

者皆云 方今居古方伯連帥[1)]之職하야 坐一方得專制於其境內者에 惟閣下心事犖犖[2)]하야 與俗輩不同이라하니라 籍固以藏之胸中矣러니 近者에 閣下從事李協律翶[3)]到京師하니 籍於李君友也라 不見六七年이러니 聞其至하고 馳往省之하야 問無恙外에 不暇出一言하고 且先賀其得賢主人하니 李君曰 子豈盡知之乎아 吾將盡言之호리라 數日[4)]에 籍益聞所不聞하고 籍私獨喜하야 常以爲自今已後로 不復有如古人者러니 於今忽有之라호라 退自悲不幸하야 兩目不見物하니 無用於天下라 胸中雖有知識이나 家無錢財하야 寸步不能自致어늘 今去李中丞이 五千里니 何由致其身於其人之側하야 開口一吐出胸中之奇乎아하고 因飮泣不能語호라

某月 某日에 前 某官 某는 동쪽을 향해 삼가 두 번 절하고서 浙東觀察使 中丞 李公 閣下께 글을 올립니다.

제가 의논하는 자들의 말을 듣건대, 모두 "오늘날 옛 方伯과 連帥의 職位에 있으면서 한 지방에 앉아 그 境內를 專制하는 사람 중에 오직 합하만이 심중에 생각하는 일이 뛰어나시어 세속의 무리와 같지 않다."고 하였습니다. 저는 이 말을 가슴속에 간직하고 있었습니다.

근자에 합하의 從事인 協律郎 李翶가 京師에 왔는데, 그는 저의 벗으로 서로 만나지 못한 지가 6, 7년이 되었습니다. 그가 왔다는 말을 듣고는 달려가서 인사를 나누고 안부를 물은 뒤에 한마디 말도 할 겨를 없이 먼저 그가 어진 주인을 만난 것을 축하하였습니다. 그러자 李君이 "그대가 어찌 그분에 대해 자세히 알겠는가? 내 그대에게 자세히 말해주겠노라."고 하였습니다.

그와 함께 지낸 며칠 동안 전에 듣지 못했던 합하의 事績을 더욱 많이 듣고는, 저는 홀로 기뻐하면서 마음속으로 항상 "오늘 이후로는 다시 옛사람 같은 분을 볼 수 없을 것으로 여겼는데, 지금 갑자기 그런 분이 출현하였다."고 말하였습니다.

그러나 물러나 집으로 돌아와서는 스스로 저의 불행을 슬퍼하면서 "두 눈이 사물을 볼 수 없으니 천하에 아무 쓸모없는 사람이다. 가슴속에 아무리 품은 지식이 있다 한들 집안에 재산이 없어서 자력으로는 한 발짝도 갈 수 없는데, 지금 이중승께서 계시는 곳과의 거리가 5천 리이니, 무슨 수로 이중승 곁으로 가서 가슴속에

품은 奇策을 토로할 수 있겠는가?"라고 하고는 눈물을 삼키며 말을 하지 못하였습니다.

1) 方伯連帥 : 周나라 때에 한 지방의 諸侯의 長을 '方伯'이라 하고, 十國의 長을 '連帥'라 하였는데, 후대에는 觀察使·節度使 등 地方長官을 이르는 말로 쓰였다. ≪禮記≫ 〈王制〉에 "10국을 連으로 삼으니 連에는 帥가 있다.〔十國爲連 連有帥〕"라 하였다.
2) 犖犖 : 卓越함이다.
3) 從事李協律翶 : 從事는 官名이다. 唐나라 때는 州長官의 輔佐官들을 모두 '從事'라 하였다. 協律은 協律郎이다. 太常寺의 屬官으로 樂律의 校正을 담당하였다. 李翶는 字가 習之로 韓愈學派의 古文家이다. 이고는 이때 浙東觀察使의 判官이었다. 협률랑은 그가 兼任한 職銜이다.
4) 數日 : 李翶과 함께 지낸 며칠을 이른다.

旣數日에 復自奮曰 無所能人은 乃宜以盲廢어니와 有所能人은 雖盲當廢於俗輩요 不當廢於行古人之道者라 浙水東七州에 戶不下數十萬[1]하니 不盲者何限이리오 李中丞取人에 固當問其賢不賢이요 不當計其盲與不盲也라 當今盲于心者皆是로되 若籍은 自謂獨盲於目爾이요 其心則能別是非하니 若賜之坐而問之면 其口固能言也라 幸未死에 實欲一吐出心中平生所知見이니 閤下能信而致之於門邪아 籍又善於古詩하니 使其心不以憂衣食亂하고 閤下無事時에 一致之座側하야 使跪進其所有[2]하고 閤下憑几而聽之면 未必不如聽吹竹彈絲敲金擊石[3]也리라

며칠이 지난 뒤에 다시 스스로 분발하여 말하기를 "재능이 없는 사람은 소경이 되었으면 버림을 받는 것이 당연하지만, 재능이 있는 사람은 비록 소경이 되었더라도 세속의 무리에게 버림을 받는 것은 마땅하고, 옛사람의 道를 행하는 분에게 버림을 받는 것은 마땅하지 않다. 浙水 이동 일곱 州에 家戶가 수십만 호 이상인데, 〈그중에〉 소경이 아닌 자가 어찌 한량이 있겠는가? 李中丞께서 사람을 취함에 본래 賢能하냐 현능하지 못하냐를 물어야 하고, 소경이냐 소경이 아니냐를 따져서는 안 될 것이다. 오늘날 마음이 소경인 자가 대부분인데, 나로 말하면 '눈만 멀었을 뿐, 마음은 옳고 그름을 분변할 수 있다.'고 자부하니, 만약 나에게 자리를 주어 앉혀놓고서 묻는다면 입은 본래 말을 할 수가 있다."고 하였습니다.

죽기 전에 실로 평소 마음속에 쌓인 지식과 견해를 한 번 토로하고자 하니, 閤下께서 믿고서 저를 문하로 불러주시겠는지요. 저는 또 古詩를 잘 지으니, 衣食 걱정으로 마음을 어지럽지 않게 하고서 합하께서 일이 없는 한가할 때에 곁으로 불러들여 저로 하여금 꿇어앉아 詩를 朗誦해 올리게 하여, 합하께서 几에 기대어 들으신다면 반드시 管樂·絃樂·打樂 등의 소리를 듣는 것만 못하지 않을 것입니다.

1) 戶不下數十萬 : ≪元和郡縣圖志≫에 의하면 浙江東道 管轄의 越州, 婺州, 處州, 溫州, 台州, 明州 등 7개 州의 家戶가 17만 4천 367호이다.

2) 所有 : 가진 것, 곧 지어 가지고 있는 詩를 이른다.

3) 吹竹彈絲敲金擊石 : 竹은 管樂이고, 絲는 絃樂이고, 金石은 鐘磬 등 打樂이다.

夫盲者는 **業專**하야 **於藝必精**이라 **故樂工皆盲**이니 **籍儻**[1]**可與此輩比竝乎**ㄴ저 **使籍誠不以畜妻子憂饑寒亂心**하고 **有錢財以濟醫藥**[2]이면 **其盲未甚**하니 **庶幾**[3]**其復見天地日月**이리라 **因得不廢**면 **則自今至死之年**히 **皆閤下之賜**라 **閤下濟之以已絶之年**[4]하고 **賜之以旣盲之視**면 **其恩輕重大小**[5]를 **籍宜如何報也**리오 **閤下裁之度之**[6]하라

대체로 소경은 하는 일에만 마음을 오로지 쓰기 때문에 技藝에 반드시 精通합니다. 그러므로 樂工들은 모두 소경이니, 저도 혹 이 무리와 같을 수 있습니다. 가령 제가 妻子를 먹이는 일과 飢寒의 근심으로 마음을 어지럽히지 않고 돈과 재물이 있어서 醫藥을 살 수 있다면, 저의 盲症이 아직 심하지 않으니 다시 天地와 日月을 볼 수 있는 희망이 있습니다. 이로 인해 버림을 받지 않는다면 지금부터 죽는 날까지의 생명은 모두 閤下께서 주신 것입니다. 합하께서 이미 끊어진 생명을 이어주시고 이미 소경이 된 視力을 회복시켜 주신다면 그 중대한 은혜를 제가 어찌 갚아야 하겠습니까? 합하께서는 헤아리소서.

1) 儻 : 或是이다.

2) 濟醫藥 : 濟는 購買의 뜻으로 쓰였다.

3) 庶幾 : 希望이다.

4) 濟之以已絶之年 : 濟는 도움이고, 年은 年歲이니, 곧 壽命의 뜻이다. 이미 끊어진 수명을 연장하도록 도왔다는 말이다.

5) 其恩輕重大小 : 重大한 恩德을 이른다.

6) 裁之度之 : 잘 헤아려 取捨를 결정함이다.

唐大家韓文公文抄 卷4

書

01. 與陳生書[*] 陳生에게 준 편지

* ≪韓文考異≫에 " '生'자 밑에 '商'자가 있다."고 하였으니, 이는 陳商이 進士試에 及第하기 전에 四門博士로 있는 韓愈에게 가르침을 청한 편지이다. 진상이 편지를 통해 빨리 출세하는 방법을 가르쳐주기를 청하면서 출세하지 못하는 것을 부모께 羞恥를 끼치는 것으로 여겼기 때문에 한유가 이렇게 회답한 것이다.

韓公本色이라

韓公의 本色이다.

愈白陳生足下[1)]하노라 今之負名譽享顯榮者에 在上位幾人[2)]가 足下求速化之術[3)]호되 不於其人하고 廼以訪愈하니 是所謂借聽於聾하고 求道於盲이라 雖其請之勤勤하고 教之云云[4)]이라도 未有見其得者[5)]也리라 愈之志 在古道하고 又甚好其言辭[6)]어늘 觀足下之書와 及十四篇之詩컨대 亦云有志於是矣로다 而其所問則名이요 所慕則科라 故愈疑[7)]於其對焉이라 雖然厚意不可虛辱[8)]일새 聊爲足下誦其所聞[9)]하노라

愈는 陳生 足下에게 고합니다.

오늘날 명예를 지니고서 영달을 누리는 자 중에 高官의 지위에 있는 사람이 얼마나 많습니까? 그런데 족하는 빨리 출세하는 방법을 찾으면서 그 사람들에게 묻지 않고 나에게 물으시니, 이는 이른바 '귀머거리에게 귀를 빌리고 소경에게 길을 묻는다.'는 꼴이라서, 아무리 간절히 청하고 아무리 자세히 일러주더라도 소득이 없을 것입니다.

나는 뜻이 옛 道를 행하는 데 있고 또 옛 문장을 매우 좋아하는데, 足下의 書信 및 14篇의 詩를 보건대 족하 또한 옛 도와 옛 문장에 뜻을 두었다고 하겠습니다. 그러나 묻는 것은 명예를 구하는 방법이고, 사모하는 것은 登科하는 일이었습니다. 그러므로 나는 어떻게 대답해야 할지 결정하지 못하고 머뭇거렸습니다. 그러나 두터운 恩情을 대가 없이 공짜로 받을 수 없으므로 우선 족하를 위해 내가 알고 있는 도리를 敍述하겠습니다.

1) 足下 : 아랫사람이 윗사람을 칭할 때, 또는 同輩 사이에 칭하는 敬語이다.
2) 在上位幾人 : 高官의 지위에 있는 자가 몇 사람이냐는 말인데, 잘못 보면 몇 사람이 되지 않는다는 말로 오해할 수 있으므로 '많다'는 말로 바꾸어 번역하였다.
3) 速化之術 : 빨리 출세하는 방법을 이른다.
4) 云云 : 여러 가지 뜻이 있는데, 여기서는 '자세하다'는 뜻으로 쓰였다.
5) 未有見其得者 : ≪韓文考異≫에는 " '有'자가 '其'자 아래에 있어야 한다."고 하였다. 이를 글자대로 해석하면 '그런 자들 중에 소득이 있는 자를 아직까지 보지 못하였다.'로 번역해야 한다. 그러나 글자대로 번역하지 않고 이상과 같이 번역하였다.
6) 甚好其言辭 : 其는 古代를 이른 代詞이고, 言辭는 文章을 이르니, 곧 고대의 문장을 매우 좋아한다는 말이다.
7) 疑 : 遲疑(망설이며 결정을 하지 못함)이다.
8) 厚意不可虛辱 : 厚意는 두터운 恩情이고, 虛辱의 虛는 空이고 辱은 承蒙(받음)이니, 아무 대가 없이 공짜로 남의 두터운 은정을 받는다는 말이다.
9) 聊爲足下誦其所聞 : 聊는 우선이고, 所聞은 알고 있는 것이고, 誦은 敍述이다.

蓋君子는 病乎在己[1]而順乎在天[2]하고 待己以信[3]而事親以誠이라 所謂病乎在己者는 仁義存乎內를 彼聖賢者는 能推[4]而廣之[5]어늘 而我蠢焉[6]爲衆人이라 所謂順乎在天者는 貴賤窮通之來에 平吾心而隨順之하야 不以累於其初[7]니라 所謂待己以信者는 己果能之어든 人曰不能이라도 勿信也하고 己果不能이어든 人曰能之라도 勿

信也라 孰信哉아 信乎已而已矣니라 所謂事親以誠者는 盡其心하고 不夸於外[8)]니 先乎其質而後乎其文者也니라 盡其心不夸於外者는 不以己之得於外者로 爲父母榮也니 名與位之謂也니라 先乎其質者는 行也요 後乎其文者는 飮食旨甘以其外物供養之道也라 誠者는 不欺之名也니 待於外而後爲養하고 薄於質而厚於文이면 斯其不類於欺歟아 果若是면 子之汲汲於科名하야 以不得進爲親之羞者는 惑[9)]也라 速化之術은 如是而已[10)]니라 古之學者는 惟義之問하니 誠將學於大學이라도 愈猶守是說而竢見焉하리라 愈白하노라

대체로 군자는 자기에게 있는 것〔仁義〕만을 근심하고 하늘에 달린 것〔運命〕은 순하게 받아들이며, 자신을 誠信으로 지키고 어버이를 孝誠으로 섬깁니다. 이른바 '자기에게 있는 것을 근심한다.'는 것은 마음속에 있는 仁義를 저 성현들은 미루어 널리 시행하였는데 나는 愚昧한 凡人이 된 것을 근심하는 것을 이르고, 이른바 '하늘에 달린 것을 순하게 받아들인다.'는 것은 富貴나 貧賤, 困窮이나 榮達이 닥쳤을 때에 내 마음을 화평하게 지니고서 순하게 받아들여 本性에 해를 끼치지 않는 것을 이르며, 이른바 '자신을 성신으로 지킨다.'는 것은 내가 과연 그 일을 할 수 있으면 남들이 '할 수 없다.'고 하더라도 믿지 말고, 내가 과연 그 일을 할 수 없으면 남들이 '할 수 있다.'고 하더라도 믿지 않는 것이니, 자기를 믿을 뿐 누구를 믿겠느냐는 말이고, 이른바 '어버이를 효성으로 섬긴다.'는 것은 자기의 마음을 다할 뿐 외부의 것으로 과시하지 않는 것이니, 실질을 앞세우고 형식을 뒤로 여기는 것을 이릅니다.

자기의 마음을 다할 뿐 외부의 것으로 과시하지 않는 것은, 자기가 외부에서 얻은 것(富貴・功名)을 부모의 영광으로 삼지 않는 것이니, 명예와 지위를 이릅니다. 실질을 앞세우는 것은 〈자식의〉 德行이고, 형식을 뒤로 여기는 것은 맛난 음식 등 외물로써 봉양하는 도리입니다. 성실은 속이지 않는 名義(뜻)이니, 외부에서 얻기를 기다린 뒤에 어버이를 봉양하는 것으로 여기고, 실질을 가벼이 여기고 형식을 중요하게 여긴다면 이 어찌 속이는 것과 같지 않겠습니까?

과연 내 말대로라면 그대가 과거에 합격하여 명예를 구하는 일에 급급하여 벼슬

을 얻지 못하는 것을 어버이의 수치로 여기는 것은 迷惑된 것입니다. 〈내가 알고 있는〉 빨리 출세하는 방법은 이와 같을 뿐입니다. 옛날의 학자들은 오직 道義만을 물었습니다. 가령 그대가 장차 太學에 와서 배운다 하더라도 나는 오히려 이상에 한 말들을 굳게 지키면서 그대를 만나기를 기다리겠습니다. 愈는 告합니다.

1) 病乎在已 : 病은 憂이니, 내 마음속에 있는 仁義를 실행하지 못한 것을 근심한다는 말이다.
2) 順乎在天 : 하늘이 정한 운명을 순순히 받아들인다는 말이다.
3) 待己以信 : 待는 持守(굳게 지킴)이니, 誠信으로 자신을 지킨다는 말이다.
4) 能推 : 저본에는 '推能'으로 되어 있으나, 本集에 의거하여 '能推'로 바로잡아 번역하였다.
5) 推而廣之 : 미루어 널리 시행함이다.
6) 蠢焉 : 愚昧한 모양이다.
7) 不以累於其初 : 其初는 타고난 天性을 이르니, 富貴나 貧賤으로 인해 천성을 해치지 않는다는 말이다.
8) 不夸於外 : 外部에서 얻은 富貴・功名으로 과시하지 않는 것이다.
9) 惑 : 판단력이 흐려 是非를 분간하지 못함이다.
10) 速化之術 如是而已 : 내가 알고 있는 빨리 출세하는 방법은 이와 같을 뿐이라는 말이다.

02. 與孟東野書* 孟東野에게 준 편지

* 唐 德宗 貞元 15년(799)에 宣武節度使 董晉이 病死하자, 汴州의 군대가 반란을 일으켰다. 韓愈가 그곳을 빠져나와 徐州로 가서 徐・泗・濠節度使 張建封에게 의탁하니, 장건봉이 조정에 奏請하여 한유를 節度推官으로 삼았다. 이 편지는 한유가 절도추관이 된 이듬해에 쓴 것이다. 孟東野는 孟郊이다. 한유보다 17년 年上으로 友誼가 매우 깊은 詩友였다. 많은 詩를 唱和하였는데, 한유의 文集에 실린 聯句 11首 중에 9首는 그와 唱和한 詩이다. 맹교가 죽은 뒤에 張籍은 '貞曜先生'이란 私諡를 올리고, 한유는 〈貞曜先生墓誌〉를 지었다.

兩情凄切이라

두 사람의 심정이 처량하고 비통하다.

與足下別久矣라 以吾心之思足下컨대 知足下懸懸[1]於吾也나 各以事牽하야 不可合幷[2]하니라 其於人人에 非足下之爲見而日與之處[3]하니 足下知吾心樂否也아 吾言之而聽者誰歟며 吾唱之而和者誰歟아 言無聽也하고 唱無和也하며 獨行而無徒也하고 是非無所與同也하니 足下知吾心樂否也아

足下와 이별한 지 오래입니다. 제가 족하를 그리는 마음을 미루어 족하도 저를 걱정하고 계실 것으로 압니다. 그러나 우리는 각자 일에 얽매여 한 자리에 모이지 못하였습니다. 저는 사람들을 만나는 것이 족하를 만나는 것처럼 기쁘지 않은데도 날마다 그들과 함께 지내고 있으니, 족하는 제 마음이 즐거운지 그렇지 못한지 아실 것입니다.

제가 말을 하면 들어주는 이가 누구였으며, 제가 詩를 읊으면 화답하는 이가 누구였습니까? 〈바로 당신이었지요.〉 그런데 〈지금은〉 말을 해도 들어주는 자가 없고, 시를 읊어도 화답하는 자가 없으며, 홀로 길을 걸어도 따르는 무리가 없고, 是非를 평론하여도 동조하는 자가 없으니, 족하는 제 마음이 즐거운지 그렇지 못한지 아실 것입니다.

1) 懸懸 : 마음을 놓지 못하고 걱정하는 모양이다.

2) 合幷 : 한 자리에 모임이다.

3) 其於人人 非足下之爲見而日與之處 : 내가 사람들을 만나는 것이 족하를 만나는 것처럼 기쁘지 않은데도 날마다 그들과 함께 지내고 있다는 말이다.

足下才高氣淸하야 行古道處今世니라 無田而衣食[1]호되 事親左右無違[2]하니 足下之用心勤矣며 足下之處身勞且苦矣라 混混與世相濁[3]이로되 獨其心은 追古人而從之하니 足下之道가 其使吾悲也로라

족하는 文才가 뛰어나고 氣度(風采)가 淸雅(高潔)하여 古人의 길을 걸으면서 지

금 세상에 살고 계십니다. 田地가 없어 〈文字로써〉 생계를 꾸리면서도 어버이를 섬김에 일마다 도리를 어김이 없으니, 족하의 마음씀이 수고롭고, 족하의 처신이 괴롭고도 고달프다 하겠습니다. 혼탁한 세상에 섞여 살면서 그 마음만은 고인을 追從하니, 족하가 걷는 길이 저를 슬프게 합니다.

1) 無田而衣食 : 衣食은 生計를 이른다. 農土가 없어, 남에게 문장을 지어주고서 얼마간의 사례를 받아 생계를 꾸린다는 말이다.
2) 事親左右無違 : ≪禮記≫ 〈檀弓 上〉에 "부모를 섬기되 은미하게 간함은 있으나 안색을 범하면서 간함은 없으며, 혹은 좌측이나 혹은 우측으로 나아가 봉양하되 일정한 한도가 없다.〔事親 有隱而無犯 左右就養無方〕"라는 말이 보이는데, 陳澔의 註에 "左右就養은 일마다 도리에 맞게 처리함이다."라고 하였으니, 孟郊가 어버이를 섬김에 孝誠을 다하여 어느 것 하나 모자람이 없다는 뜻이다. 〈貞曜先生墓誌〉에 의하면 孟郊는 幼年期에 아버지를 여의었으니, 여기에서 말한 '어버이'는 老母를 이른다.
3) 混混與世相濁 : 混混은 혼탁한 모양이니, 혼탁한 세속 사람들과 함께 섞여 살아간다는 말이다.

去年春에 脫汴州之亂[1]하야 幸不死나 無所於歸하야 遂來于此하니라 主人與吾有故[2]하야 哀其窮하야 居吾于符離睢上하니라 及秋將辭去나 因被留以職事[3]하야 默默在此가 行一年矣라 到今年秋하야 聊復辭去호리라 江湖[4]는 余樂也니 與足下終[5]이면 幸矣리라 李習之娶吾亡兄之女[6]하야 期在後月하니 朝夕[7]當來此리라 張籍在和州居喪하니 家甚貧이라 恐足下不知라 故具此白하노니 冀足下一來相視也니라 自彼至此雖遠이나 要皆舟行可至니 速圖之하라 吾之望也로라

저는 작년 봄에 汴州의 난리에서 탈출하여 다행히 죽지 않았으나, 돌아갈 곳이 없어서 마침내 이곳으로 왔습니다. 이곳 主人은 나와 交分이 있는 사이이므로 저의 곤궁함을 가엾게 여겨 저를 符離의 睢水 가에 살게 해주었습니다. 가을쯤에 떠나려 하였으나 職事(節度推官)에 임명하고서 만류하심으로 인해 아무 말 못하고서 이곳에 있은 지가 거의 1년이 되었으니, 금년 가을에는 다시 떠날까 합니다. 江湖

는 제가 즐기는 바이니 족하와 함께 老年을 보낼 수 있으면 다행이겠습니다.

李習之(李翶)가 제 亡兄의 딸을 아내로 맞이하기로 하였는데, 그 時期가 다음 달이니 머지않아 이곳으로 올 것입니다. 張籍은 和州에서 居喪 중인데 집안 형편이 매우 가난합니다. 족하가 알지 못하고 계실까 걱정이 되어, 이렇게 갖추어 아뢰는 바이니, 족하도 한 번 오셔서 서로 만나보시기 바랍니다. 그곳에서 이곳까지가 비록 먼 길이지만 배를 타면 올 수 있으니 속히 계획을 세우십시오. 이것이 저의 바람입니다.

1) 脫汴州之亂：貞元 15년 2월에 宣武節度使 董晉이 병사하고, 汴州의 군대가 반란을 일으키자, 韓愈가 그곳을 탈출한 일을 이른다. 본서의 〈韓文公本傳〉에 자세히 보인다.
2) 主人與吾有故：主人은 徐·泗·濠節度使 張建封을 이른다. 有故는 舊交(사귄 지 오래된 벗)를 이른다.
3) 職事：節度推官에 임명된 일을 이른다.
4) 江湖：隱退하여 강가나 호숫가에서 生活함을 이른다.
5) 與足下終：終은 終老(老年을 보냄)이다.
6) 李習之娶吾亡兄之女：李習之는 韓愈의 제자 李翶이고, 亡兄은 한유의 從兄 韓弇이다.
7) 朝夕：早晚과 같은 말이다.

03. 與李翶書* 李翶에게 준 편지

* 李翶는 字가 習之이다. 韓愈의 제자이면서 조카사위이다. 한유는 貞元 15년(799)에 汴州의 軍亂을 피해 徐州로 와서 節度使 張建封 밑에서 節度推官이 되었다. 이때 李翶는 이곳에서 허송세월하는 한유를 책망하면서 京師로 가서 뜻을 펴기를 요구하는 편지를 보내왔다. 그러므로 한유가 이와 같은 答信을 보낸 것이다.

翻覆辨論호되 總不放倒自家地位라

반복해 변론하면서도 끝내 자신의 지위를 格下하지 않았다.

使至하야 辱足下書하니 歡愧來幷하야 不容于心호라 嗟乎라 子之言意皆是也니 僕雖巧說[1]이나 何能逃其責邪아 然皆子之愛我多하고 重我厚하야 不酌時人待我之情하고 而以子之待我之意로 使我望於時人也로다

심부름꾼이 가지고 온 그대의 편지를 받으니 기쁨과 부끄러움이 함께 일어 마음에 용납할 수가 없었네. 아, 그대의 말과 그대의 意思가 모두 옳으니, 내가 아무리 詭辯을 늘어놓은들 어찌 책망을 피할 수 있겠는가? 그러나 이는 모두 그대가 나를 아끼는 마음이 많고 나를 존중하는 마음이 두터워서, 시속 사람들이 나를 대하는 마음이 어떤가는 헤아리지 않고 그대가 나를 대우하는 마음만 가지고 나로 하여금 시속 사람들에게 기대를 걸게 한 것이네.

1) 巧說 : 詭辯이다.

僕[1]之家本窮空이어늘 重遇攻劫[2]하야 衣服無所得하고 養生之具[3]無所有어늘 家累[4]僅[5]三十口니 携此將安所歸託乎아 捨之入京도 不可也요 挈之而行도 不可也니 足下將安以爲我謀哉[6]아 此一事耳니라 足下謂我入京誠有所益乎아 僕之有子오도 猶有不知者[7]어든 時人能知我哉아 持僕所守하고 驅而使奔走伺候公卿間하야 開口論議라도 其安能有以合乎[8]아 僕在京城八九年[9]에 無所取資[10]하야 日求於人하야 以度時月이나 當時行之不覺也[11]러니 今而思之컨대 如痛定之人이 思當痛之時면 不知何能自處也[12]니라 今年加長矣어늘 復驅之使就其故地하니 是亦難矣라

나의 집은 본래 곤궁한데다가 거듭 叛軍의 공격과 약탈을 당하여 衣服도 건진 것이 없고, 생활용구도 남은 것이 없는데 식구는 거의 30인이나 되니, 이들을 이끌고 장차 어디로 가서 의탁하겠는가? 이들을 버리고 나 혼자 京師로 갈 수도 없고, 그렇다고 이들을 데리고 갈 수도 없으니, 그대는 나를 위해 어떤 계책을 내어 주겠는가? 그러나 이것은 한 가지 일일 뿐이네.

그대는 내가 경사로 가면 참으로 이익이 있을 것이라고 생각하는가? 나에게 자네 같은 벗이 있으나 자네도 오히려 나를 알지 못하는데, 시속 사람들이 어찌 나를 알 수 있겠는가? 나의 操守(절개와 지조)를 堅持하면서 그대에게 내몰려 〈경사로 가서〉 公卿들 사이를 부지런히 오가며 만나주기를 기다렸다가 입을 열어 의론한다 하더라도 나의 말이 어찌 저들의 뜻에 부합할 수 있겠는가?

내가 전에 경사에 있는 8, 9년 동안 생활할 수 있는 물자를 취할 곳이 없어서 날마다 남에게 도움을 구하여 날을 보냈네. 그러나 당시에는 그렇게 살면서도 고달픈 줄을 몰랐으나, 지금에 와서 생각해보면 마치 통증이 가라앉은 사람이 통증이 발작하였을 때를 회상하면 어떻게 스스로 대처하였는지 모르는 것처럼 그 빈곤의 세월을 어떻게 넘겼는지 모르겠네. 이제는 나이가 더 많아졌는데, 다시 나를 몰아붙여 전에 고생스럽게 살던 그곳으로 가라 하니, 이 또한 받아들이기 어렵네.

1) 僕 : 자신에 대한 謙稱이다.
2) 重遇攻劫 : 貞元 15년 2월에 宣武節度使 董晉이 죽자, 韓愈는 동진의 靈柩를 따라 葬地로 떠났는데, 4일 뒤에 汴州의 군대가 留后 陸長源을 살해하고서 반란을 일으켰다. 이때 汴州城 안에 있던 한유의 가족이 반군의 약탈을 당한 것을 이른다.
3) 養生之具 : 生活用具를 이른다.
4) 家累 : 家族을 이른다.
5) 僅 : 幾(거의)이다.
6) 足下將安以爲我謀哉 : 나의 형편이 이러한데, 그대는 나를 위해 무슨 좋은 수를 내어줄 수 있기에 나를 京師로 가라고 하느냐는 뜻이다.
7) 僕之有子 猶有不知者 : 나에게 자네 같은 벗이 있으나 자네도 오히려 나를 이해하지 못하는 점이 있다는 말이다.
8) 持僕所守……其安能有以合乎 : 持는 堅持이고, 所守는 操守(節概와 志操)이고, 驅는 내몰림이고, 使는 가령이고, 奔走는 바쁘게 오감이고, 伺候는 等待(명을 기다림)이니, 곧 나의 節操를 굳게 지키면서 그대의 책망에 몰려 公卿들 사이를 바쁘게 오가면서 명을 기다렸다가 입을 열고 心中의 생각을 吐露한다 하더라도, 나의 말이 어찌 저들의 생각에 부합할 수 있겠느냐는 말이다.

9) 在京城八九年 : 韓愈는 貞元 2년(786)에 京師로 와서 9년 만인 貞元 11년에 경사를 떠났다.

10) 無所取資 : 생활에 필요한 物資를 취할 곳이 없다는 말이다.

11) 行之不覺也 : 곤궁하게 살면서도 고생스러움을 몰랐다는 말이다.

12) 今而思之……不知何能自處也 : 지금에 와서 생각해보면, 마치 痛症이 진정된 사람이 통증이 발작했을 때를 회상하면 어떻게 대처하였는지 모르는 것처럼, 그 빈곤의 세월을 어떻게 넘겼는지 모르겠다는 말이다.

所貴乎京師者는 不以明天子在上하고 賢公卿在下하며 布衣韋帶之士[1)]談道義者多乎아 以僕遑遑[2)]于其中인들 能上聞而下達[3)]乎아 其知我者固少하고 知而相愛不相忌者又加少어늘 內無所資하고 外無所從하니 終安所爲乎아 嗟乎라 子之責我誠是也요 愛我誠多也어니와 今天下之人에 有如子者乎아 自堯舜以來로 士有不遇者乎아 無也니라 子獨安能使我潔清不汚하야 而處其所可樂哉아 非不願爲子之所云者로되 力不足하고 勢不便故也니라

京師를 귀하게 여기는 까닭은 밝으신 天子가 위에 계시고 어진 公卿이 아래에 있으며, 道義를 담론하는 베옷을 입고 가죽띠를 띤 선비들이 많기 때문이 아니겠는가? 그런데 내가 그 사이에 허둥지둥 돌아다닌들 위로 천자께 이름을 알리고 아래로 공경에게 나를 알릴 수 있겠는가? 이들 중에 나를 아는 자는 본래 적고, 알되 서로 아껴 시기하지 않는 자는 더욱 적은데, 안으로는 의지할 재물이 없고 밖으로는 종유할 벗이 없으니 끝내 무슨 일을 할 수 있겠는가?

아, 그대가 나를 책망하는 말이 옳고 나를 아끼는 마음이 많지만 오늘날 천하 사람 중에 그대 같은 사람이 또 있겠는가? 堯舜 이래로 賢能한 선비로서 불우한 자가 있었던가? 없었다네. 그런데 그대는 어찌하여 나에게만 고결하게 행동하여 몸을 더럽히지 말고서 내가 즐기는 일을 하라고 하는가? 그대의 말을 따르고 싶지 않은 것은 아니네만 힘이 부족하고 시대의 상황에 맞지 않기 때문이네.

1) 布衣韋帶之士 : 出仕하지 않고 草野에 隱居한 자의 服裝을 이른다.

2) 遑遑 : 몹시 바빠 허둥대는 모양이다.

3) 上聞而下達 : 위로 天子께 이름을 알리고, 아래로 公卿들에게 자신을 알림이다.

僕於此에 豈以爲大相知乎아 累累隨行[1]하고 役役逐隊[2]하야 饑而食하고 飽而嬉者也라 其所以止而不去者는 以其心誠有愛於僕也라 然所愛於我者少하고 不知我者猶多하니 吾豈樂於此乎哉아 將亦有所病[3]而求息於此也니라 嗟乎라 子誠愛我矣니 子之所責於我者가 誠是矣라 然恐子有時不暇責我而悲我하고 不暇悲我而自責且自悲也리라 及之而後知하고 履之而後難耳니라 孔子稱顔回一簞食와 一瓢飮을 人不堪其憂어늘 回也不改其樂[4]이라하니라 彼人者는 有聖者爲之依歸하고 而又有簞食瓢飮하야 足以不死하니 其不憂而樂也가 豈不易哉아 若僕은 無所依歸하고 無簞食無瓢飮이로되 無所取資하니 則餓而死가 其不亦難乎[5]ㄴ저 子之聞我言이면 亦悲矣리라 嗟乎라 子亦愼其所之哉어다 離違久러니 乍還侍左右[6]하니 當日懽喜니라 故專使[7]馳此하야 候足下意하고 幷以自解하노라

내가 이곳에서 어찌 크게 인정을 받았다고 하겠는가? 늘어선 줄에 끼어 節度使를 수행하며 쉬지 않고 대열을 따르면서 배고프면 먹고 배부르면 놀며 즐길 뿐이라네. 그런데도 내가 이곳에 머물면서 떠나지 않는 것은 주인의 마음이 진실로 나를 아끼기 때문이라네. 그러나 나를 아끼는 마음은 적고 나를 이해하지 못하는 마음은 많으니, 내 어찌 이곳에 있는 것을 즐겁게 여기겠는가? 장차 우려스러운 일이 있을 것 같아 이곳에서 잠시 쉬려는 것일 뿐이네.

아, 그대는 참으로 나를 아끼니 그대가 나를 책망하는 것은 참으로 옳네. 그러나 그대가 때로 나를 책망할 겨를도 없이 나를 가여워하고, 나를 가여워할 겨를도 없이 자신을 책망하고 자신을 가여워할까 두렵네. 그러나 내 처지가 되어보아야 나를 이해할 수 있고, 내 처지를 겪어보아야 나의 어려움을 알 것이네.

孔子께서 顔回를 칭찬하면서 "한 도시락의 밥과 한 바가지의 음료로 끼니를 때우는 것을 사람들은 근심을 견디지 못하는데, 안회는 그 즐거움을 바꾸지 않는다."고 하셨네. 저 안회에게는 歸依할 성인이 계셨고, 또 한 도시락의 밥과 한 바가지의 음료가 있어서 죽지 않을 수 있었으니, 그가 근심하지 않고 즐거움을 바꾸지 않기

가 어찌 쉽지 않았겠는가? 그러나 나의 경우는 귀의할 곳도, 한 도시락의 밥도, 한 바가지의 음료도 없으나 도움을 받을 곳이 없으니, 굶주려 죽는 것이 어렵지 않을 것이네. 그대가 내 말을 들으면 그대 또한 슬퍼질 것이네.

아, 그대 또한 부디 갈 곳을 신중히 선택하게나. 헤어진 지 오래인데, 갑자기 돌아와서 좌우에서 모시니, 그날 참으로 기뻤네. 그러므로 專使에게 이 편지를 보내어 그대의 意思를 묻고 아울러 내가 이곳에 머무는 까닭을 해명하네.

1) 累累隨行 : 累累는 연달은 모양이니, 길게 늘어선 줄에 끼어 隨行한다는 말인데, 곧 節度使의 隨行員이 된 것을 이른다.
2) 役役逐隊 : 役役은 쉬지 않고 勞苦하는 모양이니, 쉬지 않고 隊列을 따라간다는 말이다.
3) 所病 : 病은 憂慮이다.
4) 一簞食……回也不改其樂 : ≪論語≫ 〈雍也〉에 보인다.
5) 其不亦難乎 : 其는 '아마도'의 뜻으로 쓰였다.
6) 乍還侍左右 : 李翶는 韓愈의 堂姪壻이다. 이고가 갑자기 와서 함께 좌우에서 당숙모를 모셨다는 말인지, 이고가 갑자기 돌아와서 한유가 좌우(이고)를 모셨다는 말인지 未詳이다.
7) 專使 : 편지나 물품을 보내기 위해 특별히 보내는 심부름꾼을 이른다.

04. 與崔群書* 崔群에게 준 편지

* 崔群은 字가 惇詩이다. 韓愈와 同榜進士이며, 이때 宣州觀察判官으로 있었다. 이 편지는 한유가 四門博士로 있던 貞元 18년(802)에 보낸 것이다.

大較昌黎與崔群相知深이라 **故篇中情悃**이 **與諸篇不同**이라

대체로 昌黎와 崔群은 서로 마음을 깊이 아는 벗이었다. 그러므로 이 편지에 간절한 정을 표현한 것이 다른 편지와 같지 않다.

自足下離東都로 **凡兩度枉問**[1]이러니 **尋承已達宣州**[2]니라 **主人**[3]**仁賢**하고 **同列皆**

君子[4)]니 雖抱羇旅[5)]之念이나 亦且可以度日이리라 無入而不自得[6)]하야 樂天知命[7)]者는 固前修[8)]之所以禦外物者也온 況足下度越此等百千輩[9)]하니 豈以出處近遠[10)]으로 累其靈臺[11)]耶아 宣州雖稱淸涼高爽[12)]이나 然皆大江之南이라 風土不幷[13)]以北하니 將息[14)]之道는 當先理其心이라 心閒無事然後에 外患不入이니 風氣所宜[15)]를 可以審備면 小小者[16)]亦當自不至矣리라 足下之賢으로 雖在窮約이라도 猶能不改其樂이온 況地至近하고 官榮祿厚하며 親愛盡在左右者耶아 所以如此云云者는 以爲足下賢者니 宜在上位요 託於幕府[17)]는 則不爲得其所니라 是以及之[18)]는 乃相親重之道耳요 非所以待足下者也니라

足下가 東都(洛陽)를 떠난 뒤로 모두 두 차례나 안부를 묻는 편지를 보내주셨는데, 오래지 않아 이미 宣州에 도착하셨다는 소식을 받았습니다. 主人은 인자하고 현명하며 동료들은 모두 군자이니, 비록 나그네의 외로운 심정은 있겠지만 그런대로 세월을 보내실 만할 것입니다. 어디를 가나 快足하지 않음이 없어, 天道의 法則을 따르고 生命의 始終을 알아 자연의 이치에 一任하는 것은 본래 前賢들이 外物의 유혹을 막던 방법이었는데, 더구나 이들 百千人보다 월등한 족하께서 어찌 出處와 遠近으로 마음을 괴롭히겠습니까?

宣州가 비록 기후가 서늘하고 상쾌한 곳이라고 하지만 모두 江南이어서 風土가 江北과는 같지 않습니다. 건강을 지키는 방법은 먼저 마음부터 다스려야 합니다. 마음이 한가로워 일이 없은 뒤에야 외부의 病患이 침입할 수 없으니, 그곳의 風土와 氣候에 적응하는 방법을 세심히 살펴 대비한다면 작은 질병이 저절로 이르지 않을 것입니다.

현명하신 족하는 아무리 빈궁 속에 있어도 道를 추구하는 즐거움을 바꾸지 않을 터인데, 더구나 가까운 지역에 계시고 영예로운 관직과 많은 복록을 누리며 친애하는 사람들이 모두 身邊에 있는 데야 더 말할 나위가 있겠습니까? 그런데도 내가 이렇게 말하는 것은 족하는 賢者이니 높은 관직에 계셔야 하고, 幕府에 의탁해 계시는 것은 알맞은 자리를 얻은 것이 아니기 때문입니다. 宣州觀察使가 족하를 判官에 임명한 것은 바로 족하를 친애하고 존중하는 도리일 뿐이고 족하를 대우하는

방법이 아닙니다.

1) 枉問 : 남이 보낸 문안편지를 높여 이르는 말이다.
2) 尋承已達宣州 : 尋承은 오래지 않아 받음이니, 곧 오래지 않아 그대가 이미 宣州에 도달하였다는 소식을 받았다는 말이다.
3) 主人 : 宣·歙·池觀察使 崔衍을 이른다.
4) 同列皆君子 : 이때 李博도 崔衍의 幕僚로 있었다. 崔群과 李博은 모두 韓愈와 同榜進士이다.
5) 羈旅 : 나그네이다.
6) 無入而不自得 : 군자는 어떠한 환경에서도 자기의 도리를 행하기 때문에 가는 곳마다 스스로 快足하지 않음이 없다는 뜻이다. ≪中庸≫
7) 樂天知命 : ≪周易≫ 〈繫辭傳 上〉에 보이는데, 孔穎達의 疏에는 "천도의 常數(法則)을 따르고, 性命(生命)의 시종을 알아 자연의 이치에 일임하는 것〔順天道之常數 知性命之始終 任自然之理〕"으로 풀었고, 朱子는 "천리를 즐기고 또 천명을 아는 것〔樂天理而又知天命〕"으로 풀었다. 바꾸어 말하면 하늘이 賦與한 貧富貴賤과 壽命의 長短을 즐거운 마음으로 받아들이고, 운명을 거역해가며 부귀공명을 추구하지 않는다는 뜻이다.
8) 前修 : 前賢을 이른다.
9) 百千輩 : 方崧卿의 內閣本에는 이 세 자를 삭제하였으나, 杭本과 蜀本에는 이 세 자가 있다. ≪韓文考異≫에서 朱子는 "方崧卿本에는 '百千輩' 세 자가 없으나, 지금 여러 板本과 文勢를 살펴보면 이 세 자가 있는 것이 마땅하다. 그러나 단지 어떤 사람을 가리켜 말한 것인지 알 수 없을 뿐이다."라고 하였다.
10) 出處近遠 : 出世와 隱遁, 任地가 가깝고 멂을 이른다.
11) 累其靈臺 : 累는 괴롭힘이고, 靈臺는 마음이니, 곧 출처와 원근으로 마음을 괴롭히지 않는다는 말이다.
12) 清涼高爽 : 기후가 서늘하고 상쾌함이다.
13) 不幷 : 不同과 같다.
14) 將息 : 건강을 돕기 위해 몸을 보살핌이다.
15) 風氣所宜 : 그 고장의 풍토와 기후에 適應하는 방법을 이른다.
16) 小小者 : 작은 질병을 이른다.

17) 幕府 : 원래는 군대가 出征하였을 때 宿營하는 軍幕을 이르는데, 후세에는 觀察使나 節度使가 駐在하는 官府를 이르는 말로 쓰인다.

18) 是以及之 : 이 한 句만을 놓고 보면 '그러므로 言及하였다.'로 번역하는 것이 옳겠으나, 위에 이미 '所以如此云云者'란 말이 있으니, 이 句를 다시 언급으로 번역하면 말이 중복될 뿐 아니라 다음 말과도 연결이 되지 않기 때문에 부득이 '是'를 崔衍의 指示代詞로, '以'를 判官의 지시대사로, '及'을 給與로, '之'를 崔群의 지시대사로 보아 위와 같이 번역하였다.

僕自少至今히 **從事於往還朋友間一十七年矣**니 **日月不爲不久**요 **所與交往相識者千百人**이니 **非不多**니라 **其相與如骨肉兄弟者亦且不少**하야 **或以事同**하고 **或以藝取**[1)]하고 **或慕其一善**하고 **或以其久故**하고 **或初不甚知而與之已密**에 **其後無大惡**하야 **因不復決捨**[2)]하고 **或其人雖不皆入善**이나 **而於己已厚**하야 **雖欲悔之不可**니라 **凡諸淺者**는 **固不足道**어니와 **深者止如此**하니 **至於心所仰服**[3)]하야 **考之言行而無瑕尤**하고 **窺之閫奧而不見畛域**[4)]하며 **明白純粹**하야 **輝光日新**[5)]**者**는 **惟吾崔君一人**이라

나는 젊어서부터 지금까지 벗 사이를 왕래한 지가 17년이 되었으니 세월이 오래지 않은 것이 아니며, 交遊하여 서로 알고 지내는 벗이 千百人이니 많지 않은 것이 아닙니다. 그중에는 骨肉을 나눈 형제처럼 지내는 자도 적지 않은데, 혹은 하는 일이 같음으로 인해 벗으로 삼은 자도 있고, 혹은 技藝가 뛰어나서 벗으로 취한 자도 있고, 혹은 한 가지 일에 능한 점을 흠모하여 벗으로 삼은 자도 있고, 혹은 사귄 지가 오램으로 인해 벗으로 삼은 자도 있고, 혹은 처음에는 잘 몰랐으나 그와 교분이 친밀해진 뒤에 그에게 큰 잘못이 없어서 교유를 단절하지 않은 자도 있으며, 혹은 그 사람이 비록 모든 일에 뛰어나지는 않으나 나를 후하게 대해줌으로 인해 벗으로 삼은 것을 후회하고서 벗을 무르고 싶어도 무를 수 없어서 관계를 유지한 자도 있습니다.

교분이 얕은 자는 본래 말할 것도 없거니와, 교분이 깊은 자라 해도 이와 같을 뿐이니, 내가 진심으로 존경해 탄복하는 벗으로, 언행을 살펴보면 결점이나 過誤가 없고, 심오한 학문을 엿보면 限界가 없으며, 깨끗하고 순수하여 光輝가 날로 새

로워지는 사람은 오직 우리 崔君 한 사람뿐입니다.

1) 或以藝取 : 技藝가 뛰어나서 벗으로 취한 자도 있다는 말이다.
2) 決捨 : 斷絶과 같다.
3) 仰服 : 尊敬해 歎服함이다.
4) 窺之閫奧而不見畛域 : 閫奧는 깊숙한 內室로 深奧한 학문의 경지를 비유하고, 畛域은 田地의 경계로 限界를 뜻하니, 곧 심오한 학문은 한계가 없이 깊고 넓다는 말이다.
5) 輝光日新 : ≪周易≫ 大畜卦의 〈彖傳〉에 '大畜剛健篤實輝光日新其德'이란 말이 보이는데, ≪官本諺解≫에는 程傳에 의거하여 "대축은 강건하고 독실하고 빛이 나서 그 덕을 날로 새롭게 한다."로 해석하였으나, 鄭玄의 注에는 '日新'에서 句를 떼고, '其德'은 下句로 붙여 "대축은 강건하고 독실하여 빛이 날로 새로워진다."로 해석하였다. 輝光日新은 일반적으로 도덕과 학문이 나날이 진보하는 것을 비유하는 말로 쓰인다.

僕愚陋無所知曉나 然聖人之書를 無所不讀하고 其精粗[1]巨細와 出入明晦[2]를 雖不盡識이나 抑不可謂不涉其流[3]者也니라 以此而推之하고 以此而度之하야 誠知足下出群拔萃[4]하니 無謂僕何從而得之也하라 與足下情義가 寧須言而後自明耶아 所以言者는 懼足下以爲吾所與深者多가 不置白黑[5]於胸中耳일새니라 旣謂能麤知足下오도 而復懼足下之不我知하니 亦過也로다 比[6]亦有人說足下誠盡善盡美나 抑猶有可疑者라하야늘 僕謂之曰 何疑오 疑者曰 君子當有所好惡니 好惡不可不明이어늘 如淸河[7]者는 人無賢愚히 無不說(열)其善하야 伏其爲人하니 以是而疑之耳로라 僕應之曰 鳳皇芝草는 賢愚皆以爲美瑞요 靑天白日은 奴隷亦知其淸明이라 譬之食物컨대 至於遐方異味하야는 則有嗜者有不嗜者어니와 至於稻也粱也膾也炙也하야는 豈聞有不嗜者哉아 疑者乃解하니라 解不解가 於吾崔君에 無所損益[8]也니라

나는 어리석고 고루하여 아는 것이 없으나, 성인의 글을 읽지 않은 것이 없습니다. 그 글 속에 담긴 精粗와 巨細(大小), 出入과 明晦(明暗)의 이치를 다 認識하지

는 못하였으나, 그 글을 섭렵하지 않았다고는 할 수 없습니다. 이로써 미루고 이로써 헤아려 足下가 참으로 出衆한 분임을 알게 된 것이니, 족하는 나에게 어디에서 이런 말을 들었느냐고 말하지 마십시오. 족하와 나 사이의 情誼가 어찌 말을 기다린 뒤에 명백해지겠습니까? 그런데도 이렇게 말하는 것은 족하께서 나에게 깊이 사귀는 사람이 많은 것이 마음속에 善惡을 분변하는 생각을 두지 않기 때문이라고 여기실까 두려워서일 뿐입니다. 이미 족하를 대략 이해한다고 말해놓고서 다시 족하가 나를 이해하지 못하실까 걱정하니, 이 또한 나의 허물입니다.

근자에 또 어떤 사람이 "족하는 더할 수 없이 완전무결하지만 오히려 의심쩍은 점이 있다."고 하기에, 내가 "무엇이 의심쩍으냐?"고 물었더니, 그자가 "군자는 응당 좋아하고 싫어함이 있어야 하니, 좋아하고 싫어함을 분명히 하지 않아서는 안 된다. 그런데 淸河(崔群을 이름)의 경우는 賢者나 愚者 할 것 없이 모두 그의 선행을 좋아하여 그 사람됨에 탄복하지 않는 자가 없으니, 나는 이로 인해 그를 의심쩍어하는 것이다."라고 하였습니다.

내가 "鳳皇과 芝草는 현자나 우자나 모두 아름다운 상서로 여기고, 맑은 하늘과 밝은 해는 노예들도 그것이 맑고 밝다는 것을 안다. 음식에 비유하면 먼 지방에서 생산된 奇異한 食品은 즐기는 자도 있고 즐기지 않는 자도 있지만, 쌀과 기장과 肉膾와 불고기를 즐기지 않는 자가 있다는 말을 들은 적이 있는가?"라고 대답해주었더니, 의심하던 자가 비로소 의심을 풀었습니다. 그러나 남들의 의심이 풀렸건 풀리지 않았건 우리 崔君의 명성에는 損益되는 바가 없습니다.

1) 精粗 : 천하의 일에는 所以然과 所當然이 있으니, 소이연은 形而上으로 精이고, 소당연은 形而下로 粗이다. 정과 조는 별개가 아니라, 조는 有形의 사물이고, 정은 그 사물 속에 숨어 있는 이치이다.
2) 出入明晦 : 陰陽의 消長과 世道의 明暗을 이른 듯하다. 日月이 나오면 세상이 밝아지고 일월이 들어가면 어두워지듯이, 군자의 道(陽)가 성하면 세상이 밝아지고, 소인의 도(陰)가 성하면 세상이 어두워진다는 ≪周易≫의 이치를 이른 듯하다.
3) 不可謂不涉其流 : 성인의 글을 읽은 것을 물을 건너는 것에 비유한 것이니,

곧 내가 성인의 글을 섭렵하지 않았다고 할 수 없다는 뜻이다.

4) 出群拔萃 : 出類拔萃와 같은 말로 뛰어나게 出衆한 사람을 이른다.

5) 白黑 : 善惡을 이른다.

6) 比 : 近者이다.

7) 淸河 : 地名으로 崔群의 고향이다. 여기서는 최군을 가리킨다.

8) 解不解……無所損益 : 남들의 의심이 풀렸다 하여 崔君의 명성에 이익이 될 것도 없고, 풀리지 않았다 하여 손해될 것도 없다는 말이다.

自古賢者少하고 不肖者多하니라 自省事[1]已來로 又見賢者恒不遇어늘 不賢者比肩靑紫[2]하고 賢者恒無以自存이어늘 不賢者志滿氣得[3]하며 賢者雖得卑位나 則旋[4]而死어늘 不賢者或至眉壽[5]하니라 不知造物者意竟如何나 無乃所好惡與人異心哉아 又不知無乃都不省記[6]하야 任其死生壽夭耶아 未可知也로라 人固有薄卿相之官과 千乘之位하고 而甘陋巷[7]菜羹者하니 同是人也로되 猶有好惡如此之異者어든 況天之與人가 當必異其所好惡無疑也라 合於天이면 而乖於人이라도 何害[8]리오 況又時有兼得者[9]耶아 崔君崔君이여 無怠無怠하라

예로부터 賢者는 적고 賢하지 못한 자는 많았습니다. 나는 철든 뒤로 또 현자는 항상 不遇한데 현하지 못한 자는 높은 관직에 오른 자가 많으며, 현자는 항상 자력으로 생존할 수조차 없는데 현하지 못한 자는 뜻을 이루어 기세가 등등하며, 현자는 낮은 관직을 얻더라도 이내 죽는데 현하지 못한 자는 더러 장수를 누리는 것을 보았습니다. 造物主의 생각이 끝내 무엇인지는 알 수 없으나, 조물주의 좋아하고 싫어함이 사람들의 마음과 다른 것이 아니겠습니까? 또 알 수 없습니다만 〈조물주가 사람들의 선악을〉 전혀 기억하지 못하고서 죽든 살든 장수하든 요절하든 그냥 내버려두는 것이 아니겠습니까? 도대체 알 수가 없습니다.

사람 중에는 본래 卿相의 관직과 千乘(諸侯)의 지위를 하찮게 여기고 누추한 골목에 살면서 나물국을 먹는 것을 달게 여기는 사람이 있습니다. 똑같은 사람인데도 좋아하고 싫어함이 이처럼 다른데, 하물며 하늘과 사람이겠습니까? 반드시 좋아하고 싫어함이 틀림없이 다를 것입니다. 天道에 부합하였으면 사람의 欲求에 어

긋나더라도 무엇이 해롭겠습니까? 하물며 때로는 이 두 가지를 겸하여 얻은 이가 있었음에야 더 말할 게 있겠습니까? 崔君이시여! 최군이시여! 부디 태만하지 마십시오. 태만하지 마십시오.

1) 省事 : 철이 들어 사리를 가릴 줄 아는 지각이 생김이다.
2) 比肩青紫 : 比肩은 하나하나가 서로 이어진 것이니 많음을 형용하고, 青紫는 公卿의 인끈의 색깔인데, 高官의 뜻으로 쓰인다.
3) 志滿氣得 : 뜻한 바가 만족하게 이루어져서 기세가 등등함을 이른 듯하다.
4) 旋 : 이내이다.
5) 眉壽 : 長壽이다.
6) 省記 : 기억함이다.
7) 陋巷 : 누추하고 좁은 골목인데, 가난한 생활을 뜻한다.
8) 合於天……何害 : 合於天은 善行을 하여 天道에 부합하는 賢者를 이르고, 乖於人은 富貴功名을 추구하는 사람들의 欲求에 어긋나서 不遇하고 貧賤함을 이르니, 곧 현자가 되었으면 부귀공명을 누리지 못하고 빈천하더라도 해로울 것이 없다는 말이다.
9) 時有兼得者 : 때로는 賢德과 富貴를 겸하여 얻은 이가 있었다는 말이다.

僕無以自全活者라 從一官[1)]於此로 轉[2)]困窮甚하야 思自放[3)]於伊潁之上하니 當亦終得之리라 近者 尤衰憊하야 左車[4)]第二牙가 無故動搖脫去하고 目視昏花[5)]하야 尋常間[6)]便不分人顔色하며 兩鬢半白하고 頭髮五分亦白其一하며 鬚亦有一莖兩莖白者니라 僕家不幸하야 諸父諸兄皆康强早世[7)]하니 如僕者又可以圖於久長哉아 以此忽忽[8)]하야 思與足下相見하야 一道其懷하노라 小兒女滿前하니 能不顧念가 足下何由得歸北來리오 僕不樂江南하니 官滿便終老嵩下하리니 足下可相就요 僕不可去矣라 珍重自愛하야 愼飮食少思慮하라 惟此之望하노라

나는 자력으로 생활을 보전할 수 없는 사람입니다. 이곳에서 한 官職을 맡으면서부터 곤궁이 도리어 심하여, 伊水와 潁水 가로 가서 자유롭게 생활하기를 생각하고 있으니, 끝내 그렇게 될 것입니다.

근자에는 몸이 더욱 쇠약해져서, 왼쪽 아래턱의 두 번째 어금니가 까닭없이 흔들려 빠졌고, 눈이 침침하여 가까운 거리에서도 사람의 얼굴을 구분하지 못하고, 양쪽 귀밑머리는 半白이 되었고, 머리카락도 5분의 1이 세었으며, 수염에도 흰 털이 한두 가닥 생겼습니다. 우리 집안은 불행하여 여러 伯叔父님과 여러 兄님들이 모두 건강하고 强壯하였는데도 일찍 세상을 뜨셨으니, 나처럼 쇠약한 자가 어찌 오래 살기를 바랄 수 있겠습니까? 그러므로 마음이 불안하여 족하와 서로 만나 가슴속에 품은 생각을 한번 말하고 싶습니다.

그러나 어린 자식들이 앞에 가득하니 어찌 염려하지 않을 수 있겠습니까. 어떻게 하면 足下가 북쪽으로 돌아올 수 있겠습니까? 나는 강남을 좋아하지 않으니 任期가 차면 이내 嵩山 밑으로 가서 老年을 보낼 것입니다. 족하가 내가 있는 곳으로 오실 수는 있어도, 내가 족하가 계신 곳으로 갈 수는 없습니다. 몸을 소중히 여기고 아끼시어 음식을 삼가고 생각을 적게 하십시오. 내가 바라는 것은 오직 이것뿐입니다.

1) 一官 : 四門博士가 된 것을 이른다.
2) 轉 : '도리어'이다.
3) 自放 : 세속의 굴레를 모두 벗어던지고서 자유로이 생활함이다.
4) 左車 : 왼쪽 아래턱이다.
5) 目視昏花 : 눈이 침침함이다.
6) 尋常間 : 가까운 거리를 이른다. 尋은 8尺이고, 常은 1丈 6尺이다.
7) 諸父諸兄皆康强早世 : 諸父는 伯叔父를 이르고, 諸兄은 여러 형들을 이른다. 韓愈의 長兄 會는 42세에 죽고, 仲兄 介는 出仕하자마자 죽고, 叔父 雲卿의 아들 弇은 35세에 죽고, 숙부 仲卿의 아들 岌은 57세에 죽었다.
8) 忽忽 : 心身이 불안한 모양이다.

05. 與衛中行書* 衛中行에게 준 편지

* 貞元 15년(799) 2월에 宣武節度使 董晉이 죽자, 汴州의 군대가 반란을 일으키니, 韓愈는 변주를 떠나 徐州로 가서 徐·泗·濠節度使 張建封에게 의

탁하였다가 정원 16년 여름에 또 서주를 떠나 洛陽으로 住居를 옮겼는데, 장건봉이 죽은 다음날 서주의 군대도 반란을 일으켰다. 韋中行은 한유가 재차 禍亂을 면한 것을 기뻐하여 편지를 보내어 위문하였다. 그러므로 한유가 이 答信을 보낸 것이다. 위중행은 자가 大受이다. 御史中丞 韋晏의 아들로 정원 9년에 進士에 及第하였다.

公之卓然自立處 固在라

公이 외부의 환경에 흔들리지 않고 자신을 지키는〔自立〕 탁월한 處心(정신, 사상)이 그대로 담겨 있다.

大受足下 辱書[1)]하니 爲賜甚大라 然所稱道[2)]過盛하니 豈所謂誘之而欲其至於是歟아 不敢當[3)]不敢當이로라 其中擇其一二似近者하야 而竊取之[4)]면 則於交友忠而不反於背面者가 少似近焉이나 亦其心之所好耳요 行之不倦이라면 則未敢自謂能爾也니 不敢當不敢當이로라 至於汲汲[5)]於富貴하야 以救世爲事者는 皆聖賢之事業이니 知其智能謀力能任者也니라 如愈者가 又焉能之리오 始相識時에 方甚貧하야 衣食於人[6)]이요 其後相見於汴徐二州에는 僕皆爲之從事[7)]하야 日月有所入하야 比之前時면 豐約百倍로되 足下視吾飮食衣服이 亦有異乎아 然則僕之心或不爲此汲汲也니라 其所不忘於仕進者는 亦將小行乎其志耳니라 此未易遽言也라

大受 足下께, 주신 편지 잘 받아보니 내려주신 은혜가 매우 큽니다. 그러나 칭찬하신 말씀이 지나치게 높으니, 이 어찌 이른바 "사람을 유도하여 이런 경지에 이르게 하고자 한다."는 것이 아니겠습니까? 그러나 나로서는 감당할 수 없습니다.

칭찬하신 말씀 중에서 한두 가지 비슷한 것을 골라 취한다면, "벗을 사귀이 충성스러워 등 뒤에서 배신하지 않는다."는 말씀이 약간 비슷하기는 합니다만 이 또한 마음으로 좋아할 뿐이고, 이를 행하는 데 게을리하지 않았느냐고 묻는다면 감히 그렇다고 말할 수 없으니, 〈이 말씀 또한〉 감당할 수 없습니다.

"부귀를 취하는 일에 마음을 써서 세상을 구제하는 것을 사업으로 삼으라."고 하

신 말씀으로 말하면 이는 모두 聖賢의 사업이니, 지혜와 재능과 計謀와 力量이 그 일을 감당할 수 있는 자라야 가능한 것으로 알고 있습니다. 나 같은 자가 어찌 그런 일을 할 수 있겠습니까?

우리가 처음 서로 만났을 때에는 매우 가난하여 남의 도움으로 생활할 때였고, 그 뒤에 汴州와 徐州에서 서로 만났을 때에는 내가 모두 從事로 있었기에 다달이 수입이 있어서, 전일에 비하면 백 배나 풍족하였습니다. 그러나 족하가 보시기에 나의 음식과 의복이 전과 다름이 있었던가요? 그렇다면 나는 富貴에 마음을 쓰지 않는 것입니다. 그러면서도 出仕를 잊지 못해하는 것은 나의 뜻을 조금이나마 실현해보고 싶어서일 뿐입니다. 하지만 이 또한 쉽게 선뜻 말할 수 없습니다.

1) 辱書 : 편지를 받았다는 말이다. 辱은 謙辭이다.
2) 稱道 : 칭찬하는 말이다.
3) 不敢當 : 남의 恩賜나 稱讚을 감당할 수 없다는 말로 謙辭이다.
4) 竊取之 : 竊은 자신의 의사를 표시하는 謙辭로 쓰이니, 곧 위중행이 한유를 칭찬한 말 중에서 한두 가지 비슷한 것을 취한다는 말이다.
5) 汲汲 : 목표로 삼은 한 가지 일에만 오로지 마음을 씀이다.
6) 衣食於人 : 남에게 도움을 구하여 생활함을 이른다.
7) 從事 : 官名이다. 漢代 이후로 刺史의 輔佐官을 모두 '從事'라 하였다. 韓愈가 汴州에 있을 때에는 董晉의 부름을 받고 나아가 觀察推官이 되었고, 徐州에 있을 때에는 張建封이 朝廷에 奏請하여 한유를 節度推官으로 삼았다.

凡禍福吉凶之來는 似不在我나 惟君子得禍爲不幸하고 而小人得禍爲恒[1]하며 君子得福爲恒하고 而小人得福爲幸하니 以其所爲가 似有以取之也[2]니라 必曰君子則吉하고 小人則凶者는 不可也니라 賢不肖는 存乎己하고 貴與賤禍與福은 存乎天하며 名聲之善惡은 存乎人하니 存乎己者는 吾將勉之[3]어니와 存乎天存乎人者는 吾將任彼而不用吾力焉이라 其所守者가 豈不約而易行哉아 足下曰 命之窮通은 自我爲之라하니 吾恐未合於道니라 足下徵前世而言之[4]면 則知矣리라 若曰 以道德爲己任하고 窮通之來는 不接吾心이면 則可也리라 窮居荒涼이라 草樹茂密하고 出無驢馬[5]하야 因與

人絶이나 一室之內에 有以自娛니라 足下喜吾復脫禍亂인댄 不當安安而居니 遲遲而來[6]也하라

禍福과 吉凶이 오는 것은 나의 행위에 달리지 않은 것 같습니다. 그러나 군자가 화를 당하면 불행으로 여기고 소인이 화를 당하면 정상으로 여기며, 군자가 복을 받으면 정상으로 여기고 소인이 복을 받으면 요행으로 여기니, 이는 그 사람의 행위가 그런 결과를 초래한 것 같기 때문입니다. 그렇다고 반드시 "군자는 吉하고 소인은 凶하다."고 하는 것은 옳지 않습니다.

賢不肖는 자기에게 달렸고, 貴賤과 禍福은 하늘에 달렸으며, 名聲이 좋고 나쁨은 사람들에게 달렸으니, 내게 달린 것은 내가 힘을 써야 하겠지만, 하늘과 사람들에게 달린 것은 저들에게 맡겨두고 내가 힘을 쓰지 말아야 합니다. 그렇게 하면 내가 지켜야 할 일이 簡約하여 실행하기가 쉽지 않겠습니까?

그런데 足下는 "困窮하냐 顯達하냐 하는 운명은 내 스스로 만드는 것이다."라고 하셨으니, 내가 보기에 이 말씀은 도리에 부합하지 않는 것 같습니다. 족하께서 前代의 일에 의거해 말씀하신다면 〈이 말씀이 도리에 맞지 않는다는 것을〉 아시게 될 것이니, 만약 "도덕을 수양하는 것을 나의 임무로 삼고, 곤궁과 영달이 오는 것은 내 마음에 두지 않겠다."고 하신다면 도리에 부합한다고 할 수 있습니다.

나는 초목만 무성한 荒涼한 곳에서 곤궁하게 지내고 있습니다. 외출을 하려 해도 타고 갈 당나귀마저 없어, 사람들과의 교유가 끊겼습니다만 그래도 방 안에서 스스로 즐길 거리가 있습니다. 족하께서 내가 다시 禍亂에서 벗어난 것을 기뻐하신다면 편안히 집안에만 앉아 계시는 것은 옳지 않으니, 〈기회를 보아 한번〉 천천히 찾아오십시오.

1) 小人得禍爲恒 : 恒은 常과 같으니, 正常이라는 말이다. '禍'는 저본에 '福'으로 되어 있으나, 本集에 의거하여 바로잡아 번역하였다.

2) 其所爲 似有以取之也 : 그 사람의 행위의 善惡이 禍福을 取(招來)하는 것 같다는 말이다.

3) 吾將勉之 : '將'은 '當'의 訓으로 쓰였다.

4) 徵前世而言之 : 前世의 일에 根據〔徵〕하여 말함이다.

5) 驢馬 : 당나귀이다.

6) 遲遲而來 : 천천히 오라는 말이다.

06. 與少室李拾遺書* 少室山 李拾遺에게 준 편지

* 少室은 山名으로 嵩山의 西麓이다. ≪韓文考異≫ 등 여러 板本에는 '室'자 밑에 '山'자가 있고, '李'자 밑에 '渤'자가 있다. 元和 3년(809)에 戶部侍郎 李巽과 諫議大夫 韋況이 상소하여 李渤을 추천하니, 조정에서 右拾遺의 官職으로 이발을 부르는 詔書를 내렸다. 河南少尹 杜兼이 詔書와 禮物을 가지고 가서 이발에게 出仕를 권하였으나, 이발은 사양하는 疏를 올리고서 출사하지 않았다. 이때 韓愈는 國子博士로 東都에서 職任을 맡고 있었는데, 원화 3년 12월에 이발에게 이 편지를 보내어 출사를 권하였다. 이발은 자가 濬之로 학문에 專心하여 道德과 學問으로 명성이 있었다.

曲하다

곡진하다.

伏承天恩하야 詔河南敦諭拾遺[1)]公하니 朝廷之士가 引頸東望하야 若景星鳳凰[2)]之始見也하야 爭先覩之爲快니라 方今天子仁聖[3)]하사 小大之事를 皆出宰相[4)]하고 樂善言하야 如不得聞[5)]이라 自卽大位已來로 於今四年에 凡所施者가 無不得宜ㄹ새 勤儉之聲과 寬大之政을 幽閨婦女와 草野小人도 皆飽聞而厭道之[6)]하나니라 愈不通於古하야 請問先生하노니 世非太平之運歟[7)]아 加又有非人力而至者하야 年穀熟衍[8)]하고 符貺委至[9)]하니 若干紀之姦이 不戰而拘纍하고 彊梁之兇이 銷鑠縮栗하야 迎風而委伏[10)]이니라 其有一事未就正이면 自視若不成人[11)]하고 四海之所環에 無一夫甲而兵者[12)]하니 若此時也에 拾遺公不疾起與天下之士君子樂成而享之면 斯無時矣니라 昔者孔子知不可爲而爲之不已하야 足迹接於諸侯之國[13)]이어늘 卽可爲之時[14)]하야 自藏深山하야 牢關而固距는 卽與仁義者異守[15)]矣니라 想拾遺公冠帶就車하야 惠

然肯來[16]하야 **舒所蓄積**하야 **以補綴盛德之有闕遺**[17]하야 **利加於時**하고 **名垂於將來**하니 **踊躍悚企**[18]하야 **傾刻以冀**[19]하노라

皇恩을 입어 河南少尹에게 詔書를 내려 拾遺公에게 出仕를 권면하고 알아듣도록 타이르게 하시니, 조정에 있는 사람들은 목을 빼고 동쪽을 바라보며 마치 景星이나 鳳凰이 처음 출현하기라도 한 것처럼 서로 먼저 보려고 다투면서 欣快해합니다. 지금 天子(唐 憲宗)께서는 仁聖하시어, 크고 작은 國事는 모두 재상에게 맡기시고, 善言을 듣기 좋아하시어 선언을 듣지 못할까 걱정하십니다. 천자의 자리에 오르신 뒤로 지금까지 4년 동안 시행하신 일들이 합당하지 않은 것이 없으므로 勤儉하시다는 名聲과 寬大하신 정치에 대해, 깊은 閨房의 婦女子와 草野의 백성들까지 모두 수없이 듣고서 수없이 칭송합니다.

저는 古代의 사정을 잘 알지 못하니 선생께 여쭙겠습니다. 오늘날이야말로 태평한 세상이 아닙니까? 게다가 또 인력으로 이룰 수 없는 일까지 이루어져서 해마다 풍년이 들고 상서로운 징조가 빠짐없이 이르렀으니, 이를테면 紀綱(國法)을 위반한 姦賊들이 抗戰하지 않고서 스스로 拘禁되고, 强暴한 凶徒들이 기세가 꺾여 움츠리고 떨면서 소문만 듣고도 겁을 먹고 복종한 것 등입니다. 한 가지 일이라도 바로잡지 못한 것이 있으면 황제께서는 자신을 마치 완전한 사람이 아닌 것처럼 여기시고, 四海 안에 갑옷을 입고 무기를 든 자가 한 사람도 없으니, 이러한 때에 습유공께서 빨리 일어나 나와서 천하의 士君子들과 함께 성공의 즐거움을 누리지 않는다면 이는 시기를 잃는 것입니다.

옛날에 孔子께서는 道를 펼 수 없는 때라는 것을 아시면서도 끊임없이 도를 펴기 위해 諸侯들의 나라를 두루 돌아다니셨습니다. 그런데 자신의 뜻을 펼칠 수 있는 때를 만나고도 스스로 깊은 산중에 숨어 빗장을 걸어 잠그고 召命을 굳게 거절하는 것은 仁義를 標榜하신 공자께서 지키신 뜻과 다릅니다. 저는 습유공께서 관을 쓰고 띠를 매고서 수레에 올라 소명에 순종하여 기꺼이 오셔서, 가슴속에 쌓은 포부를 펼쳐 황제의 성대한 德行 중에 빠뜨리신 것을 보충하여 시대에 이익을 끼치고 후대에 이름을 전하실 것이라고 생각하니, 너무나 기뻐 목을 빼고 발돋움하고 바라보면서 즉시 오시기를 바랍니다.

1) 詔河南敦諭拾遺 : 河南은 河南少尹 杜兼을 이른다. 敦諭는 皇命으로 敦勉(권면)하고 曉諭(밝게 타이름)함이다. 拾遺는 武則天 때 설치한 左右拾遺를 이른다. 조정에서 李渤에게 右拾遺의 官職을 내렸기 때문에 이발을 拾遺公이라 칭한 것이다.

2) 景星鳳凰 : 景星은 상서를 상징하는 별이다. ≪史記≫ 〈天官書〉에 "하늘이 淸明하면 景星이 보이는데, 경성은 德星이다. 그 모양이 일정하지 않은데, 항상 정치가 淸明한 나라에 출현한다.〔天精而見景星 景星者 德星也 其狀無常 常出於有道之國〕"는 말이 보인다. 鳳凰은 전설 속의 靈鳥로 이 역시 상서를 상징한다. 옛날 舜임금 때에 봉황이 와서 춤을 추었고, 周 文王 때에 岐山에 와서 울었다고 한다.

3) 仁聖 : 인자하고 성스럽다는 말로 古代에 임금을 稱頌하던 套式語이다.

4) 小大之事 皆出宰相 : 이 句만을 놓고 보면 '크고 작은 일이 모두 宰相에게서 나왔다.'고 해석하는 것이 옳겠으나, 위아래의 文脈으로 볼 때 '크고 작은 모든 일을 재상에게서 나오게 하였다.'는 뜻으로 보아야 할 듯하므로 '크고 작은 일을 모두 재상에게 맡겼다.'로 번역하였다.

5) 如不得聞 : 듣지 못할까 두려워하였다는 말과 같다.

6) 飽聞而厭道之 : 수없이 많이 듣고서 수없이 많이 칭송한다는 말이다.

7) 世非太平之運歟 : ≪新唐書≫ 〈李渤傳〉에는 이 句가 "지금이야말로 태평한 세상이 아닙니까?〔玆非太平之世歟〕"로 되어 있다.

8) 年穀熟衍 : 농사가 풍년이란 말이다. 年穀은 해마다 수확하는 穀物을 이르고, 熟衍은 곡식이 잘 여물고 낟알이 많이 달린 것을 이른다.

9) 符貺委至 : 符貺은 祥瑞의 징조이고, 委는 盡이니, 委至는 빠짐없이 다 이른 것이다.

10) 干紀之姦……迎風而委伏 : 干紀는 國法을 犯함이고, 拘纍는 拘禁됨이니, 곧 국법을 범한 姦賊이 조정의 征伐軍에 대항해 싸우지 않고 스스로 잡혀 구금되었다고 말이다. 彊梁은 强暴이고, 銷鑠은 쇠붙이가 녹아서 없어짐이니 氣勢가 꺾임을 뜻하고, 縮栗은 위축되어 벌벌 떠는 것이고, 迎風은 소문을 듣는 것이고, 委伏의 委는 버림이고 伏은 服從이니, 곧 강포한 흉도들이 기세가 꺾여 움츠리고 떨면서 소문만 듣고도 逆心을 버리고 조정에 복종하였다

는 말이다. 干紀之姦과 疆梁之兇은 조정에 反抗한 藩鎭의 節度使 등을 이른다. 이들이 조정의 위세에 겁을 먹고서 귀순하였다는 말이다.

11) 自視若不成人 : 자신을 완전하지 못한 사람으로 여겼다는 말이다.

12) 四海之所環 無一夫甲而兵者 : 온 천하가 태평하여 갑옷을 입고 무기를 든 병사가 하나도 없다는 말이다. 古代 중국인들은 中國의 사방에 모두 바다가 있는 것으로 여겼기 때문에 중국을 海內라고 칭하였으니, 四海之所環은 이를 이른다.

13) 孔子……足迹接於諸侯之國 : 孔子는 魯 定公 때에 司寇가 되었으나, 執政한 季氏와 뜻이 맞지 않아, 벼슬을 버리고서 衛·宋·陳·蔡·楚 등 여러 나라를 두루 돌아다니면서 道를 行하고자 하였다. 足迹接於諸侯之國은 발자국이 제후들의 나라에 찍혔다는 말로, 제후들의 나라를 두루 돌아다녔다는 뜻이다.

14) 卽可爲之時 : 卽에는 '當'의 訓이 있으니, 뜻을 펼칠 수 있는 때를 當(만남)하였다는 말이다.

15) 與仁義者異守 : 仁義者는 孔子를 이르고, 異守는 지키는 뜻이 다름이다.

16) 惠然肯來 : ≪詩經≫ 〈邶風 終風〉에 보인다. 〈終風〉은 衛 莊公의 夫人 莊姜이 妾子 州吁가 포학하여 자신을 업신여기는데도 이를 바로잡지 못한 것을 상심한 詩이다. ≪毛詩傳≫에는 "때로 孝順한 마음이 있다는 말이다.〔言時有順心也〕"라 하였고, 鄭玄의 箋에는 "효순한 마음이 있은 뒤에야 내 곁으로 올 수 있다.〔有順然後可以來至我傍〕"라 하였으니, 詩의 原義는 '주우에게 孝順한 마음이 있은 뒤에야 내 곁으로 올 수 있다."라는 뜻인데, 韓愈는 斷章取義하여 "李渤이 召命에 순종하여 기꺼이 오라."는 뜻으로 인용하였다.

17) 補綴盛德之有闕遺 : 황제의 성대한 덕행 중에 빠뜨린 것을 보충함이다.

18) 踊躍悚企 : 踊躍은 깡충깡충 뛰며 기뻐함이고, 悚은 목을 길게 빼는 것이고, 企는 발돋움하는 것이니, 곧 너무 기뻐서 목을 길게 빼고 발돋움하고서 바라본다는 말이다.

19) 傾刻以冀 : 傾刻은 卽刻이니, 즉시 오기를 바란다는 말이다.

又竊聞朝廷之議컨대 必起拾遺公이라하니 使者往이로되 若不許면 卽河南必繼以行이리라 拾遺徵君若不至면 必加高秩[1]이리니 如是면 則辭少就多라 傷於廉而害於義니 拾

遺公必不爲也리라 **善人斯進其類**[2)]는 **皆有望於拾遺公**이어늘 **拾遺公儻不爲起**면 **{使}衆善人不與斯人施也**[3)]니 **由拾遺公**하야 **而使天子不盡得良臣**하고 **君子不盡得顯位**하고 **人庶不盡被惠利**면 **其害不爲細**니라 **必望**[4)]**審察而遠思之**하야 **務使合於孔子之道**면 **幸甚**이라

또 제가 조정의 의논을 듣건대 반드시 拾遺公을 出仕〔起〕시키려 한다고 하니, 使者가 갔는데도 출사를 허락하지 않으시면 반드시 河南少尹(杜兼)이 뒤이어 갈 것입니다. 拾遺의 관직으로 君(李渤)을 부르는데도 나오지 않으면 반드시 官職의 品階를 더 높여서 부를 것입니다. 그렇게 된다면 녹봉이 적은 관직은 사절하고 녹봉이 많은 관직을 취하는 것이어서, 염치에 손상이 되고 도의에 해가 될 것이니, 습유공께서는 반드시 그리하지 않으실 것입니다.

善人(在朝의 賢人)이 그 同類를 추천한 것은 모두 습유공께 기대가 있어서인데, 습유공께서 만약 출사하지 않는다면 많은 善人들이 〈다시는〉 斯人(草野의 隱士)을 위하여〔與〕 추천하는 은혜를 베풀려 하지 않을 것이니, 습유공으로 인해 천자께서는 어진 신하를 다 얻지 못하고, 군자들은 높은 지위를 다 얻지 못하고, 백성들은 은택을 다 입지 못하게 된다면 그 해가 적지 않습니다. 간절히 바라건대 자세히 살피고 멀리 생각하시어 孔子의 도에 부합하기를 힘쓰시면 매우 다행이겠습니다.

1) 秩 : 官職의 品階와 俸祿을 이른다.

2) 善人斯進其類 : 善人은 李渤을 추천한 李巽과 韋況을 이르고, 進은 推薦이고, 其類는 그들의 同類라는 말로 이발을 이르니, 곧 이손과 위황이 이발을 추천한 것을 이른다.

3) {使}衆善人不與斯人施也 : 李渤이 끝내 召命을 거절하고 出仕하지 않는다면 이발을 추천하였던 조정의 인사들이 다시는 草野에 隱居한 선비들을 추천하려 하지 않을 것이라는 말이다. ≪韓文考異≫에 "'使'자가 없어야 할 듯하다. 이 句에는 아마도 誤謬가 있는 듯하다."라고 하였다. 이에 의거하여 '使'자는 衍字로 처리하여 번역하지 않았다.

4) 必望 : 必에는 '切(간절)'의 訓이 없으나, 우리말에 맞추기 위해 부득이 '切望'의 뜻으로 번역하였다.

07. 與鄂州柳中丞書* 鄂州 柳中丞에게 준 편지

* 唐 憲宗 元和 9년(814)에 彰義(淮西)節度使 吳少陽이 죽자, 그 아들 吳元濟가 스스로 절도사가 되어 朝廷을 배반하니, 헌종은 이듬해에 鄂岳觀察使 柳公綽에게 詔書를 내려 군대 5천을 安州刺史 李聽에게 주어 오원제를 토벌하게 하였다. 유공작이 "조정은 내가 書生이라고 하여 兵事를 모를 것이라고 여기는 것인가?"라고 하고서, 자신이 직접 군대를 인솔하고 출정하기를 奏請하니 조정에서 허락하였다. 유공작이 군대를 이끌고 안주로 가서 이청의 군대와 연합하여 전투에서 번번이 승리하자, 韓愈가 이 편지를 보낸 것이다. 유공작은 字가 起之이다. 鄂州刺史로 御史中丞을 兼任하였기 때문에 '鄂州柳中丞'이라고 한 것이다.

氣味古雅入西漢이라 **不假雕斲**이라

기세와 의미가 예스럽고 우아하여 西漢時代 文章의 경지에 들어갔다. 雕斲(文辭를 아름답게 꾸밈)의 형식을 빌리지 않았다.

淮右殘孽[1]이 **尙守巢窟**[2]이로되 **環寇之師**[3] **殆且十萬**이 **瞋目語難**[4]하야 **自以爲武人**이라하야 **不肯循法度**하고 頡頏[5]**作氣勢**하야 **竊爵位自尊大**[6]**者**가 **肩相摩地相屬**[7]**也**요 **不聞有一人援**枹**鼓誓衆而前者**[8]하고 **但日令走馬**[9]**來求賞給**하니 **助寇爲聲勢而已**[10]니라

淮右(吳元濟)의 殘敵이 아직 소굴을 지키고 있는데도 적을 둘러싸고 있는 거의 10만에 가까운 군대(討伐軍)는 〈조정에 불만을 품고〉 激忿해 눈을 부릅뜨고 말도 제대로 하지 못하면서, 스스로 '武人'이랍시고 법도를 따르지 않고 爵位를 훔쳐 스스로 잘난 체하며 오만하게 기세를 부리는 자들만이 허다하고, 한 사람도 북채를 잡고 북을 치면서 軍衆에 作戰의 意義를 선포하여 士氣를 북돋우고 前進하는 자가 있다는 말은 들리지 않고, 단지 날마다 走馬를 보내어 褒賞만을 요구할 뿐이니, 이들은 적을 돕는 聲勢(支援軍)가 될 따름입니다.

1) 淮右殘孼 : 淮西節度使 吳元濟 휘하의 殘敵을 이른다. 淮右는 淮西이다. 古代에는 서쪽을 '右'라 하였다. 殘孼은 殘敵(남아 있는 敵軍)이다.
2) 巢窟 : 淮西節度使 治所(官府)가 있는 蔡州를 이른다.
3) 環寇之師 : 憲宗 元和 10년에 조정의 명을 받고 淮西討伐에 나선 宣武 등 16道의 군대를 이른다.
4) 瞋目語難 : 瞋目은 화가 나서 눈을 부릅뜸이고, 語難은 격분하여 말도 제대로 하지 못함이다. 16도에서 출정한 將領들이 조정의 처사에 불만을 품고 激忿함을 말한 것이다.
5) 頡頏 : 오만하게 윗사람과 맞섬이다.
6) 自尊大 : 제 스스로 잘난 체함이다.
7) 肩相摩地相屬 : 어깨와 어깨가 서로 붙고, 땅과 땅이 서로 연하였다는 말로 조정에 抗命하는 藩鎭이 많음을 형용한 것이다.
8) 援桴鼓誓衆而前者 : 援桴鼓는 북채를 잡고서 북을 침이고, 誓衆은 誓士와 같은 말로 出征이나 作戰에 앞서 總帥가 작전의 意義를 宣布하여 軍衆의 士氣를 激勵함이다.
9) 走馬 : 말을 달려 軍情이나 文書를 전달하는 일을 맡은 병사를 이른다.
10) 助寇爲聲勢而已 : 寇는 반란군을 이르고, 聲勢는 군대가 멀리서 서로 응원하고 지원함이니, 곧 적을 돕는 支援軍이 될 뿐이라는 말이다.

閤下는 書生也니 詩書禮樂是習이요 仁義是修요 法度是束이어늘 一旦去文就武하야 鼓三軍而進之하고 陳師鞠旅[1]하야 親與爲辛苦[2]하고 慷慨感激[3]하야 同食下卒[4]하고 將二州之牧하야 以壯士氣[5]하고 斬所乘馬하야 以祭踶死之士[6]하니 雖古名將이라도 何以加玆리오 此由天資忠孝鬱[7]於中而大作於外하야 動[8]皆中於機會일새 以取勝於當世하야 而爲戎臣師[9]니 豈常習於威暴之事而樂其鬪戰之危也哉리오

閤下는 書生이시니, 詩書禮樂을 익히고, 仁義를 修行하고, 법도로써 몸을 단속하셨습니다. 그런데 하루아침에 文을 버리고 武人이 되시어 북을 울리며 三軍을 지휘하여 前進하셨으며, 군대를 진열해놓고 호령을 내리고서 몸소 사졸들과 함께

고된 일을 하셨으며, 義氣가 복받쳐 憤慨하시어 하급 兵卒들과 같은 음식을 드셨으며, 두 州의 牧使를 거느리고 가서 士氣를 북돋우셨으며, 타시던 말의 목을 베어 그 말에 채여 죽은 병사의 제사를 지내셨으니, 비록 옛날의 名將이라 하더라도 어찌 이보다 더할 수 있었겠습니까?

이는 모두 타고나신 忠心과 孝心이 가슴속에 쌓여 밖으로 크게 드러나서, 하는 일마다 항상 모두 時期에 맞았기 때문에 당세에 승리를 취하여 무신들의 師表가 되신 것이지, 어찌 평상시에 暴徒들을 威壓하는 일을 익히고 위험한 전투를 즐겼기 때문이겠습니까?

1) 陳師鞠旅 : ≪詩經≫ 〈小雅 采芑〉에 보이는데, 鄭玄의 箋에 "鞠은 告함이다. 이것은 作戰하는 날에 군대를 진열해놓고서 誠告한 것을 말한다.〔鞠 告也 此言將戰之日 陳列其師旅 誓告之也〕"라고 하였다. 古代에는 2,500인을 '師'라 하고, 500인을 '旅'라 하였는데, 일반적으로 군대의 뜻으로 쓰인다.

2) 親與爲辛苦 : 몸소 사졸들과 함께 고된 일을 하는 것이다.

3) 慷慨感激 : 불의를 보고 義氣가 복받쳐 감정이 激昂됨이다.

4) 同食下卒 : 하급 병졸들과 같은 음식을 먹었다는 말이다.

5) 將二州之牧 以壯士氣 : 岳州刺史와 安州刺史를 거느리고 와서 士氣를 振作시켰다는 말이다. 牧은 古代의 官名인데, 後代에는 各州의 行政長官을 이르는 말로 쓰였다.

6) 斬所乘馬 以祭踶死之士 : 柳公綽이 타는 말이 圉人(말을 돌보는 사람)을 차서 죽이니, 유공작이 그 말을 잡아 어인의 제사를 지내게 한 일을 이른다. ≪資治通鑑≫에 "元和 10년에 유공작이 타는 말이 어인을 차서 죽이니, 유공작이 그 말을 잡아 어인의 제사를 지내라고 명하였다. 그러자 어떤 이가 '어인이 스스로 대비를 하지 못한 것일 뿐이니, 이 良馬가 아깝다.'고 하니, 유공작은 '材質은 良馬이지만 性質은 駑馬이니 아까울 게 뭐 있느냐?'고 하고서 끝내 그 말을 죽였다."라고 하였다.

7) 鬱 : 累積(쌓임)이다.

8) 動 : 恒常이다.

9) 爲戎臣師 : 戎臣은 武臣으로 이번 전쟁에 참여한 將領들을 이르고, 師는 師

表(모범 또는 본보기)이다.

愈誠怯弱하야 **不適於用**이나 **聽於下風**[1]하고 **竊自增氣**하야 **誇於中朝稠人廣衆**[2]**會集之中**하니 **所以羞武夫之顔**하고 **令議者知將國兵而爲人之司命者**가 **不在彼而在此也**니라

저는 진실로 겁이 많고 나약하여 쓸모가 없으나, 下位에서 閣下의 소식을 듣고는 스스로 기운을 내어 많은 사람이 集會하는 조정에서 자랑을 하였으니, 이는 武夫들의 얼굴을 부끄럽게 하고, 의논하는 자들로 하여금 국가의 군대를 통솔하고, 백성의 운명을 맡을 수 있는 사람은 저 武人 중에 있지 않고 이 文人 중에 있다는 것을 알게 하기 위함이었습니다.

1) 下風 : 下位에 있는 사람이 上位에 있는 尊貴한 사람에 대해 자신을 謙讓하는 말이다.

2) 中朝稠人廣衆 : 中朝는 朝中이고, 稠人도 많은 사람이고, 廣衆도 많은 사람이니, 同意詞를 連用한 것이다.

臨敵重愼하고 **誡輕出入**하며 **良食**[1]**自愛**하야 **以副見慕之徒之心**하고 **而果**[2]**爲國立大功也**면 **幸甚幸甚**이라

적군을 상대할 때 거듭 조심하시고, 가벼이 출입하는 일이 없도록 경계하시며, 음식을 잘 드시고 몸을 아끼시어 사모하는 자들의 마음을 따라주시고, 끝내 국가를 위해 큰 공을 세우신다면 매우 다행이겠습니다.

1) 良食 : 잘 먹음이다. 저본에는 '食'이 '用'으로 되어 있으나, ≪韓文考異≫에 의거하여 '食'으로 바로잡아 번역하였다.

2) 果 : '終'의 訓으로 쓰였다.

08. 再與鄂州柳中丞書* 재차 鄂州 柳中丞에게 준 편지

* 柳中丞의 이름은 公綽이고, 中丞은 官名으로 御史臺의 長官이다. 이때 유공작이 御史中丞으로 鄂州刺史와 鄂岳節度使를 겸임하였다. 이 편지는 元和 15년(820)에 韓愈가 유공작에게 두 번째 보낸 편지이다. 유공작이 이때 5천에 불과한 孤單한 군대로 조정에 반항하는 藩鎭 吳元濟와 대치하고 있으니, 한유는 遠地의 군대를 徵集하는 것보다 그 지방 사람을 召募하라는 계책을 말하였다.

論兵機宜 更勝前篇이라

병사의 機宜(時宜)에 대해 논한 것이 전편의 편지보다 더욱 훌륭하다.

愈愚하야 **不能量事勢可否**나 **比常念淮右以靡弊困頓三州之地**에 **蚊蚋蟻蟲之聚**[1]가 **感兇豎煦濡**[2]**飮食之惠**하야 **提童子**[3]**之手坐之堂上**하야 **奉以爲帥**하고 **出死力以抗逆明詔**[4]하야 **戰天下之兵**[5]하고 **乘機逐利**하야 **四出侵暴**하야 **屠燒縣邑**하고 **賊殺不辜**하니 **環其地數千里**가 **莫不被其毒**하야 **洛汝襄荊許潁淮江爲之騷然**이라 **丞相公卿士大夫**는 **勞於圖議**[6]로되 **握兵之將**과 **熊羆貙虎之士**[7]는 **畏懦蹶蹜**하야 **莫肯仗戈爲士卒前行**(항)**者**니라 **獨閤下奮然率先**하야 **揚兵界上**[8]하고 **將二州之守**[9]하야 **親出入行**(항)**間**[10]하야 **與士卒均辛苦**하야 **生其氣勢**하고 **見將軍之鋒穎**[11]컨대 **凜然有向敵之意**[12]일새 **用儒雅文字章句之業**으로 **取先天下武夫**[13]하야 **關其口而奪之氣**니라

저는 어리석어서 事勢의 可否를 헤아릴 수는 없으나, 근자에 저는, 쇠약하여 궁핍해진 淮西의 세 州에 개미떼처럼 모인 叛徒들이 따뜻하게 보살펴주고 음식을 준 兇豎의 은혜에 감격하여 어린아이의 손을 이끌어 堂上에 앉혀 元帥로 받들고서 죽을 힘을 다해 천자의 詔書에 對抗하여 천하의 군대와 전투하며, 기회를 틈타 이익을 쫓아 사방으로 나가 침탈을 자행하여 縣邑을 무찌르고 불태워 무고한 사람들을 殺戮하니, 그 주위 수천 리 지역이 害毒을 입지 않은 곳이 없어서, 洛州(洛陽)·汝

州(臨汝)·襄州(襄樊)·荊州(江陵)·許州(許昌)·潁州(阜陽)·淮州(淮陽)·江州(九江) 등이 모두 이로 인해 騷亂한 것을 항상 염려하였습니다.

丞相과 公卿과 士大夫들은 계책을 의논하는 일에 애를 쓰는데, 兵權을 잡은 將帥와 범처럼 용감한 戰士들은 겁을 먹고 위축되어 창을 들고 士卒의 앞줄로 나서려는 자가 없었습니다. 그런데 유독 閣下만이 용감하게 일어나 앞장서서 接境에 陣을 치고서 두 州의 刺史〔守〕를 거느리고 직접 陣中을 출입하면서 사졸과 노고를 함께하여 병사들의 사기를 살리셨으며, 장군의 칼끝을 보면 적을 무찌르려는 늠름한 뜻이 있었기 때문에 文字와 章句를 專業으로 한 儒雅로서 천하 武夫들의 先頭가 되어 저들의 입을 다물게 하고 저들의 기를 꺾으셨습니다.

1) 靡弊困頓三州之地 蚊蚋蟻蟲之聚：靡弊는 衰弱함이고, 困頓은 窮乏함이다. 三州는 申州·光州·蔡州이다. 蚊蚋는 사람과 가축의 피를 빨아먹는 모기와 등에인데, 여기서는 백성을 해치는 藩鎭을 비유하는 말로 쓰였다.

2) 兇豎煦濡：兇豎는 凶惡한 小人을 이르는데, 여기서는 吳元濟의 卑稱으로 쓰였다. 煦濡는 ≪莊子≫ 〈大宗師〉에 "물이 말라 陸地가 된 곳에 있는 물고기들이 서로 습기와 거품을 뿜어내어 몸이 마르지 않도록 적셔준다.〔泉涸 魚相與處於陸 相煦以濕 相濡以沫〕"는 말에서 나온 것인데, 困境에 빠진 사람끼리 서로 돕는 것을 비유하는 말로 쓰인다.

3) 童子：吳元濟를 이른다. 오원제가 이때 23세였으므로 '童子'라고 칭한 것이다.

4) 明詔：천자의 詔書를 이른다.

5) 天下之兵：천자의 命에 따라 각 주에서 파견한 討伐軍을 이른다.

6) 勞於圖議：계책을 의논하는 일에 애를 씀이다.

7) 熊羆貙虎之士：熊羆貙虎는 모두 猛獸인데, 勇士를 비유한다.

8) 揚兵界上：揚兵은 陳兵(병사를 진열함)이고, 界上은 彼我의 接境地帶를 이른다. 上은 名詞 뒤에 붙어 일정한 장소를 나타내는 補助詞이다.

9) 二州之守：岳州刺史와 安州刺史를 이른다.

10) 行(항)間：軍陣 사이를 이른다. 古代의 軍隊編制는 25인을 '行'이라 하였다.

11) 將軍之鋒穎：將軍은 柳公綽을 이르고, 鋒穎은 칼끝이다.

12) 凜然有向敵之意：凜然은 위엄이 있고 씩씩한 모양이고, 向敵之意는 적을

무찌를 뜻이 있다는 말이다.

13) 用儒雅文字章句之業 取先天下武夫 : 詩文을 專業으로 한 儒者가 천하 武人들의 先頭가 되었다는 말이다. 儒雅는 人品이 高雅한 儒者이고, 文字는 詩文 중의 文辭이고, 章句는 詩文의 章節과 文句이고, 業은 專業이고, 取先은 先頭가 됨이다.

愚初聞時方食이러니 不覺棄匕箸起立하니라 豈以爲閤下眞能引孤軍單進[1)]하야 與死寇角逐[2)]하야 爭一旦僥倖之利[3)]哉아 就令如是라도 亦不足貴니라 其所以服人心은 在行事適機宜而風采可畏愛故也니라 是以前狀에 輒述鄙誠이러니 眷惠手翰還答[4)]하니 益增忻悚이로라

저는 처음 이 소식을 들었을 때 막 밥을 먹고 있었는데, 저도 모르게 수저를 던지고 일어났습니다. 제가 어찌 閤下께서 참으로 孤立無援한 군대를 이끌고 단독으로 진격하여, 죽을 각오로 덤비는 적과 勝負를 겨뤄 하루아침에 뜻밖의 승리를 쟁취할 수 있을 것이라고 여겼겠습니까? 설령 이와 같이 하셨더라도 이는 귀하게 여길 것이 못 됩니다.

합하께서 사람들의 마음을 복종시킨 것은 행하신 일이 機宜(時宜)에 맞고, 풍채가 敬畏할 만하고 사랑할 만하였기 때문입니다. 그러므로 먼젓번 편지에 저의 마음을 서술하였던 것인데, 특별히 돌보시어 손수 쓰신 답신을 주셨으니 기쁘고 송구한 마음 한층 더합니다.

1) 孤軍單進 : 孤軍은 孤立無援한 군대이고, 單進은 단독으로 진격함이다.
2) 角逐 : 승부를 겨룸이다.
3) 僥倖之利 : 뜻밖의 승리를 이른다.
4) 眷惠手翰還答 : 眷은 돌봄이고, 惠는 줌이고, 手翰은 손수 쓴 편지이고, 還答은 回答이니, 곧 특별히 돌보아 손수 쓴 答信을 주었다는 말이다.

夫一衆人心力耳目하야 使所至如時雨[1)]하니 三代用師[2)]도 不出是道니라 閤下果能充其言[3)]하야 繼之以無倦하야 得形便之地[4)]하고 甲兵足用이면 雖國家故所失地도

旬歲[5)]可坐而得[6)]이어든 況此小寇야 安足置齒牙間이리오 勉而卒之하야 以俟其至면 幸甚이라

사람들의 마음과 힘, 귀와 눈을 하나로 만들어 가는 곳마다 때맞춰 내리는 단비처럼 여기게 하셨으니, 三代 聖王의 用兵도 이런 방법에서 벗어나지 않았습니다. 閤下께서 자신이 한 말을 게을리하지 않고 계속 실행하시어, 형세가 유리한 지역을 차지하고 갑옷과 兵器를 넉넉하게 준비하신다면 비록 국가가 옛날에 잃었던 땅도 1년이면 힘들이지 않고 收復할 수 있을 것인데, 하물며 이 작은 逆徒야 말할 것이 뭐 있겠습니까? 끝까지 노력하시어 그런 날이 오기를 기다리시면 매우 다행이겠습니다.

1) 所至如時雨 : 時雨는 때맞춰 내리는 단비이니, 가는 곳마다 가뭄에 단비처럼 반겼다는 말이다. ≪孟子≫ 〈梁惠王 下〉에 의하면, 옛날에 成湯이 東方을 征伐하자 西夷가 자기들 나라를 먼저 정벌하지 않는 것을 원망하고, 南方을 정벌하자 北狄이 원망하면서 湯의 征伐軍이 오기를 마치 가뭄에 비를 바라듯이 기다리다가, 탕의 정벌군이 들어가자 마치 때맞춰 내리는 단비〔時雨〕가 내린 것처럼 기뻐하였다고 한다.
2) 三代用師 : 三代는 夏・商・周인데, 夏나라 禹王, 商나라 湯王, 周나라 文王과 武王을 이른다. 用師는 군대를 사용해 전쟁함이다.
3) 能充其言 : 充은 實行이니, 자기가 한 말을 실행함이다.
4) 形便之地 : 地形이 作戰하기에 유리한 곳을 이른다.
5) 旬歲 : 1년이다.
6) 可坐而得 : 앉아서 얻을 수 있다는 말로 힘들이지 않고 수복할 수 있다는 뜻이다.

夫遠徵軍士면 行者有羈旅[1)]離別之思하고 居者有怨曠騷動[2)]之憂하며 本軍有饋餉煩費[3)]之難하고 地主多姑息形迹[4)]之患이라 急之則怨하고 緩之則不用命이라 浮寄孤懸[5)]하야 形勢銷弱이어늘 又與賊不相諳委[6)]하야 臨敵恐駭니 難以有功이라 若召募土人이면 必得豪勇이라 與賊相熟하야 知其氣力所極[7)]하야 無望風之驚[8)]하고 愛護

鄉里하야 **勇於自戰**이니 **徵兵滿萬**이 **不如召募數千**이라 **閤下以爲如何**오 **儻**[9]**可上聞行之否**아

먼 지방의 군사를 徵發하면 떠나온 자는 타향에서 이별한 가족을 그리는 마음이 있고, 집에 있는 자는 남편을 전쟁터로 보내고서 불안해하는 근심이 있으며, 本軍은 군량을 운송하는 데 많은 비용을 소모하는 어려움이 있고, 地主는 군사들의 행위를 너그럽게 용인할 우려가 많습니다. 사졸은 너무 조이면 원망하고, 느슨하게 풀어주면 명령을 따르지 않습니다. 〈먼 지방에서 온 군졸들은〉 의지할 곳 없이 외로워 형세가 쇠약한데다가 또 敵情을 잘 몰라 적을 만나면 겁을 먹으니 공을 이루기 어렵습니다.

만약 그 지방 사람을 모집한다면 반드시 호걸스럽고 용감한 사람을 얻을 수 있습니다. 그들은 적과 서로 친숙하여 그 힘이 다한 것을 알기 때문에 적의 기세를 보고서 놀라 도망치는 일이 없고, 자기의 鄉里를 보호하기 위해 스스로 용감하게 전쟁할 것이니, 먼 지방에서 1만 명의 군대를 징발하는 것이 수천 명의 土兵을 모집하는 것만 못합니다. 閤下께서는 어떻게 생각하십니까? 혹 제 말을 조정에 上奏하여 시행하실 수 있겠습니까?

1) 羈旅 : 타향에서 나그네로 지냄이다.
2) 怨曠騷動 : 怨曠은 남편이 없는 여자〔怨女〕와 아내가 없는 남자〔曠夫〕를 이르는데, 여기서는 남편을 전쟁터로 보낸 여인을 이른 말로 쓰였다. 騷動은 不安함이다.
3) 饋餉煩費 : 饋餉은 軍糧을 運送함이고, 煩費는 運送費가 많이 듦이다.
4) 地主多姑息形迹 : 地主는 當地의 主人이니, 곧 먼 지방의 군대가 와서 配屬된 곳의 地方長官을 이른다. 姑息은 原則을 무시하고 寬容함이고, 形迹은 行爲이니, 곧 군대들의 행위를 너그럽게 용인하여 제멋대로 하도록 버려둠이다.
5) 浮寄孤懸 : 浮寄와 孤懸은 同意詞로 의탁할 곳 없이 외로움을 이른다.
6) 諳委 : 자세히 앎이다.
7) 知其氣力所極 : 其氣力은 敵軍의 힘을 이르고, 所極은 다한 것이니, 곧 적의 힘이 다하였다는 것을 안다는 말이다.

8) 望風之驚 : 멀리서 적의 기세를 보고서 놀라 도망감이다.

9) 儻 : 或(혹시)이다.

計已與裴中丞[1)]相見이니 行營事宜[2)]를 不惜時賜示及[3)]이면 幸甚이라 不宣[4)]하노라

생각건대 閣下께서 이미 裴中丞과 서로 만났을 것이니, 시간을 지체하지 말고 行營의 사정을 편지에 적어 알려주시면 매우 다행이겠습니다. 이만 줄입니다.

1) 裴中丞 : 御史中丞 裴度를 이른다. ≪舊唐書≫ 〈憲宗紀〉에 의하면, 이때 배도가 憲宗의 명을 받고 淮西의 여러 軍營으로 가서 군대들을 慰撫하였다.

2) 行營事宜 : 行營은 出戰時의 軍營으로 總帥가 머물러 일을 처리하는 곳이고, 事宜는 事情이다.

3) 不惜時賜示及 : 不惜時는 시간을 아끼지 말라는 말로 시간을 지체하지 말라는 뜻이고, 賜는 편지를 줌이고, 示及은 알림이니, 곧 시간을 지체하지 말고 편지를 보내어 알려달라는 말이다. 示及의 '及'이 저본에는 없으나, 本集에 의거하여 보충하여 번역하였다.

4) 不宣 : 일일이 다 말하지 않는다는 뜻으로, 편지 末尾에 쓰는 套式語이다.

09. 與李秘書論小功不稅書* 小功親의 喪에 稅服(追服)하지 않는 것에 대해 논하여 李秘書에게 준 편지

* ≪韓文考異≫에 "秘書는 官名이다. 어떤 판본에는 '書'자가 없어 '秘'를 人名으로 보기도 하고, '論'이 '問'으로 되어 있고, 아래에 '書'자가 없으니 모두 옳지 않다."고 하였다. 小功服은 五服 중에 네 번째 服으로 曾祖父母, 從祖父母, 從叔父母, 再從兄弟, 大姑母, 從姑母, 형제의 妻와 外祖父母, 外叔, 姨母 등의 喪에 다섯 달 동안 입는 거친 삼베로 지은 喪服이다. 稅服은 喪期가 지난 뒤에 부고를 듣고 뒤늦게 복을 입는 追服이다. 韓愈가 어떤 사람을 弔問할 때 그 사람의 얼굴에는 喪人처럼 근심하며 슬퍼하는 기색이 있는데, 그가 입고 있는 옷은 吉服(평상복)인 것을 보고서 그 까닭을 묻자, 그 사람은 "小功親의 喪에 追服하지 않기 때문이다."라고 하였다. 한유가 이 말을 듣고서

이 論을 지어 李秘書에게 보낸 것이다.

明辯이라

명확하게 변론하였다.

曾子稱小功不稅(태)면 則是遠兄弟는 終無服也니 而可乎[1]아 鄭玄注云 以情責情[2]이라하니라 今之士人은 遂引此하야 不追服小功하나니라 小功服最多하니 親則叔父之下殤과 與適孫[3]之下殤[4]과 與昆弟之下殤이요 尊則外祖父母며 常服[5]則從祖祖父母니라 禮沿人情이니 其不可不服也明矣니라

曾子가 "小功親의 喪에 追服하지 않는다면 이는 먼 곳에 사는 再從兄弟는 끝내 복을 입지 않는 것이니, 어찌 옳은 일이겠는가?"라고 한 말에 대해, 鄭玄의 注에 "人情에 따라 인정에 맞는 禮制를 지키도록 요구한 것이다."라고 하였습니다. 그런데 오늘날 士人들은 이 글을 典據로 인용하여 소공친의 상에 追服하지 않습니다. 친척 중에는 小功服을 입을 친척이 가장 많으니, 近親으로는 叔父의 下殤, 適孫의 하상, 형제의 하상이고, 尊行(항)으로는 外祖父母이고, 常服으로는 從祖父母입니다. 禮는 인정을 따르니, 복을 입지 않아서는 안 되는 것이 분명합니다.

1) 曾子稱小功不稅……而可乎 : 이 말은 ≪禮記≫ 〈檀弓 上〉에 보인다. 曾子는 孔子의 제자로 이름은 參이다. ≪儀禮≫ 〈喪服小記〉에 "降服하여 緦麻나 小功服을 입어야 할 경우에는 追服해야 하지만 그 밖의 경우에는 추복하지 않는다."는 말이 보인다. 증자는 '소공복은 추복하지 않는다.'는 예에 의거하여, 그렇다면 먼 곳에 사는 형제는 부고를 항상 뒤늦게 듣게 된다. 그렇다면 먼 곳에 사는 형제는 끝내 복을 입을 수 없으니, 이것이 어찌 합당한 예라고 할 수 있겠느냐고 말한 것이다. 降服은 服制에 규정된 복을 낮추어 입는 것이다. 예를 들면 부모의 복이 3년인데, 남의 집으로 出系한 아들은 생가 부모의 복을 朞年으로 낮추어 입는 따위이다. 여기서는 朞服을 입어야 할 형제나 大功服을 입어야 할 종형제가 남의 집으로 출계하여, 緦麻服을 입는 三從이나 小功服을 입는 再從이 된 경우를 말한 것이다.

2) 以情責情：人情의 厚薄에 따라 인정에 맞는 禮制를 행하도록 요구한 것이라는 말이다. 이 말이 ≪禮記≫ 注에 보이지 않으니, 韓愈가 본 판본이 아마도 오늘날 통행하는 판본과 달랐던 듯하다.

3) 適孫：嫡長子의 嫡長子를 이른다.

4) 下殤：三殤의 하나로, 8세에서 11세 사이에 죽은 자를 이른다.

5) 常服：正服(禮가 規定한 정식 喪服)을 이른 듯하다.

古之人行役[1]不踰時하고 各相與處一國하니 其不追服雖不可나 猶至少[2]니라 今之人은 男出仕와 女出嫁가 或千里之外니 家貧訃告不及時면 則是不服小功者恒多하고 而服小功者恒鮮矣라 君子之於骨肉[3]에 死則悲哀而爲之服者가 豈牽於外哉[4]며 聞其死則悲哀가 豈有間於新故死哉[5]아 今特以訃告不及時하야 聞死出其日數로 則不服이 其可乎아 愈常怪此러니 近出弔人에 見其顔色慼慼[6]類有喪者나 而其服則吉이라 問之하니 則云小功不稅者也라 禮文殘缺하고 師道不傳하야 不識禮之所謂不稅가 果不追服乎아 無乃別有所指어늘 而傳注者失其宗乎아

옛사람들은 服役이나 공무로 遠行을 해도 한 철을 넘기지 않았으며, 모두 한 나라에 서로 함께 살았으니, 이들이 追服하지 않는 것이 비록 옳지 않은 일이지만 〈추복하는 사람이〉 오히려 지극히 드물었습니다. 그러나 지금 사람은 남자는 천리 밖으로 가서 벼슬살이하는 자도 있고, 여자는 천 리 밖으로 시집간 자도 있는데, 本家가 가난하여 訃告를 제때에 보내지 못하면 小功服을 입지 않는 자가 항상 많고, 소공복을 입는 자는 항상 적습니다.

군자가 骨肉의 죽음을 슬퍼하면서 死者를 위해 복을 입는 것이 어찌 외부의 禮節에 牽制되어서이겠으며, 그 죽음을 들으면 슬퍼하는 것이 어찌 죽은 지 얼마 되지 않아 부고를 들었느냐, 죽은 지 오랜 뒤에 부고를 들었느냐에 따라 차이가 있겠습니까? 그런데 지금 단지 부고가 제때에 오지 않아서 服喪할 日數가 지난 뒤에 喪의 소식을 들었다는 이유만으로 복을 입지 않는 것이 어찌 옳은 일이겠습니까? 저는 이를 항상 괴이쩍게 여겼습니다.

근자에 외출하여 어떤 이를 弔問하였는데, 그의 안색을 보니 근심하고 비통해하

는 모습이 喪을 당한 사람과 같았으나 입고 있는 옷은 吉服(평상복)이었습니다. 그에게 그 까닭을 물었더니, '小功親의 喪에 稅服하지 않기 때문이다.'라고 하였습니다. 禮文(禮制를 기록한 글)이 殘缺(빠진 것이 있어 완전하지 못함)되고 師道(스승이 전한 학문)가 전해지지 않으니, ≪禮記≫에 이른바 '不稅'란 말이 과연 추복하지 않는 것인지, 따로 가리킨 뜻이 있는데 傳注(經典의 解釋)한 사람이 그 宗旨(主旨)를 잃은 것은 아닌지 모르겠습니다.

1) 行役 : 服役이나 公務로 인해 遠行함이다.
2) 其不追服雖不可 猶至少 : 정확히는 알 수 없으나, 遠行을 해도 석 달을 넘기지 않고 돌아오며, 한 마을에서 함께 사는 사이이니, 이들이 追服하지 않는 것이 비록 옳지 않은 일이지만 추복하는 사람이 오히려 지극히 드물다는 말인 듯하다.
3) 骨肉 : 親族을 이른다.
4) 豈牽於外哉 : 군자가 죽은 친척을 위해 복을 입는 것은 悲痛한 마음에서 나온 것이지, 어찌 외부의 禮制에 牽制되어 복을 입는 것이겠느냐는 뜻이다.
5) 豈有間於新故死哉 : 친척의 訃音을 들으면 悲痛해지는 것이 어찌 죽은 지 얼마 되지 않아 소식을 들었느냐, 죽은 지 오랜 뒤에 소식을 들었느냐에 따라 차이가 있겠느냐는 뜻이다.
6) 慼慼 : 저본에는 '蹙蹙'으로 되어 있으나, ≪韓文考異≫에 의거하여 '慼慼'으로 바로잡아 번역하였다. 蹙蹙은 근심과 두려움으로 불안한 모양이고, 慼慼은 근심하고 슬퍼하는 모양이다.

伏惟[1]兄道德純明하고 躬行古道하니 如此之類를 必經於心而有所決定이리니 不惜示及이면 幸甚이라

삼가 생각건대 형께서는 도덕이 순수하고 광명하시며 몸소 옛 도를 행하시니, 이런 문제를 반드시 마음속에 두어 결정하신 바가 있을 것입니다. 아끼지 마시고 일러주시면 매우 다행이겠습니다.

1) 伏惟 : 아랫사람이 윗사람에게 자기의 의견을 陳述할 때 쓰는 敬語이다.

10. 與馮宿論文書* 文章을 논하여 馮宿에게 준 편지

* 馮宿은 字가 拱之로 韓愈와 같은 해에 進士에 及第한 자이다. 이 편지는 貞元 14년(798)에 한유가 宣武節度使 董晉의 幕僚로 있을 때에 徐·泗·濠節度使 張建封의 막료로 있던 풍숙에게 보낸 것이다. 한유는 이때 六朝 이래로 쇠하지 않고 유행한 騈儷文을 버리고 古文(秦漢시대의 문장)으로 돌아갈 것을 주장하여, 李翺와 張籍에게 고문을 지도하는 이외에 자기의 주장을 선전하는 데 힘을 다하였다.

中有論文章之旨도 亦近名言이라

편지 안에 文章을 논한 뜻은 또한 名言에 가깝다.

辱示[1)]初筮賦[2)]하니 實有意思[3)]라 但力爲之면 古人不難到어니와 但不知直似古人[4)]이라도 亦何得於今人也리오 僕[5)]爲文久라 每自稱[6)]意中以爲好면 則人必以爲惡矣니라 小稱意는 人亦小怪之하고 大稱意는 卽人必大怪之也니라 時時應事作俗下文字[7)]나 下筆[8)]令人慙이로되 及示人이면 則人以爲好矣니라 小慙者는 亦蒙謂之小好하고 大慙者는 卽必以爲大好矣니라 不知古文直何用於今世也리오 然以竢知者知耳로라

보내주신 〈初筮賦〉를 받아보니 실로 古文에 의사가 있으십니다. 노력해서 古文을 배운다면 古人의 경지에 이르기가 어렵지 않을 것입니다만, 마침내 고인의 문장과 같아졌다 하더라도 지금 사람들에게 어떤 평가를 받을는지 모르겠습니다.

나는 문장을 지어온 지 오래인데, 매양 내 마음에 들어 좋은 문장으로 여기는 것이면 사람들은 반드시 粗惡한 문장이라 하였습니다. 마음에 조금 드는 문장은 사람들도 조금 괴이하게 여기고, 마음에 크게 흡족한 문장은 사람들이 반드시 크게 괴이하게 여겼습니다. 때때로 事務를 처리하느라 세속에 유행하는 문장을 짓기도 하였으나 붓을 들고 글을 쓸 때마다 나를 부끄럽게 하였습니다. 그런데도 사람들에게 보여주면 사람들은 좋은 문장이라 하였습니다. 조금 부끄러운 것은 조금

좋다고 하고, 크게 부끄러운 것은 반드시 크게 좋다고 하였으니, 고문이 지금 세상에 무슨 소용이 있는지 모르겠습니다. 그러니 문장을 아는 자가 나와서 알아주기를 기다릴 뿐입니다.

1) 辱示 : 나에게 주어 보도록 한 글을 받았다는 말로, 書信에 사용하는 謙辭이다.
2) 初筮賦 : 馮宿이 韓愈에게 보낸 賦인 듯하다.
3) 意思 : 古文에 대한 의사이다.
4) 直似古人 : '直'은 '竟(끝내)'의 訓으로 쓰였다. 下文의 '直'도 이와 같다.
5) 僕 : 자신에 대한 謙稱이다.
6) 稱 : 저본에는 '則'으로 되어 있으나, 四庫全書 ≪唐宋八大家文抄≫에 의거하여 '稱'으로 바로잡아 번역하였다.
7) 時時應事作俗下文字 : 應事는 사무를 처리함이고, 俗下文字는 세속에 유행하는 騈儷文을 이른다.
8) 下筆 : 붓을 들고 詩文을 씀이다.

昔揚子雲著太玄[1)]에 人皆笑之하니 子雲之言曰 世不我知는 無害也라 後世復有揚子雲이면 必好之矣리라 子雲死近千載로되 竟未有揚子雲하니 可歎也로다 其時桓譚도 亦以爲雄書勝老子[2)]라하니라 老子未足道[3)]也어니와 子雲豈止與老子爭彊[4)]而已乎아 此未爲[5)]知雄者니라 其弟子侯芭(葩)頗知之하야 以爲其師之書勝周易이라하니라 然侯之他文不見於世하니 不知其人果如何耳니라 以此而言이면 作者不祈人之知[6)]也明矣니 直百世以竢聖人而不惑하고 質諸鬼神而無疑[7)]耳라 足下豈不謂然乎아

옛날에 揚子雲(揚雄)이 ≪太玄≫을 짓자, 사람들이 모두 비웃으니, 子雲이 말하기를 "지금 세상 사람이 나를 알아주지 않는 것은 해로울 것이 없다. 후세에 다시 양자운이 나오면 반드시 이 글을 좋아할 것이다."라고 하였는데, 자운이 죽은 지 거의 천 년이 되었는데도 끝내 양자운이 나타나지 않았으니 한탄스럽습니다.

그 당시에 桓譚도 "揚雄의 글이 老子의 글보다 낫다."고 하였습니다. 노자의 글은 말할 가치도 없지만, 자운의 글이 어찌 단지 노자의 글과 優劣을 다툴 정도일 뿐이겠습니까? 환담은 양웅을 제대로 안 자라고 할 수 없습니다.

양웅의 제자 侯芭는 자못 양웅을 알고서 스승의 글이 ≪周易≫보다 낫다고 하였습니다. 그러나 후파의 다른 글이 세상에 전해지지 않으니 그의 수준이 과연 어느 정도였는지 알 수 없을 뿐입니다.

이로써 말하면 作者는 남이 알아주기를 祈求하지 않은 것이 분명하니, 단지 백세 뒤에 성인이 나와서 알아주기를 기다리며 당혹해하지 않고, 귀신에게 評價를 맡기고서 의심하지 않을 뿐입니다. 足下 또한 어찌 그렇다고 여기지 않겠습니까?

1) 揚子雲著太玄 : 子雲은 揚雄의 字이다. 西漢의 詞賦家로 많은 典籍에 널리 통달하고 기이한 古代文字를 많이 알았으며, ≪周易≫을 모방하여 ≪太玄≫을 지었다. ≪太玄≫은 全書에 '玄'을 中心思想으로 삼은 것이 ≪老子≫에 '道'를 중심사상으로 삼고 ≪周易≫에 '易'을 중심사상으로 삼은 것과 같다.

2) 桓譚亦以爲雄書勝老子 : 桓譚은 字가 君山으로 五經을 두루 익혔고, 文章에 능하였다. 老子는 ≪道德經≫을 이른다. '雄書勝老子'는 ≪漢書≫ 〈揚雄傳贊〉에 노자를 비난하고 양웅의 글을 높이 평가한 환담의 말을, 韓愈가 이렇게 인용한 것이다.

3) 未足道 : 말할 가치가 없다는 말이다.

4) 爭彊 : 優劣을 다툼이다.

5) 未爲 : 未嘗(……라고 할 수 없다)과 같다.

6) 作者不祈人之知 : 作家는 자기의 作品을 남이 알아주기를 구하지 않는다는 말이다.

7) 直百世以竢聖人而不惑 質諸鬼神而無疑 : 이 말은 ≪中庸≫에 보인다. 原義는 백세 뒤에 성인이 다시 나오더라도 나의 말을 고치지 않을 것이고, 귀신에게 물어도 나의 말을 의심하지 않을 것이라는 뜻이다. 이렇게 해석할 경우, 句首의 '直(다만)'자와 句末의 '耳(뿐)'자가 虛辭가 될 뿐만이 아니라 상하의 文勢와도 맞지 않으니, 韓愈는 '다만 백세 뒤에 성인이 나와서 알아주기를 기다리며 당혹해하지 않고, 귀신에게 평가를 맡기고서 의심하지 않을 뿐이다.'라는 뜻으로 인용한 듯하다. 그러므로 ≪新譯 昌黎文集≫의 해석에 따라 이상과 같이 번역하였다. 옛날에 市場의 물가를 評定하는 사람을 '質人'이라 하였으니, '質'에는 評價의 뜻이 있다.

近李翶從僕學文하야 頗有所得이라 然其人家貧多事하야 未能卒其業하니라 有張籍者하니 年長於翶나 而亦學於僕이라 其文與翶相上下하니 一二年業之면 庶幾乎至也리라 然閔其棄俗尙而從於寂寞之道[1)]하야 以之爭名於時也니라

근자에 李翶가 나에게 와서 古文을 배워 자못 터득한 바가 있습니다. 그러나 그 사람은 집이 가난하고 일이 많아서 학업을 마치지 못하였습니다. 張籍이란 자가 있는데 나이는 이고보다 많습니다. 그 또한 나에게 고문을 배웠는데, 그 문장이 이고와 비슷하니 1, 2년 동안 학업을 계속하면 거의 古人의 경지에 이를 것입니다. 하지만 그가 세속에서 숭상하는 것을 버리고서 아무도 가지 않는 적막한 길을 가면서, 이로써 지금 세상에서 명성을 다투는 것이 가엾습니다.

1) 寂寞之道 : 古文에 從事함을 이른다.

久不談이러니 聊感足下能自進於此라 故復發憤一道하노라

오랫동안 이야기를 나누지 못하였더니, 足下의 문장이 스스로 이런 경지에 進步한 것에 애오라지(조금은) 감동하였습니다. 그러므로 다시 분발하여 한마디하였습니다.

11. 答劉正夫書* 劉正夫에게 답한 편지

* 이 편지는 韓愈가 다시 國子博士의 職任을 맡은 元和 7년(812)에 보낸 것이다. 이때 한유의 나이 45세였다. 劉正夫는 州縣의 천거를 받고 서울로 올라와 進士試에 應試한 자이다. 이때 그의 아버지 劉伯芻가 給事中이었다.

韓文公敎人作文에 大意要自樹立과 不尋常과 不取悅於今世라 所謂能自樹立하고 不因循[1)]等이 卽公本來面目이라

韓文公이 사람들에게 문장 짓는 법을 가르침에 있어, 要旨는 자신의 논리를 세우는 것과 평범한 문장을 인습하지 않는 것과 지금 세상

에 영합하지 않는 것이었다. 本文에 이른바 '능히 자신의 논리를 세우고 통상적인 문장을 인습하지 않는다.'는 것 등이 바로 公의 본래의 모습이다.

1) 不因循 : 저본에는 '不因尋常'으로 되어 있으나, 本篇에 의거하여 '不因循'으로 바로잡아 번역하였다.

愈白進士[1)]劉君足下하노라 **辱牋[2)]**하니 **敎以所不及**이라 **旣荷厚賜[3)]**하고 **且愧其誠然[4)]**하니 **幸甚幸甚[5)]**이라

愈는 進士 劉君 足下에게 아룁니다.

주신 편지를 받아보니 나의 부족한 곳을 가르쳐주셨습니다. 이미 두터운 은혜를 입었고 또 부끄럽게도 나의 부족한 점이 진실로 지적하신 것과 같으니, 매우 다행입니다.

1) 進士 : 唐代에는 州縣의 천거를 받아 進士科에 應試한 자를 '進士'로 호칭하였으니, 후대에 진사과에 及第한 자를 지칭하는 '進士'와 같지 않다.
2) 辱牋 : 주신 편지를 받았다는 말이다. 牋은 書信이다.
3) 旣荷厚賜 : 荷는 입음이고, 厚賜는 두터운 은혜이니, 곧 이미 편지로써 나의 부족한 점을 일러주시는 두터운 은혜를 입었다는 말이다.
4) 其誠然 : 나의 부족한 점이 편지에서 지적한 것과 같다는 말이다.
5) 幸甚幸甚 : 書信 중에 쓰는 투식어로, 여기서는 잘못을 지적받아 고칠 수 있게 된 것이 매우 다행이라는 뜻이다.

凡擧進士者가 **於先進[1)]之門**에 **何所不往**이리오 **先進之於後輩**에 **苟見其至**면 **寧可以不答其意耶**아 **來者則接之**는 **擧城士大夫莫不皆然**이로되 **而愈不幸獨有接後輩名**하니 **名之所存**이 **謗之所歸也**라

州縣의 천거를 받아 進士科에 應試한 자는 어느 先進의 집엔들 찾아가지 않겠습니까? 선배의 문하에 후배가 찾아오면 선배가 어찌 그 성의에 보답하지 않을 수

있겠습니까? 찾아오면 접대하는 것은 온 성안의 사대부가 모두 그렇게 하지 않는 이가 없는데 나만이 불행하게도 후배를 접대한다는 명성이 났으니, 명성이 있는 곳은 비방이 돌아오는 곳입니다.

1) 先進 : 먼저 進士科에 及第한 先輩를 이른다.

有來問者면 **不敢不以誠答**이로라 **或問**호되 **爲文宜何師**오하면 **必謹對曰 宜師古聖賢人**이라하고 **曰 古聖賢人所爲書具存**이나 **辭皆不同**하니 **宜何師**오하면 **必謹對曰 師其意**하고 **不師其辭**라호라 **又問曰 文宜易宜難**이면 **必謹對曰 無難易**하고 **惟其是爾**[1]라호라 **如是而已**요 **非固開其爲此**하고 **而禁其爲彼也**로라

찾아와서 묻는 자가 있으면 감히 성실히 대답하지 않은 적이 없습니다. 어떤 자가 와서 "문장을 지을 때 누구를 본받아야 하느냐?"고 물으면 나는 반드시 정중하게 "옛날 聖賢을 본받아야 한다."고 대답해주었고, "옛 성현이 지은 책이 모두 남아 있지만, 文辭가 모두 같지 않으니, 누구를 본받아야 하느냐?"고 물으면 나는 반드시 정중하게 "그 뜻만을 본받고 그 문사는 본받지 않아야 한다."고 대답해주었습니다. 또 "문장을 쉽게 지어야 하는가, 어렵게 지어야 하는가?" 하고 물으면 나는 반드시 정중하게 "어렵고 쉬움에 마음을 쓰지 말고 오직 도리에 맞기만을 추구하라."고 대답하였습니다. 이와 같이 일러주었을 뿐이고, 굳이 이렇게 지으라고 인도하지도 저렇게 짓지 말라고 금하지도 않았습니다.

1) 惟其是爾 : '是'에는 '正'의 訓도 있고, '理'의 訓도 있으니, 곧 正確하게 道理에 맞기만을 추구할 뿐이라는 말이다.

夫百物朝夕所見者는 **人皆不注視也**로되 **及覩其異者**면 **則共觀而言之**니라 **夫文豈異於是乎**리오 **漢朝人莫不能爲文**이로되 **獨司馬相如太史公劉向揚雄**[1]**爲之最**하니 **然則用功深者**는 **其收名也遠**[2]이나 **若皆與世沈浮**[3]하고 **不自樹立**[4]이면 **雖不爲當時所怪**라도 **亦必無後世之傳也**리라 **足下家中百物**은 **皆賴而用也**[5]나 **然其所珍愛者**는 **必非常物**이라 **夫君子之於文**에 **豈異於是乎**리오 **今後進之爲文**에 **能深探而力**

取之[6]하야 **以古聖賢人爲法者**가 **雖未必皆是**나 **要若有司馬相如太史公劉向揚雄之徒出**이면 **必自於此**요 **不自於循常**[7]**之徒也**리라 **若聖人之道**[8]를 **不用文則已**어니와 **用則必尙其能者**[9]니라 **能者**는 **非他**라 **能自樹立**하고 **不因循者是也**니라 **有文字來**로 **誰不爲文**이리오 **然其存於今者**는 **必其能者也**라 **顧常以此爲說耳**로라

아침저녁으로 보는 각종 물건은 사람들이 주의해 보지 않지만 기이한 물건을 보게 되면 사람들은 함께 구경하면서 서로 이야기를 합니다. 문장도 어찌 이와 다르겠습니까? 漢나라 때 사람은 능숙하게 문장을 짓지 못하는 이가 없었으나, 유독 司馬相如・太史公(司馬遷)・劉向・揚雄의 문장만이 가장 뛰어났습니다. 그렇다면 공부가 깊은 자는 그 명성이 오래도록 전해지지만, 세상의 潮流에 휩쓸리고 자신의 주장을 세우지 못한 문장이라면 비록 당시에는 괴이하게 여겨지지 않는다 하더라도 반드시 후세에 전해지지 않을 것입니다.

足下 집안에 있는 각종 물건은 모두 편리하게 쓰는 물건들입니다. 그러나 족하가 진귀하게 여겨 아끼는 것은 반드시 이런 평범한 물건이 아닐 것입니다. 군자가 문장에 있어서도 어찌 이와 다르겠습니까? 지금 後進이 문장을 지음에 있어 〈성인의 글을〉 깊이 탐구하여 〈그 뜻을〉 능력껏 가져다가 옛 성현의 글을 본보기로 삼는 자들의 문장이 비록 모두 정확하게 도리에 맞는 것은 아니지만, 요컨대 사마상여・태사공・유향・양웅 같은 무리가 나온다면 반드시 이 무리 중에서 나오지, 통상적인 문장을 인습하는 무리에서 나오지 않을 것입니다.

성인의 道를 문장에 사용하지 않는다면 그만이지만 사용한다면 반드시 〈성인의 문장 중에 가장〉 뛰어난 것을 소중하게 여길 것입니다. '뛰어난 문장'이란 다른 것이 아니라 능히 자신의 주장을 세우고 통상적인 문장을 인습하지 않는 문장이 바로 그것입니다. 文字가 생긴 이래로 누군들 문장을 짓지 않았겠습니까? 그러나 지금까지 남아 있는 것은 반드시 뛰어난 문장뿐입니다. 그러므로 나는 항상 단지 이렇게 말하였을 뿐입니다.

1) 司馬相如太史公劉向揚雄 : 司馬相如는 西漢의 著名한 詞賦家로 〈子虛〉・〈上林〉・〈大人〉 등의 賦를 지었다. 太史公은 漢 武帝 때 太史令을 지낸 司馬遷을

이르며, 漢代의 저명한 歷史學者로 ≪史記≫를 지었다. 劉向은 漢나라의 宗室로 經傳을 교열하였고, ≪新書≫·≪說苑≫·≪列女傳≫ 등을 지었다. 揚雄은 詞賦家이면서 學者로 〈甘泉〉·〈河東〉 등의 賦와 ≪太玄≫·≪法言≫·≪方言≫ 등의 책을 지었다.

2) 用功深者 其收名也遠 : 공부에 깊이 힘쓴 자는 얻은(收穫한) 명성이 오래도록 전해진다는 뜻이다.

3) 與世沈浮 : 時代의 潮流에 휩쓸림이다.

4) 不自樹立 : 자신의 주장이나 논리를 세우지 못한 문장을 이른다.

5) 賴而用也 : '賴'에 '利'의 訓이 있으니, 편리하게 사용한다는 말이다.

6) 深探而力取之 : 성인의 글을 깊이 탐구하여 그 뜻을 능력껏 가져다가 사용한다는 말인 듯하다.

7) 循常 : 저본에는 '尋常'으로 되어 있으나, 本集에 의거하여 '循常'으로 바로잡아 번역하였다.

8) 聖人之道 : 道는 思想·學術·論理·文章 등을 이른다.

9) 必尙其能者 : 能은 뛰어남이니, 반드시 성인의 문장 중에 가장 뛰어난 것을 숭상(소중히 여김)하여 본보기로 삼을 것이라는 말이다.

愈於足下에 **忝同道而先進者**[1]요 **又常從遊於賢尊給事**[2]하니라 **旣辱厚賜**하니 **又安得不進其所有**[3]**以爲答也**리오 **足下以爲何如**오 **愈白**하노라

나는 부끄럽게도 足下와 같은 길을 걷는 선배이고, 또 항상 賢尊給事와 從遊하는 사이입니다. 이미 두터운 은혜를 입었으니, 또 어찌 내가 알고 있는 것을 말하여 回答하지 않을 수 있겠습니까? 족하는 어찌 생각하십니까? 愈는 아뢰니다.

1) 忝同道而先進者 : 忝은 '부끄럽게도', '황송하게도' 등으로 쓰이는 謙辭이다. 劉正夫는 이번 진사과에 응시하였고, 韓愈는 貞元 8년(792)에 진사에 급제하였기 때문에 이렇게 말한 것이다.

2) 賢尊給事 : 賢尊은 남의 아버지에 대한 敬稱이다. 劉正夫의 아버지 劉伯芻가 이때 門下省 給事中이었다.

3) 進其所有 : 내가 알고 있는 것을 말해 올린다는 뜻이다.

12. 答李翊書* 李翊에게 답한 편지

* 李翊은 韓愈의 추천으로 진사과에 합격한 韓門弟子의 한 사람이다. 貞元 18년(802)에 한유가 副考官 陸傪에게 편지를 보내어 이익 등 열 사람을 추천한 일이 있는데, 그해 科擧에 이익이 進士科에 급제하였다. 본서 권3에 실린 〈與祠部陸員外書〉에 자세히 보인다. 이 편지는 이익이 진사과에 급제하기 1년 전인 정원 17년에 보낸 것이다.

要窺作家爲文이면 **必如此立根基**라 **今人乃欲以句字求之**하니 **何哉**리오

作家의 作文法을 엿보고자 하면 반드시 이와 같은 根基(基礎)를 세워야 한다. 그런데 지금 사람들은 字句를 배열하는 것만으로 좋은 문장이 되기를 바라니, 어찌 될 수 있겠는가?

六月二十六日에 **愈白李生足下**하노라 **生之書辭甚高**[1]로되 **而其問何下而恭也**[2]오 **能如是**면 **誰不欲告生以其道**[3]리오 **道德之歸也有日**[4]**矣**온 **況其外之文**[5]**乎**아 **抑愈所謂望孔子之門墻而不入于其宮者**[6]니 **焉足以知是且非邪**아 **雖然**이나 **不可不爲生言之**로라

6월 26에 愈는 李生 足下께 고하오.

그대가 보낸 편지는 文辭가 매우 뛰어난데도 묻는 태도가 어쩌면 이리도 겸손하고 공손하단 말이오. 능히 이와 같이 한다면 누군들 그대에게 자신의 道를 일러주려 하지 않겠소. 도덕의 수양이 머지않아 成就〔歸〕될 것인데, 하물며 도덕을 밖으로 표현하는 문장이야 더 말할 게 있겠소. 그러나 나는 이른바 孔子의 門牆만을 바라보고 그 집안에는 들어가지 못한 사람이니, 어찌 옳고 그름을 알 수 있겠소. 비록 그러나 그대를 위해 한마디하지 않을 수 없소.

1) 辭甚高 : 李翊의 文辭가 남보다 뛰어나다는 말이다.

2) 其問何下而恭也 : 李翊이 묻는 태도가 겸손하고 공손하다는 말이다. 下는 자신을 낮춤이니, 곧 謙遜의 뜻이다.

3) 其道 : 立言의 방법이다.
4) 道德之歸也有日 : 歸에는 終着의 뜻이 있으므로 成就로 번역하였다.
5) 其外之文 : 도덕을 밖으로 표현하는 문장이란 말이다. 韓愈는 문장을 도덕 표현의 수단으로 여겼다.
6) 望孔子之門墻而不入於其宮者 : 이 말은 ≪論語≫ 〈子張〉의 "담에 비유하면 내 집의 담은 어깨 높이여서 房舍의 아름다움을 엿볼 수 있으나, 夫子의 담은 높이가 몇 길이어서 그 대문을 찾아 들어가지 않으면 아름다운 종묘와 다양한 房舍를 볼 수가 없다.〔譬之宮牆 賜之牆也及肩 窺見室家之好 夫子之牆數仞 不得其門而入 不見宗廟之美 百官之富〕"라고 한 子貢의 말에 근거한 것이다. 韓愈는 이 말을 인용하여 자기는 立言의 방법에 대해 그 언저리에 이르렀을 뿐, 깊은 경지에 도달하지 못하였다고 비유한 것이다.

生所謂立言[1]者是也니 **生所爲者與所期者甚似而幾矣[2]**니라 **抑不知生之志蘄勝於人而取於人[3]耶**아 **將[4]蘄至於古之立言者邪**아 **蘄勝於人而取於人**이면 **則固[5]勝於人而可取於人矣**니라 **將蘄至於古之立言者**면 **則無望其速成**하고 **無誘於勢利[6]**하며 **養其根而竢其實**하고 **加其膏而希其光[7]**하라 **根之茂者**는 **其實遂[8]**하고 **膏之沃者**는 **其光曄**하며 **仁義之人[9]**은 **其言藹如[10]也**니라

그대가 바로 古語에 말한 '立言者'이니, 그대의 행위와 그대의 기대가 옛날의 입언자와 매우 유사하고 근접하였소. 그러나 나는 그대의 뜻이 남보다 뛰어나서 남들의 인정을 받기를 바라는 데 있는지, 혹은 옛날 입언자의 경지에 이르기를 바라는 데 있는지 모르겠소.

남보다 뛰어나서 남의 인정을 받기를 바라는 데 있다면 그대는 이미 남보다 뛰어나서 사람들에게 인정을 받고 있소. 혹은 옛날 입언자의 경지에 이르기를 바라는 데 있다면 빨리 성공하기를 바라지도 말고, 權勢(벼슬)나 利祿(祿俸)에 誘惑당하지도 말며, 뿌리를 培養하여 結實을 기다리고 등잔에 기름을 부어 빛이 밝아지기를 기다리시오. 뿌리가 무성한 나무는 그 열매가 풍성하고 기름을 부은 등잔은 빛이 밝아지듯이, 仁義가 있는 사람은 그 言論이 따뜻하고 부드럽다오.

1) 立言 : 글을 지어 학설이나 사상의 체계를 세움이다. ≪春秋左氏傳≫ 襄公 24년에 "최상은 德行을 樹立함이고, 그 다음은 功業을 수립함이고, 그 다음은 글을 지어 학술과 사상의 체계를 세움이다.〔太上立德 其次立功 其次立言〕"란 말이 보인다.
2) 生所爲者與所期者甚似而幾矣 : 李翊의 행위와 기대가 옛날의 立言者와 매우 유사하다는 말이다.
3) 取於人 : 남들에게 인정을 받음이다.
4) 將 : '或(혹은)'의 訓으로 쓰였다.
5) 固 : '已(이미)'의 訓으로 쓰였다.
6) 無誘於勢利 : 勢利는 權勢와 俸祿을 이른다. 당시에는 과거에서 時文인 騈儷文으로 사람을 뽑았다. 古文을 배우기로 마음먹었다면 時文을 익혀 과거에 올라 俸祿을 받을 생각을 하지 말라는 뜻이다.
7) 養其根而竢其實 加其膏而希其光 : 韓愈는 이곳에서 道를 뿌리와 기름에 비유하고, 文을 열매와 빛에 비유하여, 道와 文의 관계를 설명하였다.
8) 遂 : 生長인데, 여기서는 豊盛하다는 뜻으로 쓰였다.
9) 仁義之人 : 德行이 있고, 言行이 道德의 準則에 부합하는 사람이다.
10) 藹如 : 따뜻하고 부드러움이다.

抑又有難者하니 愈之所爲가 不自知其至猶未也니라 雖然이나 學之二十餘年矣라 始者에 非三代兩漢之書[1]不敢觀하고 非聖人之志不敢存하야 處若忘하고 行若遺[2]하며 儼乎其若思하고 茫乎其若迷[3]로라 當其取於心而注於手也에 惟陳言之務去[4]하니 戛戛[5]乎其難哉로라 其觀於人[6]에 不知其非笑之爲非笑也[7]하니라 如是者亦有年이로되 猶不改然後에 識古書之正僞와 與雖正而不至焉者가 昭昭[8]然白黑分矣로라 而務去之코야 乃徐有得也호라 當其取於心而注於手也에 汨汨[9]然來矣요 其觀於人也에 笑之則以爲喜하고 譽之則以爲憂[10]하니 以其猶有人之說(열)者存也[11]ㄹ새니라 如是者亦有年然後에 浩乎其沛然[12]矣니라 吾又懼其雜也하야 迎而距[13]之하고 平心而察之하야 其皆醇也然後에 肆焉[14]이로라 雖然이나 不可以不養也ㄹ새 行之乎仁

義之途하고 **游之乎詩書之源**하야 **無迷其途**하고 **無絶其源**하야 **終吾身而已矣**니라

그러나 더욱 어려운 것이 있으니, 내가 지은 글이 立言者의 경지에 이르렀는지 아직 이르지 못하였는지를 나 자신이 모른다는 점이오. 비록 그렇다 해도 내가 문장을 學習한 지가 이미 20여 년이 되었소.

처음에는 三代와 兩漢의 글이 아니면 감히 보지 않고, 성인의 뜻이 아니면 감히 마음에 담아두지 않았소. 집에 있을 때는 다른 일은 모두 잊은 것 같았고 길을 갈 때는 다른 생각은 모두 잊은 것 같았으며, 엄숙하게 생각하는 것 같기도 하고, 멍청하게 미로를 헤매는 것 같기도 하였소. 마음속의 생각을 끄집어내어 손으로 글을 쓸 때는 오직 陳腐한 말을 제거하기만을 힘썼으니 참으로 어려웠고, 이 글을 남에게 보여줄 때는 남의 비난과 비웃음을 비난과 비웃음으로 알지 않았소.

몇 해를 이렇게 하면서 여전히 나의 생각을 바꾸지 않은 뒤에 비로소 古書 중에 純正한 것과 순정하지 못한 것, 비록 순정하지만 지극하지 못한 것이 黑白처럼 분명하게 판별되었소. 순정하지 못한 것과 순정하지만 지극하지 못한 것들을 힘써 제거하고서야 서서히 터득되는 것이 있었소. 마음속의 생각을 끄집어내어 손으로 글을 쓸 때 마치 물 흐르듯이 글이 내려갔소. 그러나 남들에게 보여줄 때에 남들이 비웃으면 나는 기뻐하고 남들이 칭찬하면 나는 근심하였으니, 이는 오히려 사람들이 좋아하는 〈時文의 色彩가〉 남아 있다고 여겼기 때문이오.

또 이렇게 몇 년을 계속한 뒤에 비로소 문장의 기세가 큰물처럼 세차게 흘러나왔소. 나는 또 문장이 난잡하게 될까 두려워, 잘못된 생각이 일어나는 것을 막고 평정한 마음으로 살펴서 모두 순정한 뒤에야 생각나는 대로 써내려갔소. 비록 그렇다 해도 도덕과 학문을 涵養하지 않을 수 없으므로, 仁義의 길을 걷고 詩書의 근원에서 헤엄치면서 이 목숨이 다하도록 그 길을 헤매지 않고 그 源流가 끊이지 않게 할 뿐이오.

1) 三代兩漢之書 : 三代는 夏·商·周이다. 三代의 글은 ≪尙書≫·≪詩經≫·≪春秋≫ 등을 이른다. 兩漢은 西漢과 東漢이다. 兩漢의 글은 司馬遷·揚雄·司馬相如 등의 글을 이른다.

2) 處若忘 行若遺 : 道와 文을 배울 때에 일체의 잡념을 잊어버리고 오직 도와

문을 배우는 일에만 전심한 것을 말한다.

3) 儼乎其若思 茫乎其若迷 : 目標에 도달하지 못하였을 때에 생각하던 모습과 昏迷했던 모습을 말한 것이다.

4) 當其取於心而注於手也 惟陳言之務去 : 마음속의 생각을 끄집어내어 문장을 쓸 때에 진부한 말을 제거하는 데 노력하였다는 말이다.

5) 戛戛 : 어려운 모양이다.

6) 其觀於人 : 남에게 보여주고서 評價를 구함이다.

7) 不知其非笑之爲非笑也 : 그 사람의 비난과 비웃음을 비난과 비웃음으로 알지 않았다는 말로, 남의 비난과 비웃음에 전혀 介意치 않았다는 뜻이다.

8) 昭昭 : 분명한 모양이다.

9) 汨汨 : 물이 흐르는 모양인데, 문장이 거침없이 술술 나오는 것을 비유하는 말로 쓰인다.

10) 笑之則以爲喜 譽之則以爲憂 : 당시 사람들은 古文을 싫어하고 時文인 騈儷文을 좋아하였다. 韓愈는 자기의 글을 남에게 보이고서 評價를 구할 때 남들이 보고서 비웃으면 자신의 글이 순정한 고문에 근접하였다고 여겨 기뻐하고, 남들이 칭찬하면 자신의 글에 아직 時文의 色彩가 남아 있다고 여겨 근심하였다는 말이다.

11) 以其猶有人之說(열)者存也 : 남들이 칭찬하면 근심한 것은 자기의 글에 아직 남들이 좋아하는 時文의 色彩가 남아 있다고 여겼기 때문이란 말이다. '說'은 '悅'의 訓으로 쓰였다.

12) 浩乎其沛然 : 浩乎는 물이 광대한 모양이고, 沛然은 물이 세차게 흐르는 모양이다. 문장의 기세가 雄大함을 형용한 말이다.

13) 迎而距 : 적이 쳐들어오는 곳으로 가서 방어함인데, 여기서는 잘못된 생각이 일어나는 것을 막는다는 뜻으로 쓰인 듯하다. 距는 '拒'와 通用이다.

14) 肆焉 : 放縱(거리낌 없이 마음 내키는 대로함)이니, 생각나는 대로 문장을 썼다는 뜻이다.

氣는 水也요 言은 浮物也[1)]니 水大而物之浮者大小畢浮니라 氣之與言도 猶是也하야 氣盛則言之短長與聲之高下者皆宜니라 雖如是라도 其敢自謂幾於成乎아 雖幾於

成이라도 其用於人也奚取焉[2)]이리오 雖然이나 待用於人者는 其肖於器邪[3)]아 用與舍屬諸人이니라 君子則不然하야 處心有道하고 行己有方하야 用則施諸人하고 舍則傳諸其徒하고 垂諸文而爲後世法이니라 如是者ㄴ댄 其亦足樂乎아 其無足樂也아

氣는 물과 같고 言(文章)은 물 위에 떠 있는 浮物과 같으니, 물이 크면 크고 작은 부물이 모두 뜬다오. 氣와 言의 관계도 이와 같아, 氣가 성대하면 言(語句)의 長短과 聲韻의 高下가 모두 알맞게 된다오. 비록 이렇게 되었다 하더라도 어찌 감히 스스로 완성의 단계에 근접하였다고 할 수 있겠소. 비록 완성의 단계에 근접했다 하더라도 이 문장이 사람을 등용하는 자에게 어찌 인정을 받을 수 있겠소.

비록 그러나 남에게 쓰이기를 기다리는 것은 어찌 쓰이기를 기다리는 用器와 같지 않겠소. 쓰고 버리는 것이 사람의 손에 달렸으니 말이오. 군자는 그렇지 않아서, 用心에 道義가 있고 處身에 準則〔方〕이 있어서, 쓰임을 받으면 道를 사람들에게 베풀고, 버림을 받으면 道를 門徒에게 전하고, 文章으로 전하여 후세에 法이 되게 한다오. 이와 같다면 즐거워할 만하겠소. 즐거워할 만하지 않겠소.

1) 氣水也 言浮物也 : 韓愈는 물과 浮物을 들어 다시 道와 文의 관계를 설명하였다. 中國文學에 있어 氣의 개념은 매우 복잡하다. 한유는 도덕의 수양이 풍부하여 어떤 사물이라도 자유로이 처리할 수 있는 힘을 '氣'로 본 것이다. 물이 풍부하면 모든 물건을 띄우듯이 도덕의 수양이 풍부하면 모든 사물을 자유로이 문장으로 표현할 수 있다고 생각한 것이다.

2) 其用於人也奚取焉 : 당시 士大夫들은 古文을 싫어하였으니, 古文體로 지은 문장이 어찌 사대부들에게 인정을 받을 수 있겠느냐는 말인 듯하다. '其用於人也'는 '其於用人〈者〉也(사람을 등용하는 〈자에게〉)'의 倒置文인 듯하다. 取는 取重으로 남에게 重視됨이니, 곧 인정을 받음이다.

3) 待用於人者 其肖於器邪 : 남에게 쓰이기를 기다리는 것은 어찌 쓰이기를 기다리는 用器와 같지 않은가? 용기의 取捨는 오직 사람의 손에 달렸다는 말이다. 其는 '豈非'로 쓰였고, 肖는 같음이다.

有志乎古者希矣니 志乎古면 必遺乎今일새니라 吾誠樂而悲之나 亟稱其人은 所以

勸之요 **非敢褒其可褒而貶其可貶也**[1)]니라 **問於愈者多矣**나 **念生之言**은 **不志乎利**일새 **聊相爲言之**하노라

古文에 뜻을 둔 자가 드무니, 이는 고문에 뜻을 두면 반드시 지금 사람들에게 버림을 받기 때문이오. 〈나는 고문에 뜻을 둔 사람을 만나면〉 참으로 기뻐하면서도 세상이 알아주지 않는 것을 슬퍼하였소. 그런데도 자주 그런 사람을 칭찬한 것은 그 사람을 권면하기 위한 것이었지, 감히 칭찬할 만하면 칭찬하고 비난할 만하면 비난한 것이 아니었소. 내게 묻는 자가 많았으나, 〈대답해준 경우가 없었는데,〉 그대의 말은 功利에 뜻을 두지 않은 것이라고 생각되므로, 애오라지(부족하나마) 그대를 위해 이렇게 말해주는 것이오.

1) 非敢褒其可褒而貶其可貶也 : 나는 감히 잘난 체하여 함부로 남을 褒貶(칭찬과 비난)하지 않았다고 스스로 謙讓한 말이다.

唐荊川曰 此文當看抑揚轉換[1)]**處**라 **纍纍然如貫珠**는 **其此文之謂乎**ㄴ저

唐荊川(唐順之)이 말하기를 "이 문장은 抑揚하여 轉換한 곳을 보아야 한다. '꿰미에 구슬을 꿰어놓은 것 같다.'는 말은 아마도 이 문장을 두고 한 말인 듯하다."라고 하였다.

1) 抑揚轉換 : 문장의 기세를 높이기도 하고 낮추기도 하면서 話題를 바꿈이다.

篇中云 仁義之人은 **其言藹如也**라하니 **卽此中間又隔許多歲月階級**이라 **只因昌黎特因文以見道者**라 **故猶影響**이니 **非心中工夫實景所道故也**[1)]라

또 "이 篇 중에 '仁義의 덕행이 있는 사람은 그 말이 따뜻하고 부드럽다.'라고 하였는데, 그 중간에 또 많은 세월의 階級(段階)을 거른 것이다. 단지 昌黎는 문장으로 도를 표현하였을 뿐이므로 그림자와 메아리처럼 모호하게 말하였으니, 이는 마음속 공부의 실제를 말한 것이 아니기 때문이다."라고 하였다.

1) 仁義之人……非心中工夫實景所道故也 : 정확히는 알 수 없으나, 仁義의 덕행이 있는 사람이 되려면 많은 세월 동안 여러 단계의 공부와 수양을 거쳐야 하는데, 지금 韓愈가 많은 세월 동안 거쳐야 하는 공부의 단계를 생략하고 말하지 않은 것은, 한유는 단지 문장으로 도를 표현하는 자이기 때문에 그림자와 메아리처럼 모호하게 말하고, 마음속에 있는 공부의 실제를 말한 것이 아니라는 말인 듯하다.

13. 答殷侍御書* 殷侍御에게 답한 편지

* 이 편지는 韓愈가 刑部侍郎으로 있던 元和 13년(818)에 보낸 것이다. 殷侍御는 殷侑이다. 이때 은유가 虞部員外郎 兼侍御史의 관직에 있었기 때문에 殷侍御라 한 것이다.

某月日에 **愈頓首**[1)]하노라 **辱賜書**하야 **周覽**[2)]**累日**하니 竦然[3)]**增敬**하고 **蹙然**[4)]**汗出以慙**호라 **愈於進士中**에 **粗爲知讀經書者**로되 **一來應擧**에 **事隨日生**하야 **雖欲加功**이나 **竟無其暇**니라 **遊從之類**[5)]는 **相熟相同**[6)]하야 **不敎不學**하니 **悶然**[7)]**不見己缺**이로되 **日失月亡**[8)]하야 **以至於老**하니 **所謂無以自別於常人者**로라 **每逢學士眞儒**[9)]에 **歎息**踧踖[10)]하니 **愧生於中**하고 **顏變於外**하야 **不復自比於人**이로라

某月 某日에 愈는 머리를 조아립니다. 보내주신 書信을 받고서 며칠 동안 자세히 읽어보니 선생에 대한 존경심이 증가하고, 나 자신이 부끄러워 땀이 흘렀습니다.

나는 進士들 중에 정밀하지는 못하나마 經書를 읽을 줄 아는 자인데도 한 번 와서 科擧에 應試하자, 날마다 일이 생겨 비록 학문에 더욱 노력하려 해도 끝내 그럴 여가가 없습니다. 서로 사귀는 벗들은 서로의 수준이 같다는 것을 잘 알아 가르치려 하지도 않고 배우려 하지도 않다 보니, 지각이 없어 자신의 결점도 알지 못하는 지경에 이르렀으나 날이면 날마다 달이면 달마다 학문을 硏磨할 기회를 잃고 지내는 사이에 어느덧 노년이 되었으니, 이른바 보통 사람들과 다를 것이 없는 사람이 되었습니다. 그러므로 매양 學士나 眞儒를 만날 때마다 탄식하며 공경하다 보니,

마음이 부끄럽고 얼굴이 붉어져서 다시는 자신을 남들과 비교조차 못하였습니다.

1) 頓首 : 머리를 조아린다는 말인데, 옛사람들은 書信의 첫머리나 末尾에 常用하였다.
2) 周覽 : 자세히 봄이다.
3) 竦然 : 공경하는 모양이다.
4) 蹙然 : 불안해하는 모양이다.
5) 遊從之類 : 서로 사귀는 벗을 이른다.
6) 相熟相同 : 학문의 수준이 서로 같다는 것을 서로 자세히 안다는 말이다.
7) 悶然 : 지각이 없는 모양이다.
8) 日失月亡 : 날이면 날마다 달이면 달마다 학문을 연마할 기회를 잃었다는 말이다.
9) 學士眞儒 : 學士는 國學에서 修學한 學者를 이르고, 眞儒는 학문이 깊은 진정한 儒學者를 이른다.
10) 踧踖 : 상대에게 존경을 표하기 위해 삼가고 조심하느라 불안한 모양이다.

前者에 **蒙示新注公羊春秋**[1)]하고 **又聞口授指略**[2)]하니 **私心喜幸**하야 **恨遭逢之晚**하고 **願盡傳其學**이나 **職事羈纏**[3)]하야 **未得繼請**하고 **怠惰因循**[4)]하야 **不能自彊**[5)]하니 **此宜在擯而不教者**어늘 **今反謂少知根本**[6)]하고 **其辭章近古**라하야 **可令敍所注書**[7)]하니 **惠出非望**[8)]이라 **承命反側**[9)]호라 **善誘不倦**은 **斯爲多方**[10)]이니 **敢不喩所指**[11)]아 **八月益涼**이면 **時得休假**하리니 **儻矜其拘綴不得走請**[12)]하고 **務道之傳而賜辱臨**하야 **執經座下**하야 **獲卒所聞**이면 **是爲大幸**이라

지난번에 새로 注釋하신 ≪春秋公羊傳≫를 보여주시고, 또 직접 입으로 일러주신 要旨를 들었으니, 저는 마음이 기쁘고 행복하여 선생을 늦게 만난 것을 한스러워하면서 선생의 학문을 다 전수받기를 원하였습니다.

그러나 職務에 얽매여 계속해 가르침을 청하지 못하고, 나태하게 날을 보내면서 스스로 노력하지 않았으니, 저는 물리치고 가르치지 않아야 할 자에 속하는 것이 당연합니다. 그런데 지금 선생께서는 도리어 제가 학문의 근본을 조금 알고 문장

이 고인에 가깝다고 하여, 지으신 책에 서문을 쓰게 할 만하다고 하셨습니다.

저에 대한 고마우신 뜻이 저의 기대 밖이라서 저는 명을 받고는 불안하였습니다. 싫증을 내지 않고 저를 잘 인도하신 것은 다방면의 지식을 쌓게 하심이니, 어찌 감히 선생의 그런 뜻을 모르겠습니까.

8월에 날씨가 더욱 서늘해지면 그때 휴가를 얻을 수 있으실 것이니, 만약 제가 직무에 얽매여 달려가 가르침을 청하지 못하는 것을 가엾게 여기시고, 도를 傳授하는 일에 힘쓰시어, 이곳으로 오셔서 손에 經典를 들고 선생의 의자 밑에서 선생의 學說을 다 들을 수 있는 기회를 제게 주신다면 큰 행운이겠습니다.

1) 公羊春秋 : 戰國 때 齊나라 사람 公羊高가 지은 ≪春秋公羊傳≫을 이른다. ≪春秋公羊傳注疏≫에 의하면, 子夏가 公羊高에게 口傳하고, 高가 그 아들 平에게, 平이 그 아들 敢에게, 敢이 그 아들 壽에게 口傳하였는데, 漢 景帝 때에 公羊壽가 齊나라 사람 胡毋子都와 함께 비로소 竹帛에 기록하였다고 한다.
2) 口授指略 : 指略은 要旨이니, 殷侑가 직접 입으로 설명하여 要旨를 일러주었다는 말이다.
3) 職事羈纆 : 職事는 職務이고 羈纆은 束縛이다.
4) 因循 : 분발하지 않고 무기력하게 날을 보냄이다.
5) 自彊 : 自强과 같은 말로, 스스로 강해지려고 노력함이다.
6) 根本 : 學問의 근본을 이른다.
7) 可令敍所注書 : 지은 註釋書에 序文을 쓰게 할 만하다는 말이다. 殷侑가 보낸 편지에 이런 말이 있었던 모양이다.
8) 惠出非望 : 惠는 고마운 마음이고, 非望은 기대하지 않는 것이니, 곧 나를 인정하여 서문을 부탁한 殷侑의 고마운 마음이 韓愈의 기대 밖이라는 말이다.
9) 反側 : 불안함이다.
10) 善誘不倦 斯爲多方 : 善誘는 ≪論語≫ 〈子罕〉에 보이는 "부자께서는 순서에 따라 차근차근 사람을 잘 인도하셨다.〔夫子循循然善誘人〕"에서 따온 말이고, 不倦은 ≪論語≫ 〈里仁〉에 보이는 "사람을 가르치기를 게을리하지 않았다.〔誨人不倦〕"에서 따온 말이고, 多方은 ≪莊子≫ 〈天下〉에 보이는 "惠施는

여러 방면으로 지식이 풍부하여 藏書가 수레 다섯 대에 실을 정도로 많았다.〔惠施多方 其書五車〕"에서 따온 말이니, 곧 싫증을 내지 않고 나를 잘 인도하시는 것은 바로 나로 하여금 다방면의 지식을 쌓게 함이라는 뜻이다.

11) 敢不喩所指 : 喩는 분명히 이해함이고, 指는 '旨'와 통용이니, 곧 어찌 감히 선생의 그런 뜻을 모르겠느냐는 말이다.

12) 儻矜其拘綴不得走請 : 儻은 만약이고, 矜은 가엾게 여김이고, 拘綴은 束縛이니, 上文에 말한 '職事羈纏'의 뜻이다. 곧 '만약 직무에 얽매여 달려가 가르침을 청하지 못하는 저를 가엾게 여기신다면'이라는 말이다.

況近世公羊學幾絶하야 **何氏注**[1]**外**에 **不見他書**니라 **聖經賢傳**[2]을 **屛而不省**하니 **要妙之義**[3]를 **無自而尋**이라 **非先生好之樂之**하야 **味於衆人之所不味**하야 **務張而明之**[4]면 **其孰能勤勤綣綣**[5]**若此之至**리오 **固鄙心之所最急者**는 **如遂蒙開釋**하야 **章分句斷**하야 **其心曉然**[6]이어늘 **直使序所注**하야 **掛名經端**[7]하야 **自託不腐**[8]하니 **其又奚辭**리오 **將惟**[9]**先生所以命**하리라 **愈再拜**하노라

더구나 근세에는 公羊學이 거의 끊어져서 何氏 注 이외에 다른 註釋書는 볼 수가 없습니다. 聖人의 經과 先賢의 傳을 모두 버리고 자세히 살피지 않으니, ≪春秋≫의 精微하고 奧妙한 뜻을 찾을 길이 없습니다. 선생처럼 이 學(公羊學)을 좋아하고 즐겨서 사람들이 맛보지 못한 것(남들이 이해하지 못한 뜻)을 맛보아(이해하여) 자신의 견해를 전개하여 그 뜻을 밝히는 데 힘쓰는 분이 아니라면, 그 누가 근로를 마다않고 간절히 執着함이 이처럼 지극할 수 있겠습니까.

본래 제 마음속에 가장 급하게 여겼던 것은, 소망이 이루어져서 經傳의 뜻을 해석하여 章과 句마다의 經說을 일러주시는 은혜를 입어, 마음에 완전히 이해하는 것이었습니다. 그런데 특별히〔直〕 저에게 선생이 지으신 주석서에 序文을 써서 經書 첫머리에 제 이름을 실어 名聲을 영원히 전하게 하시니, 또 무엇 때문에 이를 사양하겠습니까? 장차 선생이 명하시는 대로 따르겠습니다. 愈는 再拜하고서 이 글을 올립니다.

1) 何氏注 : 漢나라 때 사람 何休가 지은 ≪春秋公羊解詁≫를 이른다. 이 책은

≪春秋公羊傳≫의 義例를 制定하여 ≪春秋≫의 微言大義(精微한 言語 속에 담긴 深奧한 뜻)를 闡明하였다.

2) 賢傳 : ≪春秋公羊傳≫과 이를 해석한 何休의 ≪春秋公羊解詁≫를 이른다.

3) 要妙之義 : 精微하고 奧妙한 ≪春秋≫의 뜻과 ≪春秋公羊傳≫의 뜻을 이른다.

4) 張而明之 : 張에는 展開의 뜻이 있으니, 註釋書를 지어 자신의 見解를 전개하여 經과 傳의 뜻을 밝혔다는 말이다.

5) 勤勤綣綣 : 勤勤은 게으름을 피우지 않고 勤勞함이고, 綣綣은 懇切한 모양이다. 그러므로 이상과 같이 번역하였다.

6) 如遂蒙開釋……其心曉然 : 如遂는 如願과 같은 말로 마음먹은 대로 이루어짐이고, 蒙은 입음이고, 開釋은 경전의 뜻을 해석함이고, 章分句斷은 章을 나누고 句를 자름이니, 곧 마음먹었던 소망이 이루어져서, 경전의 뜻을 해석하여 장을 나누고 구를 잘라서 經說을 일러주는 은혜를 입어, 마음에 완전히 이해하는 것이다.

7) 掛名經端 : 掛名은 記名이고, 經은 殷侍御가 지은 ≪新注公羊傳≫을 이르고, 端은 開端으로 책의 맨 앞부분을 이른다. 序文은 일반적으로 책의 前面에 싣기 때문에 韓愈가 이렇게 말한 것이다.

8) 自託不腐 : 自託은 의탁함이고, 不腐는 不朽와 같은 말로 명성이 썩지 않고 영원히 전해짐이니, 곧 자기의 명성이 序文으로 인해 영원히 전해질 것이라는 말이다.

9) 惟 : 따름이다.

14. 答張籍書* 張籍에게 답한 편지

* 이 答書는 韓愈가 자신의 缺點을 지적한 張籍의 편지를 받고서 貞元 14년(788)에 보낸 것이다. 이때 한유의 나이 31세였다. 장적은 字가 文昌이다. 저명한 詩人으로 한유의 벗이면서 제자이기도 하다. 정원 14년에 한유가 汴州에 있을 때 孟郊의 소개로 장적과 서로 알게 되었는데, 장적은 한유를 매우 존경하며 한유에 대한 기대가 높았다. 그러므로 한유에게 편지를 보내어 한유의 네 가지 결점을 지적하였는데, 첫째는 孟子나 揚雄처럼 異端(老佛)

을 배척하는 글을 짓지 않는 것이고, 둘째는 진실하지 않은 駁雜한 말이 많은 것이고, 셋째는 남과 토론할 때 心氣를 가라앉히지 못하는 것이고, 넷째는 도박을 좋아하는 것이다. 讀者의 이해를 돕기 위해 ≪韓文考異≫〈答張籍書〉題下에 실린 장적의 편지를 소개한다. 그 편지는 다음과 같다.

古之胥는 敎誨擧動言語가 無非相示以義요 非苟相諛悅而已니라 執事不以籍愚暗하고 時稱發其善하야 敎所不及하고 施誠相與하야 不間塞於他人之說하니 是近於古人之道也니라 籍今不復以義면 是執竿而拒歡來者니 烏所謂承人而古人之道歟아 頃承論於執事하니 嘗以爲世俗陵靡하야 不及古昔은 蓋聖人之道廢弛之所爲也라하니라 宣尼沒後에 楊朱墨翟恢詭異說이 干惑人聽에 孟子作書而正之하니 聖人之道復存於世하니라 秦氏滅學하고 漢重以黃老之術敎人하야 使人寖惑에 揚雄作法言而辯之하니 聖人之道猶明하니라 及漢衰末하야 西域浮屠之法이 入於中國에 中國之人이 世世譯而廣之하니 黃老之術相沿而熾하야 天下之言善者가 惟二者而已니라 昔者에 聖人以天下生生之道曠으로 乃物其金木水火土穀藥之用而厚之하고 因人資善으로 乃明乎仁義之德以敎之하야 俾人有常이라 故治生相存而不殊하니라 今天下資於生者가 咸備聖人之器用이로되 至於人情하야는 則溺乎異學하야 而不由乎聖人之道하야 使君臣父子夫婦朋友之義沈於世하야 而邦家繼亂하니 固仁人之所痛이라 自揚子雲作法言으로 至今近千載히 莫有言聖人之道者요 言之者는 惟執事焉耳라 習俗者聞之하고 徒推爲訾하니 終無裨於敎也니라 執事聰明하야 文章與孟子揚雄相若하니 盍爲一說以興存聖人之道하야 使時之人後之人으로 知其去絶異學之所爲乎아 曷可囂囂爲多言之徒哉아 然欲擧聖人之道者는 其身宜亦由之也어늘 比見執事多尙駁雜無實之說하야 使人陳之於前以爲歡하니 此有以累於令德이라 又商論之際에 或不容人之短하야 如任私尙勝者하니 亦有所累也니라 先王存六藝는 自有常矣로되 有德者不爲하야 猶以爲損이어늘 況爲博塞之戲與人爭財乎아 君子固不爲也니라 今執事爲之하야 以廢棄時日하니 竊不識其然이로라 且執事言論文章은 不謬於古人이로되 今所爲는 或不

出於世之守常者하니 竊未爲得也로라 願執事絶博塞之好하며 棄無實之言하고 宏廣以接天下士하야 嗣孟子揚雄之作하야 辨楊墨老釋之說하야 使聖人之道로 復見於唐이면 豈不尙哉아 籍誠知之로되 以材識頑鈍하야 不敢竊居作者之位일새 所以咨於執事而爲之爾니라 若執事守章句之學하야 因循於時하고 置不朽之盛事면 與夫不知言으로 亦無以異矣리라 籍再拜하노라

옛날에 才智를 지닌 사람은 가르침과 행동과 言語가 모두 道義를 드러내 보이지 않음이 없었고, 구차하게 아첨하여 상대를 기쁘게 할 뿐만이 아니었습니다. 執事께서는 저를 우매하다 하지 않으시고 때때로 저의 장점을 칭찬하시며 저의 부족한 바를 가르쳐주셨고, 진심으로 저를 대하시어 남의 말이 사이를 갈라놓지 못하였으니, 執事는 古人의 도에 가까우신 분입니다. 그런데 제가 지금 도의로써 아뢰지 않는다면 이는 즐거운 마음으로 찾아오는 사람을 몽둥이를 들고서 막는 것이니, 어찌 이른바 "남을 고인의 도로 받든다."는 것이겠습니까?

근자에 집사의 持論을 들은 적이 있는데, "세상 풍속이 衰頹하여 옛날만 못한 것은 성인의 도가 廢棄되었기 때문이다."라고 하셨습니다. 宣尼(孔子)가 逝去하신 뒤에 楊朱와 墨翟의 허망하고 괴이한 학설이 사람들의 귀를 현혹시키자, 孟子가 글을 지어 바로잡으니 聖人의 도가 다시 세상에 보존되었습니다. 秦나라가 學術을 消滅시켰고, 漢나라는 거듭 黃老의 학술로 사람들을 가르쳐 사람들을 점점 미혹에 빠져들게 하자, 揚雄이 ≪法言≫을 지어 밝게 분변하니 성인의 도가 오히려 밝아졌습니다. 西漢 末期에 西域의 佛法이 중국으로 들어오자, 중국 사람들이 대대로 번역하여 널리 전파하니, 黃老의 학술과 함께 順風을 타고 불길처럼 일어나, 천하에 善을 말하는 자가 오직 佛老뿐이었습니다.

옛날에 성인은 천하에 生生의 道(生命의 保養과 生活하는 방법)가 없다 하여 이에 金·木·水·火·土·穀·藥 등의 물건을 사용하여 백성들의 생활을 넉넉하게 하였고, 사람의 바탕이 善함으로 인해 이에 仁義의 德行을 밝혀 백성들을 가르쳐 사람들로 하여금 항상 지킬 道義가 있게 하였습니다. 그러므로 생활을 營爲하는 방법이 존속되어 달라지지 않았습니다.

지금 천하에 金·木·水·火·土·穀·藥 등에 의지해 생활하는 자들이

모두 성인이 만드신 器用은 준비하면서 人情에 이르러서는 異端의 학설에 빠져 성인의 도를 따르지 않아, 君臣·父子·夫婦·朋友의 道義를 세상 풍속에 沈沒시켜 국가에 혼란이 계속되게 하였으니, 이는 진실로 仁人이 痛恨하는 바입니다.

揚子雲이 ≪法言≫을 지음으로부터 천 년에 가까운 세월이 흐른 오늘에 이르기까지 성인의 도를 말하는 이가 없었고, 말한 이는 오직 집사뿐입니다. 그러므로 풍속에 길들여진 자들은 집사의 말을 듣고서 한갓 비난하며 헐뜯을 뿐이니, 끝내 교화에는 도움이 되지 못할 것입니다.

집사는 聰明하시어 文章이 孟子·揚雄과 서로 같으니, 어찌하여 한 권의 책을 지어 성인의 도를 復興시키고 存續시켜 지금 사람과 후세 사람들에게 異端의 學說을 버려야 한다는 것을 알게 하지 않으십니까? 〈그리하지 않고〉 어찌 시끄럽게 많은 말을 하는 무리가 되어서야 되겠습니까?

그러나 성인의 도를 거행하고자 하는 자는 그 자신이 성인의 도를 행하는 것이 마땅한데, 근자에 집사를 보면 駁雜하고 진실하지 못한 말을 하여, 사람으로 하여금 앞에서 진술하게 하며 기뻐하시는 경우가 오히려 많으니 이는 美德에 누가 됩니다. 그리고 또 남과 토론할 때에 혹 남의 단점을 용납하지 않아, 마치 자기를 믿고 이기기를 좋아하는 사람 같으니, 이 또한 누가 됩니다.

先王이 六藝에 관심을 둔 데에는 나름의 常規가 있기 때문이었습니다. 그런데도 有德者들은 육예를 하지 않고서 오히려 덕에 손상이 되는 것으로 여겼는데, 하물며 博塞(내기 바둑) 놀이를 하여 남과 財利를 다투는 것이겠습니까? 군자는 본래 하지 않는 것인데, 지금 집사께서는 박색을 하시어 세월을 허비하니 저는 그 까닭을 모르겠습니다. 그리고 또 집사의 언론과 문장은 古人과 어그러짐이 없으면서도 지금 하는 행위는 常例를 지키는 세상 사람에서 벗어나지 못하였으니, 저는 이유를 모르겠습니다.

바라건대 집사께서는 좋아하시는 내기 바둑을 끊고, 진실하지 못한 말들을 버리고서 널리 천하의 선비들을 접촉하시고, 孟子와 揚雄의 뒤를 이어 글을 지어서 楊·墨과 老·釋의 詭說을 밝게 분변하여 성인의 도를 다시 唐나라에 드러나게 한다면 어찌 嘉尙하지 않겠습니까?

저도 글을 지어 異端을 물리쳐야 한다는 것을 잘 압니다만 재주와 식견이

愚鈍하여 감히 作者의 자리에 앉을 수 없으므로 집사께 이 일을 하시도록 여쭙는 바입니다. 만약 집사께서 章句나 따지는 학문만을 고수하여 시대의 조류를 따르고 不朽의 盛事(저서를 남겨 후세에 영향을 끼치는 일)를 버리신다면 저 문장을 모르는 자와 다를 것이 없을 것입니다. 籍은 再拜하고서 이 글을 올립니다.

籍所遺昌黎書甚當이로되 而昌黎答籍은 特氣不相下耳라

張籍이 昌黎에게 보낸 편지는 그 내용이 매우 타당하였으나, 창려가 장적에게 보낸 답서는 단지 心氣를 가라앉히지 못하였을 뿐이다.

愈始者望見吾子[1]於人人之中에 固有異焉이러니 及聆其音聲하고 接其辭氣하얀 則有願交之志하니라 因緣幸會[2]하야 遂得所圖[3]하니 豈惟吾子之不遺리오 抑僕之所遇有時[4]焉耳라 近者에 嘗有意吾子之闕焉無言은 意僕所以交之之道不至也[5]러니 今乃大得所圖하니 脫然若沈痾去體하고 灑然若執熱者之濯淸風[6]也로라 然吾子所論에 排釋老不若著書라 囂囂多言은 徒相爲訾라하나 若僕之見은 則有異乎此也로라

내가 처음 많은 사람들 속에서 그대를 보았을 때는 참으로 남다른 점이 있다고 여겼고, 그대의 音聲(말씨)을 듣고 그대의 辭氣(말투)를 접하고 나서는 그대와 사귀고 싶은 마음이 들었소. 그런데 인연이 닿아 다행히 서로 만나 마침내 소원을 이루었으니, 이것이 어찌 다만 그대가 나를 버리지 않아서일 뿐이겠소. 내가 그대와 만난 것은 혹〔抑〕 연때가 맞아서일 것이오.

근자에 나는 그대가 나에게 아무 말이 없는 것은 아마도〔意〕 내가 그대와 교제하는 방법이 지극하지 못하기 때문일 것이라고 생각했었는데, 이제 크게 원하던 바를 얻었으니, 마치 오랜 병이 몸에서 떠난 것처럼 상쾌하고 마치 뜨거운 물건을 잡은 손을 맑은 바람에 식히는 것처럼 시원하오. 그러나 그대의 말에 "입으로 佛敎와 道敎를 배척하는 것이 글을 지어 異端의 옳지 않음을 지적하는 것만 못하다. 시끄럽게 많은 말을 하면 이를 듣고서 한갓 비난만 할 뿐이다."라고 하였으나, 나의 견해는 이와 다르오.

1) 吾子 : 親愛하는 사람에 대한 稱號이다.
2) 因緣幸會 : 인연이 닿아 다행히 서로 만났다는 말이다.
3) 所圖 : 여기서는 圖가 '心願'의 뜻으로 쓰였으니, 곧 '所願'이란 말이다. 下文에 '大得所圖'도 이와 같다.
4) 所遇有時 : 만난 것은 서로 연때가 맞았기 때문이라는 말로, 바로 上文에 말한 '因緣幸會'이다.
5) 吾子之闕焉無言 意僕所以交之之道不至也 : 闕焉은 缺如와 같은 말로 당연히 있어야 할 것이 빠져서 없는 것이고, 無言은 書信과 忠告하는 말이 없는 것이다. 意僕所以의 '意'는 '아마도'의 뜻으로 쓰였다.
6) 脫然若沈痾去體 灑然若執熱者之濯淸風 : 脫然은 몸이 輕快한 모양이고, 沈痾는 오래도록 낫지 않은 병이다. 灑然은 시원함이다. 執熱者之濯淸風은 ≪詩經≫ 〈大雅 桑柔〉에 "누가 손으로 뜨거운 물건을 잡고 나서 찬물로 씻지 않겠는가.〔誰能執熱 逝不以濯〕"란 말이 보인다. 執熱者는 손으로 뜨거운 물건을 잡은 자이고, 濯淸風은 시원한 바람에 손을 식히는 것이다. 이 두 句의 뜻은 결점을 지적해준 張籍의 편지를 받으니 마치 오랜 병이 나은 것처럼 몸이 가뿐하고, 마치 덴 손을 서늘한 바람에 식힌 것처럼 시원하다는 말이다.

夫所謂著書者는 義止於辭耳니 宣之於口와 書之於簡이 何擇焉고 孟軻之書[1]는 非軻自著라 軻旣沒에 其徒萬章公孫丑相與記軻所言焉耳니라 僕自得聖人之道而誦之로 排前二家有年矣니 不知者以僕爲好辯也라호라 然從而化者亦有矣나 聞而疑者又有倍焉이라 頑然不入者는 親以言諭之라도 不入이니 則其觀吾書也라도 固將無得矣리라 爲此而止니 吾豈有愛於力乎哉아 然有一說하니 化當世莫若口요 傳來世莫若書라 又懼吾力之未至也로라 三十而立하고 四十而不惑[2]하시니 吾於聖人旣過之라도 猶懼不及이어든 矧今未至하니 固有所未至耳니라 請待五六十然後爲之하니 冀其少過也니라

이른바 "글을 짓는다."는 것은 자기의 主義를 文辭에 표현하는 것이니, 입으로 표현하는 것과 책에 기록해 문사로 표현하는 것이 무슨 차이가 있겠소. 孟軻의 글

은 맹가가 직접 지은 것이 아니라, 맹가가 죽은 뒤에 그 제자 萬章과 公孫丑가 함께 맹가의 말을 기록한 것일 뿐이오.

나는 성인의 도를 배워 誦習한 뒤로 앞에서 말한 佛老를 배척한 지가 여러 해 되었는데, 나를 이해하지 못하는 자들은 나를 남과 변론하기 좋아하는 사람이라고 하였소. 그러나 나를 따라 변화한 자도 있었으나, 듣고서 의심하는 자들이 더욱 갑절이나 되었소. 완고하게 나의 설을 거절하고 받아들이지 않는 자는 내가 직접 말로 깨우쳐도 받아들이지 않을 것이니, 그런 자는 나의 글을 본다 하더라도 진실로 깨닫는 바가 없을 것이오. 그렇기 때문에 저서를 하지 않는 것이지, 내 어찌 힘을 아껴서이겠소.

그러나 일종의 論議에 "당세 사람을 교화하는 데는 말만 한 게 없고, 來世에 전하는 데는 글만 한 게 없다."는 말이 있소만, 나는 또 나의 역량이 거기에 미치지 못할까 두려울 뿐이오. 〈孔子께서는〉 서른 살에 自立하셨고, 마흔 살에 不惑하셨소. 나는 나이가 성인의 나이를 넘어서도 오히려 〈자립과 불혹에〉 미치지 못할까에 두려운데, 하물며 지금 아직 성인의 나이에 이르지 않았으니 자립과 불혹에 이르지 못한 것은 당연하오. 5, 60세가 되기를 기다린 뒤에 글을 쓰려 하니, 이는 그때쯤이면 나의 글에 과오가 적어질 것으로 바라기 때문이오.

1) 孟軻之書 : ≪孟子≫를 이른다. 軻는 맹자의 이름이다.
2) 三十而立 四十而不惑 : ≪論語≫ 〈爲政〉에 보인다.

吾子又譏吾與人人爲無實駁雜之說하니 **此吾所以爲戱耳**라 **比之酒色**이면 **不有間乎**아 **吾子譏之**는 **似同浴而譏裸裎也**니라 **若商論不能下氣**[1]는 **或似有之**하니 **當更思而悔之耳**로라 **博塞**[2]**之譏**는 **敢不承敎**아 **其他**는 **俟相見**하노라

그대는 또 내가 사람들과 진실하지 못한 駁雜한 이야기를 한다고 나무랐는데, 이는 단지 내가 장난삼아 한 것일 뿐이오. 酒色을 탐하는 것에 비하면 어찌 차이가 있지 않겠소. 그대가 나를 나무라는 것은 마치 함께 목욕하면서 벌거벗었다고 나무라는 것과 같소. "남들과 토론할 때 심기를 가라앉히지 못한다."고 나무란 말씀

은 혹 그런 점이 있었던 것도 같으니 다시 생각해 고치도록 하겠소. 博塞을 좋아한다고 나무란 말씀은 감히 가르침을 받들지 않을 수 있겠소. 이 밖의 일들은 서로 만나서 이야기하기로 합시다.

1) 商論不能下氣 : 商論은 토론이고, 下氣는 心氣를 가라앉히고서 공손한 태도를 가짐이다.
2) 博塞 : 돈을 걸고 바둑을 두는 것이다.

薄晩에 **須到公府**하니 **言不能盡**이로라 **愈再拜**하노라

초저녁이 되면 반드시 公府로 가야 하니, 〈시간이 없어〉 하고 싶은 말을 다하지 못하오. 유는 재배하고서 이 글을 드리오.

唐大家韓文公文抄 卷5

書·啓·狀

01. 重答張籍書* 다시 張籍에게 답한 편지

* 이것은 韓愈가 張籍의 편지에 回答한 뒤에, 장적이 다시 편지를 보내어 한유의 論據를 반박하며 조기에 著書하기를 권면한 데 대한 答書이다.

韓公之不汲汲著書는 **固其力之未至**어나 **抑其時之不暇耳**라 **而云云者**는 **乃從而爲之辭**라 **然其文特工甚**이라

韓公이 著書에 급급하지 않았던 것은 진실로 힘이 미치지 못해서였거나, 아니면 시간을 낼 겨를이 없어서였을 뿐이다. 그런데도 이러이러하다고 말한 것은 張籍의 말에 따라 변명한 것이다. 그러나 문장은 매우 精巧하다.

吾子不以愈無似[1)]하고 **意欲推而納諸聖賢之域**하야 **拂其邪心**하야 **增其所未高**[2)]하고 **謂愈之質**이 **有可以至於道者**라하야 **浚其源**하야 **導其所歸**[3)]하고 **漑其根**하야 **將食其實**[4)]하니 **此盛德者之所辭讓**이온 **況於愈者哉**아 **抑其中有宜復者**라 **故不可遂已**[5)]로라

그대는 나를 不肖하다 여기지 않고 나를 추대해 聖賢의 경지로 들여보내고자 생각하여, 不正한 마음을 제거하여 아직 높은 경지에 이르지 못한 德行을 增進시키게 하며, 나의 자질이 道에 이를 수 있다고 여겨, 그 근원을 浚渫하여 물길을 인도하고, 그 뿌리에 물을 주어 그 열매를 먹게 하려 하니, 이는 도덕이 성대한 사람도 사양할 일인데, 하물며 나 같은 사람이겠소. 그러나 그대의 말 중에 마땅히 대답해야 할 내용이 있으므로, 드디어 이대로 논의를 終結해서는 안 되겠기에 〈다시 답신

을 보내는 바이오.〉

1) 無似 : 不肖와 같다. ≪禮記≫ 〈哀公問〉에 "과인이 비록 불초하나〔寡人雖無似〕"란 말이 보이는데, 그 注에 "無似는 不肖하다는 말과 같다.〔無似猶言不肖〕"라고 하였다.

2) 拂其邪心 增其所未高 : 純正하지 못한 마음을 제거하여 아직 높은 경지에 이르지 못한 도덕의 수양을 增進시키라는 말이다.

3) 浚其源 導其所歸 : 근원의 물이 잘 흐르도록 도랑을 쳐서 農地로 流入되도록 인도하라는 말로, 道德이 流行할 수 있는 여건을 조성하여 온 천하에 도덕이 두루 퍼지게 함을 비유한 것이다.

4) 漑其根 將食其實 : 心性을 涵養하여 道德君子가 됨을 비유한 것이다.

5) 遂已 : 이대로 論議를 終結함이다. 已는 終了이다.

昔者聖人之作春秋也에 既深其文辭[1]矣로되 然猶不敢公傳道之하고 口授弟子하야 至於後世然後에 其書出焉하니 其所以慮患之道微[2]也니라 今夫二氏之所宗而事之者가 下及公卿輔相[3]하니 吾豈敢昌言[4]排之哉아 擇其可語者誨之라도 猶時與吾悖하야 其聲嘵嘵[5]하니 若遂成其書면 則見而怒之者必多矣요 必且以我爲狂爲惑하리니 其身之不能恤이어니 書於吾何有[6]리오 夫子聖人也로되 且曰 自吾得子路로 而惡聲不入於耳[7]라하고 其餘輔而相者周天下로되 猶且絶糧於陳[8]하고 畏於匡[9]하고 毁於叔孫[10]하고 奔走於齊魯宋衛之郊[11]하니 其道雖尊이나 其窮也亦甚矣라 賴其徒相與守之하야 卒有立於天下하니 向使獨言之而獨書之면 其存也可冀乎아

옛날에 聖人(孔子)께서 ≪春秋≫를 지을 적에, 이미 〈褒貶의 大義를〉 文辭 속에 깊이 숨기고서도 오히려 공공연히 전하여 말씀하지 않으시고 제자들에게 口頭로 傳授하여 후세에 이르러서야 그 책이 세상에 나오게 하셨으니, 공자께서 禍患을 염려하신 방법이 은미하다고 하겠소.

지금 저 老佛〔二氏〕을 존경해 信仰의 대상으로 삼아 섬기는 자들이 〈위로 천자에서부터〉 아래로 公卿과 輔相에 이르렀으니, 내 어찌 감히 공공연히 말하여 배척

할 수 있겠소. 말해줄 만한 자를 가려서 가르쳐주어도 오히려 때때로 나와 의견이 어긋나서 논쟁하며 반박하는 소리가 요란하니, 만약 끝내 글로 써서 책을 만든다면 보고서 화를 내는 자가 틀림없이 많을 것이고, 반드시 또 나를 狂妄(시건방짐)하다 하고 迷惑(시비를 분간하지 못함)되었다고 할 것이니, 내 몸도 구제할 수 없을 것인데 책이 나에게 무슨 도움이 되겠소.

夫子는 성인이셨는데도 "내가 子路를 얻고부터는 헐뜯는 말이 귀에 들리지 않았다."고 하셨고, 그 밖에도 부자를 보좌하는 자들이 천하에 두루 퍼져 있었는데, 오히려 陳나라에서는 食量이 떨어지고, 匡邑에서는 포위를 당하고, 叔孫武叔에게 헐뜯음을 당하고, 齊·魯·宋·衛의 郊野를 분주히 돌아다니셨으니, 그 도가 비록 높았으나 그 곤궁함 또한 심하셨소. 그 제자들이 함께 守護한 덕분에 끝내 천하에 樹立하게 된 것이니, 그때 만약 혼자 말하고 혼자 책을 쓰셨다면 어찌 보존되기를 기대할 수 있었겠소.

1) 聖人之作春秋也 旣深其文辭 : 聖人은 孔子이다. ≪春秋≫는 공자가 기존의 魯史에 筆削을 가해, 242년 동안의 諸侯와 執政官들의 행위에 褒貶을 가하여 尊王의 大義를 드러낸 歷史書이다. 深其文辭는 포폄을 공개하지 않고 포폄의 뜻을 字句 사이에 숨김이다. 褒貶은 천자만이 행사할 수 있는 大權인데, 공자는 평민으로서 당시 제후와 집정관들을 포폄하였으므로, 혹 禍가 닥칠 것을 우려하여 공개적으로 포폄하지 않고, 포폄의 뜻을 文辭 사이에 깊이 숨겼다는 말이다.

2) 所以慮患之道微 : 이미 褒貶의 뜻을 文辭 사이에 깊이 숨기고서도 공공연히 전하지 않고 제자들에게 口傳하여 후세에 책으로 만들어지게 한 것은, 禍患을 우려한 방법이 隱微(속에 깊이 숨어서 알기 어려움)하였다는 말이다.

3) 今夫二氏之所宗而事之者 下及公卿輔相 : 二氏는 佛敎와 道敎를 이른다. 所宗은 존경해 信仰하는 대상을 이른다. 저본에는 '下及'의 '及'이 '乃'로 되어 있으나, 朱子의 ≪韓文考異≫에 " '乃'는 어떤 판본에는 '及'으로 되어 있다. 지금 이 말을 고찰하건대, '낮은 자도 오히려 公卿 輔相'이라는 말은 완곡하게 말하여 위로 천자부터도 老佛을 종주로 삼아 섬긴다는 뜻을 드러낸 것이다.〔乃或作及 今按此言 其下者猶是公卿輔相 蓋微詞以見上自天子亦宗事二氏之意〕"

라고 하였다. 이에 의거하여 '及'으로 바로잡아 번역하였다.

4) 昌言 : 公言(공공연히 말함)과 같다. ≪五百家注昌黎文集≫

5) 時與吾悖 其聲嘵嘵 : 悖는 의견이 서로 어긋남이고, 嘵嘵는 논쟁하며 서로 반박하는 소리이다.

6) 書於吾何有 : 책이 도움이 되지 않는다는 말이다. ≪韓文考異≫

7) 自吾得子路 而惡聲不入於耳 : 이 말은 ≪史記≫ 〈仲尼弟子列傳〉에 보인다. ≪史記集解≫에 "子路가 공자의 侍衛가 되었으므로, 공자를 업신여기는 자들이 감히 辱說을 하지 못하였다. 그러므로 욕설이 공자의 귀에 들리지 않은 것이다."라고 하였다.

8) 絶糧於陳 : ≪論語≫ 〈衛靈公〉에 "陳나라에 계실 때 食糧이 떨어져서 隨從하던 자들이 虛飢에 지쳐 일어나지 못하였다.〔在陳絶糧 從者病 莫能興〕"라는 말이 보인다. ≪史記≫ 〈孔子世家〉에 의하면, 공자가 陳나라와 蔡나라 사이에 있을 때 楚王이 使者를 보내어 공자를 招聘하니, 陳·蔡의 대부들은 楚나라가 공자를 등용하면 자기들에게 불리할 것으로 여겨, 下人들을 보내어 공자를 포위하여 초나라로 가지 못하게 하였다. 그러므로 식량이 떨어진 것이다.

9) 畏於匡 : ≪論語≫ 〈子罕〉에 "공자께서 匡邑에서 포위를 당하셨다.〔子畏於匡〕"는 말이 보인다. ≪史記≫ 〈孔子世家〉에 의하면, 陽虎가 일찍이 匡人에게 포학한 짓을 한 적이 있었는데, 공자의 모습이 양호와 비슷하므로 공자가 광읍을 지나실 때 광인이 공자를 양호로 오인하여 5일 동안 억류하였다고 한다. ≪論語正義≫에는 '畏'자를 訓解하지 않고서 전체의 뜻을 뭉뚱그려 '匡人以兵圍之'라고 풀었다.

10) 毁於叔孫 : ≪論語≫ 〈子張〉에 "叔孫武叔이 仲尼를 헐뜯었다.〔叔孫武叔毁仲尼〕"는 말이 보인다.

11) 奔走於齊魯宋衛之郊 : 孔子가 35세 때 魯나라를 떠나 齊나라로 갔으나 뜻을 이루지 못하고 9년 만에 다시 노나라로 돌아오셨고, 56세 때 다시 노나라를 떠나 衛나라·宋나라·陳나라 등을 두루 돌아다니신 것을 이른다. ≪史記≫ 〈孔子世家〉에 자세히 보인다.

今夫二氏行乎中土也가 **蓋六百年有餘矣**라 **其植根固**하고 **其流波漫**[1]하니 **非所以**

朝令而夕禁也니라 自文王沒로 武王周公成康相與守之하야 禮樂皆在하니 及乎夫子未久也요 自夫子而及乎孟子未久也요 自孟子而及乎揚雄도 亦未久也라 然猶其勤若此하고 其困若此而後에 能有所立하니 吾其可易而爲之哉리오 其爲也易면 則其傳也不遠이라 故余所以不敢也로라

지금 저 老佛의 邪說이 중국에 유행한 지가 대체로 600여 년이 되었소. 박힌 뿌리가 견고하고 퍼진 세력이 광범위하니, 아침에 명령하여 저녁에 금지시킬 수 있는 것이 아니오. 文王이 죽은 뒤로 武王·周公·成王·康王이 함께 지켜 禮樂이 모두 보존되었으니, 그로부터 夫子에 이르기까지는 시대가 오래되지 않았고, 부자로부터 孟子에 이르기까지도 시대가 오래되지 않았으며, 맹자로부터 揚雄에 이르기까지도 시대가 오래되지 않았소. 그런데도 오히려 이처럼 勤勞하고 이처럼 困窮한 뒤에 樹立한 바가 있었으니, 내 어찌 그 일을 쉽게 할 수 있겠소. 쉽게 한 일은 오래 전해지지 못하오. 그러므로 내 감히 글을 쓰지 않는 것이오.

1) 流波漫 : 흐르는 물결이 넓다는 말로, 老佛의 세력이 널리 퍼졌음을 비유한 것이다.

然觀古人컨대 得其時하야 行其道면 則無所爲書하니 書者는 皆所爲不行乎今而行乎後世者也니라 今吾之得吾志와 失吾志를 未可知니 竢五六十爲之라도 未失也[1]라 天不欲使茲人有知乎ㄴ댄 則吾之命不可期어니와 如使茲人有知乎ㄴ댄 非我其誰哉[2]리오 其行道아 其爲書아 其化今가 其傳後아는 必有在矣[3]니 吾子其何遽戚戚[4]於吾所爲哉아

그러나 옛사람을 보건대 때를 만나 자기의 도를 행하였으면 책을 짓지 않았으니, 책을 지은 이는 모두 자신의 도를 당시에 실행하지 못하여 후세에 실행되게 하기 위함이었소. 지금 내가 나의 뜻을 실현할 수 있을는지 실현할 수 없을는지를 알 수 없으니, 5, 60세가 되기를 기다려 책을 지어도 늦지 않을 것이오.

하늘이 이 백성에게 〈老佛의 허황됨을〉 알리고 싶어 하지 않는다면 나의 壽命을 기약할 수 없겠으나, 만약 하늘이 이 백성들에게 알리고 싶어 한다면 〈알릴 사람

이〉 내가 아니고 그 누구이겠소. 나에게 도를 행하게 할 것인지, 책을 짓게 할 것인지, 지금 세상을 교화하게 할 것인지, 후세에 전하게 할 것인지는 하늘이 결정하였을 것이니, 그대는 무엇 때문에 내가 하는 일을 이처럼 근심하고 두려워하는 것이오.

1) 未失也 : 때를 놓치지 않는다는 말로, 곧 늦지 않다는 뜻이다.
2) 天不欲使玆人有知乎……非我其誰哉 : 玆人은 今人을 이른다. 하늘이 이 백성들에게 老佛의 虛荒됨을 알리고 싶어 하지 않는다면 내가 5, 60세의 壽命을 기약할 수 없지만, 하늘이 이 백성들에게 노불의 허황됨을 알리고 싶어 한다면 내가 아니고는 알려줄 사람이 없으니, 당연히 하늘이 나에게 5, 60세의 수명을 주어 책을 쓰게 할 것이라는 뜻이다.
3) 必有在矣 : 반드시 있는 곳이 있다는 말로, 하늘이 결정한 바가 있을 것이라는 뜻이다.
4) 何遽戚戚 : 何遽는 如何이고, 戚戚은 근심하고 두려워하는 모양이다.

前書謂吾與人商論不能下氣하야 若好勝者然이라하니 雖誠有之나 抑非好己勝也라 好己之道勝也니라 {非好己之道勝也}[1]라 己之道는 乃夫子孟軻揚雄所傳之道也니 若不勝이면 則無以爲道니 吾豈敢避是名哉리오 夫子之言曰 吾與回言終日에 不違如愚[2]라하시니 則其與衆人辨也有矣니라 駁雜之譏는 前書盡之하니 吾子其復之어다 昔者夫子猶有所戲[3]하시고 詩不云乎아 善戲謔兮나 不爲虐兮[4]라하고 記曰 張而不弛는 文武不能[5]也라하니 惡害於道哉리오 吾子其未之思乎ㄴ저

그대의 지난번 편지에 "내가 남과 토론할 때 심기를 가라앉히지 못하는 것이 마치 이기기를 좋아하는 사람 같다."고 하였는데, 진실로 그런 점이 있소만 내가 이기기를 좋아하는 것이 아니라 나의 도가 이기기를 좋아하는 것이오. 나의 도는 바로 孔子·孟子·揚雄이 전한 도이오. 만약 이기지 못한다면 도가 될 수 없으니, 내 어찌 감히 〈이기기를 좋아한다는〉 이름을 피하겠소. 夫子의 말씀에 "내가 종일토록 顔回와 講論할 때 괴이하게 여겨 反問함이 없는 것이 마치 어리석은 사람 같았다."고 하셨으니, 이 말씀으로 보면 부자께서도 사람들과 변론한 적이 있었던 것이오.

駁雜하다는 나무람에 대해서는 지난번 편지에 다 말하였으니 그대는 다시 그 편지를 살펴보시오. 옛날에 부자께서도 오히려 농담을 하신 적이 있으셨소. 그리고 ≪詩經≫에도 "농담으로 우스갯소리를 잘하였으나 지나치지 않았다."고 말하지 않았소. ≪禮記≫에도 "항상 긴장하고 그 긴장을 풀지 않는 것은 文王과 武王도 할 수 없었다."고 하였으니, 농담을 한다 해서 도에 무슨 해가 되겠소. 그대는 아마도 이를 생각하지 못한 듯하오.

1) {非好己之道勝也} : ≪五百家注昌黎文集≫에 "≪新唐書≫ 〈張籍傳〉에 '非好己之道勝也'란 한 句가 있는데, 이는 옳지 않다."고 하였다. 이에 의거하여 이 句를 衍文으로 처리하여 번역하지 않았다.

2) 吾與回言終日 不違如愚 : ≪論語≫ 〈爲政〉에 보인다. 不違를 何晏의 注에 따라 "孔子의 말씀에 대해 괴이하게 여겨 反問함이 없이 묵묵히 아는 것이 어리석은 사람 같았다.〔無所怪問於孔子之言 默而識之 如愚〕"라고 해석하였다.

3) 夫子猶有所戱 : ≪論語≫ 〈陽貨〉에 보인다. 孔子가 子游가 邑宰로 있는 武城에 가서 거문고를 타며 詩歌를 부르는 소리를 듣고서 미소를 지으며 "닭을 잡는 데 무엇 때문에 소 잡는 칼을 사용하느냐?"라고 농담한 말을 이른다.

4) 善戱謔兮 不爲虐兮 : ≪詩經≫ 〈衛風 淇奧〉에 보이는데, 鄭玄의 箋에 "군자의 덕은 때로는 緊張하고 때로는 弛緩한다. 그러므로 항상 嚴肅하게 공경하는 모습만을 짓지 않고 때로는 戱謔하기도 한다."고 하였다. '不爲虐'은 긴장과 이완이 적절함이니, 곧 지나치지 않음이다.

5) 張而不弛 文武不能 : ≪禮記≫ 〈雜記 下〉에 보이는데, 그 疏에 의하면 이는 孔子가 백성을 활〔弓〕에 비유한 것이다. 張은 활에 시위를 거는 것이고, 弛는 시위를 벗기는 것이다. 原義는 '활에 시위를 오래 걸어두고 벗기지 않으면 활줄의 힘이 떨어지듯이, 백성을 오랫동안 근로시키고 休息시키지 않으면 백성의 힘이 줄어든다. 그러므로 비록 文王과 武王이라 해도 훌륭한 정치를 할 수 없다.'는 뜻인데, 韓愈는 항상 緊張(엄숙하게 공경하는 모습을 지음)하고 弛緩(긴장을 풂)하지 않는 것은 문왕과 무왕도 할 수 없었다는 뜻으로 인용하였다.

孟君將有所適하야 思與吾子別하니 庶幾一來하노라

孟君(孟郊)이 갈 곳이 있어 그대와 작별하기를 생각하고 있으니, 한 번 오기 바라오.

唐荊川曰 本是三節文字로되 而活動不羈라

唐荊川은 "본래 三段論法의 文字인데, 文辭가 生動感이 있고 活潑하며 형식과 내용이 틀에 얽매지 않았다."라고 하였다.

02. 答劉秀才論史書* 史書의 編纂을 논하여 劉秀才에게 답한 편지

* 이 편지는 韓愈가 比部郎中 兼史館修撰이 되어 史官의 職任을 맡았던 元和 8년(813)에 史書의 편찬을 권면한 劉氏 姓을 가진 秀才의 편지를 받고서, 回答한 것이다. 秀才는 唐나라 때 進士科에 應試한 사람들을 이르던 呼稱이다.

懼作史之禍는 非也라 孔子善善惡惡二百四十二年之間이로되 何以至今皎然與天地幷고 昌黎不及作하고 從而爲之辭라

史書를 지음으로 인해 禍를 입게 될까 두려워한 것은 옳지 않다. 孔子는 〈≪春秋≫를 지으시어〉 242년 동안의 善惡을 褒貶하였는데도 어찌하여 지금까지 찬란하게 천지와 함께 竝立하셨는가? 그런데 昌黎는 제때에 미처 사서를 짓지 않고서 자신의 행위를 변명하였다.

愈白秀才하노라 辱問見愛하고 敎勉以所宜務[1)]하니 敢不拜賜[2)]리오 愚以爲凡史氏褒貶大法이 春秋已備之矣[3)]니 後之作者가 在據事跡實錄이면 則善惡自見(현)이라 然此尙非淺陋偸惰[4)]者所能就어든 況褒貶邪아

愈는 秀才에게 아뢰옵니다.

안부를 물으신 편지를 받아보건대 애정을 보여주시고 응당 해야 할 일을 하라고

가르쳐주시고 권면하셨으니, 감히 내려주신 말씀을 감사히 받지 않을 수 있겠습니까? 어리석은 나는, 史家의 褒貶의 法則이 ≪春秋≫에 이미 具備되었으니, 後代의 작자가 事跡에 의거해 사실을 기록하면 善惡이 저절로 드러날 것이라고 생각합니다. 그러나 이는 학식이 천박하고 고루하며 처신이 구차하고 게으른 자가 성취할 수 있는 일이 아닌데, 하물며 포폄이겠습니까?

1) 辱問見愛 教勉以所宜務 : 안부를 묻는 편지를 받아보니 깊은 사랑을 보여주고, 또 응당 해야 할 일을 하라고 가르쳐주고 권면하였다는 말이다.
2) 拜賜 : 주신 것을 감사히 받겠다는 말이다.
3) 褒貶大法 春秋已備之矣 : 기존의 魯史에 孔子가 筆削을 가해 ≪春秋≫를 지어, 隱微한 말 속에 大義와 褒貶을 숨겨 亂臣賊子들이 도망할 곳이 없게 한 것을 이른다.
4) 偸惰 : 구차하고 나태함이다.

孔子는 **聖人**이로되 **作春秋**하고 **辱於魯衛陳宋齊楚**[1]하야 **卒不遇而死**하며 **齊太史氏兄弟幾盡**[2]하며 **左丘明紀春秋時事以失明**[3]하며 **司馬遷作史記刑誅**[4]하며 **班固瘐死**[5]하며 **陳壽起又廢**하야 **卒亦無所至**[6]하며 **王隱謗退死家**[7]하며 **習鑿齒無一足**[8]하며 **崔浩范曄赤誅**[9]하며 **魏收夭絶**[10]하며 **宋孝王誅死**[11]하며 **足下所稱吳兢**[12]도 **亦不聞身貴而令其後有聞也**라 **夫爲史者**는 **不有人禍**면 **則有天刑**하니 **豈可不畏懼而輕爲之哉**아

孔子는 聖人이셨으되 ≪春秋≫를 짓고서 魯・衛・陳・宋・齊・楚에서 곤욕을 당하시고 끝내 불우하게 일생을 마치셨으며, 齊나라 太史氏 兄弟는 거의 다 被殺되었으며, 左丘明은 春秋 때의 일을 기록하고서 눈이 멀었으며, 司馬遷은 ≪史記≫를 짓고서 형벌을 받았으며, 班固는 獄中에서 病死하였으며, 陳壽는 起用되었다가 다시 廢黜되어 끝내 좋은 관직에 이르지 못하였으며, 王隱은 비방을 받고 관직에서 물러나 집에서 죽었으며, 習鑿齒는 한쪽 다리를 잃었으며, 崔浩와 范曄은 滅族을 당하였으며, 魏收는 夭絶하였으며, 宋孝王은 誅殺되었으며, 足下께서 칭찬하신

吳兢도 생전에 몸이 귀해지고 사후에 아름다운 명성이 있었다는 말을 듣지 못하였습니다. 역사를 기록한 자들은 人禍를 당하지 않으면 天刑을 당하였으니, 어찌 두려워하지 않고 경솔히 史書를 지을 수 있겠습니까?

1) 辱於魯衛陳宋齊楚 : 孔子가 뜻을 이루지 못하고 여러 諸侯國을 돌아다니며 갖은 모욕을 받은 일을 이른다. 《史記》 〈孔子世家〉에 자세히 보인다.
2) 齊太史氏兄弟幾盡 : 齊나라 大夫 崔杼가 그 임금 莊公을 弑害하자, 齊나라 太史(史官)가 "崔杼가 그 임금을 시해하였다.〔崔杼弑其君〕"라고 솔직하게 기록하니, 최저가 그 사관을 죽였다. 그 사관의 두 아우가 형의 뒤를 이어 또 "崔杼弑其君"이라고 기록하니, 최저가 그 두 아우마저 모두 죽였다. 그러나 그 막내아우가 또 뒤를 이어 "崔杼弑其君"이라고 기록하니, 최저가 그를 죽이지 않고 그냥 놓아두었다. 《春秋左氏傳 襄公 25년》
3) 左丘明紀春秋時事以失明 : 左丘明은 魯나라 史官으로 《春秋》의 傳과 《國語》를 지었다. 《史記》 〈太史公自序〉에 "左丘가 실명한 뒤에 《國語》를 지었다.〔左丘失明 厥有國語〕"란 말이 보인다.
4) 司馬遷作史記刑誅 : 司馬遷은 漢 武帝 때 匈奴에 投降한 李陵을 辯護하였다가 무제의 노여움을 사서 宮刑을 당하였다. 刑誅는 형벌을 받음이다. 韓愈의 이 논의는 옳지 않다. 사마천이 궁형을 당한 것은 《史記》를 지은 일과는 전혀 무관하다.
5) 班固瘐死 : 班固는 《漢書》를 지은 東漢의 史家이다. 반고는 竇憲의 사건에 연루되어 獄中에서 病死하였다. 瘐死는 옥중에서 병사함이다.
6) 陳壽起又廢 卒亦無所至 : 陳壽는 蜀漢의 觀閣令史로 촉한이 망한 뒤에 晉나라 司空 張華의 추천으로 著作郎이 되어 《三國志》를 지었다. 荀勖의 시기를 받아 長廣太守로 左遷되자, 진수는 어머니가 늙었다는 이유로 辭職하였고, 뒤에 杜預의 천거로 御史에 除授되었으나, 母喪으로 인해 사직하였다. 몇 해 뒤에 다시 太子中庶子에 起用되었으나 出仕하지 않았다. '卒亦無所至'는 정확히는 알 수 없으나, 끝내 좋은 관직에 오르지 못하였다는 말인 듯하다.
7) 王隱謗退死家 : 王隱은 晉나라 사람으로 著作郎이 되어 《晉書》를 편찬하였으나, 虞預의 비방을 받고 관직에서 물러나 집안에서 지내다가 죽었다.
8) 習鑿齒無一足 : 習鑿齒는 晉나라 사람으로 桓溫의 부하였다. 습착치는 환온

이 逆心을 품은 것을 알고 ≪漢晉春秋≫를 지어 환온을 諷諫하였다. 뒤에 脚疾(脚氣)로 인해 폐기되어 鄕里에서 생을 마쳤다.

9) 崔浩范曄赤誅 : 崔浩는 北魏 사람으로 ≪國書≫ 30권을 지었는데, 鮮卑國 대신들의 미움을 사서 太平眞君 11년(450)에 滅族의 화를 당하였다. 范曄은 南朝의 宋나라 사람으로 ≪後漢書≫를 지었다. 뒤에 宋 武帝의 아들 義康을 擁立하는 逆謀에 가담하였다가 일이 발각되어 아들과 함께 被殺되었다. 赤誅는 赤族과 같은 말로 滅族의 뜻이다.

10) 魏收天絶 : 魏收는 北齊 사람으로 ≪魏書≫를 지었다. ≪北齊書≫에 의하면, 그의 나이 27세 때 사냥을 일삼는 孝武帝를 풍자하는 〈南狩賦〉를 지었고, 北齊 後主 武平 3년(572)에 죽었으니, 70세의 수명을 누린 것이다. 결코 '天絶'이라 할 수 없는데, '요절'이라고 한 것은 아마도 딸 하나만을 두고 아들이 없어 後嗣가 끊긴 것을 이른 듯하다.

11) 宋孝王誅死 : ≪冊府元龜≫에 의하면, 宋孝王은 北齊의 北平王文學으로 文林館에 들어가기를 구하였으나 되지 않자, 朝官을 비방하는 ≪別錄≫ 20권을 지었는데, 때마침 北周가 北齊를 滅하니, 다시 듣고 본 것을 보태어 ≪關東風俗傳≫ 30권을 지었다. 北周 大象 初年(579)에 尉(울)遲迥의 逆謀에 연루되어 誅殺되었다.

12) 吳兢 : 唐나라 사람으로 著作郎이 되어 劉知幾와 함께 ≪則天實錄≫을 편수하였다.

唐有天下二百年矣라 聖君賢相相踵하고 其餘文武之士로 立功名跨越前後者不可勝數니 豈一人卒卒[1)]能紀而傳之邪아 僕年志已就衰退하야 不可自敦率[2)]이라 宰相知其無他才能하야 不足用이로되 哀其老窮하야 齟齬[3)]無所合하고 不欲令四海內有戚戚[4)]者하야 猥言之上하야 苟加一職榮之耳요 非必督責迫蹙하야 令就功役也[5)]니라 賤不敢逆盛指하니 行且謀引去[6)]로라 且傳聞不同하야 善惡隨人所見[7)]하며 甚者附黨하야 憎愛不同[8)]하고 巧造語言하야 鑿空構立善惡事迹[9)]하니 於今何所承受取信하야 而可草草[10)]作傳記令傳萬世乎아 若無鬼神이라도 豈可不自心慙愧아 若有鬼神이면 將不福人이리라 僕雖騃나 亦粗知自愛니 實不敢率爾[11)]爲也로라

唐나라가 천하를 소유한 지 200년이 되었습니다. 그동안 聖君과 賢相이 계속 나왔고 그 밖에도 前人과 後人을 뛰어넘는 功名을 세운 文士와 武士가 이루 셀 수 없이 많으니, 어찌 한 사람이 급하게 〈그 많은 일들을〉 기록하여 전할 수 있겠습니까? 나는 나이와 뜻이 이미 衰退하여 스스로 부지런히 일을 할 수 없습니다.

宰相께서 나에게는 다른 재능이 없어 등용할 만하지 못하다는 것을 아시면서도 노쇠하고 곤궁하여 사람들과 화합하지 못하는 것을 가엾게 여겨, 四海 안에 憂愁하는 자가 없게 하시려는 뜻에서 외람되이 聖上께 말씀드려 잠시 修撰에 임명하여 나를 榮譽롭게 한 것일 뿐이지, 반드시 나를 독촉하거나 다그쳐서 史書를 編纂하게 한 것이 아닙니다. 卑賤한 나는 감히 재상의 두터운 뜻을 거역할 수 없어 〈그 관직을 받아들인 것이니,〉 장차 辭職하고서 떠날 생각입니다.

또 사람들은 각자 소견에 따라 善惡을 判定하기 때문에 〈人物이나 事迹에 대해〉 전하는 말이 서로 같지 않으며, 심한 경우에는 黨論을 좇아 愛憎하는 것이 대중의 公論과 동일하지 않고, 교묘하게 말을 만들어 선악의 사적을 터무니없이 捏造하기도 하니, 지금 어떤 말을 믿고서 받아들여 허둥지둥 傳記를 지어 萬世에 전할 수 있겠습니까? 가령 귀신이 없다 하더라도 어찌 스스로의 마음에 부끄럽지 않겠습니까? 만약 귀신이 있다면 아마도 복을 주지 않을 것입니다. 내가 비록 어리석지만 자신의 몸을 아낄 줄 대략 아니, 실로 감히 경솔히 史書를 짓는 일을 할 수 없습니다.

1) 卒卒 : 急하게 서두르는 모양이다.

2) 敦率 : 敦勉과 같은 말로 勤勉(부지런히 힘씀)의 뜻이다.

3) 齟齬 : 아래윗니가 서로 맞지 않는 것인데, 남과 意見이 合致하지 않거나 사이가 화목하지 못한 것을 비유하는 말로 쓰인다.

4) 戚戚 : 憂愁하며 슬퍼하는 모양이다.

5) 苟加一職榮之耳……令就功役也 : 苟는 暫時이고, 一職은 史館의 修撰에 임명한 것을 이르고, 督責은 독촉함이고, 迫蹙은 다그침이고, 功役은 土木이나 建築 공사의 勞役인데 여기서는 史官의 職務를 이르는 말로 쓰였다. 곧 잠시 나를 수찬에 임명하여 나를 영예롭게 한 것일 뿐이지, 나를 독촉하거나 다그쳐서 史書를 편찬하는 일을 하게 한 것이 아니라는 말이다.

6) 賤不敢逆盛指 行且謀引去 : 盛指는 盛意와 같은 말로 두터운 恩情을 이르고, 行且는 장차이고, 引去는 辭職하고 떠남이니, 곧 卑賤한 내가 감히 宰相의 두터운 은정을 거역할 수 없어 관직을 받아들였으니, 장차 사직하고서 떠날 생각이라는 말이다.

7) 傳聞不同 善惡隨人所見 : 傳聞은 전하는 말이다. 사람들은 각자 소견에 따라 善惡을 판정하기 때문에 인물이나 사적에 대해 전하는 말이 서로 같지 않다는 말이다.

8) 甚者附黨 憎愛不同 : 심한 경우에는 黨論을 좇아 愛憎하는 것이 대중의 公論과 같지 않다는 말이다.

9) 鑿空構立善惡事迹 : 鑿空은 터무니없는 일을 끌어댐이고, 構立은 捏造이니, 善惡의 事迹을 터무니없이 날조한다는 말이다.

10) 草草 : 허둥대는 모양이다.

11) 率爾 : 輕率한 모양이다.

夫聖唐[1] **鉅跡**과 **及賢士大夫事**가 **皆磊磊軒天地**[2]하니 **決不沈沒**[3]이라 **今館中非無人**하니 **將必有作者勤而纂之**리라 **後生可畏**[4]니 **安知不在足下**리오 **亦宜勉之**어다

대체로 唐나라의 위대한 공적과 현능한 士大夫들의 事迹이 모두 거룩하여 천지 사이에 드높으니, 결코 묻혀 없어지지 않을 것입니다. 지금 史館 안에 인재가 없지 않으니, 반드시 史書를 편찬하는 일에 부지런히 힘쓸 자가 있을 것입니다. "후생이 두렵다.〔後生可畏〕"고 하였으니, 足下가 그러한 사람이 아닐지 어찌 알겠습니까? 족하 또한 그 일에 힘씀이 마땅합니다.

1) 聖唐 : 聖은 聖朝의 뜻으로 當代의 王朝를 이르니, 곧 당대의 왕조인 唐나라를 이른다.

2) 磊磊軒天地 : 磊磊는 거룩함이고, 軒天地는 천지 사이에 드높음이다.

3) 沈沒 : 묻혀 없어짐이다.

4) 後生可畏 : ≪論語≫ 〈子罕〉에 보인다.

03. 答崔立之書* 崔立之에게 답한 편지

* 이 편지는 貞元 11년(795)에 韓愈가 博學宏辭科에 세 번째 落榜하였을 때 崔立之가 보낸 위문편지에 답한 回信이다. 최립지는 字가 斯立으로 정원 4년에 進士에 及第하고 정원 6년에 박학굉사과에 合格하였다.

公三試吏部不售하니 斯立遺公書라 故答之云云하니라 蓋崔斯立은 屬公相知之深者라 故吐露如此하니라

公(韓愈)이 吏部試(博學宏辭科)에 세 차례 응시하였으나 합격하지 못하자, 崔斯立(崔立之)이 공에게 편지를 보내었다. 그러므로 이렇게 회답한 것이다. 대체로 최사립은 공과 서로 마음을 깊이 아는 벗이었기 때문에 이렇게 吐露한 것이다.

斯立足下하노라 僕見險不能止하야 動不得時일새 顚頓狼狽[1)]하야 失其所操持[2)]로라 困不知變하야 以至辱於再三하니 君子小人之所憫笑[3)]요 天下之所背而馳者也로되 足下猶復以爲可敎라하야 貶損道德[4)]하야 乃至手筆以問之호라 扳援古昔[5)]의 辭義高遠하고 且進且勸[6)]하니 足下之於故舊之道得矣로라 雖僕亦固望於吾子나 不敢望於他人者耳로라 然尙有似不相曉者하니 非故欲發余乎[7)]아 不然이면 何子之不以丈夫期我也오 不能默默일새 聊復自明하노라

斯立 足下께 아룁니다.

나는 위험을 보고도 멈추지 못하여 행동이 시대에 맞지 않았기에 실패해 挫折하고 궁지에 몰려 평소의 志操를 상실하였습니다. 이런 困境에 빠졌으면서도 변경할 줄을 몰라 再三 모욕을 당하는 데 이르렀으니, 군자들은 나를 동정하고 소인들은 나를 嘲笑하며, 천하 사람은 나를 등지고 떠나는데, 족하만은 오히려 다시 나를 가르칠 만하다고 여겨, 자신의 道德을 낮추고서 친히 편지를 써서 나를 慰問하셨습니다.

〈편지 속에〉 옛사람의 일을 인용하신 곳의 文辭는 含意가 高尙하고 深遠하며, 또 나를 推重하고 勸勉하셨으니, 족하께서 벗을 대하심이 도리에 맞았습니다. 비

록 나 또한 본래 족하께만 〈이리 대해주시기를〉 바랐지, 감히 다른 사람에게는 바라지 않았습니다. 그러나 오히려 나를 이해하지 못하신 점이 있는 듯하니, 이는 고의로 나를 분발하게 하려는 것이 아닙니까? 그런 것이 아니라면 족하는 어찌하여 大丈夫의 일로써 나에게 기대하지 않는 것입니까? 잠자코 있을 수가 없어서 우선 다시 내 생각을 분명히 말씀드리겠습니다.

1) 顚頓狼狽 : 顚頓은 失敗해 挫折함이고, 狼狽는 몹시 곤궁한 처지에 빠짐이다.
2) 失其所操持 : 평소 지키던 지조를 잃음이다.
3) 憫笑 : 憐憫과 嘲笑이다.
4) 貶損道德 : 貶損은 낮춘다는 말이니, 곧 崔斯立이 자신의 존엄한 신분을 낮추었다는 뜻이다.
5) 扳援古昔 : 古代의 일을 例로 인용한 것이니, 곧 崔斯立의 편지에 玉을 바친 卞和의 故事를 인용한 것을 이른다.
6) 且進且勸 : 進은 推重(높이 평가함)이니, 곧 또 나를 推重하고 또 나를 권면하였다는 말이다.
7) 尙有似不相曉者 非故欲發余乎 : 주신 편지에 오히려 나를 이해하지 못한 점이 있는 듯하니, 이는 고의로 나를 激發(자극하여 분발하게 함)하게 하려는 것이 아니냐는 말이다.

僕始年十六七時에 未知人事하고 讀聖人之書에 以爲人[1]之仕者는 皆爲人耳요 非有利乎己也라가 及年二十時하야 苦家貧하야 衣食不足하야 謀於所親[2]然後에 知仕之不唯爲人耳로라 及來京師하야 見有擧進士者[3]를 人多貴之하고 僕誠樂之하야 就求其術하니 或出禮部所試賦詩策等以相示하니라 僕以爲可無學而能이라하야 因詣州縣求擧로라 有司者好惡出於其心[4]하야 四擧而後有成[5]이나 亦未卽得仕하니라 聞吏部有以博學宏辭選者는 人尤謂之才라하고 且得美仕하고 就求其術하니 或出所試文章하니라 亦禮部之類라 私怪其故나 然猶樂其名[6]하야 因又詣州府求擧하야 凡二試於吏部하야 一旣得之나 而又黜於中書[7]하니라 雖不得仕나 人或謂之能焉이라하니라 退自取所試讀之하니 乃類於俳優者之辭하야 顔忸怩[8]而心不寧者數月이라 旣

已爲之일새 則欲有所成就하니 書所謂恥過作非者[9]也라 因復求擧나 亦無幸焉일새 乃復自疑하야 以爲所試與得之者不同其程度러니 及得觀之컨대 余亦無甚愧焉하니라

나는 세상일을 모르고서 성인의 글만을 읽던 열예닐곱 살 때는 사람들이 벼슬하는 것은 모두 백성을 돕기 위함이고 자기의 이익을 얻기 위함이 아니라고 생각하였습니다. 그러다가 집안 살림이 매우 가난하여 입고 먹을 것이 부족해 친근한 사람에게 도움을 받아 생활하기를 꾀한 스무 살이 되어서야, 벼슬하는 것이 단지 백성을 위한 것만은 아님을 알았습니다.

京師로 올라온 뒤에, 많은 사람들이 州縣의 천거를 받아 進士科에 응시하는 자들을 귀하게 여기는 것을 보고서 나는 참으로 즐거워서, 알 만한 사람을 찾아가서 진사과에 응시하는 방법을 물었더니, 간혹 자기가 禮部試에 응시하였던 賦・詩・策 등을 꺼내어 보여주는 자가 있었습니다. 〈나는 그 글을 보고서 이런 글이라면〉 배우지 않고도 지을 수 있을 것으로 생각되어, 이에 주현으로 가서 천거해주기를 요구하였습니다. 그러나 有司(考試官)들의 好惡가 각각 자기 마음대로여서 네 차례 응시한 뒤에야 비로소 합격하였으나 즉시 벼슬을 얻지는 못하였습니다.

吏部의 博學宏辭科에 선발된 자는 사람들이 더욱 人才로 여기고 또 좋은 벼슬까지 얻는다는 말을 듣고서, 나는 알 만한 사람을 찾아가서 그 방법을 물었더니, 간혹 吏部試에 응시하였던 문장을 꺼내다가 보여주는 자가 있었습니다. 〈그 문장을 보았더니〉 역시 예부시의 문장과 같았습니다. 나는 마음속으로 그 까닭을 괴이쩍게 여기면서도 오히려 〈박학굉사과에 응시함으로써〉 명성을 얻게 될 것을 기뻐하여, 이에 또 州府로 가서 천거해주기를 요구하였습니다. 이부시에 두 차례 응시하여 한 번 합격하였으나, 또 中書省의 査定에서 탈락하였습니다. 비록 벼슬을 얻지는 못하였으나, 문장에 능하다고 나를 칭찬하는 사람도 더러 있었습니다.

물러나와 제가 科場에서 지었던 문장을 꺼내어 읽어보니, 광대의 말과 같아서 몇 달 동안 부끄러워 마음이 편치 못하였습니다. 그러나 이미 科擧에 應試하였으므로 성공하기를 바랐으니, 이는 ≪尙書≫에 이른바 "허물을 부끄러워하여 숨기거나 변명하는 잘못을 저지른다."는 것과 일반입니다.

이어 다시 천거해주기를 구하였으나 역시 합격하는 행운이 없었습니다. 그러므

로 이에 다시 나의 실력을 의심하며 내가 과장에서 지었던 문장이 합격한 자의 문장과 그 程度(수준)가 같지 않을 것이라고 생각하였는데, 뒤에 합격한 자들의 문장을 구해 읽어보니 나의 문장 또한 그다지 부끄럽지 않았습니다.

1) 爲人 : 爲民이다. 唐人들은 太宗 李世民의 諱를 피하기 위해 '民'을 '人'으로 썼다. 何焯의 ≪義門讀書記≫ 권32에 "爲人은 그 임금을 堯舜 같은 聖王이 되도록 輔佐하고, 백성에게 은택을 입히는 것이다.〔致君澤民〕"라고 하였다.
2) 謀於所親 : 친근한 사람의 도움을 받아 생활하기를 꾀함이다.
3) 擧進士者 : 唐代에는 鄕試에 합격한 자를 州縣에서 천거하여 서울로 보내어 禮部의 考試에 應試하게 하였는데, 이를 '擧進士'라 하였다.
4) 有司者好惡出於其心 : 有司者는 考試官이다. 好惡出於其心은 문장에 대한 好惡가 고시관들 마음대로여서, 마음에 들면 합격시키고 마음에 들지 않으면 합격시키지 않았다는 말이다.
5) 四擧而後有成 : 韓愈가 19세 때인 貞元 2년(786)에 州郡의 천거로 서울로 올라와서 禮部에서 실시하는 進士試에 응시한 지 네 번 만인 정원 8년(792)에 及第한 것을 이른다. 이때 한유의 나이 25세였다. 唐나라 제도는 진사시에 급제하여도 즉시 官職을 除授하지 않고 반드시 吏部에서 실시하는 博學宏辭科에 급제하여야 朝廷의 官員이나 藩鎭의 幕僚가 될 수 있었다.
6) 私怪其故 然猶樂其名 : 禮部試에 합격한 文章의 수준과 吏部試에 합격한 문장의 수준에 차이가 없는 것을 괴이하게 여기면서도, 오히려 이부시에 응시함으로써 명성을 얻게 될 것을 기뻐하였다는 말이다.
7) 二試於吏部……而又黜於中書 : 貞元 9년에 韓愈가 博學宏辭科에 합격하였으나, 최종적으로 中書省에 의해 脫落한 것을 이른다. 본서 3권의 〈上考功崔虞部書〉 참조.
8) 忸怩 : 부끄러움이다.
9) 書所謂恥過作非者 : ≪尙書≫ 〈說命 中〉에 "허물을 부끄러워하여 숨기거나 변명하는 잘못을 저지르지 말라.〔無恥過作非〕"란 말이 보인다.

夫所謂博學者가 豈今之所謂者乎며 夫所謂宏辭者가 豈今之所謂者乎아 誠使古之

豪傑之士若屈原孟軻司馬遷相如揚雄之徒進於是選이면 必知其懷慙하야 乃不自進而已耳[1)]요 設使與夫今之善進取者[2)]와 競於蒙昧之中[3)]이면 僕必知其辱焉[4)]이라 然彼五子者가 且使生於今之世면 其道雖不顯於天下라도 其自負何如哉아 肯與夫斗筲者[5)]로 決得失於一夫之目而爲之憂樂哉[6)]아 故凡僕之汲汲於進者는 其小得인댄 蓋欲以具裘葛養窮孤[7)]요 其大得인댄 蓋欲以同吾之所樂於人耳니라 其他可否는 自計已熟하니 誠不待人而後知니라 今足下乃復比之獻玉者[8)]하야 以爲必竢工人之剖然後見知於天下하니 雖兩刖足이라도 不爲病[9)]이요 且無使勍者再剋[10)]이라하니 誠足下相勉之意厚也라 然仕進者豈舍此而無門哉리오 足下謂我必待是而後進者는 尤非相悉之辭也니라 僕之玉固未嘗獻이요 而足固未嘗刖[11)]하니 足下無爲爲我戚戚也하라

이른바 '博學'이란 것이 어찌 오늘날 말하는 '博學宏辭'의 '博學'이겠으며, 이른바 '宏辭'란 것이 어찌 오늘날 말하는 '博學宏辭'의 '宏辭'이겠습니까? 가령 옛날에 屈原・孟軻・司馬遷・司馬相如・揚雄 같은 호걸스런 人士들에게 이런 選拔試에 나아가 應試하게 하였다면 내가 알기로는 저들은 반드시 마음에 부끄러움을 품고서 스스로 나아가지 않고 그만두었을 것이고, 가령 오늘날 進取에 능한 자들과 누가 누군지 모르는 상태에서 서로 경쟁을 하게 한다면 내가 알기로는 반드시 탈락의 치욕을 당할 것입니다.

그러나 저 다섯 사람이 가령 오늘날에 태어났다면 그 學術과 主張을 천하에 드러내지 못한다 하더라도 그 自負하는 마음이야 어떠하였겠습니까? 그런데 어찌 지식이 얕고 度量이 좁은 좀스러운 무리들과 함께 시험을 치러, 한 考試官의 눈에 의해 결정되는 합격과 불합격을 근심하거나 즐거워하겠습니까? 그러므로 내가 仕進에 급급해하는 것은 작은 관직을 얻으면 冬服〔裘〕과 夏服〔葛〕을 준비하여 의지할 곳 없는 곤궁한 사람들을 부양하고, 큰 관직을 얻으면 나의 즐거움을 사람들과 함께 누리고자 해서일 뿐입니다.

그 밖에 내가 할 수 있는 일과 할 수 없는 일에 대해서는 이미 스스로 깊이 헤아렸으니, 진실로 남의 가르침을 기다린 뒤에 알 수 있는 바가 아닙니다. 그런데 지금 足下께서 다시 나를 玉을 바친 卞和에 비유하시면서 "반드시 玉工이 璞玉을 쪼

갠 뒤에는 천하 사람들의 알아줌을 받았으니 비록 두 발의 발꿈치가 잘렸어도 원통하거나 한스러울 것이 없고, 또 强者에게 재차 발꿈치가 잘린 일이 없었다."고 하셨으니, 진실로 족하께서 권면하신 뜻이 깊습니다.

그러나 官職에 진출하는 자에게 어찌 이 길 말고는 다른 길이 없겠습니까? 그런데 족하께서는 나에게 반드시 과거에 합격하기를 기다린 뒤에 出仕하라고 하시니, 이는 더욱 나를 이해하고서 하신 말씀이 아닙니다. 나의 옥을 본래 바친 적도 없고 나의 발꿈치를 잘린 적도 없으니 족하는 나를 위해 근심하지 마십시오.

1) 不自進而已耳 : 스스로 나아가 應試하지 않고, 科擧 보는 일을 그만두었을 것이라는 말이다.
2) 進取者 : 進取에는 여러 가지 뜻이 있으나, 여기서는 적극적으로 科擧에 임하여 목적을 달성한 자를 이른다.
3) 競於蒙昧之中 : 蒙昧는 模糊이니, 곧 누가 누구인지 모르는 상태에서 서로 경쟁하게 한다는 말인 듯하다.
4) 辱焉 : 脫落의 恥辱을 이른다.
5) 斗筲者 : 斗는 한 말들이 말이고, 筲는 한말 두되들이 竹器로, 지식이 짧고 度量이 협소한 사람을 비유하는 말로 쓰인다.
6) 決得失於一夫之目而爲之憂樂哉 : 一夫之目은 考試官의 눈을 이르니, 곧 좀스러운 무리들과 함께 시험을 치러 한 고시관의 品評에 의해 결정되는 합격을 즐거움으로 삼고, 불합격을 근심으로 삼겠느냐는 말이다. 韓愈가 자신을 孟子 등 다섯 사람에 비유하고, 당시 사람들을 斗筲之人에 비유하면서, 이런 무리와 함께 시험을 치러야 하는 현실에 분개하여 격한 감정을 토로한 것이다.
7) 具裘葛養窮孤 : 裘는 갖옷이니 冬服을 뜻하고, 葛은 갈옷이니 夏服을 뜻한다. 窮孤는 早死한 韓愈의 兄 韓會의 子女를 이른 듯하다.
8) 獻玉者 : 卞和를 이른다. ≪春秋戰國異辭≫에 의하면 春秋 때 楚나라 사람 卞和가 楚山에서 璞玉(돌 속에 박혀 있는 玉)을 채취하여 楚 厲王에게 바치니, 여왕이 玉尹에게 鑑定하게 하였다. 옥윤이 옥이 아니고 돌이라고 아뢰니, 여왕은 왕을 속였다 하여 변화의 왼쪽 발꿈치를 잘랐다. 여왕이 죽고 武王이 즉위하니 변화는 또 그 박옥을 무왕에게 올렸다. 이번에도 옥윤이 돌이

라고 아뢰니, 무왕은 왕을 속였다 하여 변화의 오른쪽 발꿈치를 잘랐다. 무왕이 죽고 文王이 즉위하니, 변화는 그 박옥을 안고서 초산 아래에서 사흘 동안 밤낮으로 통곡하였다. 이 말을 들은 문왕이 사람을 보내어 "천하에 발꿈치가 잘리는 형벌을 받은 자가 많은데, 너는 어째서 그리 슬피 우느냐?"고 물으니, 변화는 "寶玉을 돌이라 하고 정직한 사람을 거짓말쟁이라 하기 때문에 이리 슬피 우는 것입니다."라고 대답하였다. 문왕이 사람을 시켜 그 박옥을 쪼개어 다듬게 하여 보옥을 얻고서 드디어 '和氏璧'이라고 命名하였다. 여기에서 말한 '獻玉'은 임금에게 자기의 포부를 進言하는 뜻으로 쓰였다.

9) 雖兩刖足 不爲病 : 刖足은 발꿈치를 자르는 형벌이고, 病은 원통하고 한스러움이니, 곧 卞和의 璞玉이 寶玉으로 인정을 받았으니 비록 두 발의 발꿈치가 잘리는 형을 받았어도 원통하거나 한스러울 게 없다는 말이다. 여기에서 말한 '刖足'은 挫折의 뜻으로 쓰였다.

10) 且無使勍者再剋 : 勍者는 强者이고, 再剋은 재차 발꿈치를 자름이니, 곧 卞和의 璞玉이 寶玉으로 인정을 받은 뒤에는 楚王에게 재차 발꿈치가 잘린 일이 없었다는 말로, 韓愈가 吏部試에 응시하여 문장을 인정받는다면 전처럼 다시 中書省에 의해 퇴출되는 일이 없을 것임을 비유한 것이다.

11) 僕之玉固未嘗獻 而足固未嘗刖 : 나의 抱負를 임금님께 올린 적도 없고, 뜻대로 되지 않아 좌절한 적도 없다는 것을 비유한 말이다.

方今天下風俗이 尙有未及於古者[1)]하고 邊境尙有被甲執兵者하야 主上不得怡하야 而宰相以爲憂니라 僕雖不賢이나 亦且潛究其得失하니 致之乎吾相하고 薦之乎吾君이면 上希卿大夫之位요 下猶取一障而乘之[2)]리라 若都不可得이면 猶將耕於寬閑之野하고 釣於寂寞之濱하며 求國家之遺事하고 考賢人哲士之終始하야 作唐之一經[3)]하야 垂之於無窮하야 誅姦諛於旣往[4)]하고 發潛德之幽光[5)]이리라 二者將必有一可리니 足下以爲僕之玉凡幾獻而足凡幾刖也[6)]요 又所謂勍者가 果誰哉며 再剋之刑이 信如何也오

오늘날 천하의 풍속이 아직 古代의 풍속에 미치지 못함이 있고, 邊境에 아직 갑옷을 입고 무기를 든 병사가 있으므로, 主上께서는 즐거워하지 않으시고 宰相들은

근심하고 있습니다. 내가 비록 賢能하지 못하나, 또한 그 得失을 깊이 연구하였으니, 나의 생각을 우리 재상께 올리고 우리 주상께 아뢴다면 높게는 卿大夫의 자리를 바랄 수 있고, 낮아도 오히려 변방의 要塞를 지키는 관직을 얻을 수 있을 것입니다.

만약 이 두 가지 중에 아무것도 얻지 못한다면 오히려 넓고 한적한 들에서 밭을 갈고 쓸쓸한 물가에서 낚시질을 하며, 국가의 遺事를 모으고 賢人과 哲士들의 始終(一生)을 考證하여 唐나라의 史書 한 질을 편찬해 무궁한 후세에 전하여, 이미 죽은 간사하고 아첨한 자들의 행위를 글로 써서 비판하고, 남이 모르는 美德이 있는 사람들의 숨은 德行을 드러내 밝히겠습니다.

장차 이 두 가지 중에 반드시 한 가지는 할 수 있을 것이니, 足下는 나의 玉을 몇 차례나 바치고 나의 발꿈치가 몇 차례나 잘릴 것으로 생각하십니까? 또 말씀하신 '强者'는 과연 누구이며, 재차 발꿈치가 잘리는 刑이라는 것은 진실로 어떤 것입니까?

1) 方今天下風俗 尙有未及於古者 : 風俗은 教化로 인해 變化하는 것인데, 아직 교화가 未盡하기 때문에 풍속이 옛날처럼 淳厚하지 못하다는 것을 완곡하게 표현한 말이다. 본서 권7의 〈送董邵南序〉에 "풍속은 교화에 따라 變易한다. 〔風俗與化移易〕"란 말이 보인다.

2) 取一障而乘之 : 一障은 外敵을 방어하는 邊方의 작은 城이고, 乘之는 성 위에 올라가 지킴이니, 곧 변방의 要塞를 지키는 官吏가 될 수 있다는 말이다.

3) 作唐之一經 : 唐나라 史書를 편찬하겠다는 말이다. '唐之一經'에 대해 後人들의 말이 많다. 孔子는 ≪春秋≫를 짓고도 감히 '經'이라고 칭하지 않았는데, 韓愈는 감히 자신의 글을 '經'으로 칭하였으니, 자부와 오만이 지나쳤다고 하겠다.

4) 誅姦諛於旣往 : 誅는 筆誅(죄악을 글로 써서 비판함)이고, 姦諛는 간사하고 아첨함이고, 旣往은 이미 죽은 자이니, 곧 이미 죽은 간사하고 아첨한 자들의 행위를 글로 써서 비판한다는 말이다.

5) 發潛德之幽光 : 發은 드러냄이고, 潛德은 남이 모르는 美德이고, 幽光은 드러나지 않은 光彩로 숨은 德行을 이른다.

6) 足下以爲僕之玉凡幾獻而足凡幾刖也 : 足下는 내가 마음속에 품은 생각을 임금님께 몇 차례나 進言하고, 내가 몇 차례나 좌절할 것으로 생각하느냐는 뜻이다.

士固信於知己니 **微足下**면 **無以發吾之狂言**이라

선비는 본래 지기의 벗에게 진실을 말하는 법이니, 足下가 아니었다면 나의 狂妄한 말을 꺼내지 않았을 것입니다.

04. 答元侍御書* 元侍御에게 답한 편지

* 元侍御는 元稹을 가리킨다. 그의 字는 微之이다. 白居易와 名聲을 나란히 하였던 中唐의 詩人이다. 明經科에 及第하여 官職이 監察御史에 이르렀으나, 바른말을 잘함으로 인해 元和 5년(810)에 江州士曹參軍으로 左遷되었다. 원화 8년에 韓愈가 史館의 修撰에 임명되었다는 말을 듣고서 한유에게 편지를 보내어, 그의 벗 甄逢의 부친 甄濟의 節義와 견봉의 德行을 서술하고서 史書에 記載하기를 요청하였으므로, 원화 9년에 한유가 이 答信을 보낸 것이다. 감찰어사를 지낸 적이 있기 때문에 '侍御'라 한 것이다.

婉媚感慨라

문장은 부드럽고 아름다우나 감정은 慷慨(義憤이 복받쳐 한탄하고 憤慨함)하다.

微之足下[1]하노라 **前歲辱書**하니 **論甄逢父濟識安祿山必反**하고 **卽詐爲喑**하야 **棄去**[2]하고 **祿山反**하야 **有名號**에 **又逼致之**[3]하니 **濟死執不起**[4]하야 **卒不汙祿山父子事**라하고 **又論逢知讀書**하야 **刻身立行**[5]하고 **勤己取足**[6]하야 **不干州縣**하고 **斥**[7]**其餘以救人之急**이라하니라 **足下繇是與之交**하고 **欲令逢父子名迹存諸史氏**[8]하니라

微之 足下께 告합니다.

지난해에 주신 편지를 받아보니, "甄逢의 부친 甄濟가 安祿山이 반드시 반란을 일으킬 것을 알고서 즉시 벙어리가 되었다고 속이고서 안녹산을 버리고 떠났고, 안녹산이 반란을 일으켜 스스로 황제로 호칭한 뒤에 또 견제를 위협해 부르자, 견제는 죽기로 節操를 지키고 召命에 응하지 않아, 끝내 안녹산 부자의 반란에 몸을 더럽히지 않았다."고 논하시고, 또 "견봉은 讀書할 줄을 알아 엄격하게 몸을 관리하고 덕행을 수립하였으며, 부지런히 노력해 자급자족하고 州縣에 도움을 구하지 않았으며, 餘分이 있으면 放出하여 곤궁한 사람들을 구제하였다."고 논하셨습니다. 족하는 이로 인해 그들과 교유하셨고, 견봉 부자의 이름과 事迹이 史書에 실려 영원히 보존되기를 바라셨습니다.

1) 微之足下 : ≪五百家注昌黎文集≫에는 이 句 앞에 "九月五日 愈頓首(9월 5일에 愈는 머리를 조아립니다.)"란 7자가 있다.

2) 甄逢父濟識安祿山必反……棄去 : ≪舊唐書≫ 〈甄濟傳〉에 의하면, 甄濟는 字가 孟成이다. 天寶 中年에 衛州 青巖山에 隱居하였는데, 安祿山이 초빙하여 僚屬으로 삼았다. 견제는 안녹산이 反逆할 줄을 알고서 안녹산에게서 벗어나기를 꾀하였다. 이에 몰래 羊의 피를 준비해두었다가 한밤중에 피를 토하여 몸을 지탱하지 못하는 것처럼 위장하고서 가마에 몸을 싣고 청암산의 옛 집으로 돌아갔다.

≪舊唐書≫ 〈安祿山傳〉에 의하면, 안녹산은 營州의 雜種胡人으로 그 어미가 무당이었다. 본래 성은 없고, 이름은 軋犖山인데, 突厥에서는 싸움을 잘하는 것을 '軋犖山'이라 하였다. 그러므로 이를 이름으로 삼은 것이다. 누차의 전공으로 玄宗의 신임을 받아 平盧·范陽·河北 등 세 곳의 절도사를 겸임하였다. 天寶 末年에 반란을 일으켜 長安을 함락하고서 '雄武皇帝'라 칭하고 國號를 '燕'이라 하였다. 뒤에 그 아들 慶緖에게 被殺되었다.

3) 有名號 又逼致之 : 有名號는 안녹산이 반란을 일으켜 스스로 '雄武皇帝'라 칭하고 國號를 '燕'이라 한 것을 이르고, 又逼致之는 안녹산이 반란을 일으킨 뒤에 蔡希德에게 生殺의 권한을 주어 殺手 李掞을 데리고 가서, 甄濟의 병의 진위 여부를 살피고서 병을 詐稱하고서 나오지 않는 것이라면 즉시 斬殺하게 한 것을 이른다. 이때 견제는 벙어리가 된 것처럼 위장하여 왼손으로 '去

不得(갈래야 갈 수가 없다)'이라고 썼다. 이섬이 칼을 쥐고 앞으로 나아가자, 채희덕은 그의 충절에 감탄하여 이섬을 물리치고 돌아가서 안녹산에게 견제가 진짜로 병을 앓고 있다고 보고하였다. ≪舊唐書≫

4) 死執不起 : 死執은 죽기로 節操를 지킴이고, 不起는 召命에 應하지 않는 것이다.

5) 刻身立行 : 刻身은 刻己와 같은 말로 엄격하게 자신을 관리함이고, 立行은 德行을 樹立함이다.

6) 勤己取足 : 勤己는 勤身과 같은 말로 몸을 아끼지 않고 부지런히 일을 함이다. 取足은 충분히 取得함인데, 여기서는 自給自足의 뜻으로 쓰인 듯하다.

7) 斥 : 버림이니, 곧 放出을 뜻한다.

8) 名迹存諸史氏 : 名迹은 名聲과 事迹이고, 史氏는 史書를 이르니, 곧 그 명성과 사적이 史策에 記入되어 영원히 보존되게 함이다.

足下以抗直喜立事斥[1)]하야 不得立朝하야 失所不自悔하고 喜事益堅하니 微之乎여 子眞安而樂之者[2)]로라 謹詳足下所論載[3)]하고 校之史法[4)]컨대 若濟者는 固當得附書로라 今逢又能行身[5)]하야 幸於方州大臣[6)]하야 以標白[7)]其先人事하야 載之天下耳目[8)]하고 徹之天子하야 追爵其父第四品[9)]하야 赫然驚人하니 逢與其父俱當得書矣로라

足下는 강직하여 事端을 만들기를 좋아하는 것으로 배척을 받아 조정에 서지 못하여 응당 있어야 할 지위를 잃고도 후회하지 않고 사단을 만들기를 좋아함이 더욱 굳건하시니, 微之시여, 그대는 참으로 편안히 지내시며 즐거운 마음으로 業務에 從事하는 분입니다.

족하께서 論載하신 것을 자세히 살피고서 史書를 편찬하는 법을 조사해보건대, 甄濟 같은 사람은 진실로 사서에 附記하는 것이 당연합니다. 그런데 또 지금 甄逢이 몸가짐을 잘하여 지방의 大臣에게 사랑을 받아 그 先人의 일을 드러내어 천하 사람들의 귀와 눈에 記載하고 천자께 奏達하여, 부친을 4品의 官爵에 추증하여 사람들을 놀라게 하였으니, 견봉과 그 부친을 함께 사서에 기재하는 것이 마땅합니다.

1) 抗直喜立事斥 : 抗直은 强直함이고, 立事는 生事와 같은 말로 事端을 만들기 좋아함이고, 斥은 배척이다.
2) 安而樂之者 : 安居樂業(편안히 지내면서 즐거운 마음으로 業務에 종사)하는 사람이다.
3) 論載 : 말로 論한 것과 글로 記載한 것이다.
4) 校之史法 : 校는 考校(비교해 조사함)이니, 史書를 편찬하는 법을 조사해보았다는 말이다.
5) 行身 : 몸가짐이다.
6) 幸於方州大臣 : 幸은 사랑을 받음이고, 方州는 地方 州郡을 이르고, 大臣은 襄州節度使 袁滋를 이른다.
7) 標白 : 드러내 찬양함이다.
8) 載之天下耳目 : 천하 사람들의 귀와 눈에 記載하였다는 말로, 곧 천하 사람들이 귀로 듣고 눈으로 볼 수 있도록 널리 퍼뜨렸다는 뜻이다.
9) 徹之天子 追爵其父第四品 : 徹은 奏達(임금께 아룀)함이다. ≪新唐書≫ 〈甄濟傳〉에 의하면, 元和 中年에 襄州節度使 袁滋가 表文을 올려 甄濟의 節行이 國史에 실릴 만하다고 아뢰니, 憲宗은 詔書를 내려 견제를 秘書少監에 追增하였다. 비서소감은 從4品職이다.

濟逢父子自吾人[1]**發**하니라 **春秋美君子樂**(요)**道人之善**[2]하니 **夫苟能樂道人之善**이면 **則天下皆去惡爲善**하고 **善人得其所**ㄹ새니라 **其功實大**하니 **足下與濟父子俱宜牽連**[3] **得書**로다 **足下勉逢**하야 **令終始其躬**하고 **而足下年尙彊**하니 **嗣德有繼**[4]면 **將大書特書**[5]가 **屢書不一書而已也**리라 **愈旣承命**하니 **又執筆以竢**[6]리라

甄濟와 甄逢 父子의 事迹은 그대로 인해 드러났습니다. ≪春秋≫에 군자가 남의 선행을 칭찬하기 좋아하는 것을 찬미하였으니, 이는 진실로 남의 선행을 칭찬하기 좋아한다면 천하 사람들이 모두 악행을 버리고 선행을 할 것이며, 善人들이 합당한 자리를 얻게 될 것이기 때문입니다. 견제 부자의 사적을 드러낸 足下의 공이 실로 크니 족하도 견제 부자와 함께 연달아 기재되는 것이 합당합니다.

족하께서는 견봉을 권면하시면서 시종 그 몸가짐을 잘하라고 하셨는데, 족하께서도 나이가 아직 젊으시니 옛 성현의 덕행을 잇는 일을 계속한다면, 장차 史官이 큰 글씨로 두드러지게 기록할 것이고 한 번에 그치지 않고 여러 번 기록할 것입니다. 내가 이미 족하의 명을 받았으니, 또 손에 붓을 잡고서 〈새로운 덕행이 드러나기를〉 기다리겠습니다.

1) 吾人 : 吾子와 같은 말로 元稹을 가리킨다.
2) 春秋美君子樂(요)道人之善 : ≪春秋≫에 군자가 남의 선행을 칭찬하기 좋아한 것을 찬미하였다는 말이다. 樂道人之善은 ≪論語≫ 〈季氏〉에 보인다. ≪春秋公羊傳≫ 注에 公羊氏가 傳을 낸 이유를 설명하면서 "다시 傳을 낸 것은 군자가 남의 선행을 칭찬하기 좋아해서이다."라고 하였는데, 이 말이 ≪春秋公羊傳≫ 注에 모두 네 군데 보인다.
3) 牽連 : 連接이니, 곧 서로 잇닿음이다.
4) 嗣德有繼 : 옛 聖賢의 덕행을 잇는 일을 계속함이다.
5) 大書特書 : 큰 글씨로 두드러지게 기록함이다.
6) 執筆以竢 : 붓을 잡고서 그대의 새로운 덕행이 드러나기를 기다리겠다는 뜻이다.

05. 答陳商書* 陳商에게 답한 편지

* 이 답서는 韓愈가 國子博士로 있던 元和 7년(812)에 보낸 것이다.

譬喩直與戰國策同調라

譬喩한 것이 ≪戰國策≫의 문장과 格調가 같다.

愈白하노라 辱惠書[1]하니 語高而旨深하야 三四讀이라도 尙不能通曉하니 茫然增愧赧[2]이로라 又不以其淺弊[3]無過人知識하고 且喩以所守하니 幸甚[4]이라 愈敢不吐情實이리오 然自識其不足補吾子所須也로라

愈는 아룁니다.

주신 편지를 받아보니 말이 고상하고 뜻이 깊어서 서너 번을 읽어보아도 오히려 분명히 이해할 수 없었으니, 〈남의 편지도 讀解하지 못한다는 충격으로〉 정신이 멍하여 부끄러움만 더하였습니다. 그대는 또 나를 천박하고 고루하여 남보다 나은 지식이 없다고 여기지 않고서, 도리어 지킬 바로써 깨우쳐주셨으니 매우 고맙습니다. 내 어찌 감히 진심을 토로하지 않을 수 있겠습니까. 그러나 그대가 필요로 하는 것을 보충해드리기에 부족하다는 것을 내 스스로 잘 알고 있습니다.

1) 惠書 : 상대의 書信에 대한 敬稱이다.
2) 愧赧 : 부끄러워 얼굴이 붉어짐이다.
3) 淺弊 : 淺陋이다.
4) 幸甚 : 書信에 常用하는 套式語로 여기서는 고마움을 뜻한다.

齊王好竽어늘 **有求仕於齊者**가 **操瑟而往**하야 **立王之門**하야 **三年不得入**에 **叱曰 吾瑟鼓之**면 **能使鬼神上下**[1]하며 **吾鼓瑟合軒轅氏之律呂**[2]라한대 **客罵之曰 王好**竽**而子鼓瑟**하니 **瑟雖工**이나 **如王不好何**오 **是所謂工於瑟而不工於求齊也**니라 **今擧進士於此世**하야 **求祿利行道於此世**호되 **而爲文必使一世人不好**면 **得無與操瑟立齊門者比歟**아 **文雖工**이나 **不利於求**어늘 **求不得**이면 **則怒且怨**하니 **不知君子必爾爲不也**[3]로라 **故區區之心**[4]은 **每有來訪者**면 **皆有意於不肖者也**[5]라하야 **略不辭讓**하고 **遂盡言之**하니 **惟吾子諒察**[6]하라

齊王은 피리를 좋아하는데, 齊나라에 벼슬을 구하는 자가 비파를 가지고 가서 제왕의 宮門 앞에 서서 3년을 〈기다렸으나〉 들어가지 못하자, 큰 소리로 “내가 비파를 타면 귀신을 오르내리게 할 수 있고, 내가 비파를 타면 그 音調가 軒轅氏의 律呂에 맞는다.”고 꾸짖으니, 어떤 客이 “왕께서는 피리를 좋아하는데 그대는 비파를 타니, 비파 타는 솜씨가 아무리 뛰어난들 왕께서 좋아하지 않는데야 어쩌겠느냐?”고 나무랐으니, 이것이 이른바 “비파를 타는 데는 뛰어났으나, 제나라에서 벼슬을 구하는 데는 서툴렀다.”는 것입니다.

지금 이 세상에서 進士試에 응시하여 祿俸을 구하고 이 세상에 도를 행하려 하면서 반드시 온 세상 사람이 좋아하지 않는 문장만을 짓는다면, 어찌〔得〕 비파를 들고 제왕의 궁문 앞에 서 있던 자와 같지 않겠습니까? 문장이 아무리 뛰어나도 벼슬을 구하는 데는 불리한데, 구하다가 얻지 못하면 화를 내고 원망하니, 군자가 반드시 이런 식으로 행동하는지의 與否를 모르겠습니다.

본래부터 나는 마음속에 매양 찾아와 묻는 이가 있으면 모두 불초한 나에게 〈가르침을 구하는〉 뜻이 있는 것으로 여겨, 조금도 사양하지 않고 내가 알고 있는 것을 다 말해주었습니다. 〈그러므로 이렇게 말한 것이니〉 그대는 헤아려 살피시기 바랍니다.

1) 能使鬼神上下：上下는 未詳이나, 귀신으로 하여금 춤을 추게 할 수 있다는 말이 아닌지 모르겠다.
2) 軒轅氏之律呂：軒轅氏는 黃帝이다. 律呂는 六律과 六呂로 樂律의 총칭이다. ≪列子≫ 〈古樂〉에 "황제가 伶人(樂官) 倫에게 律을 만들게 하였다.〔黃帝令伶倫作爲律〕"란 말이 보인다.
3) 不知君子必爾爲不也：군자가 반드시 이렇게 하는지의 與否를 모르겠다는 말이다. 不은 '否'의 뜻으로 쓰였다.
4) 故區區之心：故는 '본래'의 뜻으로 쓰였고, 區區는 자신에 대한 謙稱이다.
5) 有意於不肖者也：不肖는 자신에 대한 謙稱이니, 곧 나에게 가르침을 구하는 뜻이 있는 것으로 여겼다는 뜻이다.
6) 惟吾子諒察：惟는 바람이다.

06. 答侯繼書* 侯繼에게 답한 편지

* ≪別本韓文考異≫에 의하면, 이 答信은 韓愈가 貞元 11년(795)에 宰相에게 편지를 보냈으나 회답이 없자, 동쪽으로 돌아가려고 京師를 떠날 적에 쓴 것이다. 侯繼는 정원 8년에 한유와 함께 進士試에 及第한 자이다.

澹宕自奇라

문장은 평온하고 조용하지만 自負는 凡常하지 않다.

裴子自城來하야 **得足下一書**하고 **明日**에 **又於崔大**[1]**處**에 **得足下陝州所留書**하고 **翫而復之**[2]하야 **不能自休**로라 **尋**[3]**知足下不得留**하고 **僕又爲考官所辱**[4]일새 **欲致一書開**[5]**足下**하고 **幷自舒其所懷**하야 **含意連辭**[6]나 **將發復已**[7]일새 **卒不能成就其說**이로라 **及得足下二書**하니 **凡僕之所欲進於左右者**를 **足下皆以自得之**하니 **僕雖欲重累其辭**나 **諒無居足下之意外者**라 **故絶意不爲**로라 **復**[8]**自念**컨대 **方當**[9]**遠去**하야 **潛深伏隩**[10]하야 **與時世不相聞**이면 **雖足下之思我**라도 **無所窺尋其聲光**[11]이라 **故不得不有書爲別**이요 **非復有所感發也**니라

城中에서 나온 裴子 편에 足下의 편지 한 통을 받았고, 이튿날 또 崔大에게서 족하가 陝州에 있을 때 나에게 주려고 써두었던 편지를 받고는 반복해 읽으며 자세히 완미하는 일을 스스로 그만둘 수 없었습니다. 오래지 않아 족하께서 섬주에 머물 수 없게 된 것을 알았고, 나 또한 考官에 의해 탈락하는 치욕을 받았으므로 한 통의 편지를 보내어 족하를 위로하고 아울러 나의 懷抱도 풀 겸, 품은 생각을 글로 엮으려 하였으나, 생각이 일어나려다가 다시 멈추었기 때문에 끝내 말을 다 마치지 못하였습니다.

족하께서 주신 두 통의 편지를 받아보니, 그 내용이 모두 내가 족하께 말씀드리고 싶었던 것을 족하께서 모두 스스로 알고 계셨습니다. 그래서 내가 비록 거듭 말씀드리고 싶어도 진실로 족하의 생각에서 벗어나는 것이 없을 것이므로 斷念하고 편지를 쓰지 않기로 하였습니다. 그러나 다시 생각해보건대 장차 멀리 떠나 깊은 골짜기나 후미진 물가에 隱居하여 세상과 왕래를 끊고 지내면, 비록 족하가 나를 그리워해도 나의 음성과 용모를 찾을 길이 없을 것이므로 편지로 작별을 고하지 않을 수 없어서 〈이 편지를 올리는 것이지〉, 다시 마음속에 느낌이 일어난 바가 있어서가 아닙니다.

1) 崔大 : 崔群을 이른다. 字가 敦詩로 侯繼 및 韓愈와 同年及第이다. 옛사람들은 輩行(8촌 이내 형제의 서열)으로 사람을 呼稱하였다. 崔群의 輩行이 맏

이였으므로 '大'라고 칭한 것이다.

2) 翫而復之 : 반복해 읽으며 翫味하는 일을 스스로 그만둘 수 없었다는 말이다.

3) 尋 : 오래지 않음이다.

4) 考官所辱 : 貞元 9년부터 11년까지 세 차례 吏部試에 落榜한 것을 이른다.

5) 開 : 慰勞함이다.

6) 含意連辭 : 含意는 품은 생각이고, 連辭는 連綴文辭(문장을 엮음)이니, 곧 품은 생각을 문장으로 엮음이다. ≪唐宋八大家鈔 校注集評≫에 "함의는 文辭로 그 생각을 표현할 수 없는 것이고, 連辭는 이 말을 진술하려 하면 다시 저 생각에 이끌려 합당하게 裁量할 수 없음이다.〔含意 辭不能申其意也 連辭欲陳此說 復牽彼意 裁度不能遽當也〕"라고 한 曾國藩의 說을 끌어다가 註解하였으나, 이는 억지 해석에 가깝기 때문에 취하지 않고, 문맥에 따라 이상과 같이 번역하였다.

7) 將發復已 : 편지를 보내려다가 다시 그만두었다는 말이 아니고, 생각이 일어나려다가 다시 멈추었다는 말이다.

8) 復 : 저본에는 '行'으로 되어 있으나, ≪韓文考異≫에 "지금 고찰하건대 '行'자는 '復'자가 되어야 할 듯하다.〔今按 行疑當作復〕"라고 하였다. 이에 의거하여 '復'로 고쳐 번역하였다.

9) 方當 : 장차이다.

10) 潛深伏隩 : 깊은 산중에 숨고 후미진 물가에 蟄居한다는 말로, 隱居를 뜻한다. 隩는 후미진 물가이다.

11) 聲光 : 音聲과 容貌이다.

僕少好學問하야 五經[1]之外에 百氏之書[2]를 未有聞而不求하고 得而不觀者로라 然其所志는 惟在其意義所歸요 至於禮樂之名數[3]와 陰陽土地星辰方藥之書하야는 未嘗一得其門戶[4]로라 雖今之仕進者不要此道[5]나 然古之人未有不通此而能爲大賢君子者니라 僕雖庸愚나 每讀書에 輒用自愧로라 今幸不爲時所用하야 無朝夕役役之勞하니 將試學焉하노라 力不足而後止라도 猶將愈於汲汲於時俗之所爭[6]하야 旣不得而怨天尤人者리라 此吾今之志也니라 懼足下以吾退歸로 因謂我不復能自彊

不息이라 故因書奉曉하노니 冀足下知吾之退未始不爲進이요 而衆人之進未始不爲退也로라

나는 少年 때부터 학문을 좋아하여 五經 이외에도 諸子百家의 書籍에 대해 들으면 구하지 않은 것이 없고, 구하면 읽어보지 않은 것이 없었습니다. 그러나 나의 뜻은 오직 그 글의 主旨를 파악하는 데 있었고, 禮樂의 名數와 陰陽·土地·星辰·方藥 등의 학문에 대해서는 한 번도 그 門戶를 찾은 적이 없습니다. 비록 오늘날 出仕한 자들은 이 방면의 학문을 探求하지 않지만, 옛사람 중에 이 방면의 학문에 정통하지 않고서 大賢君子가 된 이는 없었습니다.

내 비록 용렬하고 어리석으나 매양 글을 읽을 때마다 이로 인해 스스로 부끄러웠습니다. 이제 다행히 세상에 버림을 받아 아침저녁으로 勞苦할 일이 없게 되었으니, 장차 이 방면의 학문을 한 번 배워볼까 합니다. 배우다가 능력이 부족하면 그만두더라도, 오히려 時俗 사람들이 경쟁하는 科擧에만 정신을 쏟다가 얻지 못하면 하늘을 원망하고 사람들을 탓하는 것보다는 나을 것입니다. 이것이 나의 지금의 뜻입니다.

足下께서, 내가 물러나 동쪽으로 돌아간다 하여, 내가 다시는 自强不息하지 않을 것으로 여기실까 두려워, 이 편지로 알려드리는 바이니 족하께서는 나(君子)의 後退는 前進의 契機가 되지 않은 적이 없고 衆人(小人)의 전진은 후퇴의 계기가 되지 않은 적이 없다는 것을 알아주시기 바랍니다.

1) 五經 : ≪周易≫·≪尙書≫·≪詩經≫·≪禮記≫·≪春秋≫이다.

2) 百氏之書 : 諸子百家의 書籍을 이른다.

3) 禮樂之名數 : 名稱과 地位에 따라 適用하는 禮樂의 등급을 이른다. ≪春秋左氏傳≫ 莊公 18년에 "王이 諸侯에게 내린 爵命은 名稱과 地位가 같지 않으니 禮遇에도 數(等級)가 다르다.〔王命諸侯 名位不同 禮亦異數〕"란 말이 보인다.

4) 未嘗一得其門戶 : 한 번도 깊이 연구해본 적이 없다는 뜻이다. ≪論語≫ 〈子張〉에, 子貢이 孔子의 學問을 높은 담에 비유하면서 "부자의 담은 높이가 몇 길이어서 그 대문을 찾아 들어가지 않으면 아름다운 종묘와 다양한 房舍를 볼 수가 없다.〔夫子之牆數仞 不得其門而入 不見宗廟之美 百官之富〕"고 하였

는데, 韓愈는 이 비유를 끌어다가 名數·陰陽·土地·星辰·方藥 등의 학문을 연구해본 적이 없음을 말한 것이다.

5) 不要此道 : 要는 探求이고, 此道는 名數·陰陽·土地·星辰·方藥 등의 學術을 이른다.

6) 汲汲於時俗之所爭 : 汲汲은 오로지 그 일에만 정신을 쏟음이고, 時俗之所爭은 세상 사람들이 경쟁하는 科擧를 이르니, 곧 세상 사람들이 경쟁하는 과거에만 정신을 쏟음이다.

旣貨馬면 **卽求船東下**리라 **二事皆不過後月十日**이니 **有相問者**커든 **爲我謝焉**하라

馬匹을 팔고 나면 즉시 船隻을 구하여 동쪽으로 내려갈 것입니다. 이 두 가지 일이 모두 다음 달 10일을 넘기지 않을 것이니, 내 안부를 묻는 자가 있거든 나를 대신해 작별의 인사를 해주시기 바랍니다.

07. 答李秀才書* 李秀才에게 답한 편지

* 李秀才의 이름은 師錫이고 字는 圖南이다. ≪昌黎集≫ 권2의 〈北極一首贈李觀〉과 권24의 〈唐故太子校書李公墓誌銘〉에 의하면 韓愈의 나이 25세 때인 貞元 8년(792)에 처음 李觀을 만났고, 2년 뒤인 정원 10년에 이관이 京師에서 客死하였다. 이 편지에 '十年前示愈別吳中故人詩'라 하였으니, 이 答信은 한유가 四門博士로 있던 정원 18년에 쓴 것이다. 이관은 자가 元賓이다. 정원 8년에 한유와 함께 進士試에 及第한 사람으로 文名이 한유와 비슷하였다.

因與李秀才無舊하고 **獨於元賓詩中得其人**이라 **故遂始終托元賓**하야 **以寫兩與之情**이라

韓愈는 李秀才와 안면이 없었고, 단지 元賓의 詩를 통해서 그 사람의 이름을 알았을 뿐이다. 그러므로 시종 원빈에 의탁하여 둘 사이의 정을 서술하였다.

愈白하노라 故友李觀元賓十年之前示愈別吳中故人詩六章에 其首章은 則吾子也니 盛有所稱引[1)]하니라 元賓行峻潔淸하고 其中狹隘하야 不能苞容하야 於尋常人에 不肯苟有論說이라 因究其所以[2)]하고 於是知吾子非庸衆人이로라 時吾子在吳中[3)]하고 其後愈出在外하야 無因緣相見하니라 元賓旣沒에 其文益可貴重이나 思元賓而不見하야 見元賓之所與者면 則如元賓焉이라 今者辱惠書及文章하고 觀其姓名하니 元賓之聲容怳若相接하고 讀其文辭하니 見元賓之知人交道之不汚로라 甚矣라 子之心有似於吾元賓也여

愈는 아룁니다.

故人이 된 벗 李觀 元賓이 10년 전에 〈別吳中故人詩〉 6章을 나에게 보여주었습니다. 이 詩의 首章은 바로 원빈이 그대에게 준 送別詩였는데, 그대를 매우 칭찬하였습니다. 원빈은 品行이 高潔하고 속이 좁아서 남을 포용하지 못하므로 평범한 사람에 대해 구차하게 論說하기를 좋아하지 않습니다. 그러므로 나는 그가 이런 시를 쓴 까닭을 追究하고 나서야 이에 그대가 평범한 사람이 아닌 것을 알았습니다. 그러나 그때 그대는 吳中에 있었고, 그 뒤에 나는 京師를 떠나 外方에 나와 있었으므로 인연이 닿지 않아 서로 만나지 못하였습니다.

원빈이 죽은 뒤에 그의 문장의 가치는 더욱 貴重해졌으나, 나는 원빈을 생각해도 볼 수가 없어서 원빈이 사귀던 벗을 보면 마치 원빈을 보는 것처럼 기뻤습니다. 그런데 지금 보내주신 편지와 문장을 받고서 그대의 姓名을 보니 마치 원빈의 음성과 용모를 접하는 것 같았고, 그대의 문장을 읽어보니 원빈이 사람을 알아보고서 벗을 사귄 방법이 低劣하지 않았음을 알 수 있었습니다. 그대의 마음이 어쩌면 그리도 원빈과 같으십니까?

1) 稱引 : 칭찬해 敍述함이다.

2) 因究其所以 : 이어 남에 대해 함부로 論說하지 않는 원빈이 무슨 이유로 李秀才를 그리도 칭찬하였는지를 追究하였다는 말이다.

3) 吳中 : 春秋 때 吳나라의 首都였던 吳郡을 이르는데, 지금의 江蘇省 蘇州이다.

子之言以愈所爲가 不違孔子하고 不以琢雕[1)]爲工이라하야 將相從於此라하니 愈敢自愛其道而以辭讓爲事乎아 然愈之所志於古者는 不惟其辭之好라 好其道焉爾로라 讀吾子之辭하고 而得其所用心이 將復有深於是者하야 與吾子樂之[2)]하니 況其外之文乎[3)]아 愈頓首하노라

그대가 "나의 행위가 孔子의 도에 어긋나지 않고, 彫琢을 공교로움으로 삼지 않는다고 하여, 장차 나에게 와서 이를 배우려 한다."고 말씀하셨으니, 내 어찌 감히 나의 學識을 아껴 사양을 일삼을 수 있겠습니까? 그러나 내가 古文에 뜻을 둔 것은 그 文辭가 좋아서만이 아니라, 그 〈문사 속에 담긴〉 도를 좋아해서일 뿐입니다. 그대의 문장을 읽어보고서 그대가 마음을 쓰는 일이 아마도 이(彫琢)보다 깊은 데 있는 듯하여, 내가 그대와 함께 즐길 수 있을 것을 알았으니, 하물며 도를 표현하는 문장이겠습니까? 유는 머리를 조아립니다.

1) 琢雕 : 시문을 아름답게 다듬는 것이다.
2) 將復有深於是者 與吾子樂之 : '將'은 '殆(아마도)'의 訓으로 쓰였다. 復有深於是者는 마음을 쓰는 일이 문장을 彫琢하는 것보다 더 중요한 聖賢의 道를 追究하는 데 있어서, 나와 함께 성인의 도를 즐길 수 있을 것을 알았다는 말이다.
3) 況其外之文乎 : 하물며 道를 表現하는 문장이야 더 말할 게 있겠느냐는 말이다.

08. 答馮宿書* 馮宿에게 답한 편지

* 이 答信은 韓愈가 國子博士로 分司東都한 元和 2년(807) 여름에 쓴 것이다. 馮(풍)宿은 한유와 같은 해에 進士에 급제한 자이다. 한유가 長安에 있을 때 文才는 뛰어나지만 남과 화합하지 못하는 성격으로 인해 사람들의 비방을 받으니, 外職으로 나가기를 청하여 權知國子博士로 分司東都하였다. 洛陽으로 간 뒤에도 사람들의 헐뜯음과 비방이 여전하니, 그의 벗 풍숙이 忠告의 편지를 보냈다. 그러므로 한유가 이 답신을 보낸 것이다. 分司東都는 중앙정부의 官員으로 東都 洛陽에 派遣되어 그곳에서 勤務하는 것이다.

於喜聞過中에 却有自已一段直己而守的意在라

過誤를 일러주는 남의 말을 듣기 좋아하는 가운데 실로 몸을 곧게 지키려는 뜻이 있다.

垂示僕所闕하니 非情之至면 僕安得聞此言이리오 朋友道缺絶久하야 無有相箴規磨切[1]之道어늘 僕何幸乃得吾子아 僕常閔時俗人有耳不自聞其過하야 凜凜然[2]惟恐己之不自聞也러니 而今而後에 有望於吾子矣로라

편지를 보내어 나의 과오를 일러주셨으니, 나에 대한 友情이 지극한 그대가 아니라면 내가 어디에서 이런 말을 들을 수 있겠습니까? 벗 사이의 도리가 끊어진 지 오래여서, 서로 바른말로 忠告하거나 도덕과 학문을 서로 勸勉하는 일이 없는데, 나는 무슨 행운으로 그대 같은 벗을 만난 것입니까? 나는 세속 사람들이 귀가 있으면서도 자기의 허물을 듣지 못하는 것을 항상 딱하게 여기면서 나도 자신의 허물을 듣지 못할까 두려워하였는데, 오늘 이후로는 그대에게 기대할 수 있게 되었습니다.

1) 箴規磨切 : 箴規는 바른말로 規諫(忠告)함이고, 磨切은 도덕과 학문을 서로 勸勉함이다.
2) 凜凜然 : 두려워하는 모양으로, 뒤의 惟恐己之不自聞을 형용한 것이다.

然足下與僕交久니 僕之所守는 足下之所熟知라 在京城時에 嚚嚚[1]之徒相訾百倍러니 足下時與僕居하야 朝夕同出入起居하니 亦見僕有不善乎아 然僕退而思之하니 雖無以獲罪於天[2]이나 亦有以獲罪於人者로라 僕在京城一年에 不一至貴人之門하니 人之所趨는 僕之所傲[3]요 與己合者則從之遊하고 不合者雖造吾廬라도 未嘗與之坐하니 此豈徒足致謗而已리오 不戮於人則幸也라 追思之컨대 可爲戰慄寒心이라 故至此已來로 剋己自下하야 雖不肖人至라도 未嘗敢以貌慢之온 況時所尙者耶아 以此自謂庶幾無時患하니 不知猶復云云也로라

그러나 足下는 나와 사귄 지 오래이니, 내가 지키는 바는 족하도 잘 아실 것입니다. 내가 京師에 있을 때에 시끄럽게 떠드는 무리들의 비방이 지금보다 백 배나 더하였는데, 그때 족하께서 나와 居處하며 아침저녁으로 出入과 起居를 함께하였으니, 족하께서도 나에게 善良하지 못한 점이 있는 것을 보셨습니까?

그러나 물러나와 생각해보니, 비록 하늘에게 죄를 얻을 만한 일은 없었으나 사람들에게 죄를 얻을 만한 일은 있었습니다. 내가 京城에 있는 1년 동안 한 번도 貴人의 집에 찾아간 적이 없었으니 사람들이 따르는 자들을 나는 깔본 것이며, 나와 뜻이 맞는 사람은 어울려 交遊하고 뜻이 맞지 않는 사람은 비록 나의 집에 찾아와도 그와 한 자리에 앉아 말을 나눈 적이 없었으니, 이런 나의 행위가 어찌 남의 비방을 부르기에만 충분할 뿐이었겠습니까? 남에게 誅戮을 당하지 않은 것만도 다행입니다.

지난날을 回想하면 몸이 떨리고 마음이 섬뜩합니다. 그러므로 이곳에 온 뒤로는 자신을 억제하고 자신을 낮추어 비록 不肖한 사람이 찾아와도 감히 얼굴에 업신여기는 기색을 보인 적이 없는데, 하물며 당시 사람들이 높이는 자이겠습니까? 나는 이렇게 함으로써 사람들에게 비방을 받을 걱정이 거의 없어질 것이라고 여겼는데, 오히려 다시 이러쿵저러쿵할 줄은 몰랐습니다.

1) 囂囂 : 시끄럽게 떠드는 모양이다.
2) 雖無以獲罪於天 : 저본에는 '天'이 '人'으로 되어 있으나, ≪韓文考異≫에 "두 구에 모두 '獲罪於人'이라 하였으니, 誤字가 있는 듯하다. 아마도 上句의 '人'자는 '天'자의 誤字인 듯하다.〔二句皆云獲罪於人 恐有誤字 疑上句人字或是天字〕"라고 하였다. 이에 의거하여 '天'으로 바로잡아 번역하였다.
3) 人之所趨 僕之所傲 : 글대로 해석하면 '사람들이 따르는 대상은 내가 傲視(깔봄)하는 대상이었다.'로 번역하는 것이 마땅하지만 말이 순조롭지 않은 것 같아 이상과 같이 번역하였다.

聞流言不信其行[1)]이라하니 嗚呼라 不復有斯人也로다 君子不爲小人之恟恟而易其行[2)]이라하니 僕何能爾리오 委曲從順[3)]하고 向風承意[4)]하야 汲汲恐不得合이라도 猶且不免云云이라 命也니 可如何오 然子路聞其過則喜하고 禹聞昌言則下車拜[5)]하며 古

人有言曰 告我以吾過者는 **吾之師也**[6]라하니 **願足下不憚煩**하고 **苟有所聞**이면 **必以相告**하라 **吾亦有以報子**요 **不敢虛也**며 **不敢忘也**로라

옛말에 "벗을 비방하는 뜬소문을 듣고도, 헐뜯는 자들이 말하는 그런 행위가 그 벗에게 있을 것이라고는 믿지 않았다."고 하였는데, 아! 지금 세상에는 이런 사람을 다시 볼 수 없습니다. 그리고 또 "군자는 소인들이 시끄럽게 떠든다 하여 그 操行을 바꾸지 않는다."고 하였으니, 내 어찌 이와 같이 할 수 있겠습니까? 나의 뜻을 굽히고 순종하며 안색을 살펴 비위를 맞추면서 그 뜻을 맞추지 못할까 두려워해도 오히려 이러쿵저러쿵하는 비난을 면하지 못합니다. 그러나 이는 운명이니 어찌하겠습니까?

그러나 子路는 자기의 허물을 들으면 기뻐하였고, 夏禹는 善言을 들으면 수레에서 내려 절을 하였다고 하였으며, 옛사람의 말에 "나에게 나의 허물을 일러주는 사람은 나의 스승이다."라고 하였으니, 바라건대 足下께서는 귀찮게 여기지 마시고 들리는 말이 있거든 반드시 일러주십시오. 나 또한 그대에게 보답할 것이고 감히 그대의 말을 빈말로 만들지 않을 것이며, 감히 잊지도 않을 것입니다.

1) 聞流言不信其行 : ≪禮記≫ 〈儒行〉에 보이는데, 孔穎達의 疏에 "비록 벗을 오랫동안 만나지 못했어도 그 벗을 헐뜯는 소문을 들으면 그 헐뜯는 말을 믿지 않는 것이다."라고 하였다. ≪禮記正義≫ 및 기타 註釋에는 모두 '聞流言不信'에서 句를 떼고 '其行'을 下句에 붙여 해석하였는데, 韓愈는 '其行'을 上句에 붙여, 벗에 대한 좋지 않은 소문을 들어도 그 벗에게 헐뜯는 자들이 말하는 그런 행위가 있을 것이라고는 믿지 않았다는 뜻으로 인용하였다.

2) 君子不爲小人之恟恟而易其行 : ≪荀子≫ 〈天論〉에 "君子는 小人들이 시끄럽게 떠든다 하여 행하는 바를 멈추지 않는다.〔君子不爲小人之匈匈而輟行〕"란 말이 보이는데, 韓愈가 '輟行'을 '易其行'으로 바꾸어 인용한 것이다. 恟恟은 시끄럽게 떠드는 모양이다.

3) 委曲從順 : 자기의 뜻을 굽히고 상대에게 순종함이다.

4) 向風承意 : 向風은 望風과 같은 말로 상대의 기색을 살핌이고, 承意는 상대의 뜻을 따름이니, 곧 눈치를 살펴 상대의 비위를 맞추는 것이다.

5) 子路聞其過則喜 禹聞昌言則下車拜 : ≪孟子≫ 〈公孫丑 上〉에 "子路는 잘못이 있다고 남들이 말해주면 기뻐하였다. 禹임금은 善言을 들으면 절을 하였다. 〔子路人告之以有過則喜 禹聞善言則拜〕"란 말이 보이고, ≪書經≫ 〈大禹謨〉에 "禹임금은 善言을 들으면 절을 하였다.〔禹拜昌言〕"란 말이 보인다.

6) 告我以吾過者 吾之師也 : 이 말은 ≪荀子≫ 〈修身〉에 보이는 "나를 비난하면서 바른말을 하는 자는 나의 스승이다.〔非我而當者 吾師也〕"란 말을 韓愈가 敷衍한 것이다.

09. 答竇秀才書* 竇秀才에게 답한 편지

* 竇秀才의 이름은 存亮이다. 이 편지는 韓愈에게 文章을 가르쳐주기를 청한 竇存亮의 편지에 回答한 것인데, 한유가 宮市의 폐단을 말하였다가 德宗의 노여움을 사서 陽山縣令으로 逐出되었던 貞元 19년(803)에 쓴 것이다.

愈少駑怯[1)]하야 於他藝能에 自度無可努力하고 又不通時事하야 而與世多齟齬[2)]하니 念終無以樹立이라 遂發憤篤專於文學호라 學不得其術하야 凡所辛苦而僅有之[3)]者는 皆符[4)]於空言而不適於實用이어늘 又重以自廢[5)]라 是故學成而道益窮[6)]하고 年老而智愈困호라 今又以罪黜於朝廷하야 遠宰蠻縣[7)]하야 愁憂無聊[8)]하고 瘴癘[9)]侵加하니 喘喘焉無以冀朝夕[10)]이로라

나는 어려서부터 노둔하고 겁이 많아서, 다른 技藝에 노력해도 성공할 수 없다는 것을 스스로 헤아렸고, 또 세상일에 어두워서 세상 사람들과 맞지 않는 점이 많으니 끝내 아무것도 樹立할 수 없다고 생각하였습니다. 그러므로 드디어 분발해 文學에 전념하였습니다.

그러나 배움에 있어 올바른 방법을 얻지 못해 고생해가며 겨우 얻은 것마저 모두 공허한 말에 부합할 뿐 실용에 적합하지 않은데, 게다가 또 거듭 게으름을 피우고 힘을 다하지 않았습니다. 그러므로 학문이 이루어졌으나 道는 더욱 궁해지고, 나이가 들었으나 지혜는 더욱 빈곤해졌습니다.

지금 또 죄를 얻어 조정에서 쫓겨나 먼 蠻縣의 守令이 되어, 근심과 걱정으로 心身이 편치 못한데다가 남방의 濕한 기운으로 인해 발생하는 瘧疾까지 침범하였으니, 短期間도 몸을 보존하기를 바랄 수 없을까 두렵습니다.

1) 駑怯 : 재능이 低劣하고 겁이 많았다는 말이다. 低劣한 말을 駑馬라 한다.
2) 齟齬 : 아래윗니가 서로 맞지 않는 것인데, 남들과 화합하지 못함을 뜻한다.
3) 所辛苦而僅有之 : '고생해가며 겨우 가지게 된 것'이라는 말로, '고생해가며 배워서 겨우 얻은 것'이라는 뜻이다.
4) 符 : 合이다.
5) 自廢 : 廢에는 懶怠의 訓이 있으니, 곧 스스로 게으름을 피웠다는 말이다.
6) 學成而道益窮 : 학문은 완성하였으나 主義와 主張을 펼 길은 더욱 막혔다는 뜻이다.
7) 罪黜於朝廷 遠宰蠻縣 : ≪唐書≫ 〈韓愈傳〉에 의하면, 貞元 19년에 韓愈는 上疏하여 宮市의 폐단을 말하였다가 德宗의 노여움을 사서 陽山縣令으로 좌천되었다. 蠻縣은 남방의 郡縣을 이르니, 곧 陽山을 가리킨 것이다.
8) 無聊 : 근심과 걱정으로 마음이 편치 못함이다.
9) 瘴癘 : 남방 濕地帶에서 발생하는 惡性 瘧疾을 이른다.
10) 喘喘焉無以冀朝夕 : 喘喘焉은 두려워하는 모양이고, 朝夕은 짧은 기간을 이르니, 곧 단기간도 몸을 보존하기를 기대할 수 없을까 두렵다는 말이다.

足下年少才俊하고 辭雅而氣銳라 當朝廷求賢如不及[1]之時하고 當道者又皆良有司[2]니 操數寸之管하야 書盈尺之紙면 高可以釣爵位요 循序而進이라도 亦不失萬一於甲科[3]어늘 今乃乘不測之舟하고 入無人之地[4]하야 以相從問文章爲事하니 身勤而事左[5]요 辭重而請約[6]이라 非計之得也니라 雖使古之君子積道藏德하야 遁其光而不曜하고 膠其口而不傳者라도 遇足下之請懇懇이면 猶將倒廩傾囷하야 羅列而進也[7]리니 若愈之愚不肖가 又安敢有愛於左右哉아

足下는 나이는 어리나 재능이 뛰어나고 文辭는 高雅하고 기세는 날카롭습니다. 조정에서 혹시라도 놓칠까 두려워 서둘러 賢者를 구하는 때를 만났고, 또 要職에

있는 신하들도 모두 유능한 有司들이니, 족하가 몇 치〔寸〕 길이의 붓을 들고서 한 자〔尺〕 넓이의 종이에 글을 써서 올린다면 높게는 爵位를 낚을 수 있고, 순서를 밟아 차근차근 나아가더라도 甲科에 실패할 리가 만에 하나도 없습니다. 그런데 이제 前途를 예측할 수 없는 배를 타고 사람이 살지 않는 곳으로 들어와서 나와 어울려 문장 배우는 것을 일삼겠다고 하니, 이는 몸을 괴롭히면서 시대에 맞지 않는 일을 하는 것이고, 말을 정중히 하면서 작은 일을 요구하는 것이라서 좋은 계책이라 할 수 없습니다.

그러나 비록 옛날의 군자로서 道를 쌓고 德을 간직하여 그 광채를 숨기고 드러내지 않으며 그 입을 다물고 남에게 傳授하지 않는 자라 하더라도, 족하의 간절한 청을 받는다면 오히려 속에 든 지식을 모두 꺼내어 늘어놓고서 가르쳐주려 할 것인데, 나처럼 어리석고 불초한 자가 어찌 감히 족하에게 나의 지식을 아끼고서 말해주지 않을 수 있겠습니까?

1) 如不及 : 미치지 못할까 두려워한다는 말로, 혹시라도 놓칠까 두려워 서둘러 구한다는 뜻이다.

2) 當道者又皆良有司 : 當道者는 要職에 있는 신하이고, 有司는 각 部署의 擔當官인데, 여기서는 禮部와 吏部의 考試官을 이른다.

3) 甲科 : 唐代에는 明經科에 甲・乙・丙・丁 4科가 있었고, 進士試에 甲科와 乙科가 있었다. 여기에 말한 갑과는 높은 등급으로 진사시에 합격함을 이른다.

4) 乘不測之舟 入無人之地 : 앞날의 吉凶을 예측할 수 없는 길을 걸어 아무도 하지 않는 古文을 배우기 위해 왔다는 뜻이다.

5) 身勤而事左 : 左는 어긋남이니, 곧 몸을 괴롭히면서 시대에 어긋나는 古文을 배운다는 말이다.

6) 辭重而請約 : 말을 정중히 하면서 立身出世하는 큰일을 일러주기를 요구하지 않고, 고작 작은 일(古文)만을 배우기를 청한다는 뜻이다.

7) 倒廩傾囷 羅列而進也 : 倒廩傾囷은 창고와 곳간에 있는 것을 다 끄집어내는 것이고, 羅列而進은 앞에 벌여놓고서 進獻함이니, 곧 속에 든 지식을 모두 끄집어내어 하나하나 들어 일러줄 것이라는 뜻이다.

顧足下之能이 足以自奮이요 愈之所有는 如前所陳이라 是以臨事[1]愧恥하야 而不敢答也로라 錢財不足以賄左右之匱急하고 文章不足以發足下之事業이니 稛載而往이라가 垂橐而歸[2]리라 足下亮之而已니라

그러나 足下의 능력은 스스로 분발하기에 충분하고 내가 가진 지식은 앞에서 말한 바와 같으므로, 족하의 편지를 받고는 부끄러워서 감히 回答하지 못하였습니다. 나의 錢財는 족하의 貧困을 구제하기에 부족하고 나의 문장은 족하를 깨우쳐 事業을 成就시키기에 부족하니, 가득 싣고 왔다가 빈 자루로 돌아가게 될 것입니다. 그대가 밝게 헤아릴 뿐입니다.

1) 臨事 : 일을 만남이니, 곧 가르침을 청하는 竇秀才의 편지를 받은 것을 말한다.
2) 稛載而往 垂橐而歸 : 稛載는 가득 실음이고, 垂橐은 빈 자루이다. ≪國語≫ 〈齊語〉에 "제후의 사신들이 올 때는 빈 자루로 왔다가, 갈 때에는 수레에 가득 싣고 돌아간다.〔諸侯之使 垂橐而入 稛載而歸〕"란 말이 보이는데, 韓愈가 그 뜻을 반대로 援用한 것이다.

10. 答呂醫山人書* 呂醫山人에게 답한 편지

* 呂醫는 어떤 사람을 이른 듯한데, 그 事迹을 상고할 수 없다. 山人은 隱士를 이른다. 呂醫山人이 紹介狀도 없이 경솔히 찾아오니, 韓愈는 그가 어떤 사람인지 알 수 없어, 問題를 내어 그를 떠보려 하였다. 그러자 그는 불쾌하게 여겨, 옛날 信陵君처럼 賢士를 대우하지 않는다고 꾸짖는 편지를 보냈으므로 한유가 이 答信을 보낸 것이다.

奇氣라

기상이 예사롭지 않다.

愈白하노라 惠書責以不能如信陵執轡[1]者하니라 夫信陵은 戰國公子로 欲以取士聲勢傾天下[2]而然耳니라 如僕者는 自度若世無孔子면 不當在弟子之列이라 以吾子

始自山出하야 有朴茂[3]之美意하니 恐未礱磨[4]以世事로라 又自周後文弊[5]하야 百子爲書하야 各自名家하야 亂聖人之宗이어늘 後生習傳하니 雜而不貫[6]이라 故設問以觀吾子하야 其已成熟乎ㄴ댄 將以爲友也요 其未成熟乎ㄴ댄 將以講去其非而趨是耳니 不如六國公子有市於道者[7]也니라

愈는 아뢰니다.

주신 편지에, 信陵君이 친히 賢士를 위해 말고삐를 잡았던 것처럼 하지 않는다고 나를 꾸짖으셨습니다. 저 신릉군은 戰國 때 魏나라 公子로 현사를 取得하였다는 名聲과 氣勢로 천하 사람들의 尊敬을 받기 위해 그리 했던 것일 뿐입니다. 그러나 나로 말하면 세상에 孔子 같으신 聖人이 없다면 弟子의 대열에 끼어서는 안 된다고 스스로 생각한 사람입니다. 그대는 비로소 산에서 나와 質朴하고 重厚한 아름다운 뜻을 지니고 있으니, 아마도 아직 世上事에 鍛鍊(시달림)한 적이 없으신 듯합니다.

또 周나라 이후로 文治로 인한 弊害가 생겨, 諸子百家가 자기의 주의나 사상을 글로 적어 각자 一家를 이루어 聖人의 宗旨(主旨)를 어지럽혔습니다. 그런데 後生들은 이를 학습하고 이를 傳承하니, 학설이 駁雜하여 하나의 이치로 전체를 관통할 수 없습니다. 그러므로 나는 문제를 내어 그대의 대답을 들어보고서 그대의 학문이 이미 성숙되었으면 내가 그대를 벗으로 삼고, 아직 성숙되지 않았으면 그대의 잘못을 제거하고 옳은 데로 나아가도록 돕기를 강구하고자 한 것일 뿐이니, 길에서 현사를 만나면 지극한 禮遇를 代價로 주고서 그를 자기 사람으로 만든 六國의 公子들과는 같지 않습니다.

1) 信陵執轡 : 信陵은 戰國 때 信陵君에 封해진 魏나라 公子 無忌이다. ≪史記≫ 〈魏公子列傳〉에 의하면 그는 賢士를 禮遇하여 食客이 3천에 이르렀다. 夷門의 문지기 侯嬴이 현사란 말을 듣고는 말을 몰고 가서 후영을 말에 태우고서 자신이 직접 말고삐를 잡고 돌아왔다고 한다.

2) 傾天下 : 傾은 傾倒(사람들의 존경과 우러름을 받음)이다.

3) 朴茂 : 質朴(순수하여 꾸밈이 없음)하고 重厚(점잖고 너그러움)함이다.

4) 礱磨 : 磨礪와 같은 말로 鍛鍊함이다.

5) 文弊：文治(禮樂을 崇尙한 政治)가 極致에 도달한 뒤로 점차 형식과 위선으로 흐르는 폐해가 생긴 것을 이른다.

6) 雜而不貫：여러 학설이 뒤섞여 하나의 이치가 전체를 관통하지 않는다는 말이다. 貫은 一以貫之이다. 一以貫之는 하나의 이치가 모든 일을 꿰고 있다는 말로, ≪論語≫ 〈里仁〉에 보인다.

7) 不如六國公子有市於道者：六國公子는 齊나라 孟嘗君, 趙나라 平原君, 楚나라 春信君, 魏나라 信陵君 등을 이른다. 市는 代價를 주고 물건을 삼이니, 여기서는 禮遇를 대가로 주고서 賢士를 샀다는 뜻으로 쓰였다. 곧 六國의 공자들이 길에서 현사를 만나면 예우를 대가로 주고서 자기 사람으로 끌어들여 명성을 얻으려 한 것과는 같지 않다는 뜻이다.

方今天下入仕는 惟以進士明經及卿大夫之世[1)]耳니라 其人率皆習熟時俗하고 工於語言하며 識形勢하고 善候人主意[2)]라 故天下靡靡[3)]하야 日入於衰壞하니 恐不復振起일새 務欲進足下趨死不顧利害去就之人於朝[4)]하야 以爭救之耳요 非謂當今公卿間無足下輩文學知識也니 不得以信陵比니라

오늘날 천하에서 조정에 들어가 벼슬하는 자들은 오직 進士科와 明經科에 급제한 자들과 卿大夫의 후손들뿐인데, 그들은 모두 時俗에 익숙하고, 말을 잘하며 형세를 알고, 임금의 비위를 잘 맞춥니다. 그러므로 천하 사람들이 모두 이런 風潮에 휩쓸려 풍속이 날로 衰頹해지고 있으니, 다시 떨쳐 일어나지 못할까 두렵습니다. 그러므로 나는 힘을 다해 죽음에 나아갈지언정 利害와 去就를 돌아보지 않는 족하 같은 분을 朝廷에 추천하여 諫爭해 세상을 구제하게 하려는 것일 뿐이고, 오늘날 公卿 사이에 족하와 같은 文學과 지식을 가진 이가 없다고 여겨서가 아니니, 그대는 나를 信陵君에 비교해서는 안 됩니다.

1) 卿大夫之世：世는 후손을 이른다. 일반인은 科擧를 통해 官職에 나아갔지만 卿大夫의 자손들은 과거를 거치지 않고도 先人의 門蔭으로 관직에 나아갔다.

2) 善候人主意：候는 살핌이고, 人主는 임금이니, 곧 임금의 뜻을 잘 살핀다는 말로, 임금의 비위를 잘 맞추는 것을 이른다.

3) 靡靡 : 풀이 바람에 쏠리는 모양이니, 곧 사람들이 모두 이런 풍조에 휩쓸렸다는 뜻이다.

4) 務欲進足下趨死不顧利害去就之人於朝 : 進은 推薦함이고, 趨死는 死地로 나아감이고, 去就는 官職을 取捨함이니, 곧 死地로 들어갈지언정 이해와 거취를 돌아보지 않는 족하를 조정에 추천하여 諫爭해 세상을 구제하게 하고자 해서라는 뜻이다.

然足下衣破衣繫麻鞋하고 率然叩吾門에 吾待足下雖未盡賓主之道나 不可謂無意[1]者로라 足下行天下에 得此於人蓋寡어늘 乃遂能責不足於我하니 此眞僕所汲汲求者로라 議雖未中節이나 其不肯阿曲以事人者灼灼明矣니 方將坐足下三浴而三熏之[2]하리라 聽[3]僕之所爲하고 少安無躁하라

그러나 足下가 해진 옷에 미투리를 신고서 경솔히 나를 찾아왔을 적에 내가 비록 賓主의 도리를 다하여 족하를 대우하지는 않았으나 족하에게 無心하였다고는 할 수 없습니다. 족하가 천하를 돌아다닐 적에 사람들에게 이런 대우를 받은 일이 아마도 많지 않았을 터인데, 드디어 나에게 대우가 부족하다고 꾸짖으셨으니, 족하야말로 참으로 내가 간절히 찾던 분입니다.

論議가 비록 節度에 맞지는 않으나, 아첨하여 남을 섬기려 하지 않음은 분명하니, 나는 장차 족하를 위하여 세 차례 목욕하고 세 차례 몸에 香料를 바르고서 족하를 맞이할 것입니다. 그러니 내가 하는 대로 맡겨두고서 마음을 편히 가지고 조급히 생각하지 마십시오.

1) 無意 : 無心과 같다.

2) 方將坐足下三浴而三熏之 : 坐는 '爲'의 訓으로 쓰였다. ≪國語≫ 〈齊語〉에는 "三釁三浴之"로 되어 있는데, 그 注에 "香料를 몸에 바르는 것을 釁이라 한다."고 하였다. 이는 春秋 때 齊 桓公이 管仲을 맞이하기에 앞서 세 차례 목욕하여 몸을 깨끗이 하고, 香料를 세 차례 발라 몸을 향기롭게 하였다는 故事에서 나온 말로, 賢士를 지극히 존경해 예우하는 것을 뜻한다.

3) 聽 : 聽任(맡겨둠)이다.

11. 答胡生書* 胡生에게 답한 편지

* 胡生은 이름이 直均으로, 貞元 19년(803)에 進士試에 及第한 자이다. 이 答信은 직균이 진사시에 급제하기 1년 전인 정원 18년에 쓴 것이다. 이때 韓愈는 四門博士였다.

情本悃愊하고 而有深思處하니 堪把翫이라

情이 지극한 誠心에서 나왔고, 깊이 생각한 곳이 있으니, 손에 들고 감상할 만하다.

愈頓首胡生秀才足下하노라 雨不止하야 薪芻[1]價益高로다 生遠客으로 懷道守義하야 非其人不交하니 得無病乎[2]아 斯須不展하야 思想無已[3]리라

愈는 胡生秀才 足下에게 머리를 조아립니다.

장맛비가 그치지 않아 燃料와 馬草의 값이 더 올랐습니다. 그대는 먼 곳에서 온 나그네로 道를 품고 義를 지키면서, 道와 義를 지키는 사람이 아니면 교제하지 않으니, 어찌 生計가 곤란하지 않겠습니까? 잠시도 마음을 놓을 수 없어 念慮(걱정)가 그치지 않습니다.

1) 薪芻 : 燃料와 馬草이다.
2) 非其人不交 得無病乎 : 其人은 懷道守義하는 사람을 이르고, 得은 '豈(어찌)'의 訓으로 쓰였고, 病은 '困苦'의 뜻으로 쓰였다.
3) 斯須不展 思想無已 : 斯須는 잠시이고, 不展은 마음이 놓이지 않는 것이고, 思想은 念慮(걱정)의 뜻으로 쓰인 듯하다.

愈不善自謀[1]하야 口多而食寡나 然猶月有所入하니 以愈之不足으로 知生之窮也로라 至於是而不悔하니 非信道篤者면 其誰能之리오 所示千百言에 略不及此하고 而以不屢相見爲憂하야 謝相知爲急하니 謀道不謀食하고 樂以忘憂[2]者는 生之謂矣니라 顧無以當之하니 如何오

나는 生計를 꾸리는 일에 서툴러서 식구는 많고 양식은 모자랍니다만, 그래도 나에게는 다달이 들어오는 수입이 있습니다. 〈그런데도 이렇게 부족하니〉 나의 부족한 형편을 미루어 그대의 곤궁함을 짐작해 알 수 있습니다. 그대는 곤궁이 이 지경에 이르렀는데도 후회하지 않으시니, 道를 믿는 마음이 독실한 사람이 아니라면 그 누가 이러할 수 있겠습니까?

그런데도 주신 편지의 수많은 말 속에 이에 대해서는 조금도 언급하지 않고, 나와 자주 만나지 못하는 것을 근심하면서 내가 알아준 것에 대해 감사를 표하는 것을 급한 일로 여겼으니, "道를 꾀하고 衣食을 꾀하지 않으며, 도를 즐겨 근심을 잊는다."는 孔子의 말씀은 바로 그대 같은 사람을 두고 하신 말씀입니다. 그러나 나는 그대의 두터운 뜻을 감당할 수 없으니 어쩌면 좋겠습니까?

1) 自謀 : 자력으로 생계를 꾸림이다.

2) 謀道不謀食 樂以忘憂 : 이 두 句는 각각 ≪論語≫ 〈衛靈公〉과 〈述而〉에 보인다.

夫別是非하고 分賢與不肖는 公卿貴位者之任也니 愈不敢有意於是로라 如生之徒於我厚者에 知其賢하고 時或道之라도 於生未有益也요 不知者乃用是爲謗이리라 不敢自愛[1]라 懼生之無益而有傷也니 如之何오 若曰 彼有所合이니 吾不利其求[2]라하면 則庶可矣리라 生又離鄕邑去親愛하야 甘辛苦而不厭者는 本非爲是也[3]니 如之何오 愈之於生에 旣不變矣니 戒生無以示愈者語於人하야 用息不知者之謗[4]하노니 生愼從之하라

是非를 분별하고 賢不肖를 分揀하는 것은 高貴한 지위에 있는 公卿의 책임이니, 나는 감히 이런 일에 뜻을 둘 수 없습니다. 나와 親分이 두터운 그대 같은 사람의 賢能함을 알고서 때때로 사람들 앞에서 칭찬하더라도 그대에게 도움이 되지 않고, 모르는 사람들은 도리어 이로 인해 그대와 나를 비방할 것입니다. 감히 나 자신을 아껴서가 아니라 그대에게 도움은 주지 못하고 상처만 주게 될까 두렵기 때문이니 어쩌면 좋겠습니까?

만약 "저 공경들에게는 마음에 드는 자가 있을 것이니, 나는 저들에게 도움을 청

하여 이익을 구하지 않겠다."고 하신다면, 거의 구차함을 면할 수 있을 것입니다. 그러나 그대가 고향을 떠나 親愛하는 사람들과 헤어져 외로이 지내면서 고생을 달게 여기고 싫어하지 않은 것은 본래 이를 위함이 아니니 어찌면 좋겠습니까?

그대에 대한 나의 마음은 이미 변함이 없습니다. 그대는 지난번 편지에서 나에게 했던 말을 남들에게 하지 마시어, 알지 못하는 자들의 비방을 止息시키기를 당부하노니 그대는 부디 나의 말을 따르십시오.

1) 不敢自愛 : 감히 나 자신의 명예를 위해 남들 앞에서 그대에 대한 칭찬을 아끼는 것이 아니라는 뜻이다.
2) 彼有所合 吾不利其求 : 彼는 公卿을 이르고, 吾不利其求는 나는 이익을 얻기 위해 저 공경들에게 도움을 청하지 않겠다는 말이니, 곧 저 공경들에게는 각각 마음에 드는 사람이 있을 것이니, 나는 과거에 급제하기 위해 저들에게 도움을 청하지 않겠다는 뜻이다.
3) 本非爲是也 : 是는 上文에 말한 '相知'를 이르니, 곧 그대가 고향을 떠나와서 갖은 고생을 하며 지내는 것은 본래 과거에 급제하기 위함이지, 나의 알아줌을 받기 위함이 아니라는 뜻이다.
4) 戒生無以示愈者語於人 用息不知者之謗 : 戒는 당부함이고, 示는 남의 書信을 이르고, 用은 以이니, 곧 지난번 편지에 나에게 했던 말을 남들에게 하지 말아서, 알지 못하는 자들의 비방을 止息시키기를 당부한다는 말이다.

講禮釋友二篇은 **比舊尤佳**하야 **志深而喩切**하고 **因事以陳辭**하니 **古之作者**도 **正如是爾**니라

〈講禮〉와 〈釋友〉 두 篇은 문장이 전의 것보다 더욱 아름다워서 뜻도 깊고 비유도 적절하며, 事情에 따라 言辭를 陳述(敍述)하였으니, 옛날의 作者들도 이러하였을 것입니다.

12. 答尉遲生書* 尉遲生에게 답한 편지

* 尉遲生은 이름이 汾으로 貞元 18년(802)에 進士試에 합격한 韓愈의 제자이다. 한유는 전에 考官 陸傪에게 위지분의 文章과 行誼가 出衆하다고 추천한 적이 있었다. 이 편지는 정원 17년에 위지분이 가르쳐주기를 청한 편지에 회답한 것이다.

愈白尉遲生足下하노라 夫所謂文者는 必有諸其中[1]이라 是故君子愼其實하니 實之美惡이 其發也不掩[2]일새니라 本深而末茂[3]하고 形大而聲宏[4]하며 行峻而言厲[5]하고 心醇而氣和[6]하며 昭晣者無疑하고 優游者有餘니라 體不備면 不可以爲成人이고 辭不足이면 不可以爲成文[7]이라 愈之所聞者如是하니 有問於愈者면 亦以是對하니라

愈는 尉遲生 足下께 아룁니다.

이른바 文章이란 반드시 내면에 쌓인 것이 있어야 합니다. 그러므로 군자는 도덕의 수양과 학문의 연마에 誠心을 다하니, 이는 도덕의 수양과 학문의 연마를 잘하고 못한 것이 문장에 그대로 드러나 가릴 수 없기 때문입니다. 뿌리가 깊으면 가지가 무성하고, 형체가 크면 소리가 우렁차며, 행동이 고결하면 말이 준엄하고, 마음이 醇厚하면 기운이 화평하며, 사리에 밝은 사람의 문장은 의심스러운 곳이 없고, 마음이 한가롭고 편안한 사람의 문장은 여유가 있습니다. 肢體가 갖추어지지 않으면 완전한 사람이 될 수 없고, 文辭가 부족하면 완전한 문장이 될 수 없습니다. 내가 들은 바가 이와 같기 때문에 나에게 묻는 이가 있으면 나 또한 이 말로 대답해주었습니다.

1) 所謂文者 必有諸其中 : 문장은 속에 있는 생각을 글로 표현하는 것이기 때문에, 문장을 쓰는 사람은 반드시 속에 든 것이 있어야 한다는 말이다.
2) 愼其實……其發也不掩 : 愼은 誠이고, 實은 內面에 있는 道德과 學問 등을 이르니, 곧 문장을 쓰는 군자가 도덕을 수양하고 학문을 鍊磨하는 일에 성심을 다하는 것은, 도덕의 수양과 학문의 연마를 잘하고 못한 것이 문장에 그대로 드러나 가릴 수가 없기 때문이라는 뜻이다.
3) 本深而末茂 : 뿌리가 깊으면 가지가 무성하다는 말로, 본서 권4의 〈答李翊書〉

에 "뿌리를 培養하여 結實을 기다리라.……뿌리가 무성한 나무는 그 열매가 풍성하다.〔養其根而竢其實……根之茂者 其實遂〕"고 한 말과 같은 뜻이다.

4) 形大而聲宏 : 형체가 크면 소리가 우렁차다는 말로 〈答李翊書〉에 "氣(文章의 氣勢)는 물과 같고 言(文辭)은 물 위에 뜨는 浮物과 같으니, 물이 크면 크고 작은 부물이 모두 뜬다. 氣와 言의 관계도 이와 같아, 氣가 성대하면 言(辭句)의 長短과 聲韻의 高下가 모두 알맞게 된다.〔氣 水也 言 浮物也 水大而物之浮氣之與言 猶是也 者大小畢浮 氣盛則言之短長與聲之高下者皆宜〕"고 한 말과 같은 뜻이다.

5) 行峻而言厲 : 品行이 高潔하면 言語가 준엄하다는 말이다.

6) 心醇而氣和 : 心性이 醇厚하면 문장의 語氣가 화평하다는 말이다.

7) 體不備……不可以爲成文 : 成人은 완전한 사람을 이르고, 成文은 완전한 문장을 이른다. 辭는 문장의 體制와 格式 등을 이른다. 肢體가 갖추어지지 않으면 완전한 사람이 될 수 없듯이, 문장도 체제와 격식이 부족하면 완전한 문장이 될 수 없다는 말이다.

今吾子所爲皆善矣어늘 **謙謙然**[1]**若不足**하야 **而以徵**[2]**於愈**하니 **愈又敢有愛於言乎**아 **抑所能言者**는 **皆古之道**[3]니라 **古之道**는 **不足以取於今**이어늘 **吾子何其愛之異也**오

지금 그대가 지은 문장이 모두 훌륭한데, 마치 부족한 듯이 겸양하여 나에게 가르침을 구하니, 내 감히 말을 아끼겠습니까? 그러나 내가 말해줄 수 있는 것은 모두 古人이 문장을 짓던 방법일 뿐입니다. 고인의 방법은 지금 세상에서 취할 만한 것이 못 되는데, 그대는 어째서 좋아하는 것이 지금 사람들과 다르십니까?

1) 謙謙然 : 겸양하는 모양이다.

2) 徵 : 求함이니, 곧 가르침을 구함이다.

3) 古之道 : 古人들이 문장을 짓던 방법을 이른다.

賢公卿大夫在上比肩[1]하고 **始進之賢士**[2]**在下比肩**하니 **彼其得之**에 **必有以取之也**리라 **子欲仕乎**ㄴ댄 **其往問焉**하라 **皆可學也**리라 **若獨有愛於是**요 **而非仕之謂**[3]ㄴ댄

則愈也嘗學之矣니 **請繼今以言**하리라

오늘날 위에는 어진 公卿大夫들이 많고 아래에는 새로 진출한 어진 선비들이 많으니, 저들이 관직을 얻은 데에는 반드시 관직을 취한 방법이 있었을 것입니다. 그대도 벼슬하고 싶거든 그들에게 가서 물어보십시오. 모두 배울 수 있을 것입니다. 만약 단지 古文을 좋아해서 왔을 뿐이고, 벼슬하기 위해 온 것이 아니라면 내가 일찍이 고문을 배운 적이 있으니, 오늘 이후로 계속해 말해드리겠습니다.

1) 比肩 : 어깨가 서로 맞닿았다는 말로, '많음'을 뜻한다.
2) 始進之賢士 : 科擧에 及第하여 비로소 관직에 任用된 사람을 이른다.
3) 非仕之謂 : '謂'는 '爲'와 通用한다. 이 句는 '非爲仕'의 倒置句이다.

13. 答楊子書* 楊子에게 답한 편지

* 楊子는 楊敬之이다. 그는 字가 茂孝로, 元和 初年에 進士에 及第하였다. 양경지가 韓愈에게 편지와 함께 자기가 지은 문장을 보내어 仰慕의 뜻을 보였으므로 한유가 이 답신을 보낸 것이다. 이 답신은 한유가 職方員外郞으로 있던 원화 6년(811)에 쓴 것이다.

納交之始如此하니 **此其所以旣合而不爲睽也**라

처음 교제를 맺을 때에 이와 같이 하였으니, 이것이 교제를 맺은 뒤에 서로 사이가 벌어지지 않은 까닭이다.

辱書幷示表記述書辭等五篇하니라 **比於東都**에 **略見顔色**하고 **未得接言語**나 **心固已相奇**로라 **但不敢果於貌定**[1]이라 **知人**은 **堯舜所難**이요 **又嘗服宰予之誡**[2]라 **故未敢決然決**하고 **亦不敢忽然忘也**로라

편지와 함께 보내주신 表·記·述·書·辭 등 다섯 편의 문장을 받았습니다. 근자에 東都에서 얼굴만 잠시 대하고 이야기를 나누지는 못하였으나, 마음속으로는 이미 奇才로 여겼습니다. 그러나 감히 용모만 보고서 과감히 사람을 評定할 수 없

었습니다. 사람을 알아보는 것은 堯舜도 어렵게 여긴 바이고, 또 일찍이 宰予를 경계하신 孔子의 말씀을 學習하였기 때문에 감히 결연히 결정하지도 않고 감히 홀연히 잊지도 않았습니다.

1) 貌定 : 사람의 용모만을 보고서 그 사람을 評定함이다.
2) 服宰予之誡 : 服은 '學'의 訓으로 쓰였다. 宰予之誡는 ≪論語≫ 〈公冶長〉에 보인다. 재여가 낮잠을 자자, 공자께서 "썩은 나무는 조각할 수 없고 썩은 흙으로 쌓은 담은 흙손질할 수 없으니, 내 재여에게 무엇을 꾸짖겠느냐?〔朽木不可雕也 糞土之牆 不可杇也 於予與何誅〕"고 경계하신 말씀을 이른다.

到城已來로 不多與人還往하니 友朋之中에 所敬信者는 平昌孟東野[1)]니라 東野吃吃[2)]說足下不離口하고 崔大敦詩[3)]不多見이나 每每說人物에 亦以足下爲處子[4)]之秀하고 近又得李七翺書하니 亦云足下之文이 遠其兄[5)]甚이라하니라 夫以平昌之賢으로 其言一人이라도 固足信矣어든 況又崔與李繼至而交說邪아 故不待相見이오도 相信已熟하고 旣相見에 不要約已相親하니 審知足下之才充其容也[6)]로라

京城에 온 뒤로 사람들과 왕래하는 일이 적었으니, 벗 가운데 내가 존경해 믿는 사람으로는 오직 平昌 孟東野뿐입니다. 그런데 東野가 足下를 칭찬하는 말이 입에서 떠나지 않았고, 崔大 敦詩도 자주 만나지는 못하지만 人物을 말할 때마다 역시 족하를 處士 중에 우수한 자라고 하였으며, 근자에 또 李七 翺의 편지를 받아보니, 그 역시 족하의 문장이 족하 형님의 문장보다 훨씬 낫다고 하였습니다.

저 平昌은 賢明한 사람이므로 그렇게 말하는 이가 그 한 사람이라 하더라도 본래 믿기에 충분한데, 하물며 또 崔大와 李翺가 연이어 와서 번갈아가며 말하는 데야 더 말할 게 있겠습니까? 그러므로 서로 만나기를 기다리지 않고도 그대에 대한 믿음이 이미 깊었고, 그대를 만난 뒤에는 友情을 변치 말자고 약속하지 않았어도 이미 친밀해졌으니, 족하의 재능이 용모에 부합함을 잘 알았습니다.

1) 平昌孟東野 : 平昌은 郡名이고, 孟東野는 孟郊이니, 곧 평창 사람 孟東野란 말이다.

2) 吃吃 : 쉬지 않고 부지런히 말하는 모양이다.

3) 崔大敦詩 : 崔大는 崔群을 이른다. 敦詩는 字이다. 옛사람들은 輩行으로 사람을 呼稱하였다. 崔群의 輩行이 맏이였으므로 '大'라고 칭한 것이다. 下文의 李七도 같은 例이니, 배행이 일곱째임을 나타낸다.

4) 處子 : 處士(出仕하지 않은 士人)이다.

5) 其兄 : 楊敬之의 兄 楊懷之를 이른다.

6) 審知足下之才充其容也 : 審知는 자세히 앎이고, 充은 符合이니, 곧 뛰어난 용모에 부합하는 재능을 지녔다는 것을 잘 알았다는 뜻이다.

今辱書乃云云하니 **是所謂以黃金注**라 **重外而內惑也**[1]니라 **然恐足下少年與僕老者不相類**하니 **尙須驗以言**[2]이라 **故具白所以**하노니 **而今而後**에 **不置疑於其間可也**니라

지금 주신 편지에 이러이러하다고 말씀하셨으니, 이는 이른바 "黃金을 걸고 내기 활을 쏠 경우에 外物을 중시하여 마음이 혼란해진다."는 것입니다. 그러나 足下는 少年이어서 늙은 나와 생각이 같지 않을 듯하니, 오히려 말로써 검증할 필요가 있습니다. 그러므로 이 答信에 그 까닭을 구체적으로 말하였으니, 앞으로 우리 둘 사이에 의심을 두지 않는 것이 좋겠습니다.

1) 以黃金注 重外而內惑也 : ≪莊子≫ 〈達生〉에 "〈활을 쏘아 과녁에 맞히는 것으로 내기를 할 때〉 瓦器를 걸고 활을 쏠 경우에는 〈아까운 마음이 없기 때문에〉 技巧를 발휘하고, 帶鉤를 걸고 활을 쏠 경우에는 마음이 떨리고, 황금을 걸고 활을 쏠 경우에는 마음이 昏亂하다. 기교는 한결같지만 귀중히 여겨 아끼는 마음이 있으면 외물을 중시하게 되니, 외물을 중시하는 자는 내심이 愚拙해진다.〔以瓦注者巧 以鉤注者憚 以黃金注者殙 其巧一也 而有所矜 則重外也 凡外重者內拙〕"란 말이 보이는데, 成玄英의 疏에 "注는 金品을 걸고 내기하기 위해 활을 쏘는 것이다. 瓦器 같은 천한 물건을 걸고 내기 활을 쏠 경우에는 아까운 마음이 없기 때문에 기교를 발휘해 과녁을 맞히고, 약간 값이 나가는 帶鉤를 걸고 활을 쏠 경우에는 맞히지 못할까 두렵기 때문에 두려운 마음이 생겨 과녁을 맞히지 못하고, 매우 귀중한 黃金을 걸고 활을 쏠 경우에는 아까운 마음이 들기 때문에 마음이 혼란하여 과녁을 맞히지 못한다.

활솜씨는 변함이 없으나, 外物을 중시하기 때문에 아까운 마음이 생기고, 황금을 귀하게 여기기 때문에 마음이 愚拙해진다."고 하였다.

韓愈는 莊子의 이 譬喩를 인용하여, 황금을 걸고 활을 쏘는 자가 마음이 혼란해져서 과녁을 맞히지 못하는 것처럼, 문장을 배워 명예를 얻으려는 데 뜻을 두면 心智가 어두워져서 所期의 목적을 달성할 수 없으니, 문장을 重視하지 말고 도덕을 중시해 수양하도록 楊敬之를 권면한 것이다.

2) 不相類 尙須驗以言 : 젊은 그대와 늙은 나의 생각이 서로 같지 않을 수 있으니, 말로써 檢驗(檢證)할 필요가 있다는 말이다.

若曰長育人才는 **則有天子之大臣在**라 **若僕者**는 **守一官且不足以修理**온 **況如是重任邪**아 **學問有暇**면 **幸時見臨**하노라 **愈白**하노라

足下가 말한 '人才를 기르는 일'이라면 天子의 大臣이 있습니다. 나로 말하면 관직 하나를 맡아 직무를 처리하기에도 힘이 부치는데, 하물며 인재를 기르는 중책이겠습니까? 學問하는 여가에 때때로 枉臨하시기 바랍니다. 愈는 아룁니다.

14. 爲河南令上留守鄭相公啓* 河南令이 되어 留守 鄭相公에게 올린 啓

* 元和 5년(810)에 韓愈는 都官員外郎에서 갈리어 河南令이 되었다. 이때 어떤 軍人이 시장에서 民間人을 모욕하여 治安을 어지럽혔다. 그런데도 당시 留守는 도리어 소란을 피운 군인을 편들었다. 그러므로 한유가 이 啓를 올린 것이다. 鄭相公은 檢校兵部尙書로 東都留守를 兼任한 鄭餘慶을 이른다. 정여경은 德宗·順宗·憲宗朝에 丞相을 지냈기 때문에 相公이라 한 것이다. 啓는 下官이 上官에게 事情을 進達하는 文體의 하나이다.

情直而辭婉이라

감정의 표현은 솔직하나 문장은 완곡하다.

愈啓하노라 **愈爲相公官屬五年**[1)]에 **辱知辱愛**로라 **伏念曾無絲毫事爲報答效**ㄹ새 **日**

夜思慮謀畫하니 以爲事大君子[2)]當以道요 不宜苟且求容悅이라 故於事未嘗敢疑惑하야 宜行則行하고 宜止則止하며 受容受察이오도 不復進謝하고 自以爲如此眞得事大君子之道로라 今雖蒙沙汰爲縣[3)]이나 固猶在相公治下하니 未同去離門牆爲故吏[4)]가 爲形跡嫌疑[5)]하야 改前所爲하야 以自疎外於大君子는 固當不待煩說於左右而後察也니라

愈는 아룁니다.

저는 相公의 官屬으로 있는 5년 동안 인정과 사랑을 받았습니다. 그러나 삼가 생각건대 조금도 보답한 적이 없으므로 밤낮으로 생각하고 계획해보니, 大君子를 섬김에는 도리로 섬겨야지 구차하게 아첨하여 환심을 사기를 구해서는 안 된다고 생각되었습니다. 그러므로 상공의 政事에 대해 감히 의심하지 않고서 행할 만하면 행하고 멈출 만하면 멈추었으며, 관용과 보살핌을 받고도 다시 감사의 말씀을 올리지 않고서, 이렇게 하는 것이 참으로 대군자를 섬기는 도리라고 여겼습니다.

이제 제가 비록 淘汰당하여 縣令이 되었으나 여전히 상공의 治下에 있으니, 상공의 문하를 떠난 故吏가 形跡의 혐의를 피하기 위해 종전에 섬기던 방법을 고쳐 스스로 대군자를 멀리한 것과 같지 않다는 것은, 진실로 번거롭게 상공께 말씀드리지 않아도 당연히 아실 것입니다.

1) 爲相公官屬五年 : 韓愈가 國子博士로 있던 元和 元年(806)에는 鄭餘慶이 國子祭酒였고, 한유가 국자박사로 東都에 派遣되었던 원화 2년에는 정여경이 河南尹으로 知東都國子監事을 겸직하였으며, 한유가 都官員外郎으로 東都에 있던 원화 3년에서 5년까지는 정여경이 東都留守였기 때문에 '爲相公官屬五年'이라 한 것이다.

2) 大君子 : 위대한 君子란 말로 鄭餘慶을 이른다.

3) 沙汰爲縣 : 沙汰는 淘汰와 같은 말로 不適合한 官吏를 가려서 버리는 것이니, 곧 韓愈가 都官員外郎에서 河南令으로 쫓겨 간 것을 이른다.

4) 故吏 : 지난날 手下에 있던 官吏를 이른다.

5) 形跡嫌疑 : 行動擧止가 의심스러움이다.

人有告人辱罵其妹與妻하니 爲其長者得不追而問之乎아 追而不至하니 爲其長者得不怒而杖之乎아 坐軍營操兵守禦라가 爲留守出入前後驅從者는 此眞爲軍人矣어니와 坐坊市賣餠又稱軍人이면 則誰非軍人也오 愚以爲此必姦人以錢財賂將吏하야 盜相公文牒하야 竊注名姓於軍籍中하야 以陵駕[1]府縣이라 此固相公所欲去요 奉法吏所當嫉이니 雖捕繫杖之라도 未過也니라

백성 중에 자기의 누이와 아내를 모욕하였다고 고발하는 백성이 있으면 그곳 官長이 된 자가 어찌 모욕한 자를 불러다가 심문하지 않을 수 있으며, 불러도 오지 않으면 그곳 관장이 된 자가 어찌 노하여 笞杖을 치지 않을 수 있겠습니까? 軍營에 앉아 武器를 들고 守禦하다가 留守가 출입할 때면 앞에서 인도하고 뒤에서 護從하는 자는 참으로 군인이지만, 市街에 앉아서 떡을 팔면서 군인이라고 칭한다면 누군들 군인이 아니겠습니까?

어리석은 저의 생각에는, 이는 간사한 자가 將吏에게 돈이나 재물을 뇌물로 주고서 相公의 文牒을 훔쳐 몰래 그 姓名을 軍籍에 써넣고서 府·縣을 능멸해 억누른 것이 틀림없습니다. 이런 자들은 본래 상공께서 제거하고자 한 자들이고, 법을 봉행하는 관리가 마땅히 미워해야 할 자들이니, 비록 잡아다가 묶어놓고서 태장을 쳐도 지나치지 않습니다.

1) 陵駕 : 능멸해 억누른다는 뜻으로 쓰인 듯하다.

昨聞相公追捕所告受辱罵者하고 愚以爲大君子爲政當有權變이니 始似小異나 要歸於正耳라 軍吏紛紛入見告屈하니 爲其長者安得不小致[1]爲之之意乎아 未敢以此仰疑大君子니라 及見諸從事[2]說컨대 則與小人所望信者少似乖戾로라 雖然豈敢生疑於萬一이리오 必諸從事與諸將吏未能去朋黨心하고 蓋覆黵黮하야 不以眞情狀白露[3]左右니라 小人受私恩良久니 安敢閉蓄[4]以爲私恨하고 不一二陳道리오 伏惟相公憐察이면 幸甚幸甚이라

어제 相公께서 〈누이와 아내가〉 모욕을 받았다고 고발한 자를 追捕하였다는 말

을 듣고서, 저는 大君子가 政務를 처리할 적에는 당연히 상황에 맞게 처리함이 있으니, 처음에는 약간 다름이 있는 것 같아도 대체로 正義로 歸着될 것이라고 생각하였습니다. 軍吏들이 어지럽게 들어와 억울함을 호소하였을 것이니, 그들의 長官이 되신 상공께서 어찌 그들을 위하는 뜻을 조금이나마 표시하지 않을 수 있었겠습니까? 감히 이것을 가지고 대군자를 의심하지는 않았습니다.

그러나 여러 從事들의 말을 들어보건대, 제가 상공을 仰望하며 신뢰하던 것과는 약간 어긋난 듯합니다. 비록 그렇다 하더라도 제가 어찌 감히 만에 하나인들 상공을 의심하겠습니까? 이는 틀림없이 종사와 將吏들이 제 편을 감싸는 마음을 버리지 못하고 잘못을 가리고 덮어 상공께 진상을 밝게 吐露하지 않았기 때문일 것입니다. 저는 오랫동안 상공께 은혜를 입었으니 어찌 감히 일일이 진달하지 않고 마음속에 숨겨두고서 원한으로 삼을 수 있겠습니까? 삼가 바라건대 상공께서 어여삐 여겨 살펴주시면 매우 고맙겠습니다.

1) 小致 : 조금 표시함이다.
2) 從事 : 河南縣의 吏屬을 이른다.
3) 白露 : 밝게 吐露함이다.
4) 閉蓄 : 마음속에 숨겨두고 드러내지 않음이다.

愈無適時才用하야 **漸不喜爲吏**하니 **得一事爲名可自罷去**면 **不啻如棄涕唾**라 **無一分顧藉**[1]**心**이리라 **顧失大君子纖芥意如丘山重**하니 **守官去官**을 **惟今日指揮**하라 **愈惶懼再拜**하노라

저는 시대에 적합한 재능이 없어서 관리 노릇하는 것이 점점 싫어지니, 스스로 벼슬을 그만두고 떠날 명분으로 삼을 수 있는 한 가지 일을 만난다면 코를 풀고 침을 뱉듯이 조금도 愛惜해하지 않고 官職을 버리겠습니다. 그러나 大君子의 사소한 의견을 어기는 것이 저에게는 태산처럼 무거우니, 관직에 남을 것인지 관직을 떠날 것인지를 오늘 지시해주시기 바랍니다. 愈는 두려운 마음으로 再拜합니다.

1) 顧藉 : 愛惜이다.

15. 賀徐州張僕射白兎狀* 徐州 張僕射가 흰 토끼를 잡은 것을 축하한 狀

* 徐州 張僕射는 徐·泗·濠節度使 張建封을 이른다. 貞元 12년(796)에 장건봉이 檢校左僕射를 겸직하였기 때문에 '張僕射'라 한 것이다. 僕射는 尙書省의 長官이다. 이 글은 韓愈가 장건봉의 幕僚로 있던 貞元 15년 가을에 쓴 것이다. 狀은 下級官吏가 上級者에게 奏達하는 文體의 하나이다.

類終軍白麟奇木對[1)]라

終軍의 〈白麟奇木對〉와 유사하다.

1) 終軍白麟奇木對 : 終軍의 자는 子雲이고 濟南 사람이다. 18세 때에 이미 文名이 나서 제남에서 博士弟子로 선발되어 京師로 보내졌다. 경사에 이르러 時事를 논한 글을 올리니, 漢 武帝가 그 글을 특이하게 여겨 종군을 謁者給事中으로 삼았다. 무제가 천지에 제사지내기 위해 雍祠(雍縣에 있는 祠堂)의 五畤(天子가 天地에 祭祀 지내는 곳)로 갈 때 종군이 隨行하였는데, 이때 뿔이 하나이고 네 발마다 발굽이 다섯 개씩 달린 흰 麒麟을 포획하고, 또 가지가 옆에서 나와 위로 올라가서 서로 붙은 기이한 나무를 발견하였다. 무제는 이 두 가지 물건을 기이하게 여겨, 길흉의 조짐을 신하들에게 널리 물었다. 〈白麟奇木對〉는 이때 종군이 대답한 글을 이른다. 이 글은 ≪漢書≫ 〈終軍傳〉에 보인다.

伏聞今月五日營田巡官陳從政[1)]**獻瑞兎**[2)]하니 **毛質皦白**[3)]이요 **天馴其心**[4)]이라 **其始實得之符離安阜屯**하니라 **屯之役夫朝行遇之**하야 **迫之弗逸**[5)]하고 **人立而拱**이라 **竊惟休咎之兆**는 **天所以啓覺于下**하야 **依類託喩**[6)]라 **事之纖悉不可圖驗**[7)]이니 **非睿知博通**이면 **孰克究明**이리오 **愈雖不敏**이나 **請試辨之**하노라

삼가 듣건대, 이달 5일에 營田巡官 陳從政이 상서를 상징하는 토끼를 進獻하였는데, 털이 희고, 그 마음이 先天的으로 사람의 말을 잘 듣는다고 하였습니다. 당초에 이 토끼를 符離縣 安阜屯에서 잡았는데, 屯田의 役夫가 아침에 가다가 이 토

끼를 만나 가까이 가도 달아나지 않고 사람처럼 서서 〈마치 사람이 두 손을 모아 잡고 敬意를 표하는 것처럼〉 두 발을 모았다고 합니다.

제가 생각하기에 休咎(吉凶)의 조짐은 하늘이 下民에게 啓示하기 위해 어떤 사물을 빌려 그 조짐을 암시하는 것이라서 상징하는 일을 자세히 추측해 증명할 수 없으니, 슬기로운 지혜와 해박하고 통달한 학식을 가진 사람이 아니라면 그 누가 이를 究明할 수 있겠습니까? 제가 비록 不敏하지만 한번 辨論해보겠습니다.

1) 營田巡官陳從政 : 漢代 이후로 역대 王朝에서 駐屯地에 田地를 마련하여 군사들에게 농사를 지어 軍糧을 自給하게 하였는데, 이를 '屯田' 또는 '營田'이라 하였다. 營田巡官은 營田의 일을 주관하는 官吏이고, 陳從政은 그 관리의 姓名이다.
2) 瑞兎 : 상서를 상징하는 토끼이다.
3) 毛質皦白 : 毛質은 禽獸의 羽毛를 이르고, 皦白은 潔白함이다.
4) 天馴其心 : 其心天馴의 倒置句인 듯하므로 이상과 같이 번역하였다.
5) 迫之弗逸 : 사람이 가까이 가도 도망가지 않았다는 말이다.
6) 依類託喩 : 어떤 사물을 빌려 길흉의 조짐을 暗示함이다.
7) 事之纖悉不可圖驗 : 圖는 推測함이고, 驗은 증명함이니, 곧 상징하는 일을 자세히 추측하여 증명할 수 없다는 말이다.

兎는 **陰類**[1]**也**요 **又窟居**하야 **狡而伏**하니 **逆象也**라 **今白其色**이니 **絶其群也**[2]요 **馴其心**하니 **化我德也**요 **人立而拱**은 **非禽獸之事**니 **革而從人**이요 **且服罪也**라 **得之符離**하니 **符離實戎國名**[3]이나 **又附麗**(리)[4]**也**요 **不在農夫之田而在軍田**은 **武德**[5]**行也**니 **不戰而來之之道也**ㄹ새 **有安皐之嘉名焉**[6]이라

토끼는 陰類이고, 또 굴속에 살면서 교활하게 엎드려 있으니 反逆의 象徵입니다. 그러나 지금 이 토끼는 색깔이 희니 그 무리들과 색깔이 크게 다르고, 그 마음이 온순하니 사람의 덕행에 감화된 것이고, 사람처럼 서서 두 발을 모은 것은 禽獸의 일이 아니니 본래의 행동을 고치고서 사람의 일을 따른 것이고 또 罪를 自服한 것입니다. 符離에서 잡혔으니 符離는 실로 西戎의 國名이지만 또 附麗의 뜻이 있

고, 농부의 田地에 있지 않고 군대의 屯田에 있었던 것은 武德을 행한 것이니, 〈무덕은〉 전쟁을 하지 않고도 적을 귀순해 오게 하는 방법이기 때문에 安阜라는 아름다운 이름이 있는 것입니다.

1) 陰類 : 古人들은 陽을 善의 상징으로, 陰을 惡의 상징으로 보아, 善類를 陽으로 惡類를 陰으로 인식하였다. '陰類'는 곧 陰險하고 惡毒한 종류라는 뜻이다.
2) 絶其群也 : 그 털의 색깔이 다른 토끼들과 크게 다르다는 말이다.
3) 符離實戎國名 : ≪韓文考異≫에 "≪漢書≫ 〈衛青傳〉에 '討浦泥 破符離'란 말이 보이는데, 晉灼은 '두 王의 號이다.'라고 하였다. 여기에 말한 戎國은 아마도 ≪漢書≫의 말을 취한 듯하다."라고 하였다. 융국은 中國의 西部에 거주하는 異民族을 이르는데, 이곳에 말한 융국은 어떤 나라를 가리킨 것인지 未詳이다.
4) 附麗(리) : 依附(歸附)이다. 韓愈는 符離가 國名이지만, 또 音이 '附麗'와 같기 때문에 戎國이 귀순해 온다는 뜻으로 해석한 것이다.
5) 武德 : 武道로, 곧 下文에 말한 '전쟁을 하지 않고도 敵을 歸順해 오게 하는 道이다.
6) 有安阜之嘉名焉 : 安阜는 音이 安附(안심하고서 歸附함)와 같기 때문에 安阜를 安附로 해석한 것이다. 韓愈는 토끼가 잡힌 것이 하늘이 吉祥의 징조를 暗示한 것으로 여겨, 색깔이 다른 토끼들과 달리 흰 것은 이 戎國이 逆心을 품은 다른 나라들과 다르다는 것을, 마음이 온순한 것은 융국이 唐나라의 덕에 감화될 것을, 사람처럼 서서 두 발을 모은 것은 지난날의 죄악을 自服할 것을, 符離에서 잡힌 것은 융국이 歸附할 것을, 군대의 屯田에 있었던 것은 당나라가 武德을 행할 것을 암시한 것이다. 武德은 전쟁을 하지 않고 융국을 歸順해 오게 하는 방법이기 때문에 '安阜'라는 아름다운 이름을 지닌 둔전에서 잡혀서 융국이 安附할 것을 암시한 것이라고 하였다.

伏惟閤下股肱[1]帝室하고 藩垣[2]天下하니 四方其有逆亂之臣으로 未血斧鑕[3]之屬이 畏威崩析[4]歸我乎哉아 其事兆矣[5]니 是宜具跡表聞하야 以承答天意[6]라 小子不惠나 猥以文句微識蒙念하니 睹茲盛美焉하고 敢避不讓之責而默默耶아

삼가 생각건대 閣下께서는 皇室을 輔佐하는 신하이시고, 天下를 守衛하는 藩垣(城郭)이시니, 사방에 아직 정벌을 당하지 않은 逆亂의 藩臣 등이 어찌 위엄에 겁을 먹고 스스로 무너져서 唐나라 황실에 귀순하지 않겠습니까?〈하늘이 이 토끼로써〉그 일의 조짐을 暗示하였으니, 사실을 갖추어 表文을 올려 하늘의 뜻에 응답하심이 마땅합니다. 지혜롭지 못한 제가 외람되이 문장으로 알아주심과 돌보아주심을 받았으니, 이렇게 성대한 아름다운 일을 보고도 어찌 감히 겸양하지 않는다는 책망을 피하기 위해 잠자코 있을 수 있겠습니까?

1) 股肱 : 팔과 다리인데, 임금을 보좌하는 충성스러운 신하의 뜻으로 쓰인다.
2) 藩垣 : 울타리와 담인데, 국가를 守衛하는 城郭의 뜻으로 쓰인다.
3) 斧鑕 : 罪人을 斬殺할 때 쓰는 도끼와 모탕인데, 여기서는 逆亂의 藩鎭을 征伐해 討平하는 뜻으로 쓰였다.
4) 崩析 : 崩潰됨이다.
5) 其事兆矣 : 하늘이 토끼로써 그 일의 조짐을 암시하였다는 말이다.
6) 承答天意 : 토끼를 잡히게 하여 조짐을 암시한 하늘의 뜻에 應答함이다.

16. 與汝州盧郎中論薦侯喜狀* 侯喜의 사람됨을 논하여 汝州 盧郎中에게 올린 推薦狀

* 盧郎中은 盧虔이다. 前任 刑部郎中이었고, 現任 汝州刺史이므로 '汝州盧郎中'이라고 칭한 것이다. 侯喜는 字가 叔起이다. 貞元 19년(803)에 韓愈의 추천으로 進士에 及第하였다. 이 狀은 한유가 四門博士로 있던 정원 18년에 쓴 것이다.

文婉曲感慨하니 **盧郎中當爲刺心推**(퇴)**轂**[1]**矣**라

문장은 완곡하나 감정이 격렬하니, 盧郎中은 응당 마음이 뜨끔하여 侯喜를 薦擧하였을 것이다.

1) 推(퇴)轂 : 수레를 미는 것이다. ≪史記≫〈張釋之馮唐列傳〉에 의하면, 옛날

에 將軍이 出征할 때 임금이 꿇어앉아 장군의 수레를 밀던 禮인데, 후세에는 장군을 임명하는 뜻으로도 쓰이고, 사람을 천거하는 뜻으로도 쓰인다. 여기서는 薦擧의 뜻으로 쓰였다.

右其人[1)]은 **爲文甚古**하고 **立志甚堅**하야 **行止取捨**에 **有士君子之操**하니라 **家貧親老**로되 **無援於朝**하고 **在擧場十餘年**이로되 **竟無知遇**하니라 **愈常慕其才而恨其屈**하야 **與之還往**이 **歲月已多**라 **嘗欲薦之於主司**하고 **言之於上位**나 **名卑官賤**하야 **其路無由**[2)]하니라 **觀其所爲文**에 **未嘗不揜卷長嘆**이로라

위에 기록한 그 사람은 지은 문장이 매우 古雅하고 세운 뜻이 매우 견고하여 行止(행동거지)와 取捨에 士君子의 節操가 있습니다. 집은 가난하고 어버이는 年老하였으나 조정에는 그를 이끌어주는 이가 없었고, 科場에서 십여 년을 보냈으나 끝내 알아주는 이가 없었습니다. 나는 항상 그의 재능을 仰慕하고 그의 억울함을 한탄하면서 그와 交遊한 세월이 이미 오래입니다. 일찍이 그를 主司(主試官)에게 추천하고 高官에게 말씀드리고자 하였으나, 나의 名聲이 낮고 官職이 微賤하여 그 길을 찾을 방법이 없었습니다. 그러므로 그의 문장을 볼 때마다 책을 덮고 장탄식하지 않은 적이 없었습니다.

1) 右其人 : 韓愈의 本集에는 前頭에 '進士侯喜'라는 네 자가 있으니, '右其人'은 곧 '위에 기록한 그 사람'이라는 말이다.
2) 其路無由 : 그 길을 찾을 방법이 없다는 말이다.

去年에 **愈從調選**[1)]에 **本欲携持同行**이나 **適遇其人自有家事**하야 **迍邅坎坷**[2)]하야 **又廢一年**이라 **及春末自京還**하야 **怪其久絶消息**이러니 **五月初至此**하야 **自言爲閤下所知**라하며 **辭氣激揚**하고 **面有矜色曰 侯喜死不恨矣**라 **喜辭親入關**하야 **羈旅道路**에 **見王公數百**이나 **未嘗有如盧公之知我也**로라 **比者**[3)]에 **分將委棄泥塗**[4)]하야 **老死草野**러니 **今胸中之氣勃勃然**[5)]하고 **復有仕進之路矣**로라

작년에 내가 調選에 참가하기 위해 京師로 갈 때에 본래 侯喜를 데리고 함께 가려하였으나, 마침 후희의 집안에 일이 생겨 길을 떠나기가 어렵고 처지가 곤란하여 또 1년을 허비하였습니다.

나는 늦은 봄에 경사에서 洛陽으로 돌아와서 그의 소식이 오래 끊긴 것을 괴이하게 여겼는데, 5월 초순에 그가 이곳 낙양으로 와서 閤下께 인정을 받았다고 하면서 격앙된 言聲과 자랑스러운 顔色으로 "나는 죽어도 여한이 없다. 내가 어버이를 이별하고 關中으로 들어가서 나그네로 도로를 떠돌 적에 만나본 王公이 수백 명이었으나, 盧公처럼 나를 알아준 사람이 없었다. 나는 近者에 장차 진흙 속에 버려져 초야에서 늙어 죽을 것으로 생각하였는데, 지금은 가슴속의 기운이 왕성하게 일어나고 다시 벼슬길도 열렸다."고 하였습니다.

1) 調選 : 唐代에 관리의 成績을 審查하여 1년에 한 번씩 官職을 移動시키던 制度이다.
2) 迍邅坎坷 : 迍邅은 길을 가기 어려움이고, 坎坷는 길이 울퉁불퉁하여 평탄하지 않은 것인데, 처지가 곤란함을 비유하는 말로 쓰인다.
3) 比者 : 近者이다.
4) 分將委棄泥塗 : 分은 스스로 생각함이고, 泥塗는 진흙이니, 곧 卑賤한 지위를 비유하는 말로 쓰인다.
5) 勃勃然 : 왕성하게 일어나는 모양이다.

愈感其言하야 賀之以酒하고 謂之曰 盧公은 天下之賢刺史也라 未嘗有所推引[1]하니 蓋難其人而重其事니라 今子鬱爲選首[2]하니 其言死不恨은 固宜也라 古所謂知己者正如此耳니라 身在貧賤하야 爲天下所不知가 獨見遇[3]於大賢은 乃可貴耳어니와 若自有名聲이 又託形勢[4]면 此乃市道之事[5]니 又何足貴乎아 子之遇知於盧公은 眞所謂知己者也니라 士之修身立節코도 而竟不遇知己가 前古已來로 不可勝數니라 或日接膝而不相知하고 或異世而相慕하니 以其遭逢之難일새니라 故曰 士爲知己者死[6]라하니 不其然乎며 不其然乎아

나는 그의 말에 감동하여 술자리를 마련해 그를 축하하면서 다음과 같이 말하였습니다.

"盧公은 天下에 賢良한 刺史이다. 그러나 누구도 추천한 적이 없었으니, 이는 아마도 인재를 얻기 어렵고 그 일을 중대하게 여겼기 때문일 것이다. 그런데 지금 그대가 성대하게 選首가 되었으니, '죽어도 여한이 없다.'는 그대의 말은 진실로 당연하다.

옛사람의 이른바 '知己'란 것도 바로 이와 같을 뿐이다. 몸이 빈천한 처지에 있어 천하 사람에게 인정을 받지 못하던 사람이 유독 大賢의 知遇를 받는 것은 貴하게 여기지만, 스스로 명성을 가진 자가 다시 권세 있는 사람에게 의탁하는 것이라면 이는 바로 이익을 쫓는 장사치의 일이니 귀할 게 뭐 있겠는가? 그대가 노공의 알아줌을 받은 것은 참으로 이른바 '知己'를 만난 것이다.

心身을 修養하고 節操를 세운 선비로서 끝내 지기를 만나지 못한 이가 예로부터 셀 수 없이 많았다. 혹은 날마다 무릎을 맞대고 지내면서도 알아보지 못한 경우도 있고, 혹은 同時代 人物이 아닌데도 사모하는 경우도 있었으니, 이는 지기를 만나기 어렵기 때문이었다. 그러므로 '선비는 자신을 알아주는 사람을 위해 죽는다.'고 하였으니, 그렇지 않은가? 그렇지 않은가?"

1) 推引 : 추천해 이끌어줌이다.
2) 選首 : 선발한 자 중에 가장 뛰어난 사람이다.
3) 遇 : 학문이나 재능 등을 인정해 대우함이다.
4) 託形勢 : 권세가 있는 사람에게 依託함이다.
5) 市道之事 : 장사치가 이익을 쫓는 일이라는 말이다.
6) 士爲知己者死 : 이 말은 ≪史記≫ 〈刺客列傳〉에 보인다.

閣下旣已知侯生이어늘 **而愈復以侯生言於閣下者**는 **非爲侯生謀也**라 **感知己之難遇**하야 **大閣下之德**하고 **而憐侯生之心**이라 **故因其行而獻於左右焉**하노라 **謹狀**하노라

閣下께서 이미 侯生을 알아주셨는데도 내가 다시 후생을 합하께 말씀드리는 것

은, 후생을 위해서가 아니라 知己를 만나기 어려운 것에 感憤하여 합하의 덕행을 위대하게 여기고 후생의 마음을 가엾게 여겨서입니다. 그러므로 그가 가는 기회를 이용해 합하께 이 말씀을 올리는 것입니다. 삼가 狀을 올립니다.

譯者 鄭太鉉 略歷

慶北 尙州 化北 出生
止山 林聖武 先生과 鳳西 吳禹善 先生 師事
民族文化推進會 國譯硏修院 卒業
　　　　　　　　國譯部長, 國譯硏修院 教授
한국고전번역원 부설 고전번역교육원 名譽漢學教授(現)
傳統文化研究會 理事 겸 副會長(現)
국민훈장 모란장 受賞

論文 및 譯書

〈栗谷의 改革思想〉
譯書 ≪春秋左氏傳≫ ≪孝經大義≫ ≪同春堂集≫
共譯 ≪五洲衍文長箋散稿≫ ≪星湖僿說≫ ≪宋子大全≫
　　≪茶山詩文集≫ ≪陽村集≫ ≪高峯集≫ ≪寒水齋集≫
　　≪朝鮮王朝實錄≫ 등 多數

東洋古典譯註叢書 40
譯註 唐宋八大家文抄 韓愈1　　정가 22,000원

2010년 12월 30일 초판 발행
2012년 10월 25일 초판 2쇄

譯　註　鄭太鉉
編　輯　古典國譯編輯委員會
發行人　李啓晃
發行處　社團法人 傳統文化研究會
　서울시 종로구 낙원동 284-6 낙원빌딩 411호
　전화 : (02)762-8401　전송 : (02)747-0083
　전자우편 : juntong@juntong.or.kr
　홈페이지 : juntong.or.kr
　사이버書堂 : cyberseodang.or.kr
　온라인서점 : book.cyberseodang.or.kr
등록 : 1989. 7. 3. 제1-936호

인쇄처 : 한국법령정보주식회사(02-462-3860)
총　판 : 한국출판협동조합(070-7119-1750)

ISBN 978-89-91720-81-7 94820
　　978-89-85395-71-7(세트)